教育薪火书系·第一辑

顾黄初语文教育思想

解光穆◎著

山西出版传媒集团
山西人民出版社

图书在版编目（CIP）数据

顾黄初语文教育思想 / 解光穆著. — 太原：山西人民出版社，2018.7
（教育薪火书系 / 张斌贤主编）
ISBN 978-7-203-10464-3

Ⅰ. ①顾… Ⅱ. ①解… Ⅲ. ①顾黄初（1933—2009）-语文教学-教育思想-研究 Ⅳ. ①H19

中国版本图书馆 CIP 数据核字（2018）第 139616 号

顾黄初语文教育思想

著　　者：解光穆
责任编辑：张书剑
复　　审：贾　娟
终　　审：秦继华
装帧设计：李尚斌　张国仁

出 版 者：山西出版传媒集团·山西人民出版社
地　　址：太原市建设南路 21 号
邮　　编：030012
发行营销：0351-4922220　4955996　4956039　4922127（传真）
天猫官网：http://sxrmcbs.tmall.com　电话：0351-4922159
E - mail：sxskcb@163.com　发行部
sxskcb@126.com　总编室
网　　址：www.sxskcb.com

经 销 者：山西出版传媒集团·山西人民出版社
承 印 厂：山西出版传媒集团·山西人民印刷有限责任公司

开　　本：787mm × 1092mm　1/16
印　　张：19.75
字　　数：350 千字
印　　数：1—3000 册
版　　次：2018 年 7 月　第 1 版
印　　次：2018 年 7 月　第 1 次印刷
书　　号：ISBN 978-7-203-10464-3
定　　价：86.00 元

教育薪火　传承不息(总序)

钟秉林

在人类的历史长河中,教育一直伴随人类的文明进程在不断发展进步,那些弥足珍贵的教育著作、教育思想、教育人物和事迹,无时无刻不在拨动着教育工作者的心弦。我们永远无法忘记那些给我们留下宝贵思想财富的教育家,他们的思想、言论和实践,依然是激励我们教育工作者前进的动力。时至今日,教育的发展与变革更成为世界各国应对日趋激烈的国际竞争的重要战略。在科教兴国战略的指导下,党和国家对教育工作给予了高度的重视,深刻认识到教育家对教育事业的重要性。《国家中长期教育改革和发展规划纲要(2010—2020年)》就明确提出:"创造有利条件,鼓励教师和校长在实践中大胆探索,创新教育模式和教育方法,形成教学特色和办学风格,造就一批教育家,倡导教育家办学。"

要想成长为教育家或者在教育实践中能够起到扛鼎作用并非易事,需要我们教育工作者吸收过往教育家留下来的丰富教育营养,清晰地认识什么是真正的教育家,教育家应该具备什么样的素质和条件,做到融会贯通,大胆实践,自成一家。与此同时,在教育改革的大背景下,普通教师同样迫切需要能够在教书育人过程中得到启迪和突破的催化剂,教育家的思想和实践是经过检验的真理,是教学启迪催化剂的最佳选择。

然而,在浩瀚的书海中,以教育家为主线、囊括中外、跨越古今、自成体系的书系并没有面世。山西的《新课程》杂志社和《现代职业教育》杂志社,在教育的广袤园地上深耕多年,熟知一线教师的需求,希望为普通教师策划一套教育理论普及读物，以使广大中小学教师能够"近距离"地接触中外历代教育家的教育思想、实践经验和办学理念，促进教育理论水平的提高，从而更好地开展教育教学实践。书系的策划人与张斌贤教授为理事长的中国教育学会教育史分会的夙愿不谋而合，合作编写一套大规模的、以教育家为主线的书系的想法随之形成。

策划团队把书系命名为"教育薪火"，是希望教育家的教育思想能够薪火相传，不断推动人类文明的发展。"教育薪火"书系拟分为三辑出版，按照中国古代、中国近现代、外国古代和外国近现代分类。第一辑共选择了一百余位中外教育家，一位教育家一本书，规模宏大，应该说能够在中国教育出版史上留下浓墨重彩的一笔。所选教育家都是经过书系编委会认真研究、充分论证而定的，他们在教育史上有较大的影响，能够启迪或者感染教育工作者，推进教育和教学的发展。当然，其中有的教育家更为名声在外的不是在教育上，但是他们在教育上的贡献毫不逊色于其他方面的贡献，比如我们熟知的一些革命家；另外，还包括了一些具有地方特色的教育家以及还没有被人们真正认识的教育家。

必须提及的是，中国教育学会教育史分会非常荣幸地邀请到我国著名的教育学者顾明远教授、叶澜教授、史宁中教授、宋乃庆教授、田正平教授、裴娣娜教授和朱小蔓教授等担任书系的顾问，成立了由40位教育学界具有重要影响的学者组成的编委会，为书系的质量保驾护航。

还需提及的是，《新课程》杂志社和《现代职业教育》杂志社为物色学有专长的作者付出了巨大的辛劳。书系的作者地域和院校分布广泛，既有北京师范大学、华东师范大学、东北师范大学、华中师范大学、陕西师范大学、南京师范大学、首都师范大学等师范院校的学者，也包括武汉大学、四川大学、南京大学、南开大学、天津大学、河北大学、河南大学等综合大学的教师。作者以教育史专业的中青年教师为主力军，他们朝气蓬勃、时代感强，研究范围涉猎较广，能大胆地探索和怀疑，一些新的教育研究成果不断涌现，为书系注入了难得的新鲜气息；他们与一线中青年教师同处一个频道，其思维模式很容易被接受。

客观而言，现在每年出版的教育类图书很多很多。一类为实践性强和操作性强的教学类图书，教师拿来就可以在课堂上使用；另一类为理论性强和学术性强的图书，印数少，流通范围小，普通教师往往望而却步。然而，教育理论只有指导教育实践才有存在的价值。在我看来，书系最具特色的价值就是秉承了教育理论通俗化这一理念，在教育理论研究者和普通教师之间架起了一道桥梁。书系以教育家为主线，坚持学术性与普及性并重，用通俗化的语言，或阐述教育家的教育思想精华，或叙写教育家的精彩教育事迹和教育实践，力图“润物细无声”，让教师喜欢读，在读中提高素养，深刻理解教育家，形成自己的理论，推进“教育家办学”。

当然，书系在真实性上也颇下功夫。以史料为依据，实事求是叙述，客观全面评价，不有意拔高教育家的贡献，注重教育家闪光点的挖掘和传播，是教育家历史画卷现代版的呈现。书系成规模、系统化，学术性和可读性强，具有较强的收藏价值，非常适合各中小学图书室和大学图书馆选择配置。

中国教育学会教育史分会为教育事业做了一件好事，张斌贤理事长请我作序，我觉得理应支持，欣然应允。

希望广大教育工作者能够认真阅读这套图书，为自己的教育职业生涯发展打下坚实基础，为成长为新时期的教育家而不懈努力。

丁酉年正月于北京

（作者系中国教育学会会长、北京师范大学原校长）

孜孜以求探真谛　多个领域树新说

终身从事语文教育的人很多，但以其为毕生追求的人不多；勇于探求语文教育规律的人很多，但能在其领域做出卓越建树的人不多；对语文教育做出卓越建树的人很多，但对其各个领域加以精深研究的人不多。顾黄初先生就是完全符合以上三个“不多”条件中的一位当代著名语文教育家，这也是题目“孜孜以求探真谛　多方领域树新说”的具体含义所指。

名片上的“浙江籍扬州人”。“浙江籍扬州人”曾加印在顾黄初先生的名片上。“浙江籍”表明其祖籍是浙江，“扬州人”则揭示其长期工作于扬州。1933年，顾黄初先生生于浙江省嘉善县西塘镇。高中毕业后考入南京大学中文系，曾钟情于戏剧文学。从1953年毕业到2003年退休，顾先生在扬州从事语文教育整整有半个世纪之久，故有“扬州人”之称。

一生都“走在铺满鲜花的道路上”。顾黄初先生有篇《我走在铺满鲜花的道路上》，发表于1954年6月30日的《光明日报》上。该文描述了自己“初为人师”的真切感受，也表达出献身教育事业的真挚情感。自此之后，他先是在苏北农学院附属工农速成中学任语文教师，1962年又调入扬州教师进修学院担任在职语文教师培训工作。1963年，调入扬州师范学院函授部负责中学语文教师函授工作。1978年，转入扬州师范学院中文系，先短期担任现代文学课程的教学工作，后又长期从事语文课程与教学论课程的教学与研究工作。他在精心培养优秀语文教师的同时，也对语文课程改革与教学规律加以精深研究，遂既成为桃李满天下的名师，又成为富有学科建树的著名学者，可谓一生都“走在铺满鲜花的道路上”。

执着耕耘于“贫瘠”的土地上。语文教育属母语教育，但母语教育又具有半自然性、常见性等特征，致使其学科价值不彰；语文教育源远流长，但形式与内容、语言与言语、文言与白话、文章与文学等多种复杂关系难以恰当处理，致使其科学性不高。对此长期存在的重大课程与教学问题，顾黄初先生给予了高度重视、长期思考、不断研究，得出了许多重要学术观点，丰富了我国当代语文教育理论。其中，"语文教育是提高全民族素质的一项奠基工程"思想，从民族未来发展角度，突显出语文教育的基础性地位；"语文教育改革的根本指导思想是'贴近生活'"观点，从语文教育的内在特征出发，揭示出语文课程与语文实践之间的必然联系；"语文教学改革要走民族化与科学化相结合的道路"主张，从提高语文教学科学化目标出发，廓清了语文教学与语文实践生活之间的内在有机联系。他的语文教育生命观、生活观、生态观更是以独特视角、精辟见解、深刻论述，成为影响当代语文教育改革发展的重要理论之一。顾黄初先生以执着精神、睿智目光、持久探索，对语文教育的众多重大问题有着清晰回答，成为我国当代具有重大影响的语文教育家。顾先生志于对语文教育规律的不懈探索，较为集中地反映在1992年《语文学习》上发表的《在"贫瘠"的土地上继续耕耘》一文之中。

语文教育需要"在困惑中复苏，在探索中奋进"。语文教育自独立设科之后，就一直处在质疑与批评乃至尖锐指责之中。为此，顾黄初先生自20世纪80年代后专门从事语文课程与教学论的教学与研究之后，就以探求语文教育规律为己任，付出了常年坚持、孜孜以求、反复思索的艰苦努力。首先，他具体全面地阐发了叶圣陶语文教育思想，出版了《叶圣陶语文教育思想讲话》一书，丰富和发展了叶圣陶语文教育思想。其次，他试图从语文教育源流中探求语文教育发展规律，先后深入研究了近代以来蔡元培、梁启超、胡适、王森然、黎锦熙、夏丏尊、朱自清、陈鹤琴、艾伟、阮真、于在春等大批语文教育家的语文教育思想，出版了《现代语文教育史札记》专著，开拓了语文教育研究新领域。最后，他着眼于语文教育改革发展全局，涉猎语文教育基本理论探索、语文教育发展史研究、语文教材编写建设、语文教师专业发展乃至教学设计、语文活动组织等众多宏观微观的具体研究，为当代语文教育事业做出了重大贡献。他之所以长期致力于语文教育研究，用他的话说就是自己"痛感到当前中国语文教育存在问题的严重性"，语文教育需要"在困惑中复苏，在探索中奋进"。

在顾黄初先生逝世5年后，2014年第3期《中学语文教学》刊发了他的学生、知名教育专家杨九俊先生的纪念性文章《立德·立功·立言——记语文教育家顾黄初先生》，对顾先生的道德修养、处世为人、研究成就、学术贡献等都有着具体概括、系统阐发、周到评价，可视为当代语文教育界同仁对他的定论。

解光穆

目录

第一章

“语文教育是提高民族素质的一项奠基性工程”

——顾黄初语文教育价值观

语文教育是一切教育活动赖以组织开展的重要基础,语文课程也是基础教育阶段课程体系中最为基础的课程,语文素质(听说读写)更是个体素质中最为常用的重要素质。但在教育实践中,由于语文教育、语文课程特性的影响,在数量众多、类型复杂、层次多样的教师队伍中,语文教师数量最多、付出最多但实际收效往往并不显著,以致成为时时处处饱受非议的一个群体。在此客观情况下,许多语文教师就选择了平凡乃至平庸,但有些语文教师则选择了主动追求——积极探求语文教育的规律并力求有所发现、有所成就,在提高学生语文素养的同时也完善了自身素质,突显出自我价值。有感于此,顾黄初先生晚年在回顾总结自己的人生道路选择、专业追求时,曾真切地自我评价到:"我是一个平庸的人,但同时也是一个不甘平庸的人。"[①]顾先生在自谦之时,也表明了自己"不甘平庸"的人生追求。这一"不甘平庸"集中体现在他对语文教育孜孜不倦的长期关注、对语文课程理论与实践艰苦探求的一生努力上。

纵向看,虽然顾先生在大学期间对戏剧理论有着浓厚兴趣与初步涉猎,但教育事业的需要使他在毕业后成为苏北农学院工农速成中学的一名语文教师。在语文教育实践中,顾先生很快就确立了当一名优秀语文教师的目标追求并在中学连续任教九年。随后,顾先生又到高等师范院校专门从事函授教育,对在职中小学语文教师进行专业与教学辅导。1978年,顾先生实现了自己的"主动选择",到扬州师范学院(现扬州大学)专门从事语文课程与教学论的教学与专门研究工作。正是由于这一"主动选择",才成就了他在语文教育领域的卓越建树与巨大影响。显然,从顾先生人生与事业轨迹看,他一生都以语文教学、语文研究作为自己"不甘平庸"的事业追求。

横向看,虽然语文教育很重要也最为"基础",但由于语文教育的确"是本难念的经",且在高师院校中文专业领域内往往是"有专长的不屑教,没专长的又教不好",致使语文教育成为让很多人感觉"食之无味,弃之可惜"的一块"鸡肋",但这一"鸡肋"却被顾先生认为"是一块藏金蕴玉的'宝地'"[②]。于是,他以此

①顾黄初:《顾黄初语文教育文集》(下),北京:人民教育出版社,2002年版,第1118页。

②顾黄初:《顾黄初语文教育文集》(下),北京:人民教育出版社,2002年版,第1121页。

为耕耘土地，在现代语文教育史、语文教材编制理论与实践、语文教师专业成长乃至阅读、写作、口语交际教学等众多领域都进行了不倦探索与精深研究，形成了自己丰富深刻的语文教育观，并得以跻身于当代语文教育大家的行列。

对此，他在晚年曾系统总结到：“自 1977 年以来的近 20 年间，教材、论著出版了 10 多部，论文、序跋发表了 200 多篇，用过滤器过滤一下，其中关于语文教育研究的稍稍有价值的观点无非是三个，即语文教育是提高全民族素质的一项奠基工程；语文教育改革的根本指导思想是‘贴近生活’；语文是一门民族性很强的学科，它应当走民族化和科学化相结合的道路。”①

对顾先生倾一生之心血深入研究语文教育、密切关注语文课程改革与大力扶持后辈学人的不凡建树与动人事迹，他的学生杨九俊先生曾深情回忆说：

> 他建构自己语文教育思想体系就是说自己的话，说自己有深刻理解、深刻剖析的话。“生命观”是从“人之所以为人”的角度谈语文教育的重要性；“生活观”让语文回到生活之中；“生态观”强调语文教育的环境建设。“三生观”是顾先生对语文学科独特的理解，是直抵学科本质的。即使在今天语文课程改革深入推进的语境里，“三生观”仍然是具有指导意义的。其实，顾先生的许多著作和文章，都是具有发现的意义，都给我们带来新的东西……②

的确，顾黄初先生正是在“建构自己语文教育思想体系就是说自己的话，说自己有深刻理解、深刻剖析的话”的话语体系中，系统而科学地阐述了自己独特而深刻的语文教育观。

第一节 语文教育的功能与地位

语文教育是以中华民族共同语——源远流长的汉语这一母语为教育对象与内容的基础性教育。在整个教育体系、课程体系与促进学生发展成长乃至终身幸福中，语文教育都具有无与伦比的重要价值与崇高神圣的教育地位。对其价值与地位，顾黄初先生曾一言以蔽之：“语文教育是提高全民族素质的一项奠基工

①顾黄初：《关于语文教育研究》，《扬州师院学报》（社会科学版）1996 年第 3 期。

②杨九俊：《立德·立功·立言——记语文教育家顾黄初先生》，《中学语文教学》2014 第 3 期。

程。”[①]为什么在众多教育形式与众多课程中，顾先生唯独要把语文教育视为“提高全民族素质的一项奠基工程”呢？这自然是由如下几方面的因素所决定。

一、接受语文教育是个体生存发展的重要条件

人类社会如没有语言的维系，就难以更好地存在甚至可说无法存在。因为没有语言为工具，经济生产就会无法进行、社会管理就会无法实施、政治文化生活就会无法组织……同样，个体如不掌握语言或不能很好地掌握语言，其生存发展就会受到极大限制甚至难以生存。譬如，聋哑人之所以在生存发展中受到极大限制，重要因素之一就在于他们难以有效地与他人进行积极有效的口头或书面的语言沟通。正是在这一认识基础上，马克思曾深刻指出：“独立的个人在社会之外进行生产——这是非常少见的事，偶然迷失在荒原中但潜能上具有社会力量的文明人或许办得到——就像没有许多人在一起生活和一起交谈而竟有语言的发展一样的不可思议。”[②]这段话揭示出社会发展依赖于语言的存在，如没有语言的参与，一切社会活动的组织开展都是不可思议与难以想象的。因此，为了融入社会、为了表达诉求、为了求得沟通、为了创造财富、为了实现价值，作为社会群体的个体在生存发展过程中首要的任务之一就是要学习、掌握、运用这一群体所共同理解、共同使用的交流交际工具——母语以及其他语言。因此，从一定意义上讲，人是“符号的动物”——“语言的动物”。对此，顾先生曾指出：“从‘人之所以为人’这个角度说，语言（言语）是人之所以为人的重要标志。”[③]语言这一“人之所以为人的重要标志”如从个体生存与发展的视角来看，其重要性又具体体现在如下三方面。

一是语文与语文教育为个体的各种生活与社会交流提供了重要条件。语言是社会公众实现交流协作的“公器”（叶圣陶语），而作为人类群体中的个体要在生存发展中融入社会、发展自己、实现价值、倾诉情感等，就需要以这一社会“公器”来实现与他人的顺利交流。在这一交流过程中，人们虽有着表情、手势等一些方式，但语言无疑是最主要、最基本的交流方式，因为语言有着突破时空限制而随时随地表达（存在或呈现）等多方面的优势。因此，语言及语言能力就成为个体

①顾黄初：《关于语文教育研究》，《扬州师院学报》（社会科学版）1996年第3期。

②马克思：《政治经济学批判》，北京：人民出版社，1955年版，第147—148页。

③顾黄初：《生命·生活·生态——我的语文教育观》，《湖南教育》2006年第23期。

交流的重要工具与前提条件。正因如此，顾黄初先生从“自然人”发展到“社会人”就必须学会、掌握语言才能融入社会为分析视角，十分明确地指出：“人需要‘交流’，而‘交流’则是语言（言语）产生的前提。”同时，这一“‘交流’因而也贯穿于整个生命的始终”[①]。这一论述雄辩说明，“交流”既是语言产生的前提，也是个体生存与发展的必须。语文教育，就是为了提高个体的这一“交流”能力而进行的。

二是语文与语文教育为个体的思维活动开展提供了重要条件。人是会思维、有思想、有意识的高级动物，而人的思维、思想与意识的进行与表达又要以语言为基本工具或基本凭借才得以完成的。这就是顾先生所指出的：“人需要‘思维’，而‘思维’所凭借的工具就是语言（或叫‘内部言语’）。”[②]如此看来，个体要学会思维进而自由自在地表达思想、发表认识与倾诉情感等都需要掌握语言，这就是语言对思维活动的决定性作用。显然，语文教育可以在有效提高个体语言发展能力的同时，为其思维能力发展提供重要条件保障。

三是语文与语文教育为个体的语言、生活与生命感悟提供了重要条件。在顾黄初先生看来：“在人的生命历程中，‘感悟’是趋于成熟的生命形态的重要标志。”同时，这种感悟又有着“语言的感悟”与“生活的感悟”两种基本形式，深刻体现出个体对语言的认识与对人生的体会。因此，在个体漫长的生存发展道路中，“人还需要‘感悟’，而‘感悟’又是以丰富的语言积累为前提的”[③]。语文教育为个体的感悟提供了重要基础与前提条件：没有语言为工具或为凭借，个体的生活感悟就无法进行。就是说，语文教育可以为个体的语言与生活感悟提供重要条件保障。

总之，从个体呱呱落地到逐步发展成长这一过程来看，语言都是个体实现交流、进行思维与表达感悟的最基本工具或最主要凭借。如此看来，语文教育就成为提高个体生存发展能力的重要保障或基础条件，这就是语文教育在个体生存发展中具有重要作用的具体体现。

①顾黄初：《生命·生活·生态——我的语文教育观》，《湖南教育》2006年第23期。
②顾黄初：《生命·生活·生态——我的语文教育观》，《湖南教育》2006年第23期。
③顾黄初：《生命·生活·生态——我的语文教育观》，《湖南教育》2006年第23期。

二、接受语文教育是一切教育活动赖以进行的重要基础

在现代社会条件下，个体必须接受系统完整的教育才能不断完善自身素质，进而求得更好地生存与发展；而在现代一切系统的教育活动中，个体也必须先接受语文教育才能更好地接受其他教育。就是说，语文（言）教育是其他教育得以进行的重要基础。为什么语文教育是其他教育的重要基础呢？在顾黄初先生看来，这主要在于语文教育可以“为人们接受教育提供一种重要的工具和媒介”[①]。就是说，如同人类的一切社会活动都要以语言为基本工具一样，一切教育活动也同样需要以语言为基本工具或凭借才能有效组织与顺利进行。

> 说到受教育（社会实践，其实也是一种教育），特别是在学校接受系统的教育，得有一种最基本的交际工具、知识载体和传播媒介。这个工具、载体和媒介，不是别的，那就是本民族的语言和文字。学会听话说话，学会识字写字，进而学会读书作文，训练并形成用祖国的语言文字来准确地理解和准确地表达的能力，这是一个人接受教育的最基本的条件（生理上有特殊缺陷的盲童和聋哑儿童等除外）。这个条件，需要在学前教育和义务教育阶段就打好基础。[②]

在这段话中，顾先生十分深刻地阐述了语文教育在整个教育体系、语文课程在整个课程体系中独一无二的重要地位与作用。第一，语文教育为整个教育活动的顺利开展提供了“一种最基本的工具”。教育作为一种通过知识传递、能力训练、品德熏陶等使新生一代逐步成人、成才的社会化活动，要有效组织开展就需要教育者与受教育者共同掌握与使用一种社会“公器”，才能顺利进行。这一“公器”，第一位的自然就是母语。可以说，教育者如没有较好的语言文字水平，就难以顺利施教；受教育者如没有较强的语文能力，也就难以顺利受教。如此看来，语文的工具性特质与语文教育的先导性地位，就决定了语文教育在整个教育中的基础性地位与决定性作用。可以说，没有语文教育，也就没有教育，这就是语文教育在整个教育中的地位与作用。

①顾黄初：《关于语文教育研究》，《扬州师院学报》（社会科学版）1996年第3期。

②顾黄初：《关于语文教育研究》，《扬州师院学报》（社会科学版）1996年第3期。

第二，语文教育为一切教育活动的系统开展提供了一种“知识载体”。这是由于任何学段、任何学科的教育教学内容，都需要也必须借助于一定的物质载体才能呈现出来，并主要表现为教材及教辅、图片、音像等物质材料。就是说，教材等物质材料是教育教学内容的具体载体，它们是实现教育教学目标、发挥教育功能的物质基础。2001 年 1 月，我国实施的《中华人民共和国国家通用语言文字法》就明确规定：“学校及其他教育机构以普通话和规范汉字为基本的教育教学用语用字”“学校及其他教育机构通过汉语文课程教授普通话和规范汉字”，这就使普通话与规范汉字成为各个学段、各门学科教材语言呈现的法律依据。就是说，汉语言文字在过去、现在及未来，都是各学科教材编写时使用的基本语言。譬如就学校教育看，虽有着数学教育、物理教育、化学教育与历史教育、思想政治教育等多种教育内容（学科或课程），但这些学科众多的教育内容都无一例外地需要以汉语文为基本载体才能呈现出来，进而为教育者、受教育者提供“教”与“学”的“知识载体”。在历史与现实中，如没有这一“知识载体”，各学科的教育教学活动就难以组织与开展。

第三，语文教育为一切教育活动的系统全面开展提供了一种重要传播媒介。在我国基础教育阶段的教育教学活动中，一般讲只有以汉语、汉文、汉字为基本传播媒介（传播渠道、信道、工具），才能确保一切活动的顺利进行与全面开展。不以汉语为传播媒介，教育教学就无法组织实施。譬如就教学具体活动情况看，绝大多数学生总是通过以语文（口头的或书面的）为媒介来实现对知识营养的吸收，也总是以语文为媒介来实现对知识营养的表达。显然，在我国若没有语文这一重要传播媒介，一切教育教学活动就难以有效组织与顺利进行。

正是在充分认识到语文教育在整个教育活动中能够为教育者、受教育者提供一种“最基本的交际工具、知识载体和传播媒介”，因此“学会听话说话，学会识字写字，进而学会读书作文，训练并形成用祖国的语言文字来准确地理解和准确地表达的能力”，就自然而然地成为“一个人接受教育的最基本的条件”。[①]这一基本结论，就是顾黄初先生对语文教育在整个教育体系中所具有的基础性地位与决定性作用的简要分析与深刻论述。

①顾黄初：《关于语文教育研究》，《扬州师院学报》（社会科学版）1996 年第 3 期。

三、接受语文教育是促进学生素质全面发展的重要前提

在顾黄初先生看来，正由于语文与语文教育能给受教育者提供一种“最基本的交际工具、知识载体和传播媒介”，因而也就成了促进学生素质全面提高的重要前提。在他看来，语文教育在提高学生基本素质中的作用主要体现在以下两个方面。

一方面，语文教育可使学生从“写什么”与“怎样写”中得到思想观念上的启迪，提高认识能力。顾先生认为，通过课内、课外语文教育可使学生广泛阅读众多形式多样、内容丰富、生动形象的作品，这些作品可“为人们提高认识、丰富情感、激活思维提供一个有血有肉的凭借”。这是由于，在语文教育中“指导学生阅读的那些典范的语言作品，往往是作者对自然、对社会、对人生的卓越见解、独特感受的集中体现，学生研读这些作品”，自然就可“从‘写什么’方面开拓了自己的知识领域”。[①]譬如通过阅读、欣赏梭罗的《瓦尔登湖》，我们就既可获得对恬静优美、纯净素雅、风光无限的大自然的深切感受，也可反思现代社会中人们因对物质的无限追求而使自己变得贪婪自私的现象，还可得到天人合一、人与自然和谐共处的人生感悟……这就是《瓦尔登湖》带给阅读者的思想启迪与认识感悟。同样，在语文教育中通过引导学生学习、领会《孔乙己》，就可使学生具体认识、真切感受到封建科举制度对于普通知识分子的深层精神折磨与巨大心灵毒害；学习、领会《祝福》，就可使学生认识到传统文化价值观对下层劳动妇女的精神束缚与严酷迫害；学习、领会《故乡》，就可使学生直观感受到社会等级与不同社会地位对童年纯洁友谊的无情冲击与巨大破坏……同时，从语文“输出”的角度看，顾先生也认为语文教育在提高学生认识水平、锤炼思想情感、完善自身素质中都具有极为重要的作用，因为要用语文来表达认识、发表看法、倾诉情感，就必然要求学生（阅读者）要对客观事物、复杂现象、变幻人生做出一定的价值判断与情感选择。“语文教师指导学生说话、作文，也总是把如何识别真善美和假恶丑，如何爱所当爱、憎所当憎，如何进行创造性的思维活动等等作为训练的出发点和归宿。”[②]就是说，学生在写作过程中要不断通过对现实生活的观察、感悟

①顾黄初：《关于语文教育研究》，《扬州师院学报》（社会科学版）1996年第3期。
②顾黄初：《关于语文教育研究》，《扬州师院学报》（社会科学版）1996年第3期。

与表述，促进他们对生活认识水平的提高、对各种现象的正确判断、对各色人物的价值评价、对各种思想观点的理解与接受……如此看来，无论是从听话、阅读还是从说话、写作看，语文教育都可以使学生得到情感的熏陶、认识的启迪、思想的启蒙、智慧的启发。

另一方面，语文教育可使学生从“写什么”与“怎样写”中得到智德上的启迪，促进智力发展。顾黄初先生认为，语文教育不但可使学生获得思想认识上的启迪，学生还可从语文教育中获得智德上的启迪与激发。这是由于，通过语文教育可使学生在探究“写什么”的过程中获得智德方面的启迪。譬如通过阅读《三国演义》，阅读者就可以获得大量的军事谋略、政治外交等方面的知识与技巧，以致俗语有“老不读三国”之说。虽然这是从消极方面讲的，但反映出《三国演义》中丰富的战争智慧、外交谋略、治政方法对阅读者有着极为重要的启迪与影响。也正因如此，识字不多的历代农民起义领袖张献忠、李自成和洪秀全等都曾经把《三国演义》当作兵书来阅读研究，并把其中的许多经验用于他们的实际作战，且能取得不俗的战绩。再如冯梦龙的《智囊补》，不论是“上智”“明智”“察智”中的历代政治故事，还是“胆智”“术智”“捷智”中的各种政务手段，以及“语智”“闺智”中的各种生活智慧故事，都可给阅读者以多重启示。冯梦龙在《杂智部总叙》中指出：“正智无取于狡，而正智反为狡者困；大智无取于小，而大智或反为小者欺。破其狡，则正者胜矣；识其小，则大者又胜矣。况狡而归之于正，未始非正，小而充之于大，未始不大乎？”就指明了这些杂智故事对读者的认识能力与智力启迪的价值。同时还由于，通过语文教育可使学生在揣摩“怎么写”的过程中获得智德的启迪。任何优秀作品都是作者认真构思、精心架构的结果，其篇章结构、表达方式、表现手法都表现出作者匠心独运的创造性和浑然天成的艺术性。学生在阅读、分析、鉴赏这些优秀作品的表达形式时，自然就可获得“怎么写”方面的启迪。譬如在阅读、赏析刘禹锡的《陋室铭》时，就可使读者全面把握“起承转合”的章法结构；在阅读、赏析老舍的《济南的冬天》时，就可使读者形象感悟出怎样才能有力地进行结尾；在阅读、赏析《警察与赞美诗》时，就可使读者具体、形象而直观地感受体会“欧·亨利式结尾”的无比精妙：一个“罪恶累累”的人竟然一次次地被认定为无罪，但在他决定改过向善时却遭逮捕入狱……这些优秀作品在表达形式方面的精湛技巧、巧妙手法、谋篇方式，都足以给阅读者以写作方法、技巧等方面的借鉴与启示，这就是顾先生指出的，（学生或阅读者）可

“从‘怎么写’方面获得智德的启迪，逐步提高自己的认识水平、丰富自己的情感内涵、激活自己的创造性思维等等”①。

除阅读与阅读教学外，语文教育在训练学生认真倾听、通畅表达与流利写作以及各种语言实践的过程中，自然也可以提高其思想认识水平、有条有理分析与陈述事物的能力。

四、接受语文教育是开阔学生视野的重要途径

语文教育，是以培养学生运用语言文字能力与习惯而有计划、分阶段进行的以听说读写为基本教育任务的基础教育。语文教育之所以成为基础教育，除笔者在上文中阐述顾黄初先生的各观点外，还由于语文与语文教育可为学生打开了解、认识、把握、体会外部世界的窗户。就是说，语文教育可为学生认识外部世界提供基础工具与重要载体，从而成为开阔学生视野、丰富学生精神世界的一条重要途径。在顾先生看来，语文教育在开阔学生视野、充实学生精神世界方面的巨大作用主要体现在以下两个方面。

一是语文教材中对众多选（范）文的系统阅读教学，可有效帮助学生扩大视野。在顾黄初先生看来：“学校按照课程论的原理把学生该认识、该了解的知识分成各有特点、自成系统的若干门课程，形成分阶段、分学科有计划有系统地进行教育和教学的格局。其目的，说到底，就是要让学生比较全面、比较充分地认识世界，了解人生。在这众多的课程中间，有一门课程内容比较特殊，那就是‘语文’。”②语文教育为什么“比较特殊”？语文课程内容又为什么“比较特殊”？这是由于基础教育阶段的语文教育与语文课程自身虽也有着极为复杂的知识体系，但却不是如大学中文系那样对学生进行系统的文字学、语法学、修辞学、文章学、文艺学等方面的教育，而是主要以“范例”的形式来实施。就是说，中小学的语文教育或语文课程“主要不是以这些系统知识作为教材，而是主要通过研读、

①顾黄初：《关于语文教育研究》，《扬州师院学报》（社会科学版）1996年第3期。
②顾黄初：《关于语文教育研究》，《扬州师院学报》（社会科学版）1996年第3期。

诵读各体各类的典范的语言作品让学生逐步理解和掌握语言文字运用的规则、方法和技巧。”[①]就是说，学生在研读、诵读“各体各类的典范的语言作品”时，除受到语言文字表达形式、表达技巧等方面的教育外，自然也必然会受到价值观念、思想情感、伦理观念、审美情趣等方面的教育，以及对大千世界、神奇事物、逸闻趣事、自然奥秘等方面的认识。这是语文教育不同于其他学科教育之处，也是语文课程之特殊性与独特魅力之所在。对此教育与课程特征，顾先生从语文教材内容的视角明确指出：

> 从初中到高中，选文约有300至400篇，这些语言作品，内容十分广泛，而且带有综合性、形象性，它们涉及中外古今的社会生活，春夏秋冬的自然景色，上自天文，下至地理；大到历史巨变，小到鸟兽昆虫；既有人生哲理的探讨，又有自然奥秘的窥察。凡所应有，几乎尽有。有人不无夸张地说，语文教材几乎是一部小百科全书。它们为学生认识世界、了解人生提供的是一个丰富多彩、五光十色的空间。[②]

语文教材的“百科全书”特征，自然就使学生在学习、理解、体悟这一“全书”的过程中，广泛获得对众多领域、众多学科知识的认识与理解。同时，语文教材特有的形象性、生动性、趣味性等特征，也使得语文教育在学生认识世界、体会人生、熏陶情感的过程中起着极为重要的作用。正如顾先生所说：“其他学科的教材，注重专业知识的系统性和科学性，相对而言，较少注意文字表达的形象性和生动性……语文教材中的选文则不同，它们无论是议政治、谈哲理，还是说史地、讲科学，大都讲究形象性和生动性，讲究语言表达的感染力和震撼力……”[③]譬如在学了《向沙漠进军》后，学生除了获得如何说明事物的方法外，还可通过形象生动的解说，“感性”地获得沙漠是怎样形成的、怎样才能有效治理沙漠等一些自然知识。同样，在学了布封的《马》后，学生除获得科学小品文等写作知识外，还可通过作者拟人化的写法和充满情感的语言，“感性”地获得对马的生活习性、外部特征等方面的具体认识。这些认识的日积月累，便成为开阔学生视野的重要途径。对语文教材在个体青少年时发展成长中所具有的开阔视野、活跃思

①顾黄初：《关于语文教育研究》，《扬州师院学报》（社会科学版）1996年第3期。

②顾黄初：《关于语文教育研究》，《扬州师院学报》（社会科学版）1996年第3期。

③顾黄初、顾正彪：《语文课程与语文教材》，北京：社会科学文献出版社，2001年版，第51页。

维、增长见识等巨大功能,莫言先生曾回忆说:

我的读书生活,起始于少年时期。那时中国的乡村普遍贫困,能借到的书很少,自家拥有的书更少。我把班主任老师那几本书和周围十几个村子里的书借读完后,就反反复复地读我大哥留在家里的那一箱子中学课本。数理化看不懂,读语文、历史、地理、生物。读得遍数最多的自然是语文。那时中学的语文教材分成《汉语》和《文学》两种。《汉语》是古文、语法,《文学》则是古今中外的文学名著的节选。那几册《文学》课本,极大地开阔了我的文学视野。普希金的《渔夫与金鱼的故事》是在那上边读到的,安徒生的《卖火柴的小女孩》也是在那上边读到的。茅盾的《林家铺子》、老舍的《骆驼祥子》、鲁迅的《从百草园到三味书屋》、郭沫若的《屈原》、曹禺的《日出》也都是在那上边读到的。还有我们河北的徐光耀老师的《平原烈火》也是在那上边读到的。读了很多遍,过了许多年,书中的情节都牢记不忘。[①]

二是广泛而持久的课外阅读实践,可以有效帮助学生扩大视野,极大丰富学生的知识视野与精神世界。按大语文教育观来看,语文教育是课内实践与课外实践的有机统一:课内是学习语文运用的具体方法,课外则是对这些方法的具体使用。就是说,语文教育必须使学生把课内学到的知识、方法自觉地运用到课外语文实践之中,才能既巩固课内所学知识又促进语文能力的发展,亦即“得法于课内,得益于课外”。可以说,语文教育特别是语文课文阅读等活动能为学生认识世界、了解人生、把握社会、洞悉自然等提供一个极为广阔的五光十色、精彩无限的知识空间与认识领域。对语文课外阅读实践在青少年发展成长中所具有的巨大作用,莫言先生也曾回忆说:

在保定当兵时,我曾兼任单位的图书管理员,管理着三千多册图书。这也是一个比较疯狂的读书时期。三千多册书中,文学类图书约占三分之一,其他均是哲学、政治、历史读物。读完了文学类图书,就读哲学、历史,像黑格尔的《逻辑学》和马克思的《资本论》也都是那时读过的。虽然读不太懂,但他们那种绕来绕去、摇曳多姿的句子,给我留下了深刻印象,也许还影响了我的文风。[②]

①莫言:《杂谈读书》,《中国文化报》2010年7月26日。
②莫言:《杂谈读书》,《中国文化报》2010年7月26日。

显然，课内与课外相结合、相衔接的语文教育在学生视野开阔、情感熏陶、增长见识、思维锻炼、价值判断等多方面中都具有十分积极且重要的作用。从一定意义上讲，个体的成长史，也是他的阅读史；个体的发展史，就是他的阅读史；个体的提高史，更是他的阅读史。

概括来看，顾黄初先生关于语文教育的最基本观点是，语文教育是基础教育中的“基础教育”，语文教育是提高民族素质的一项奠基性工程并集中体现于：“依我看来，提高民族素质，主要是提高全民的思想政治素质和科学文化素质；而为了要提高全民的思想政治素质和科学文化素质，前提之一是要提高全民特别是青少年一代的语文素质。”他之所以持此论，主要是由于：

> 因为语文是听说读写的工具，是知识和信息的重要载体；能熟练运用这个工具，能正确掌握这一载体的性能，提高思想政治素质和科学文化素质便有了一个重要的物质基础。中小学设置的语文课，其教学任务正在于此。[①]

①顾黄初：《顾黄初语文教育文集》(下)，北京：人民教育出版社，2002年版，第995页。

第二节　语文教育必须要贴近生活

顾黄初先生在长期的语文实践探索与艰苦的理论研究中，认为语文教育之所以在独立设科后长期步履维艰、高耗低效并时时饱受各界诟病，其中重要原因之一就是其与学生的实际生活相脱离。因此，要改变语文教育少慢差费的不良现象："依我看来，就语文教育而言，最重要的一条就是'贴近生活'而不是'脱离生活'。"①"贴近生活"是顾黄初先生语文教育方法观（论）的基本点。从教育发展史看，这一方法论的直接理论根源虽来自于杜威"教育即生活""教育即成长""教育即经验的不断改造"与陶行知"生活即教育""社会即学校""教学做合一"的观点，但由于这一教育方法观（论）是从语文教育的内在特征出发并强调了语文教育与实际生活的客观联系，因而就具有哲学层面的指导价值并为我们从新的视角来正确认识、科学处理语文教育与学生实际生活的关系提供了重要启示。

一、语文教育为何必须要"贴近生活"

顾黄初先生认为，在我国中小学语文教育理论与实践中长期存在着"小语文教学"与"大语文教学"两种相对立的现象："所谓'小语文教学'，就是拘囿于课堂、拘囿于课本、拘囿于教师讲授，封闭在一个狭小天地里的语文教学；所谓'大语文教学'，就是要在生活的广阔天地里（课堂学习无疑是生活的一方天地）组织和引导学生去学语文、用语文，形成开放型格局的语文教学。"②客观讲，自语文独立设科后不论是从历时角度还是从共时角度来看，语文教育与课程始终都存在着明显的"小语文教学"倾向，而缺乏科学的能积极促进与学生实际的生活中的"语文"相密切联系的"大语文教学"。这一倾向的存在，极大影响到语文教育效率的提高。"小语文教学"之所以影响到语文教育效率的提高，又主要是由于："语文教学工作者如果不去悉心研究人们在实际生活中运用语文工具的情

①顾黄初：《关于语文教育研究》，《扬州师院学报》（社会科学版）1996年第3期。

②顾黄初：《顾黄初语文教育文集》（下），北京：人民教育出版社，2002年版，第993页。

况，并由此领悟到过去教学因脱离实际而产生的种种弊端，任何改革设想都难免要落空，即使有时仿佛已经开花，这花也终将因无根而很快枯萎。”[①]在顾先生看来，语文教育、语文课程脱离实际生活中的语文运用情况具体表现在如下几方面。

首先，我国语文教育长时期存在着明显脱离学生实际生活的不良倾向。在古代，口语与书面语（文言文）相分离，人们认为识字就是为了能够读文（阅读文言），读文就是为了能够写作文言，写作文言又是为了能够考中秀才、进士而最终得以走上宦途。正因如此，古代语文教育与学生的实际生活以及生存发展的客观需要，不论在形式还是在内容上都存在着明显的不同，语文教育难以有效实现与学生实际生活的密切联系。对这一不良倾向，叶圣陶、吕叔湘、张志公诸先生都对其有着系统的分析与深刻的批判，顾黄初先生也继承了前辈们的这一观点。在语文独立设科后特别是随着口语与书面语趋于一致以及教育宗旨的变化，虽也使得语文教育与学生的学习生活、生存发展等实际需要间的联系逐步密切起来，但由于受传统习惯的影响，语文教育拘囿于课堂、拘囿于教材、拘囿于教师的现象还十分普遍，语文教育与学生实际需要之间的联系还不够紧密。对此，顾黄初先生指出，作为实际生活中具体运用的工具，“语文的教和学，应该而且必须是活的”“可我们当今的语文教学却在很大程度上脱离了生活，脱离了语文的实际运用”。[②]因此，语文教育要实现以“活的”语文为存在特征并进而促进学生语文素质发展、满足学生语文需要为基本目标，就必然要加强语文教育与学生实际生活之间的密切联系。

其次，我国语文课程结构长时期的不尽科学合理。在顾先生看来，由于“语文是在生活的广阔天地里频繁使用的重要工具”，因此“要谋求语文教学效率的提高，老是把思想封闭在四壁合围的教室里，把目光死盯在篇幅有限的课本上，恐怕很难求得突破性的进展”。怎样求得语文教育的突破性进展呢？答案是：“我们的思想要向广阔的生活开放，我们的眼光要向广阔的生活审视。”[③]这实际就是语文教育的生活化观点。在我国，阻碍语文教育生活化的课程因素主要是单一的

①顾黄初：《语文教学要贴近生活》，《教学与研究》1988年第1期。

②顾黄初：《顾黄初语文教育文集》（下），北京：人民教育出版社，2002年版，第1095页。

③顾黄初：《语文教学要贴近生活》，《教学与研究》1988年第1期。

学科课程结构。因此，顾先生认为要加强语文教育与学生实际生活的联系，就要从改革课程结构入手——变封闭性的学科课程为开放性的活动课程。同时就世界范围看，当代课程理论与实践的一大基本趋势或说具体体现（变革）就是：基础教育阶段的课程结构从传统的单一的学科课程逐步向学科课程与活动课程相结合的方向发展，从传统的单一分科课程逐步向分科课程与综合课程相结合的方向发展，从传统的单一必修课程逐步向必修课程与选修课程相结合的方向发展，从传统的单一显性课程逐步向显性课程与隐性课程相结合的方向发展。基础教育阶段课程结构的这一历史变革与发展趋势，实质就是为了促进课程与学生实际生活、未来发展之间的密切联系。在世界及我国课程结构变革潮流的巨大影响之下，语文课程也自然需要逐步从学科课程、分科课程、必修课程、显性课程向学科课程与活动课程、分科课程与综合课程、必修课程与选修课程、显性课程与隐性课程相结合的方向发展。立足于世界、我国课程结构历史变革的这一必然发展趋势，顾黄初先生分析指出要推动语文课程的变革与语文教育的革新，就必然要求在语文教育中“把学校环境、家庭环境、社会环境联系起来，让校风班风建设和校内外环境建设，置于整个课程改革工程之中，协同考虑”，因为“这样一来，使语文教学贴近生活，与社会生活密切联系，实行真正意义上的‘大语文教育’，条件终于成熟了”。①在肯定课程发展趋势与持续变革对语文教育、语文课程将会产生重大影响的基础上，他还辩证客观地阐述到：

> 尽管普通中学课程结构改革，并不是仅仅为了给语文学科的教学改革提供方便，而是为了更好地实施素质教育，更有利于发展学生的个性、特长、爱好，使整个学校教育变得更活泼、更有生气。但毕竟使语文与生活沟通、语文与其他学科沟通，有了“计划权威”的保证。而就语文这门特殊学科来说，学校的教学计划和课程设置越是“活”，它的教育教学潜能便越能发挥得充分。相反，它就必然因为“不敢越雷池一步”，死守课堂，死守课本，脱离运用语文的广阔天地——生活，而了无生气。②

这就清晰地说明了课程、语文课程结构的历史变革，必然需要语文教育的变

①顾黄初：《贴近生活：语文教学改革的一种趋势》，《中学语文教学参考》1994 年第 10 期。

②顾黄初：《贴近生活：语文教学改革的一种趋势》，《中学语文教学参考》1994 年第 10 期。

革，也必然会推动语文教育的变革——有效加强与逐步实现语文教育、语文课程与学生实际生活中使用语文间的有机联系与有效沟通，使学生在“语文教育的生活化”或“生活化的语文教育”中更好地提高语文能力，形成语文素养。

再次，由于语文教育对自身实践运用特性的重视性不够。语文的生活工具性质，就从根本上决定了学生（个体）的语文能力或语文水平主要表现为一种对语言文字的实际使用技能——自由灵活地使用语言文字来完成交流交际的实际需要，这就是吕叔湘先生指出的：“语文的使用是一种技能，一种习惯，只有通过正确的模仿和反复的实践才能养成。”[①]显然，技能性的语文教育或技能型的语文课程，就必然决定了语文教育应该而且也必须是一种“能力性”教育，语文课程主要也是一种“实践性”特色明显的课程：语文教育、语文课程的根本任务在于培养学生正确理解和灵活运用祖国语言文字的能力，其根本点与出发点都在于要切实帮助学生掌握好、运用好语文这一基本工具。在这一点上，语文教育（课程）跟体育、音乐、美术、舞蹈等着眼于培养运动、演奏、描摹、形体动作等实际能力的教育（课程）具有较多的相似性；而与数学、物理、化学等学科教育（课程）有着较大的不同。这是由于语文教育（课程）要培养学生运用语言文字的能力，这一能力又不完全等同于数学、物理、化学、政治等学科的学科能力。就是说，数学、物理、化学等学科的学科能力主要是要求学生能运用相关学科理论知识去发现问题、分析问题与解决问题，它们就必然要以相关学科的理论知识为基础（如缺乏相关学科知识，也就不具备相应能力）。但语文能力却并非全然如此——其主要表现为个体顺利地进行听、说、读、写语言活动的技巧与能力，而不是重在对听、说、读、写知识的完整系统掌握。语文的这一教育（课程）特征，就使其具有极为鲜明的实践取向——要从实际语文活动中来发展学生的语文能力，而实际语文活动又是与实际生活密切联系的。正是从语文教育（课程）的这一实践取向出发，学者们大多认可语文教育具有“得法于课内，得益于课外”的特点。就是说，只有从加强语文教育与人们实际运用语文的实践活动之间的有机联系，才能更好地促进学生提高运用语文的能力，养成良好的习惯。也正是从这一认识出发，顾先生明确指出：“我总这样相信，就语文学习而言，课内是学规律，课外是长见识；

①吕叔湘：《吕叔湘论语文教学》，济南：山东教育出版社，1987 年版，第 53 页。

课内是练眼力,课外是练腕力。如同双翼,只有展开双翼,才能腾飞去天。"[1]同时,他还认为学校、课内的语文教育、语文课程总是受限于一定的时间与空间,在发展提高学生语文能力方面也总是有限的。因此,要扩大语文教育的时间与空间,就要使语文教育向课外、向学生的实际生活去延伸拓展:"学校中的语文课,限于课时,教学内容总有一定的范围和限度;因此,语文学习有必要向课外延伸和拓展。所谓'得法于课内,得益于课外',的确是语文学习的一条规律。"[2]概括来看,语文教育(课程)的实践性特征就决定了它只有通过学生不断进行与实际生活相联系的语文实践活动,才能促进其能力与习惯的形成与发展,这正如我们只有通过踢足球才能学会踢足球,只有通过打乒乓球才能学会打乒乓球,只有通过跳舞才能学会跳舞,只有通过弹奏钢琴才能学会钢琴演奏等一样。也正是在这一意义上,有学者也曾从语文课程论的视角明确提出,语文课程应该"是以学生活动为中心的实践性课程、经验性课程、应用性课程,而不是以获取系统知识为目的的学科课程"[3]。这一观点的实质,也是在强调语文教育的实践性特征并主张要加强语文课程与学生实际生活之间的有机联系。

最后,语文教育常常忽视了学生在实际生活中无处无时都使用着语文这一客观情况。由于语文(言)是交流交际与思维活动赖以顺利进行的基本工具,是个体生活与工作的必要条件。因此,语文学习、运用及提高的时空是十分广泛的:课堂小天地,天地大课堂,学生时时、处处生活于语文的浓厚氛围之中并时时、处处自觉或不自觉地使用着语文,可谓触目皆汉字,入耳皆汉语,满眼皆汉文。同时从语文教育理论看,在学生实际语文活动(实践)中始终存在着两种基本活动取向:实践取向的语文活动(为了达到某种目的而使用语文)与学习取向的语文活动(为了掌握语文而使用语文),但前者比后者更为普遍,更为常见。这说明,学生实际学习、生活中的实践取向的语文活动,就必然为学生学习语文提供了极为广阔的天地与得天独厚的便捷条件:报纸图书、电影电视、广播网络、短信微信等都可以成为语文学习的资源,奇异风光、独特风俗、政策形势、国际变化

①顾黄初:《顾黄初语文教育文集》(下),北京:人民教育出版社,2002年版,第1103页。

②顾黄初:《顾黄初语文教育文集》(下),北京:人民教育出版社,2002年版,第995页。

③曾洁、余应源:《"科学世界"语文教学科学化刍议》,《江西师范大学学报》(哲学社会科学版)2003年第7期。

等都可以成为语文实践的内容，网络视频、电影院与图书馆、纪念馆等都可以成为语文实践的场所。可以说，生活的天地有多宽广，语文教育的天地就有多宽广。缘于此，顾先生也明确地指出：语文的教和学，应该而且必须是活的。因为生活中无处没有语文，人的社会生活行为中，语文行为占有极大的比重。“生活天地无限广阔，在生活中学语文、用语文的天地同样广阔”①，自然就决定了语文教育必须要与学生的语文实践、实际生活相联系。

二、语文教育怎样才能做到“贴近生活”

从上文分析中，我们可看出语文教育只有做到“贴近生活”，才有可能走出被不同时代人们所不断诟病的“高耗低效”怪圈。那么，语文教育怎样才能顺利实现与学生实际生活相贴近呢？对此重大语文教育认识与实践问题，顾黄初先生在《语文教学要贴近生活》中系统阐述了自己的基本观点，并在晚年带有总结自己语文教育思想的《关于语文教育研究》一文中再次较为系统具体地重申了这一观点。

> 1988年初，我曾发表过一篇论文，用“贴近生活”四个字来概括我的语文教学方法论的根本点。围绕着这个根本点，我在论文中提出了三点看法：一是要根据实际生活中运用语文工具的规律来探求语文教学的规律。说得浅显明白些，就是要懂得怎样“教语文”，该先懂得人们在实际生活中怎样“用语文”。“教”的规律潜藏在“用”的规律之中。二是要根据实际生活中运用语文工具的众多场合来开拓语文教学的空间领域。这个看法旨在改变传统语文教育的“封闭”状态，形成开放式、辐射型的大语文教育格局。语文工具在实际生活中的运用频率最高、运用场合最广。我们的努力目标，就在于引导学生懂得“到处都可以学语文”“语文应用的外延与生活的外延相等”的道理。如果学生个个都能在语文课堂之外的广阔天地里学习语文，训练自己对于语言现象的敏锐感受力，那么，我们的语文教育工作已经成功了一大半。三是要根据现代生活的发展前景来规划语文教学的未来。生活本身是在

①顾黄初：《顾黄初教育文集》(下)，北京：人民教育出版社，2002年版，第1095页。

> 不断发展、不断更新的，生活中运用语文工具的状况也必然要随之发展，随之更新，比如新的词汇、新的语言表达方式的不断涌现，就是一例。我们的语文教育必然要随着社会生活的发展而发展，不能永远停留在一个水平上。[①]

显然，顾先生关于实现语文教育“贴近生活”的途径主要有三：一是要根据实际生活中运用语文工具的规律来探求语文教学的规律；二是要根据实际生活中运用语文工具的众多场合来开拓语文教学的空间领域；三是要根据现代生活的发展前景来规划语文教学的未来。鉴于三种途径的相对独立性，笔者将把第三个途径在本问题后单独加以分析论述。

（一）要根据实际生活中运用语文工具的规律来探求语文教学的规律

在顾黄初先生看来，由于语言文字是人们在实际学习、生活、工作中所频繁使用的最基本、最主要的交流与交际工具，而语文教育又是以着眼于、致力于学生“以学语文、用语文为基本内容的教育活动”[②]。如此看来，在“教语文”与“用语文”之间就必然存在着一种天然的密切联系——语文教育的规律自然也必然潜藏在运用语文的规律之中。对此，他从语文实际运用的视角明确提出：“人们在实际生活中运用语文工具进行听说读写活动，总是受到三个方面的制约。”[③]语文教育要贴近生活并不断提高效率，就必须认真注意、有效克服以下三方面因素的制约与限制。

首先，个体的语文能力受生理机制、操作方法、实践频率的制约。听说读写作为语文能力的四个主要表现方面（存在领域）与语文教育的四项重要任务，自然会受到个体生理机制的影响与制约。譬如盲童就不能对其进行普通的阅读、写作训练，而只能以盲文教育来代之。同样，听力有残疾的学生，在进行听说训练时就会遇到一些特殊的困难。就普通学生而言，在进行听说读写教育中虽没有生理机制的制约。但由于语文教育作为旨在提高学生听说读写能力的专门教育，因而就必须强调加强和改善这四个方面的系统扎实教育与实际“操作”训练，才能

---

①顾黄初：《关于语文教育研究》，《扬州师院学报》（社会科学版）1996 年第 3 期。

②顾黄初：《关于语文教育研究》，《扬州师院学报》（社会科学版）1996 年第 3 期。

③顾黄初：《语文教学要贴近生活》，《教学与研究》1988 年第 1 期。

实现语文教育的基本目标。基于此,顾先生就认为:(语文教育)“为了培养他们听说读写的初步能力,从入学开始,在语文课上就该有意识地进行耳口眼手脑的机能训练……此外,听说读写作为人类的社会实践活动,它们各有自己的‘操作’方法。听,要集中注意力、排除干扰、捕捉信息、概括要点、辨析语意等等;说,要发准语音、控制语调、理顺语脉、借助语态等等;读,要识记文字、调节眼动、循文明义、控制疾徐等等;写,要明辨结体、书写端正、符合格式、相机标点、删改清晰等等。”以上这些练耳、练口、练眼、练手与练脑的以“练”为基本特征的语文教育活动,应该也必须是语文教育、语文课程的最基本“常态存在”。这是由于,“所有这些,都是最基本的‘操作’方法;这些基本‘操作’方法掌握不好,就会直接影响听说读写应有的社会交际功能的正常发挥”[①]。自然,“直接影响听说读写应有的社会交际功能的正常发挥”从源头或根源上来看,主要在于语文教育常常存在这样那样不与实际生活相联系的问题,进而影响到这一交际功能的正常发挥。

在详细分析、深刻论述了个体生理机制、操作方法对听说读写能力的制约的基础上,顾先生还特别强调指出建立于科学基础上的不断反复操作、长期坚持训练对听说读写能力形成与提高的重要性:“任何一种实践能力都必须在具体的实践活动中才能形成,才能发展。因此,听说读写的能力必须要受实践频率的制约;只有坚持频繁的、不间断的听说读写实践,人们的听说读写能力才能得到发展。”[②]通过以上分析,我们就可以清晰地看出顾先生在“语文教学要贴近生活”这一总观点之下所提出的必须要注意学生的生理机制、操作方法与实践频率对语文能力形成与提高具有决定性影响的观点,他清晰无误地告诉我们在语文教育实践中要突出实践训练与必要的反复。具体看,一方面语文教育必须真正确立以实践为行为追求、价值导向的教育行为,才能真正符合“实际生活中运用语文工具的规律”,进而有利于促进学生语文能力的形成与提高。就是说,语文教育必须要在听的实践训练中去形成与提高学生的听话能力,必须要在说的实践训练中促进学生的说话能力的形成与提高,必须要在读的实践训练中促进学生的阅读能力的形成与提高,必须要在写的实践训练中促进学生的写作能力的形成与

①顾黄初:《语文教学要贴近生活》,《教学与研究》1988 年第 1 期。

②顾黄初:《语文教学要贴近生活》,《教学与研究》1988 年第 1 期。

提高。据此,在他看来,“在语文课上,企图通过教师的‘讲授’使学生获得听说读写的能力,这无异于缘木求鱼,因为它违背了听说读写能力形成和发展的规律”①。另一方面,语文教育在培养学生听说读写能力的过程中,还必须要适度强调与恰当突出必要的与科学的频繁操作、反复训练与长期坚持,才能有望收到实实在在的成效。这是由于无论是听说能力还是读写能力都是一种对语文的实际运用技能与技巧,个体只有在反复多次、经年累月的语文实际训练中、语文反复运用实践中才能不断提高听说读写的能力。古语“操千曲而后晓声,观千剑而后识器”所阐述的就是这一道理。警句“读书破万卷,下笔如有神”所强调的也是这一规律。为更确切地说明这一道理,笔者以写作为例具体解说一下。在写作实践中,个体怎样才能达到“不怕写,写不怕,怕不写”的理想境地呢?答案可能只有一个,就是只有坚持不懈地进行写作。因此,有人就说:“作家就是写家,作品就是一直写才被写出来的。”再如英国著名作家勃朗特三姐妹,是在帮助弟弟成才的过程中发现了自己的写作才能并长期坚持、不懈努力,才最终使她们三人都以优秀文学作品而享誉世界文坛。

其次,个体的语文能力受思想、知识与智力的制约。从宽泛意义上讲,世界上没有不承载着思想情感的“纯语言”,也很少有不借助于语言就能表达倾诉出的思想情感的“抽象精神”。就是说,语文虽然是一种交流与交际及进行思维的工具,但这种工具总是承载着一定的认识、思想、观点与情感、知识、思维、价值倾向等“精神层面”的东西。这实际上也就是张志公先生所说的“语言与思想老长在一起”的语文客观存在。对此客观存在,顾黄初先生也分析指出:

> 任何语文行为,它都包含着形和质两个方面。文字符号、语音语调、行文格式等等,是形;而借文字符号、语音语调、行文格式等等所表达的思想观点、知识内容、思维成果等等,是质。质不能“外化”为形,就不成其为语文行为;形不能“传递”出质,也不成其为有社会意义的语文行为。因此,思想、知识、智力是听说读写能力提高和发展的极其重要的三个潜在因素。②

这段极为精彩的论述告诉我们,任何语文行为(结果)都是形式与内容的有

①顾黄初:《语文教学要贴近生活》,《教学与研究》1988 年第 1 期。

②顾黄初:《语文教学要贴近生活》,《教学与研究》1988 年第 1 期。

机统一：如果没有文字符号、语音语调、篇章结构、衔接过渡等等的语文形式与手段，思想情感等“质”的表达就失去了必要的凭借；如果没有一定的生活阅历、思想情感、认知水平、价值观念等这些实现认识成果，语文这一“形”的存在也就缺乏了必要的物质躯壳。这就是顾先生所阐述的“质不能‘外化’为形，就不成其为语文行为；形不能‘传递’出质，也不成其为有社会意义的语文行为”的道理所在。如此看来，要切实有效地促进学生听说读写能力的快速形成与长足发展，除了要充分重视语文在这一“形式”方面的教育与训练，也要重视对学生进行情感熏陶、观念提高、认识改善、知识增长、人格完善……虽然后者并不是语文教育的“独有”任务而是与其他各科教育都要担负的“共同”任务，但由于语文与认识水平、思想情感等的密不可分性，语文教育就必须在认识与实践上高度重视、妥善解决“语文”（形式）与“思想”（内容）之间的有机关系，只有这样才能真正提高教育效率。

应该说，顾先生在“语文教学要贴近生活”这一总观点之下提出的语文教育必须要密切注意并有效解决语文能力受思想、知识、智力制约问题的观点，也清晰无误地告诉我们：从实际生活中人们运用语文这一必然要承载着思想等“质”的东西与人们的思想等“质”的东西又必须要借助语文这一“形”的载体才能表达出来的“表里”关系看，语文教育必须也必然要遵循这一客观规律，才能提高自身效率。在此基础上，顾先生还从学生语文能力的发展提高与思想认识水平的提高完善对形成较为完善的语文能力结构有着极为明显影响的视角明确指出：“从实践社会交际功能的目标来说，听说读写都要求做到‘准、实、巧’，即达意的准确、内容的充实、表现的灵巧；而思想则能使其‘准’，知识则能使其‘实’，智力则能使其‘巧’。”同时，“从提高语文行为的实际效果来说，听说读写都要求达到‘真、善、美’；而思想则能使其‘善’，知识则能使其‘真’，智力则能使其‘美’”。① 这也清晰地告诉我们，广泛的知识、丰富的思想、充沛的情感、深刻的认识、正确的观念、科学的研究、周密的观察等等，都会对学生的听说读写能力起到巨大的推进作用。反之，学生如果视野狭窄、观念保守、见识有限、情感匮乏、审美残缺，自然也常常会影响听说读写能力的提高。对此，顾先生十分明确地指出：“我们不可能设想，一个人思想品德低劣、知识视野狭窄、头脑呆板迟钝，而他的语文能

①顾黄初：《语文教学要贴近生活》，《教学与研究》1988年第1期。

力却孤立地超越他人，竟然达到‘准、实、巧’‘真、善、美’的境地。”也正是在这一意义上，他坚定地指出：“因此，一个人听说读写能力的提高和发展，除了有赖于掌握必要的语文知识和语文技能以外，还必须相应地提高思想水平、道德素养，相应地扩展知识的领域和发展机敏的头脑。忽视了后者，把全部力量单纯地倾注在‘语文’上，到头来，难免要事与愿违。”①自然，在语文教育中我们对语文这一“形”与思想情感这一“质”之间的密不可分关系的理解、把握与处理，绝不能机械僵化以至形式化、简单化——对语文与思想或平均使用力量或只片面强调“形”的重要性或只片面强调“质”的重要性。实际上，对语文教育中“形”与“质”关系的正确处理必须始终遵循这一“技术路线”或说“基本途径”（只以阅读与写作为例）：从语文（“形”）入手来正确理解（或恰当表达）其思想情感（“质”），再从对思想情感（“质”）的正确理解（或恰当表达）中再次认识和把握语文运用（“形”）的具体形式与方法等。自然，对难度较高作品的阅读与写作难度较高的对象，这一“技术路线”可能就要多“折返”几次，才能更好地达成这一目标。

最后，个体的语文能力受目的、对象、场合的制约。一般而言，人类在运用语言的时候，大多都具有明确的目的——为了表达什么或什么对象、内容需要用语言来表达，也必然要顾及交流的对象——与谁在交流什么，更要看特定的交流场合——在何种处所与何种语境下进行交流的。就是说，作为交流交际工具的语言，在使用过程中总是要受到特定目的、明确对象、一定处所的直接制约。在语文实践中，个体如不注意目的、对象、场合的制约，就难以取得良好的交际交流效果。换言之，语言使用者要实现流畅的信息交流、充沛的情感沟通、深度的思想交融，就必须要注意交际的对象、目的与场合。对此，顾黄初先生认为：“人类的听说读写活动，是一种特殊的社会交际活动。一般地说，这些活动都是根据一定的目的、针对一定的对象、在一定的场合之下进行的。目的不同，对象不同，场合不同，听说读写的要求和方式方法往往也就不同。”②这就说明，要提高学生的语文能力，语文教育、语文课程实施中就要特别注意培养他们根据目的、对象、场合来灵活运用语言的意识与能力。因为语言运用是否得体不仅反映出一个人的语文素质，更会直接影响一个人的处身立世，如下例：

相传年羹尧在远征新疆时，抓获了三个人：一文官，一武官，一师爷。在

①顾黄初：《语文教学要贴近生活》，《教学与研究》1988 年第 1 期。

②顾黄初：《语文教学要贴近生活》，《教学与研究》1988 年第 1 期。

问斩前，先用一个问题来考他们，并承诺猜对了的不杀。这个问题是：“猜我会不会杀你。”为活命，武官抢先说：“大人不会杀我的。”年羹尧说：“猜错了，杀！”文官一见就立马说：“大人是要杀我的。”“好！那就要成全你。”年羹尧马上说。最后师爷从容地回答道：“大人杀我，显示了大人的威；大人不杀我，显示大人的德，大人不管杀不杀我，都是英明的。”“这话我爱听！”年羹尧笑了，于是就留下了师爷。

显然，这位师爷之所以能够留全性命，全在于他能审时度势地根据对象、目的与场合来正确、巧妙地使用语言：依据年羹尧的凶残，无论回答杀还是不杀，其结果都是被杀。而回答“大人不管杀不杀我，都是英明的”则是最为得体的，也是最能契合年羹尧心理的。这是因为“大人杀我，显示了大人的威；大人不杀我，显示大人的德”这一巧妙回答，完全是根据问话者的心理来回答的，也最符合这一特定场合的特定要求。这一事例形象而具体地告诉我们：实际生活中的语言运用，总是有着特定的目的、对象、处所、情境等明确要求与“语境”因素的明显制约。能够并善于根据特定目的、对象、场合等特定情境来选择性地使用语言，是学生是否具有良好语言能力的具体表现。而要使学生具有这一良好语言能力，语文教育就要自觉担负这一方面的指导与训练：多设计一些与特定目的相关联的话题，指导学生进行口头表述训练；多设计一些与特定问题有关联的作文，指导学生进行书面表述训练；多设计一些与特定场合（文本）有关联的情境性问题，指导学生进行想象、联想等思维能力训练……正是因为发现语文教育过程中教材与教师往往不注意根据目的、对象与场合来机械训练学生语文能力现象的广泛存在，顾先生明确指出：

有人说，以往我们的语文教学总是与社会的实际需要相脱节。这“脱节”的表现之一，我以为就是听说读写训练的无目的、无对象和无场合。这“三无”的训练，可以名之为“不定式”的训练。这种“不定式”的训练，由于没有尊重实际生活中听说读写的规律，所以其效果必然有很大的局限。①

概括看，顾先生根据实际生活中个体听说读写活动总是会受到生理机制、操作方法、实践频率与思想、知识、智力以及目的、对象、场合这些实际“用语

①顾黄初：《语文教学要贴近生活》，《教学与研究》1988年第1期。

文”因素的制约这一情况，提出语文教育必须要根据实际生活中运用语文工具的规律来探求自身的规律，这就告诉我们：语文教育要切实加强与有效改善与实际生活相密切联系并力求呈现为“活的语文”形态，具体讲就是必须突出语文教育的实践取向，必须要在语言训练时注重对学生思想认识、情感熏陶等方面的教育，必须要结合具体语境来进行语言训练。只有这样，才能促进语文教育的科学化水平，也才能提高语文教育效率。

（二）根据实际生活中运用语文的众多场合来开拓语文教育的空间领域

语文是交流交际、思维思想、表情达意、协商互助的最基本与最重要工具，在一切教育活动与课程体系中都是与学生实际生活联系最为密切的。因此，要使语文教育“贴近生活”，就要使语文教育走向学生的实际生活、走向学生的社会实践。对此，顾黄初先生指出：“语文这个工具，是生活中广泛地、频繁地运用着的工具。生活有多广阔，语文运用的天地就有多广阔。”[①]在他看来，语文实际运用的“天地”或说语文实际运用的“场合”主要包括如下几个方面。

一是学生的“各科学习生活”。由于语文是人们所共同使用的“公器”，因此，在学校中的各学科教育教学中，师生都必须要以这一“公器”为基本凭借才能有效组织与实施教育教学活动。显然，就语文的实际运用来讲，事实上学校的各学科与各学科的教师都在共同实施着语文教育——尽管其他学科只是一种无意识的并以具体实践运用（知其然）取向为主要特征的语文教育；同时，各学科的众多教师也都在一定程度上承担着语文教师的职责——尽管这些教师也许并没有清晰地意识到这一点。对学校各学科实际上都承担着或在实际促进学生语文能力方面所起的积极作用，张志公先生曾十分形象生动地分析指出：

随便举例来说，初中二年级的学生开始学平面几何了，那是运用推理、论证等逻辑思维形式最集中的一门课。几何课的开始无疑对语文课的某些方面有重要的助益，同时几何课也需要语文课给予配合。开始学植物学的形态分类无疑与语文课里学习语法之类的知识有许多共同处，配合得好可以收到相辅相成、相得益彰的功效。至于语文课与外语课，语文课与历史课等

①顾黄初：《顾黄初语文教育文集》（下），北京：人民教育出版社，2002年版，第1101页。

等,需要和可能沟通,更加明显,毋庸论述。“邻居高打墙”,关起门来各干各的,决非好办法。各科知识互相渗透、互相作用,不仅仅是科学知识高级阶段的事,从基础阶段就是如此,就教育工作而论,就应当统筹全局,采取合理有益的措施。①

张志公先生在这段话中,以几何、生物等课程为例指出了它们对语文教育、语文课程的积极意义。自然,阐释与呈现系统历史事实、多彩地理人文、深刻哲学道理、复杂经济现象、动人音乐旋律的历史、地理、哲学、经济、音乐等众多课程,都无一例外地会对学生的语文能力、思维能力、认识水平产生这样或那样的积极影响与促进作用。语文教育与其他学科教育之间客观存在着的“科际联系”,告诉我们必须要重视并有意加强语文教育与其他学科教育之间的“科际联系”:一方面,语文教师要在语文教育实践中有意识地通过与其他各科教师之间的密切合作并利用多种途径、多种方式来促进语文学习与其他学科学习之间的联系,譬如通过历史典籍阅读报告会、地理旅游指南编写等形式,就可促进语文学习与历史、地理学习之间的联系。另一方面,语文教师要积极通过组织各学科学习方法交流会、推荐各学科阅读书目等众多形式,使学生明确认识各科学习对语文学习的推动作用,并使学生具体感悟、深刻体会语文学习对其他课程学习具有的基础性作用。总之,由于语文的工具性特征,语文教育就天然地与其他学科教育之间有着密切的联系,正如顾先生所指出的:“中学生学习的许多主要课程,都有各自的教科书,这些教科书就是他们需要研读的文字材料;各门课程都要完成一些作业题,无论是运算题还是回答题,都是他们运用语言文字或其他符合进行解答的书面表达训练或口头表达训练。”②显然,这些其他学科的教材与作业题,都在“无意识”地担负着语文教育的职责,起着“无计划”地训练学生语文能力的功能。语文教育与语文教师就是要看到科际之间的这一联系,有意识、有计划地促进语文教育与其他学科教育之间的联系。

二是学生的“学校课余生活”。尽管长期以来我国中小学生课业负担较重,但为增强学生的实践能力并促进学生的全面发展,教育部门不时强调要加强课外实践活动,许多中小学校也都较为注重组织开展形式多样的课余活动。从纵向看,

①张志公:《张志公语文教育论集》,北京:人民教育出版社,1994年版,第271页。

②顾黄初:《语文教学要贴近生活》,《教学与研究》1988年第1期。

从传统的踢毽子、跳皮筋、书法实践、小论文写作发展到现代的机器人、航模比赛，在中小学校中课余活动都是始终存在着的。形式多样的课余活动，必然要以语言文字为工具来组织开展，且这些课余活动中的许多活动也有必要并完全可以用文字的形式来表达出来。因此，顾黄初先生认为这些课余活动中"也包含着大量的学语文、用语文的因素"①，语文教育自然就可以利用学校或班级组织的这些多样的课余生活，使语文运用与课余活动有机结合起来。譬如让学生对某项活动进行策划书编写、对某项活动进行新闻稿撰写、对某项活动进行全面系统总结、对某个自然或社会现象加以分析探索等，都可促进语文学习与课余活动的有机联系，促进学生语文能力的发展。

三是学生的"校外组织生活"。在顾黄初先生看来，中小学校经常性的队会、团会、班会等集体活动形式以及有组织、有计划开展的社会调查、参观访问等社会实践活动，虽然其基本要旨在于促进学生了解社会、深入生活、提高素质、锤炼意志，但"也往往包含着大量的学语文、用语文的因素"②，都是促进学生实际运用语文、快速提高语文能力的重要场所与有利时机。因此，语文教育就要充分利用这些校外活动来有效地组织学生学习语文、运用语文，使语文教育与这些活动相结合、相配合、相促进。正是基于此，顾先生明确提出语文教育，要充分利用访问的时机来提高学生提出问题、观察社会、提炼生活的能力，要充分利用参观的时机来提高学生细致观察、准确描写、深刻议论的能力，要充分利用调查的时机来提高学生分析问题、表述问题的能力，要充分利用游览的时机来提高学生描摹美好风光、大千世界的能力。就是说，访问、参观、调查、游览及祭扫等多种形式的校外社会活动，既是开阔学生视野、丰富学生精神世界、增长学生社会阅历的重要途径，也是提高他们口语交际、书面表达、构思表达等语文能力的重要途径。③

四是学生的"家庭日常生活"。语文的工具性特质，就必然决定了学生在家庭日常生活与社会实践活动中时时处处都要接触到、使用到语文。譬如学生与父母在家时的随意交谈，实际就是在进行着听说活动；与同学在网上聊天，实际就是在进行着对话表达；在闲暇之时翻阅微信，实际就是在进行着阅读训练；在微

①顾黄初:《语文教学要贴近生活》,《教学与研究》1988 年第 1 期。

②顾黄初:《语文教学要贴近生活》,《教学与研究》1988 年第 1 期。

③顾黄初:《语文教学要贴近生活》,《教学与研究》1988 年第 1 期。

博上发表言论或感想，实际就是在进行着写作训练……正是在看到家庭生活中无时无刻都会运用到语文来达成多种活动目的实现的这一客观存在，顾黄初先生明确指出：“中学生作为家庭的一个成员，也经常有运用语文工具的机会，例如与亲友通信，给他人辅导，为邻里代笔等等。”[①]因而，语文教育就要充分利用这些有利机会，使学生在语文实践中认识语文、提高语文能力、发展语文素养。对此我们要看到，在义务教育全面普及的社会条件下，每个学生在实际生活中都在熟练或较为熟练地运用语文，语文教育的重要任务之一就是要在“有意识”“有计划”上做文章、下功夫，从而促进语文与实际生活、社会实践之间的有机联系，并使学生逐步养成认真运用语文的良好习惯。

概括来看，顾先生认为以语文课堂教学为轴心并积极与学生的“各科学习生活”“学校课余生活”“校外组织生活”与“家庭日常生活”相结合的语文教育，是一个“辐射性”“网络状”的立体语文教育结构。这一语文教育结构，一方面可有效引导学生懂得“在生活中到处都可以学语文”之道理，并积极致力于在实际生活中主动学习与运用语文，另一方面可有效促进听说读写各项语文学习活动与实际生活的联系而不断获得“源头活水”，进而促进学生语文能力的快速发展与显著提高。

三、语文教育要适应未来社会发展的实际需要

如前所讲，语文的工具性特征就必然决定了语文教育必须要与实际社会生活相联系、与学生运用语文的实际生活相贴近。在此基础上，由于语文还是一种社会客观存在，它必然要随着时代的发展而发展、随着社会的变化而变化。在此基础上，以语言文字认读、理解、运用为中心教育任务的语文教育与语文课程也必然要随社会的发展而发展，随生活的变化而变化，从而使自身与学生未来实际生活的客观需要联系起来。对此，顾黄初先生曾明确指出：“教育的本身，从实质上讲，总是面向未来，服务于未来的。语文教学无论是教材、教法，还是教学手段，都不能永远停留在一个水平上，它们都需要随着现实生活的发展而发展。”[②]

①顾黄初：《语文教学要贴近生活》，《教学与研究》1988 年第 1 期。

②顾黄初：《语文教学要贴近生活》，《教学与研究》1988 年第 1 期。

首先，语文教育的内容与形式都要随时代发展而发展、随社会变化而变化。由于语文教育对学生语文能力的培养主要是通过一篇篇范文来进行的，因此纵向来看不论是选文的内容还是形式都随着社会的变化而变化，随着时代的发展而发展——许多反映新生活、新变化、新科技、新观念的内容都必然要在语文教育特别是语文教材中及时体现出来。譬如古代常用的铭文、奏章等文体自语文独立设科后就不再出现在语文教材中，学生也就没有必要学习与掌握。再如在“左倾”政治思潮的严重影响下，20 世纪 50 年代末期我国中小学的语文教材就带有浓厚的时代气息。当时在浙江省初中三册语文课本所收录的 31 篇文章中，马列著作和政论文章占 15 篇，其余 16 篇文章中有 6 篇是报道农业生产大跃进的，2 篇是表扬大炼钢铁的，4 篇是进行革命传统教育的。在人民教育出版社 1958 年编辑出版的初中语文课本中，与鲁迅同期的名家几乎“集体蒸发”，取而代之的是歌颂运动的作品。[①]自然，这是时代、社会对语文教育负面的影响，但也说明语文教育总是随时代社会变化而变化的。还如从词汇这一语言的建筑材料的具体运用看，过去我国由于相对封闭并与各国政治文化、经济科技、人文教育等方面的交流不多，因此外来词数量较少且易于规范，学生在使用这些外来词时也就多以规范的音译词、意译词为主。但随着改革开放的不断深入与中西方文化、科技交流的日益紧密以及互联网等新科技革命的重大影响，外来词除传统的音译词、意译词之外，汉语中开始逐步出现并频繁使用“音译加注词”（就是把整个原词音译后，在音译后加上一表示意义类属的汉语语素）与英语单词的缩略形式“字母词”，汉语词汇的这一变化也必然会影响到学生对其的使用与语文教育的实践。前者如“芭蕾舞”就是“ballet+舞”，“啤酒”就是“beer+酒”，“卡车”就是“car+车”，“桑拿浴”就是“sauna+浴”，“太妃糖”就是“taffy+糖”等。[②]后者如我们十分熟悉的 CCTV、NBA、CBA、IQ、CT、WTO、APEC 等等。现在在中小学生的口语、书面表达中，都会随时随地地出现（使用）这类外来词特别是网络语言中的“字母词”。对此，语文教育就必须要根据汉语词汇的这一时代变化，科学引导、积极教育学生正确认识、合理使用这些外来词：既反对没有节制地大量使用“字母词”以致造成表意不明并影响汉语规范性的语言行为，也要允许学生在必要时适度使用那些被广泛运用的“字母词”。以上这些分析说明，语文教育必须随时代与社会的变化而变化。

①王淦生：《语文教材的变迁》，《光明日报》2013 年 10 月 23 日。

②解光穆：《故事里的汉语》，西安：陕西师范大学出版总社有限公司，2015 年版，第 124 页。

其次，语文教育目标也要随着时代的变化而变化。随着社会生活的变化，语文教育的一些目标要求自然也要随着变化。在谈到阅读能力时，顾黄初先生认为随着信息时代的到来，人们每天都可能要接触到大量的有用且有益或无用且无益的信息，这就需要具备快速、准确筛选、提取与把握信息的能力。这一能力，实际上就是快速阅读能力。面对时代变化要求语文教育、语文课程必须做出相应的变化，他曾十分明确地指出：“现代社会的一个越来越显著的特点是生活节奏的加快，过去我们的阅读教学，大半专注于锻炼‘咬文嚼字’‘字斟句酌’的功夫，读书不求快而求精。这方面的功夫，当然是需要重视的；但今后必须引起我们的注意的新课题将是‘快速阅读’。”[①]在谈到写作能力时，他也明确指出随着生活节奏的加快与信息量的急速增加，要求人们要用最经济的时间与精力来获取最新的、最精要的信息，因此“缩写训练、概括训练、综述训练以及所谓跳跃式表达训练等等，将成为人们所重视的新课题”[②]。还如随着现代信息技术的飞速发展与教育信息化的加速推进，学生在电脑上进行阅读、作文以及搜集资料、查阅信息等活动已经极为常见。同时，基于网络技术的发达与电脑、手机的日趋普及，“翻转课堂”与“慕课”等一些新的课堂教学形式已经出现。如此看来，提高学生充分运用现代信息技术来进行阅读、写作、对话的能力也成为语文教育未来发展与提高的必然要求之一。仅从以上这些简要的举例中，我们就可看出飞速变化的时代与社会、技术手段等极大地推动了语文这一交际工具本身及重要载体、重要途径的飞速发展与变化，而飞速发展与变化的语文（呈现载体）又必然要求以“语文”为基本教育任务的语文教育、语文课程要主动适应这一变化。

最后，语文教育的方式与方法也要随时代社会的发展而发展。顾先生在分析、认识语文教育问题时，总是能从时代、社会、科技等多方面的发展变化来加以全面分析与周妥论述。如他在 20 世纪 80 年代谈到语文教育的方式、方法变革时，就主张要重视利用幻灯片、电影等现代技术手段来改变“一支粉笔，一本教材”的传统教学方式，并以现代教学手段来切实提高语文教育效率：“利用幻灯片、电影、电视来辅助教学，可以显著地提高教学效率。许多事实证明，要适当加快语文教学的节奏，尽可能增强语文能力训练的有效性，有必要配合采用一定的

①顾黄初：《语文教学要贴近生活》，《教学与研究》1988 年第 1 期。

②顾黄初：《语文教学要贴近生活》，《教学与研究》1988 年第 1 期。

现代化教育手段。”[①]在20世纪末期谈到语文教科书的编写时，他又从现代科技发展的成果与运用前景出发，强调音像教科书、电子教科书这些新型教科书对语文教育具有积极的推动作用，呼吁要重视开发这类教科书。此外，他还以现代信息技术在教育领域的广泛运用为基本依据，提出语文教师要以宽阔的视野与永不满足的精神，重视和善于运用最新的现代教育方式来改进、提高语文教学效率，促进学生语文能力发展，这就是他在20世纪90年代中期就已提出的，语文教师必须要“研究电脑时代语文教育方式方法的新变化”[②]。

正是在立足于时代与社会生活不断发展变化的认识基础之上，顾黄初先生辩证而明确地指出：“我们的语文教育必然要随着社会生活的发展而发展，不能永远停留在一个水平上。”但由于语言文字的相对稳定性与国家统一的语言文字政策，顾先生也认为：“未来的语文教育绝不可能出现‘全新的格局’，它只是当前的语文教育在改革中的发展和延伸。”[③]在他看来，语文教育、语文课程在今后未来社会发展变化中可能出现的“发展和延伸”主要有：

一、未来的语文教育将以语言学、文章学和文学为三大理论支柱。当然，语文首先是姓“语”，但由于三者侧重点不同，语文教育将形成多种模式、多种流派和多种风格的格局。这些模式、流派和风格都将在新世纪的教学实践中接受检验。二、未来的语文教育将把传播我国优秀的传统文化和民族精神，提高受教育者的文化修养和道德情操作为自己的神圣职责，通过语文教育与现实生活相沟通、与其他学科的学习相结合，全面提高受教育者的语文素质。三、未来的语文教育将更加体现出科学的有序性。文字、文章、文学、文化，都应该是语文教育题中应有之义，但随着学段的递增，四者的侧重点可以有所不同……四、未来的语文教育随着电脑和多媒体的普遍使用，随着人机对话成为现实，读写听说训练的内容和方法将会出现新的变化……[④]

这就是顾先生对未来语文教育变化“格局”的预测，21世纪以来强调语文教

①顾黄初、李杏保：《论语文教育研究的“三个面向”》，《殷都学刊》1986年第2期。
②顾黄初：《关于语文教育研究》，《扬州师院学报》（社会科学版）1996年第3期。
③顾黄初：《关于语文教育研究》，《扬州师院学报》（社会科学版）1996年第3期。
④顾黄初：《关于语文教育研究》，《扬州师院学报》（社会科学版）1996年第3期。

育的生活化、重视学生语文素养与思想文化素养的同步提升以及现代教育技术在语文课堂教学中的广泛运用等，都证明了他的预测是极为富有学术前瞻性与历史穿透力的。

概括本节内容，我们可看出顾黄初先生在《语文教学要贴近生活》一文中所阐释的这三个观点，可谓抓住了语文教育发展与提高的核心问题与未来的基本发展方向。因此，有语文教育研究者认为："这篇文章是百年语文教育理论涉及语文与生活关系问题论述最为全面、最为扎实、最为深刻的扛鼎之作。"①从对语文教育与实际生活辩证关系的科学分析与正确处理这一关系的实践操作意义来看，研究者对这篇文章的三个"最"的高度评价还是客观公允的。

①纪平：《继承创新 与时俱进——顾黄初语文与生活观评析》，载王乃森、徐林祥：《继承·耕耘·创新：顾黄初语文教育思想研究》，北京：社会科学文献出版社，2003年版，第133页。

第三节　语文教育要走民族化与科学化相结合的道路

语文教育要走出少慢差费的困境，就要实现现代化；而要实现现代化，又要走民族化与科学化相结合的道路。这就是顾黄初先生对叶圣陶、吕叔湘、张志公、刘国正等先生语文教育思想的继承与发展，也是关乎语文教育、语文课程改革方向、发展趋势与必然要求的重大认识与实践问题。语文教育为什么要坚持这一重要发展原则并使之成为语文教育改革的重要指导思想呢？他曾如此分析论述其中的根本缘由：

> 作为一种改革的目标和方向，我提出了“民族化和科学化相结合”这样一个着眼于宏观的命题。中国的语文教育是以汉语汉文为基本内容的教育活动，所以必须充分重视汉语汉文的特点和教育传统，体现出“民族化”的精神和气派。一个真正的、尊重科学的改革者，他绝不可能对民族历史、民族传统抱虚无主义态度。恰恰相反，改革者往往同时也是历史的优秀传统的批判继承者，在文化领域和教育领域，尤其是如此。
>
> 当然，在坚持民族化的同时，从提高效率的目标出发，又必须坚持科学化，其中包括重视教学内容的序列化、教学过程的最优化和教学手段的现代化等等，使民族化和科学化很好地结合起来。[①]

一、语文教育要走民族化之路

从中小学教育内容计划安排、课程设置来看，语文教育、语文课程无疑是最具民族文化传统的教育与课程；同时，由于语文教育源远流长，前人在对其的理论探索与实践改革中已经积累了众多的有益经验与有效方法。因此，顾黄初先生多次强烈呼吁要以切实的措施与有效的手段，不断提高语文教育的民族化水平。

①顾黄初：《关于语文教育研究》，《扬州师院学报》（社会科学版）1996年第3期。

（一）语文教育为什么要走民族化之路

从中小学课程史的角度看，语文课程是我国现代教育制度建立之后最具民族特色的课程。数学、物理、地理乃至于历史、文化、伦理、体育等众多课程，其具体内容与体系结构基本都是从西方引进的；唯独语文课程无法引进而是通过对古代蒙学、蒙书加以改良而逐步构建的。在构建语文教育内容、方法等过程中，传统的教学篇目、方式方法、内容组合及呈现形式、训练项目等得到了不断改造或变革，在一些优秀成分得以留存的同时，一些糟粕也得以保持，有时甚至是一些优秀成分反被糟粕所掩盖。正是在对传统语文教育与现代语文教育加以系统分析、辩证认识的基础上，顾黄初先生以叶圣陶、张志公关于加强语文教育民族化的基本思想为指导，明确提出语文教育要适应时代社会的要求，要为提高民族素质做出应有的贡献，就要走民族化的道路。在他看来，在语文教育的理论与实践中之所以要高度重视与切实提高其民族化水平，主要是由如下一些因素所决定。

第一，由于今天的语文教育是从昨天的语文教育发展演变而来，古今语文教育之间必然存在着明显的源流与继承关系。自孔子创办私学开始，从先秦到清末的漫漫历史长河中，以传递文化、培育人才、继承传统为主要目的“综合性”教育一直是我国传统教育的主流；以识字、阅读、写作及应试为基本教育内容、教育目的语文教育则是传统教育中最重要、最基础的组成部分，并一直影响到今天的语文教育。众所周知，在现代教育制度建立之后，语文课程得以独立设科并成为基础教育体系中的基础教育。与数学、化学、地理等教育与课程相比，最具民族文化性的独立设科后的语文教育与语文课程虽在内容、形式上有着许多新变化、新特征，但其基本内容、主要目标、教育特征、教学对象、教学方式、呈现形式、训练特点等主要教育要素却没有发生根本性的改变，这就决定了“古今”语文教育之间必然存在着“天然”的关系。对传统语文教育与现代语文教育间的这一客观的“天然”联系，顾先生曾分析指出：

> 汉语文教育是对汉语汉文的识别和书写、理解和运用的知识传授和技能训练活动。而汉语文本身，千百年来虽有某些发展变化（应当重视这种发展变化），但其基本材料和基本用法却没有根本改变。尽管社会已发生了巨变，随着时代的发展，学习者的心理素质和思维特征古今也有显著差异，但汉语文作为社会交际工具的性质和功能没有根本改变，本民族的学习者学习本民族

> 语文的某些特点和规律也不会有根本的改变。因此，把学习汉语文，提高汉语文的听说读写能力的方法，提到最高层次上加以概括，以至窥探到其中深蕴着的奥秘即规律，古今必有许多相同之处。这是不应该有什么怀疑的。①

如此看来，在语文教育的历史长河中，尽管语文教育的客体（教育内容）——语言文字及其所承载着的思想内容、价值情感、客观事物等“形”与“质”的东西与语文教育的主体（教育对象）——学生的心理素质与思维特征、认知方式、情感态度等古今确有着明显变化，但与之同时作为“社会交际工具的性质和功能”的汉语文与作为“本民族的学习者学习本民族的某些特点和规律”的学生却“不会有根本的改变”。这就告诉我们，古今语文教育之间一些构成要素特别是一些最重要的构成要素“不会有根本的改变”。基于这一天然联系，我们在语文教育中就绝不能割断传统或决然否定传统，或者说语文教育的任何变革与创新都必须以历史为借鉴，以历史为根基，否则就会走向反面。对无视语文教育的历史传承与提倡盲目仿效国外教育方法的不良倾向，顾先生明确而果决地说：“我们教的是汉语汉文而不是 ABCD 的洋文，我们施教的对象是从牙牙学语开始就在学汉语、用汉语的本民族青少年，我们似乎更应该探源于‘传统’的精髓，在此基础上去求发展，由此出发来观察、分析、评判当前语文教学领域中的种种现象和做法，由此出发来研究国外一些教育理论哪些是适合于我们的，哪些未必完全适合，哪些根本就不适合。”②

第二，由于在语文教育改革发展的历史进程中始终存在着全然否定传统语文教育的不良倾向与学术观点。自五四运动伊始，为实现文化革新、教育革新，不少人甚至一些文化大家、教育大家都对传统文化与传统教育采取了全然否定的态度，认为只有在对传统的全然否定中才能构建起全新的文化与教育来，有时自然难免矫枉过正。譬如在对待汉字的优劣、存废问题上，胡适、刘半农、鲁迅等大家乃至毛泽东等领袖，都有今天看来不尽科学全面的观点。同样在教育、语文教育中，也有着类似的情况与问题。对此，顾先生分析指出：“他们认为在改革开

①顾黄初：《源于传统　汇为新流——读张隆华〈中国语文教育史纲〉引起的思考》，《中学语文教学参考》1992 年第 9 期。

②顾黄初：《源于传统　汇为新流——读张隆华〈中国语文教育史纲〉引起的思考》，《中学语文教学参考》1992 年第 9 期。

放的历史新时期，要改变中国语文教学长期存在的那种少慢差费状况，必须走出误区，另觅新径，即彻底摆脱传统的束缚，走全新的现代化的道路。因为‘古代文明越发达，深层结构的传统越牢固，对现代化的阻力也就越大’，因此要实现现代化，就必须彻底隔断与传统的联系。”[①]同时，从语文独立设科后的历史发展来看，由于认识、时代与分析视角的局限以及政治、文化观念对教育的深重影响，在对传统语文教育的校正中存在着明显矫枉过正的现象。更为严重的是，在一段时期内由于“极左”思潮对教育、语文教育的不良影响，使得我们在对传统教育、语文教育的认识与态度上存在着把“污水”与“婴儿”一起泼掉，甚至有时还存在着把“婴儿”泼掉却只留下了“污水”的现象。正是在深刻认识语文教育发展史中的这一现象与对这一问题辩证科学认识的基础上，顾先生曾以《传统，需要科学的反思》为题，旗帜鲜明地主张要在对传统语文教育进行深刻反思的同时还必须进行科学的反思——一分为二地辩证分析、科学看待传统语文教育。在他看来：“传统，作为历史的产物，它本身总是一分为二的。一部分因特定时代、特定社会的需要而产生，明显地刻着时代、社会印记；一部分则紧紧地同一个民族的生理、心理特征相联系，同事物发展的客观规律相联系，它的形成具有更深厚的基础。”[②]前者，无疑是我们应该并坚决予以抛弃的；后者，则需要我们在批评借鉴的基础上大胆继承，并在与现代语文教育理论的完美结合中，使之发挥更为积极的作用。自然，对传统语文教育中的糟粕，我们也要加以具体分析与全面研究，并加以深刻的批判与及时的抛弃，以推动语文教育的健康发展。在这方面，叶圣陶、吕叔湘、张志公、朱绍禹、刘国正、顾黄初等众多教育大家，都是始终坚持这一观点并在各自的研究中坚持身体力行，足以成为我们的楷模。

第三，要更好地继承和发扬传统语文教育中的精华，还必须把其中的糟粕彻底剔除出去。如前所述，传统语文教育中的精华无疑是要继承的，但这一继承也必须要建立在对传统的科学分析之上。譬如古代盛行的“知识灌输法”，重在要求蒙童死记硬背、囫囵吞枣、逐渐积累、长大自悟。这实际上就违背了儿童的认知规律，无疑是应抛弃的糟粕。再如古代由于书面语言（文言文）与口头语言（白话文）的分野，致使古代语文教育只专注于书面语言（文言文）的教学而常常忽视对学生进行口头语言的训练，就使得学生的语文能力不能得到全面发展，也

①顾黄初：《顾黄初语文教育集外集》（上），南京：江苏教育出版社，2013年版，第218页。

②顾黄初：《传统，需要科学的反思》，《语文学习》1986年第9期。

无疑是需要我们今天加以批判与抛弃的。对此，张志公先生曾在《传统语文教育初探》等作品中深入分析批判了古人“只重书面，严重忽视语言实际”①而对后世语文教育带来的不良影响。再如由于古代语文教育是以“取士”为最高目标，因此就十分重视与科举有关的语文训练，忽视或淡化语文教育与学生实际生活需要之间的联系，对许多未能考中秀才、进士者造成较大的身心伤害，无疑也是要加以批判与抛弃的。从以上三例中，我们可看出，传统语文教育中确有精华，但也存在着不少糟粕。但在语文教育发展历史中，与全面否定传统语文教育相反，一些人却极力主张要全盘学习传统与全面恢复传统，以改变不容乐观的语文教育现状。对主张全面恢复传统语文教育的观点，顾黄初先生曾指出：“一部分人认为，所谓‘现代化’总是以‘彻底批判传统的东西’为前提的，而‘传统的东西’对于母语教育来说多半是不容抛弃的，其中某些精华甚至是民族语文教育的瑰宝。他们不但在行动上‘婉拒’现代化，而且在理论上认定中国语文教育的振兴，出路不在‘现代化’，而在‘恢复’那些历来被事实证明为有效的传统教育思想和传统教学方法。”②这一没有对传统语文教育进行辩证分析、理性看待的形而上学的观点，实际上在认识上又走向了另一个极端——传统语文教育一切皆优与一切皆好。于是，在理论探讨与实践取向上，不时有人就不无偏激地积极呼吁、鲜明主张要全面恢复文言文及其教学方法，反对语文独立设科后逐渐建立、形成的语文教育思想。对此，顾先生在《“出路”在于改革——致郑天任同志》等文章中有着较为详细的论述与鲜明的态度：语文教育必须要重视对传统的继承与发扬，但同时也必须明确反对对传统不加分析的继承与发扬。

（二）要重视继承并善于发扬传统语文教育的精华

在顾先生看来，由于新中国成立后很长一段时期内“极左”思潮对语文教育产生了深重影响，以致我们不能科学全面地看待传统语文教育。但实际上由于“我国的传统语文教育确实蓄积着丰富的理论财富，对此我们再也不能漠然视之”③。的确，在传统语文教育中确实客观存在着许多符合汉语文教育规律与学生认知规律的精华，需要我们今天积极借鉴、有效改造并具体运用于语文教育实践之中，

①张志公：《张志公文集》（四），广州：广东教育出版社，1991年版，第264—265页。

②顾黄初：《顾黄初语文教育集外集》（上），南京：江苏教育出版社，2013年版，第218页。

③顾黄初：《源于传统　汇为新流——读张隆华〈中国语文教育史纲〉引起的思考》，《中学语文教学参考》1992年第9期。

以提高语文教育效率。根据顾先生对这一问题的分析与认识，如下几方面的经验都是我们今天应继承和发扬的精华。

第一，传统语文教育重视“文以载道”，强调学语文与学做人的紧密结合，值得我们继承与发扬。依现代教育理论看，各学科教育都担负着“教书育人”的重任并必须强调教育中“成人”的首要性。语文教育由于总是以承载着特定思想情感、道德观念、伦理价值的作品为基本凭借来对学生进行语言文字教育的，不管你是否意识到或是否承认“文”与“道”的不可分割性，语文教育在对学生进行语言文字教育之时就必然要对学生进行思想情感的教育，这是“以文明道”与“以文求道”“文以载道”这一“文道统一”的客观存在所决定的。因此，自孔子始，到汉代董仲舒，唐代韩愈与柳宗元，宋代欧阳修与胡媛、程颢、程颐、朱熹，一直到明清王守仁、戴震、曾国藩等众多先贤，莫不强调语文教育要做到“学文”与“做人”的完美统一。对此语文教育历史的存在特征，顾先生概括指出：“先秦的孔子，主张学文和学言必须与习礼和行仁相贯通，所谓博学于文，必约之以礼；以文会友，又须以友辅仁，可以看出学语文与学做人是一以贯之的。后世的教育先哲，或强调‘载道’，或强调‘明伦’，都把读书作文看作是培养完美人格的必要手段。”①传统语文教育的这一长期客观存在告诉我们，在语文教育的改革实践中必须要继承“学语文”与“学做人”完美统一的历史传统。

第二，传统语文教育高度重视识字教学，并积累了许多成功而高效的识字教学方法，值得我们重视与继承。由于汉语是以汉字为书写工具的语言，因此汉字的正确认读与流利书写就成为进行汉语书面语言阅读、写作的前提条件与重要基础。同时，由于汉字还是一种具有鲜明民族文化特征与科学性极强的表意文字，对其的理解与掌握也常常决定着对作品内容的理解与深刻掌握，对其的理解与运用更常常决定着对所要表达内容的正确理解与灵活运用。对传统语文教育中经过无数人的艰苦探索、不断归结而形成的以“基本字”为学习、掌握对象的“集中识字”经验，是具有极高教育价值并被实践所反复证明的行之有效的语文基础教育方法，无疑是我们要继承并发扬光大的。对此，张志公先生在《传统语文初探》中有着系统分析与全面论述。顾黄初先生继承了张志公先生的这一思想，也

①顾黄初：《源于传统 汇为新流——读张隆华〈中国语文教育史纲〉引起的思考》，《中学语文教学参考》1992年第9期。

认为传统语文教育把蒙童对汉字的正确认读、熟练书写和不断积累作为语文教育的前提与基础，并创造出了许多今天看来仍然具有先进性、科学性的教材与方法：

> 传统语文教育历来重视蒙童时期的识字教学。汉魏以来人们致力于蒙学读物的编写，成果累累，《三字经》《百家姓》《千字文》成了漫长历史时期内蒙童的必读书。其编写经验，可资借鉴者甚多。其中最根本的一条，是牢牢抓住了汉语汉文学习最重要的特点，即以汉字的认读、书写和积累为基础。汉字是形音义的结合体，用文字来传情达意首先必须掌握一个个独立的汉字。而汉字，论数量，极其可观，蒙童在短时间内不可能全部掌握，事实上也不必要求全部掌握。因为汉字中的所谓“基本字”数量十分有限，而这些“基本字”却具有很强的派生新字的能力，蒙童掌握了一定数量的“基本字”，学习其他的字就容易得多……传统语文教育提供给我们的这一条经验，弥足珍贵。①

以“基本字”为主要学习对象，并通过朗朗上口的韵语等蒙童所喜闻乐见的生动形式来组织实施“集中识字”，就使得汉字教学既科学又高效，的确值得今天的语文教育积极继承与大力发展。

第三，传统语文教育高度重视对汉语特别是汉语书面语的积累与领悟，强调对典范文（模范文）的诵读与熟读，值得我们重视与继承。通过对传统语文教育的系统分析，顾先生认为古代以诵读、熟读模范文为基本途径、主要手段的语文教育方式，也十分值得我们去继承与发扬。在他看来：“传统语文教育强调要读大量的典范文章。这种‘读’不是默读而是‘诵读’，即出声地读，甚至拿腔拿调地读；不仅如此，还要求熟读，甚至背诵。”②传统语文教育为什么要特别强调诵读与熟读这一做法呢？这固然与文言文这一古代书面语与口语有着明显差别有关，

---

①顾黄初：《源于传统　汇为新流——读张隆华〈中国语文教育史纲〉引起的思考》，《中学语文教学参考》1992年第9期。

②顾黄初：《源于传统　汇为新流——读张隆华〈中国语文教育史纲〉引起的思考》，《中学语文教学参考》1992年第9期。

但同时也与个体在学习、掌握语言时必须以一定的语言积累为前提有着密切的关系。需引起注意的是,在语文独立设科后特别是在现代白话文成为语文教育的主要学习对象(范文)后,由于对传统的简单否定以及白话文本身就具有通俗性、口语化的特点,便使得现代语文教育不再重视诵读与熟读这一传统的并被实践证明是行之有效的方式与方法。因此,在对语文教育加以科学反思的基础上,顾先生辩证地指出:"对这一做法,后来被一概贬之为'小和尚念经'和'死记硬背',认为是传统语文教育的弊端。其实,对'记'和'背',对出声诵读,都要做具体分析。不注重文章内容的理解,一味地要求'死记硬背',强制性地要求'小和尚念经,有口无心'地读,这固然不可取;但是好文章要求反复诵读、熟读,却是完全必要的。因为只有反复诵读、熟读,才有助于语感培养。读文言文是如此,读典范的语体文也同样如此。"①"只有反复诵读、熟读,才有助于语感培养",这也是被语文教育实践反复证明了的行之有效的方法。对诵读、熟读这一传统语文教育方法的好处与积极作用,接受过这一训练的学者曾深有体会地回忆道:

> 旧时代的所谓读书人,必须背四书、背古文。直到二十世纪初年新式学校兴起以前,青少年只有那一门课,没有史地、数理化之类。那时候有些人学古文的方法,是把唐宋八大家的文章贴在墙上,背熟了之后天天揣摩钻研。那些文章一般都不长,每篇不过千把两三千字。这样精心背诵揣摩的文章,我猜想一辈子大概也不可能很多。②

正如顾先生分析指出的,在语文教育中要求学生死记硬背是不科学的,但强调对经典文章的熟读精思、揣摩钻研、领悟掌握却是必须要提倡的。这是由于学习者如没有一定的语言积累特别是对典范作品的积累,就难以积累必要的语料、形成良好的语感,并常常在深层次制约语文能力的发展提高。因此,在语文教育中特别是低幼年级的语文教育中,要重视并加强以诵读与熟读为主要手段,来达到逐步积累必要语言材料与培养基本语感的主要目的。

第四,传统语文教育在重视熟读的同时,也强调伴之以精思,值得我们重视

①顾黄初:《源于传统 汇为新流——读张隆华〈中国语文教育史纲〉引起的思考》,《中学语文教学参考》1992 年第 9 期。

②李普:《我是吃过亏的》,载王丽:《我们怎样学语文》,北京:作家出版社,2002 年版,第 10 页。

与继承。在语文教育中，如只是要求学生进行“小和尚念经，有口无心”式的诵读、熟读，也是不可取的。因此，古人在强调对典范作品必须加以诵读、熟读的同时，还强调要对读的对象——典范作品加以精思。这是由于只有在对典范作品的熟读与精思相结合之中，才可能实现既能有效积累语言材料也能更好体悟到语文运用的目标。遗憾的是，我们在长期对传统语文教育的批判中，特别是在一些著名作家、学者如鲁迅的《从百草园到三味书屋》等作品中对传统语文教育死记硬背情形不无夸张描写的影响之下，许多人包括不少语文教育工作者都认为古人在启蒙阶段只是要求学生死记硬背一些他们所不理解的诗文——只重视诵读与熟读。实际上，这与语文教育的历史事实不符。对此，顾黄初先生明确指出：“说古人光重视熟读，其实也不尽然。”这又是为什么呢？因为“‘学而不思则罔，思而不学则殆’是孔子的名言。‘大抵观书须先熟读，使其言皆若出于吾之口；继以精思，使其意皆若出于吾之心，然后可以有得尔’是朱熹的读书法。可见，传统语文教育并不认为学语文仅仅是‘口耳之间’的事，重要的倒是‘著于心’，心为思之官，重视作文用‘心’、读文用‘思’。‘精思’是内隐的，不易考察；‘见疑’‘好问’是外显的，易于考察。所以，古人又把‘读书见疑’‘敏而好学’看作是用‘心’、用‘思’与否的标志。”[①]以大教育家孔子、朱熹的经典名言为论据，就雄辩地证明了古人是十分重视熟读与精思密切结合的，因为他们在长期的探索中清醒地认识到：读必须要伴之以思，才能取得实效；思也必须要以读为基础，才能顺利推进。传统语文教育极为重视并自觉遵循读与思的辩证关系，也值得我们学习与借鉴。

第五，传统语文教育在重视精读的同时，也强调必须要辅之以博览，值得我们重视与继承。就个体阅读能力的形成与发展而言，必须既要重视精读也要强调博览。这是由于：如没有精读，就难以形成良好的阅读技能且缺少必要的语言知识积淀；如没有博览，就难以开阔视野且缺少必要的见闻见识。正是在这一认识基础上，传统语文教育强调精读与博览的有机结合，强调语文教育必须立足于精读与多读的统一。在顾黄初先生看来，古人所谓的多读，大抵包含着两重含义：一是读的遍数多——对典范作品反复读；二是读的篇数多——对作品进行广泛阅读。这是由于在古人看来，个体只有多读，才能形成技能、开阔眼界、增长知

①顾黄初：《源于传统　汇为新流——读张隆华〈中国语文教育史纲〉引起的思考》，《中学语文教学参考》1992 年第 9 期。

识。如此看来，古人所强调的多读实际上就包含了精读与博览两重含义：通过精读，个体才能求得对语言形式与思想内容的反复揣摩、涵泳体悟、借鉴使用；通过博览，个体才能求得对知识的广采博取、增长见识、为我所用。显然，精读与博览是提高阅读能力的两个基本途径与主要办法，也是传统语文教育留给现代语文教育的宝贵财富。为证明古人的这一成功做法，顾先生还以唐代大文学家韩愈为例指出：“韩愈要求读书须‘勤’，‘勤’的生动写照是‘口不绝吟于六艺之文，手不停披于百家之编’。‘口不绝吟’者，是精读，重于体味涵泳；‘手不停披’者，是博览，重于广泛涉猎。”[①]正由于韩愈高度重视阅读实践中的“口不绝吟于六艺之文，手不停披于百家之编”，才使他成为“唐宋八大家”之首，并被誉为“文起八代之衰，道济天下之弱”。顾先生用韩愈的阅读经验与非凡成就，证明了只有精读与博览相结合，才能提高能力、成就事业、彪炳史册。

二、语文教育要走科学化之路

包括顾黄初先生在内的众多现代语文教育家之所以要高度强调语文教育必须走科学化之路，其根本原因在于语文教育、语文课程自独立设科后就一直费时过多但效率偏低并具体体现在教材编写与教师施教缺乏科学性上。或者说，语文教育效率过低主要是由于教材编写与教师施教之时主要是凭编写者、施教者的经验与水平，而不是靠其严密的逻辑体系、科学的技能训练来进行的。对语文教育存在的科学化程度不高、随意性现象严重的不良现象，叶圣陶先生早在20世纪30年代时就十分敏锐地觉察到：“在学校教育上，国文科一向和其他科学对列，不被认为是一种科学。因此国文科至今还缺乏客观具体的科学性。”[②]为提高语文教育特别是语文教材的科学性，他与夏丏尊先生合作，编写出了以“单元组合”与“文话”相结合来构建语文教材序列化的《国文百八课》，试图通过语文教材的科学编写来促进与提高语文教育的科学性。他们在“编辑大意”中明确说：“本书编辑旨趣最重要的一点就是想给予国文科以科学性，一扫从来玄妙笼统的观

---

①顾黄初：《源于传统　汇为新流——读张隆华〈中国语文教育史纲〉引起的思考》，《中学语文教学参考》1992年第9期。

②叶圣陶：《叶圣陶语文教育论集》，北京：教育科学出版社，1980年版，第171页。

念。”[①]语文教育、语文课程为什么会缺乏科学性呢？这自然又是由语文教育、语文课程独有的一些特征决定的。譬如语文教育就“天然”地与实际生活联系紧密并具有明显的“自然习得”的特征，对学生不具“陌生感”，在实施中难以有效调动学生积极性。再如，语文教育赖以进行的基本凭借物——语文教材，一般都只能以“文选”形式来呈现。而在“文选型”的语文教材中，一般也只能以“课文”为基本要素（元素）来呈现，众多的课文与课文之间难以做到序列化清晰与逻辑性严密。还如，由于语文教育具有综合性教育特征，多种教育任务、多种教学目标有时也较难做到数量确定、序列明确的科学化。就是说：“由于语言也只有语言才能担负起反映人类认识、描述一定现象、表达一定思想、抒发一定情感、阐述一定理论等众多任务。正因如此，学习者在学习语言（文）时就必然会受到语言知识、思想情感、价值观等教育”，这一多样化教育任务也就必然使语文、语文教育“在内容上具有无所不包、无所不有之特征”。可以说，“从语言（文）所承载的内容看，语文课程具有多样性”[②]。多样性的教育（课程）内容就使语文教育的内容变得复杂起来，进而使得语文教育、语文课程较难形成科学而合理的内容、训练序列，从而使得语文教育的科学性不强。正因如此，在众多思想深邃、功底深厚并在理论与实践上卓有建树的著名语文教育家看来，要切实并大面积地提高语文教育的效率，就必须要从汉字汉语语文的本身特征出发，积极提高语文教育的科学化水平，这样才能促进语文教育的发展提高。

在顾黄初先生看来：“对于语文教学科学化的含义，人们的理解不完全一致。在我们看来，科学就是对客观规律的把握。语文教学科学化的本质含义，应该是指整个教学的内容、形式、方法和过程，都符合人们学习和掌握本民族语文的规律。”[③]在界定语文教育科学化是指“整个教学的内容、形式、方法和过程，都符合人们学习和掌握本民族语文的规律”的基础上，顾先生还从具体总结、深刻阐发叶圣

①叶圣陶：《叶圣陶语文教育论集》，北京：教育科学出版社，1980年版，第171页。

②解光穆、于成义：《语文何以“好学难教”——兼议张志公关于语文课程特征论述的当代价值》，《教学与管理》2015年第1期。

③顾黄初：《语文界一项重大而又迫切的任务——论学习和研究叶圣陶语文教育思想》，《语文战线》1982年第10期。

陶先生探索语文教育科学化的主要观点与实践探索出发，指出要实现语文教育的科学化就应从三方面或说从三个环节上下功夫、求突破、谋实效：

> 教学内容的系列化只不过是语文教学科学化的一个方面。而从学习者的角度说，要求教学内容符合他们的接受能力，适应他们的生理心理特征，使教学内容的序列同他们的知识水平、生活阅历、生理心理因素的发展尽可能地协调一致，则是实现语文教学科学化的又一个重要方面……教学内容的系列化，系列化了的教学内容能与成长着的学生的心理生理特征相适应，教学的着眼点又始终放在培养能力，发展智力，最终形成良好的习惯上面：这也许是当前我们探讨语文教学科学化的三个互有联系的基本环节。①

虽然在这里顾先生用了“也许”这一推测副词，来力求使所表达的观点更为周妥一些、辩证一些，但从探求语文教育客观规律来看，实现语文教育科学化就应从这三方面来入手解决。

第一，要实现语文教育在教育内容、能力训练上的序列化。所谓语文教育内容与能力训练上的序列化，实际上就是要使语文教育在知识内容传递、能力训练上形成层层递进、前后衔接、彼此勾连、相互支撑的有机逻辑序列，使先教与先学什么、后教与后学什么形成有机联系。我们知道，由于语文教育的根本目标在于使学生学会实际具体灵活地使用语文，而不在于要求他们掌握系统完备的语音、词汇、语法乃至文章学、文学等专业领域的知识。于是，语文课程就不是如数学、化学等课程那样以知识来编排教材，而是主要以篇章（范文）或以篇章与知识相结合的形式来编排（组元），以传递知识、训练能力。语文教育的这一特性，就使得语文教育在教学生阅读、借鉴范文时具有难以精确度量的特点，进而使语文教育、语文课程在知识内容、能力训练上缺乏严密科学的有序性。举例来说，同是《石钟山记》或《游褒禅山记》，可以在初二学段来学，也可以在初三学段来学，甚至还可以在高二学段来学。在哪个学段教学《石钟山记》或《游褒禅山记》，主要是凭教材编写者或教师的个人经验而定，缺少有序性与“有理性”。缺

①顾黄初：《语文界一项重大而又迫切的任务——论学习和研究叶圣陶语文教育思想》，《语文战线》1982年第10期。

少有序性的语文教育(课程),与具有严密知识体系的其他教育(课程)常常形成了鲜明对比,致使人们对语文教育、语文课程的科学性抱有怀疑、否定的态度。正因如此,在现代语文教育史上,许多语文教育家都致力于将语文教育内容序列化、逻辑化的探究与实践:20世纪30年代,叶圣陶、夏丏尊先生曾经在《国文百八课》中通过每课为一单元、每一单元有确定目标并内含文话、文选、文法或修辞、习问四项,力求使范文示例、知识传递、能力训练连成一片,试图以此来改造以"文选"为基本单位的传统语文教材结构,提高语文教育在内容上的序列化水平。在20世纪50年代中期,张志公先生等在"文学·汉语"分科教学试验中,主要通过文学、汉语教材的分编与分教,也试图提高语文教育在内容上的序列化进而提高语文教育的科学化水平。之后,张志公先生还具体提出了在小学阶段的语文教育中实施"分进合击"(小学语文分三条线先后开始,分头前进,最后合拢)的改革方案[①],贡献了他对语文教育内容序列化的理论思考。在改革开放后,实际从事中学语文教育的上海陆继椿先生"分类集中分阶段进行语言训练"、欧阳黛娜先生"序列化语文教学"的研究与实验等,都是具有全国性影响的语文改革实践,也都是对语文教育内容序列化的积极探索。但由于语文教育、语文课程本身的独特性与不同教育观点的影响,数百年来语文教育、语文课程在内容上的序列化迈进步履十分艰难且缓慢,成效也不显著。因此,顾先生继承叶圣陶先生的观点,大声呼吁要以积极行动切实提高语文教育在内容上的序列化水平:"把整个教学内容按照由简到繁,循序渐进的原则排成一个严整的序列,使教学能按部就班地有计划地进行。"[②]

那么,在语文教育实践中怎样才能"把整个教学内容按照由简到繁,循序渐进的原则排成一个严整的序列"呢?由于教材既是教师的"教本"也是学生的"学本",因此就要集中反映于语文教材的有序编写上。这又是由于语文教材是语文教育基本凭借物,其编写内容的有序性,自然就能使语文教育内容变得有序。同时,由于执教水平、业务素质一般是语文教师队伍的常态存在,如语文教材在内容上缺乏序列化,在普通教师手中自然就难以做到序列化。基于此,顾先生从语文教材对语文教育的基础性作用与功能出发,一再提出要切实加强与有效提高

①张志公:《张志公语文教育论集》(上),北京:人民教育出版社,1994年版,第270—277页。

②顾黄初:《语文界一项重大而又迫切的任务——论学习和研究叶圣陶语文教育思想》,《语文战线》1982年第10期。

语文教材编写的序列化、科学化水平，要积极探索以单元为基本“构建”要素，把听说读写各方面的语文知识传递、语文能力训练有机地结合起来：“怎样把读的、讲的、练的项目组合得好，使它们‘分之则眉目清楚，合之则相互为用’，以期一个单元成为一个传授知识、培养能力和习惯的具有整体综合效应的‘集成块’，是教科书编者追求的目标。”[①]对通过语文教材在内容编写（呈现）上的序列化来促进语文教育内容的序列化，顾先生在其语文教材论编制研究中有着极为系统而具体的论述，笔者将在随后的章节中加以分析，此处先不多述。

第二，要使语文教育的知识内容和能力训练与学生实际的生理心理特征相适应。语文教育在知识内容与能力训练上要实现序列化，除要遵循语文知识、语文能力本身的逻辑序列（层次）外，更重要的还要使这些知识、能力的序列与学生的身心发展相一致。譬如就阅读教学来说，除应先学习具体形象的记叙、说明类文章与小说、诗歌等一些直观性较强的作品，而后再学习抽象的议论、抒情等文章及情节复杂、表意晦涩的文学作品，更重要的是还要真正做到这些文章、作品所反映的内容、运用的语言与学生的实际认知水平相一致。如在小学低年级就要求学生阅读、接受内容过于抽象、写法过于复杂的文章，实际就违背了学生语文认知的基本规律。正是在此认识基础上，顾黄初先生简要而精辟地分析指出：“从学习者的角度说，要求教学内容符合他们的接受能力，适应他们的生理心理特征，使教学内容的序列同他们知识水平、生活阅历、生理心理因素的发展尽可能地协调一致，则是实现语文教学科学化的又一个重要方面。”[②]这就告诉我们，要提高语文教育的科学化水平，就应使语文教育内容的序列与学生的实际知识水平、接受能力、生活阅历等相一致。承继叶圣陶、张志公先生等对传统语文教育中严重存在着的脱离学生认知实际水平弊端的批评，顾先生也认为在实现语文教育科学化的道路上，必须要清除脱离学生认知水平的封建陈腐的语文教育方法的影响：“封建时代盛行的那一套陈腐的教育制度和教学方法，是实现教学科学化的最主要的障碍。”[③]这主要是由于，以文言文为学习语言、以继承儒家思

①顾黄初、顾正彪：《语文课程与语文教材》，北京：社会科学文献出版社，2001年版，第138页。

②顾黄初：《语文界一项重大而又迫切的任务——论学习和研究叶圣陶语文教育思想》，《语文战线》1982年第10期。

③顾黄初：《语文界一项重大而又迫切的任务——论学习和研究叶圣陶语文教育思想》，《语文战线》1982年第10期。

想为学习内容的传统语文教育，常常过早地迫使学生被动接受与他们认知水平不一致的知识内容、价值观念、道德伦理，致使他们在苦不堪言中死记硬背、生硬模仿，使学习语文的积极性、主动性受到极大挫伤。现阶段，在提倡文化回归传统的潮流中，一些人简单肯定传统蒙学死记硬背这一语文教学方法，并认为是拯救现代语文教育的一剂良方。实际上，违背学生特别是小学生认知实际而使他们接受自己不懂的知识，常常是导致他们厌学的重要诱因，这是我们必须要认清的。同时，语文教育内容的序列化还要与学生的生活阅历相一致。个体对语言、对生活的感受与领悟，常常与年龄因素、人生阅历、生活道路有着极为密切的关系。古人讲："少年读书，如隙中窥月；中年读书，如庭中望月；老年读书，如台上玩月。皆以阅历之浅深，为所得之浅深耳。"就是针对人生阅历对阅读的制约性而言的，同时也告诉我们阅读教学必须要充分考虑学生的人生阅历与生活实际。同样，就写作（表述）而言，认识水平、生活阅历、价值观念体系建立等众多因素，更是直接影响到对现象的描述、对问题的看法、对事件的态度、对事物的情感……写作教学也必须使习作所表达的内容与学生的实际生活阅历、认识水平相联系，否则就会导致学生写作实践中套话、空话、假话的大量出现并影响其之后乃至一生的习作。

同时，要提高语文教育的科学化水平还应使语文教育内容的序列与学生的生理、心理发展相一致。人的生理、心理发展是具有阶段性的，整体呈现出从具体到抽象、从个别到一般、从实践到理论的阶段性特征。譬如就阅读接受来说，个体在童年时都喜欢阅读童话、寓言等生动有趣的故事，而难以接受抽象、深奥的文章；长大之后，则喜欢阅读具有思想深度的作品而不大喜欢读童话、寓言等作品。因此，语文教育在实施过程中特别是语文教材在编写之时，就必须遵循学生的生理、心理发展规律：小学阶段的阅读对象、写作训练应尽可能与小学学生的生理、心理特征相一致；初中阶段的阅读对象、写作训练应尽可能与初中学生的生理、心理特征相一致；高中阶段的阅读对象、写作训练应尽可能与高中学生的生理、心理特征相一致。需着重强调的是，虽然在认识层面上我们对语文教育内容序列要与学生的生理、心理因素的发展保持一致基本没有异议，但在具体教育实践活动中时时处处自觉遵循这一原则却非易事。譬如语文教育中常以生硬干瘪的观念意识、政治说教来取代形象生动、活泼有趣的主动阅读，就使语文教育对学生的吸引力大打折扣。对此，著名儿童作家郑渊洁先生通过自身学语文、用语文与指导儿子郑亚旗学语文的经历说明了语文教育不符合学生生理、心理特征所导致的不良后果：

> 郑亚旗对语文课不太感兴趣。除了对一些经典古诗有印象，郑亚旗对老师要求背过的课文都没什么印象，“绝对不是我记不住，而是根本没有吸引我”。的确，中小学的语文课本里选入了很多与花草树木有关的文章，但不是让学生欣赏鲜花自身的美丽，而是在鲜花这个符号上寻找道德寓意。[①]

郑亚旗学语文的遭遇，证实了过早且过于功利而不符合学生生理、心理特点与认知规律的语文教育就必然会挫伤学生学习、接受语文教育的积极性与主动性。也正是在这一认识上，顾黄初先生十分认同叶圣陶先生提出的“一个称职的国文教师同时也必须是一个熟谙青少年心理特点的心理学家”的观点，并强调指出：“任何企图在语文教学科学化上求得进展的人，若不研究学习者的特点，那么一切设想都将因为出于主观臆断而流于虚妄。”[②]如前所述，由于受限于一般语文教师素质，语文教育要使自身有序化做到基本符合学生生理、心理特点的有序化，还是要以语文教材的有序化编写为基础、为保障。

第三，要把语文教育的根本目标与教学重点放在促进学生形成语文能力与养成良好语文习惯上。顾先生认为：“任何一个人，在校接受教育的时间总是有限的，而在离校之后的生活和学习中所要接触的新事物、所要解决的新问题却是无限的，因此学校教育的本旨无非是‘养成能力，养成习惯，使学生终身以之’，而不是也不可能是把学生所需要的一切全部给他们，仿佛学生出了校门就再也不用自己去研讨追求什么了。”[③]这就说明，语文教育必须着眼于语文实践运用的这一教育特征，并以“大语文教育观”为基本指导思想，通过语文课程与语文实践运用之间关系的加强与改进，促进学生把语文课堂教育中学到的知

①庞清辉、王秋思：《语文要活在文化当中》，《中国新闻周刊》2011年第35期。

②顾黄初：《语文界一项重大而又迫切的任务——论学习和研究叶圣陶语文教育思想》，《语文战线》1982年第10期。

③顾黄初：《语文界一项重大而又迫切的任务——论学习和研究叶圣陶语文教育思想》，《语文战线》1982年第10期。

识、掌握的技能自觉地运用到实践之中，并使学生在实际运用语文的实践中不断提高能力，逐步养成认真倾听、专注阅读、流利表述、精确表达的良好语文习惯。对此我们必须要清醒看到，语文教育与别的教育一样，其根本目标都在于要促使学生把课堂、课程中学到的知识自觉地迁移运用到实践之中去，因为“这是学校教育的特点和规律。实现语文教学科学化，也必须以这种科学观念作为指导思想”[①]。

顾黄初先生以上三方面的论述，从宏观上指出了实现语文教育科学化的主要方面。换言之，他认为要提高语文教育的科学化，就要注意从三方面来推动：第一，要以教学内容与能力训练的序列化来提高语文教育的科学化；第二，要以教学过程中学生认知水平与实际内容相统一的最优化来提高语文教育的科学化；第三，要以培养语文能力、形成语文良好习惯为基本宗旨，来切实提高语文教育的科学化水平。

三、语文教育要走民族化与科学化有机统一之路

早在20世纪30年代，叶圣陶先生就敏锐地提出了语文教育的科学化与民族化相结合的问题，并在自己的语文教育实践中进行了卓有成效的积极探究。到20世纪60年代，张志公先生又继续提出了语文教育科学化与民族化相结合的问题，并于20世纪80年代后又具体提出了以语文教育科学化、民族化相结合来实现语文教育现代化的鲜明主张。顾黄初先生承继两位先贤的光辉思想，并在新的历史条件下具体地阐述了要促进语文教育、语文课程的现代化水平，就要努力实现语文教育民族化与科学化有机结合、完美统一的观点。先贤们的这些努力都说明，我们要在充分认识提高语文教育科学化、民族化重要性的基础上，还要真正促进二者的协调、有机统一，这样才能真正提高语文教育效率。

在顾黄初先生看来，语文教育民族化是语文教育科学化的重要基础。语文教育无疑要走科学化道路，才能提高效率并完成自身所担负的提高学生语文能力

---

①顾黄初：《语文界一项重大而又迫切的任务——论学习和研究叶圣陶语文教育思想》，《语文战线》1982年第10期。

的重要职责，但实现科学化又必须以实现民族化为基础。这是由于在他看来，语文教育是以民族母语的理解、运用为基本对象、基本内容、基本要求的语言教育，而母语教育是最能体现民族文化、民族心理、民族习俗、民族认知、民族审美的教育。就是说，科学化的母语教育，必然也肯定是符合民族传统与民族语言传统的教育。换言之，那些不符合民族语言特点的语言教育，就很难谈到科学化。对此，他明确指出：“问题还有更重要的一面，那就是如何深刻理解语文教学的科学化和民族化的关系……对于语文教学的科学化的追求，往往无法脱离对于本民族语文的特点及其传统的学习方法的研究。换句话说，教学的科学化离不开教学的民族化。以学习本民族语文为基本内容的语文学科的教学，尤其如此。”[①]基于此，顾先生认为我们必须要立足于对汉字汉语汉文独有特征的准确把握与对其教育优秀传统的积极继承，才能更好地实现语文教育的科学化。譬如，在低年级集中解决汉字认读、书写问题，就是既符合汉语文本身特征又符合汉语文教育实际需要的优秀传统。因为汉语是以汉字为书写符号的，没有对汉字的认读、书写就难以谈到对汉语书面语的学习与掌握。再如，汉语属于典型的孤立语（或称分析语、词根语），其具有词序严格（即缺乏词形变化，词在语句中属于什么成分无明确的形态标志，主要根据语序来确定）、虚词重要（即词与词之间的关系常常是通过虚词为语法手段来体现）、以复合词为主（主要是由词根来构成复合词，且结构较简单）、表意灵活（一种语法手段可表示多种语法意义，同时一种语法意义可以用多种语法手段表示）等突出特点。科学化的语文教育就必须要高度重视并能充分体现这一民族语言的特点：要善于引导学生认识、掌握汉语的词序知识并提高他们对词序的恰当灵活运用能力；要善于引导学生认识、掌握汉语虚词的知识并提高他们对虚词的准确使用能力；要善于引导学生认识、掌握汉语词汇的基本构词方式进而认识、掌握汉语句子、短语等语言单位的基本结构，从而提高对汉语的理解与表述能力；要善于引导学生认识、掌握汉语“意合”特征并以此来提高正确认识汉语文、流利使用汉语文的水平与能力。正是在此认识基础上，顾先生在明确主张对传统进行科学反思的同时，也极为旗帜鲜明地呼吁要高度重视对汉语文独有特征的研究与对语文教育优秀传统的积极继承：

面临世纪之交的语文教育工作者一是要学习和宣传现代教育思想，学

①顾黄初：《语文界一项重大而又迫切的任务——论学习和研究叶圣陶语文教育思想》，《语文战线》1982年第10期。

> 习和宣传我国传统语文教育中符合教育科学规律的东西。在学习和宣传的过程中,我们要更多地进行实验研究,而不能停留在思辨上。二是要进一步研究汉字的特点和汉字的学习规律,汉语的特点和汉语的学习规律,汉文的特点和汉语的学习规律,并通过整理这种学习和研究的成果,设计出一种或多种可以操作的教育教学方案。①

这一论述说明,语文教育的科学化就必须要符合汉字汉语汉文的基本特征与学习(掌握)规律,并在科学化进程中积极继承那些被实践反复证明了的符合汉字汉语汉文认知规律的传统语文教育经验,使民族化与科学化完美结合起来。

在顾黄初先生看来,语文教育的科学化又是实现语文教育民族化的重要推动力。自语文独立设科之后,众多语文教育家与无数语文教育工作者都先后投身于语文教育科学化的艰难探索之中,并取得了许多成就。譬如就语文教材编制的科学性而言,可谓是一步步地迈入了科学化轨道。在我国漫长的封建时代,除简单的识字课本外,基本上没有一本真正意义上的母语教材。除识字、习字教材外,儒家经典基本上就充当着母语教材的角色。在语文独立设科之初,继续沿袭旧的"文选型"教材,其科学化水平自然不高。到民国时期,虽然也曾经出现过语文教育、语文课程的短暂繁荣与提高,众多如胡适、蔡元培、叶圣陶、夏丏尊、朱自清、陶行知等一批"大师级"的文学家、教育家、语文教育家都曾积极编写或主动参与编写语文教材。但由于时间短暂、战乱频仍,这一时期的语文教育也未能形成很有影响力的成果。新中国成立之初,首批中小学生使用的语文教材是以老解放区的"中等国文""国语课本"为基础的修订本,就质量而言也不是很高。"文革"期间,由于语文教育变为思想教育、语文课程变为"政文课",语文教材更是发展到以"语录"代经典的极致。自改革开放之后,虽然语文教材编制的科学化水平还有待于继续提高,但"今日"之语文教材与"昨日"之语文教材相比,其科学化水平不可同日而语。对此复杂而重大的变化,顾黄初先生在关于语文教材编写的文章、论著中都有着充分的分析论述。同时,我们还要看到在语文教材科学化程度提高之时,语文教育的内容的序列化、语文教育内容与学生生理心理发展相适应的程度等方面的科学化程度也在提高。例如在现实的语文教育中,我们

①顾黄初:《关于语文教育研究》,《扬州师院学报》(社会科学版)1996年第3期。

已经重视了低年级的识字教学,也突出并加强了对学生的系统语言训练以及力求阅读、作文教学内容的序列化等等,都是追求语文教育科学化的具体体现与基本成就。

但由于语文教育涉及的因素众多,且客观上存在着科学化与艺术化的矛盾,因而其科学化的推进速度十分较慢,成效也不十分显著,叶圣陶先生指出语文学科不被认为是一门科学的现象一直长期存在,主张语文学科不是“科学”观点的学者始终存在。对此,我们要看到,语文学科缺乏具有严密逻辑层次的内容、知识与能力之间关系复杂、语文形式与内容之间的不可分割性等等,都极大地影响着语文教育的科学化水平。但问题与矛盾的存在,不应成为追求语文教育科学化的托词或遁词,因为“语文教学科学化的本质含义,应该是指整个教学的内容、形式、方法和过程,都符合人们学习和掌握本民族语文的规律”。这就说明,科学化的目标追求与价值取向主要在于改变语文教育长期存着的随意化、个性化、经验化等不良倾向,引导语文教师化混沌为清晰、变无序为有序、使无法成有法,在教育实施中做到有的放矢、有章可循、有序可依、有法可施。如此看来,对语文教育科学化的追求,根本实质就是要使语文教育的“内容、形式、方法和过程,都符合人们学习和掌握本民族语文的规律”①。更明确地说,语文教育的科学化程度越高,语文教育就越符合学生学习和掌握汉字汉语汉文的规律,这无疑就成了语文教育民族化的重要推动力。

要言之,语文教育的科学化就是要求语文教育的一切活动都要按照语文教育规律办事;语文教育的民族化,就是要把握汉语文的固有特点,并遵循母语学习者学习、掌握本民族语言的规律。对语文教育追求的这两个基本目标,顾黄初先生认为它们是互为条件、互为动力的:要使语文教育实现现代化,就要以语文教育的民族化来提高语文教育的科学化,也要以语文教育的科学化来提高语文教育的民族化。

从本章内容中我们可看出,1953 年从南京大学中文系毕业后就开始在中学任教,后又专门从事在职语文教师业务培训,接着又到扬州师范学院(现扬州大

①顾黄初:《语文界一项重大而又迫切的任务——论学习和研究叶圣陶语文教育思想》,《语文战线》1982 年第 10 期。

学）担任语文课程与教学论的教学科研一直到2003年退休，顾黄初先生从教长达50年之久。在晚年总结自己长达50年艰苦不懈、孜孜以求的语文教育研究时，他曾用本章所述的三句话概括了自己一生艰苦探求得来的关于语文教育的三个基本观点。这三个鲜明观点，也使顾先生得以在全国语文教育界成为继叶圣陶、吕叔湘、张志公"三老"之后的"三公"之一（另两位为朱绍禹、刘国正先生）。对顾先生在语文教育研究领域内的突出成就与杰出贡献，他的学生杨九俊先生曾以"立德·立功·立言——记语文教育家顾黄初先生"为题，对先生的高尚品德、卓越才学与不凡学术功绩有着全面系统的评述，并在文末表达了学生对恩师的深情怀念：

> 顾师去世后，几位在扬州工作的同窗和师母一起筹划着先生遗作的出版工作。2002年先生在人民教育出版社出版了《顾黄初语文教育文集》（上、下卷）。这次先生的著作冠以《顾黄初语文教育文集外集》，凡160万字，在江苏教育出版社的大力支持下，分两大卷出版。几位同窗推举我为先生的著作写序，徐林祥教授还寄来相关资料。回想起先生许多的指点和帮助，虽有些诚惶诚恐，但也不敢推托。写下以上的文字，诉说对恩师的崇敬、感激和怀想，更是向远在天堂的顾师献上一瓣心香。[①]

①杨九俊：《立德·立功·立言——记语文教育家顾黄初先生》，《中学语文教学》2014年第3期。

第二章

“语文学科性质之我见”

——顾黄初语文课程性质观

语文(言)的复杂历史存在与多样的现实表现,导致了语文课程性质的复杂性。对语文(言)的复杂性,我们只看这一人们所熟知的故事就可明了。在《圣经·旧约·创世记》第11章中有一个关于"通天塔"的神奇故事:世界上原来只有一种语言——"亚当语"。但由于大家语言相通、同心协力,因而建成的巴比伦城繁华而美丽,并随后又开始建造直插云霄的"通天塔"。没想到人类此举却惊动了上帝——如果人类真的修成宏伟的"通天塔",那以后还有什么事干不成呢?一定得想办法阻止他们的这一行动。于是上帝就悄悄地离开天国来到人间,变乱了人类的语言并使他们分散在各处。自此之后,人们相互之间就再也听不懂对方在说什么,无数的误解、众多的分歧与繁杂的意见使得大家终日吵吵闹闹,这一高塔的建造也就半途而废了。于是,后世的人就把这座塔叫作"巴别(变乱)塔"(也称"通天塔"),并把寻找语言扩散的中心比喻为寻找"通天塔"。这样,在语言学研究领域内数千年来无数学者专家倾其一生心血致力于语言何时何地如何起源的研究,但始终是众说纷纭、莫衷一是,神授说、手势说、感叹说、摹声说、劳动说、契约说、突变说、渐变说及本能说等各种观点都未必有着令人信服的理由与根据。于是,对此问题的评价就成为:"关于语言于何时何地如何起源的问题有着众多的假说,假说的数量几乎与此领域中学者的数量一样多。"①

与人类对语言的认识一样,我们对语文、语文课程性质的认识也可谓是一个难解之谜,特别是由于语文特有的形式与内容之间的"表里"关系更使"文""道"之争多年存在且难求共识。于是,多年来对语文课程性质的各种观点、各样学说层出不穷,颇有令人目不暇接之感,但却始终未有一个观点能被人们广泛接受。也许是鉴于问题的复杂性与高难度,顾黄初先生在早期的语文、语文课程研究中对语文课程性质问题没有进行过多阐述。到了20世纪末期,一场关于语文课程的"世纪大讨论"引发了他对这一问题的思考。于是,在1997—2002年之间,他在各类语文刊物上相继发表了《语文学科性质之我见》《语文学科教育改革刍议》《关于语文素质教育的思考》《中国语文教育的讨论与改革思路》《语文学科教育

①吴昊、文武:《详解世界7000多种语言起源》,《科技日报》2012年2月27日。

的百年步履》《中国语文教育的讨论与改革思路》等众多文章，全面而具体地阐述了自己的语文课程性质观，贡献了他对这一涉及语文、语文课程根本的重要问题的学术思考与理论探求。

对顾黄初先生在语文课程性质探索研究中的独特而卓越建树，王松泉先生曾高度评价到：

> 纵观顾先生的众多论述，我们不难发现，在他看来，语文教育中要解决的问题很多，而首当其冲的则是性质观。具体而言，顾先生的性质观牢牢抓住了三个要素：从语文的性质揭示语文教育的本义，由学科的定位匡正语文教育的导向，以改革的思路昭示语文教育的前景。①

这是对顾黄初先生语文课程性质观的概括性总结与高度评价：从语文内涵来认识语文的性质，从语文的性质来探讨语文课程的性质，从语文课程的性质来分析语文课程的目标。顾先生对语文课程性质这一独特的分析论述视角，对我们分析认识语文课程性质及其课程价值具有重要的启示作用。

第一节 语文的含义与基本特征

正如笔者在本章引言中所述，在基础教育阶段数量众多的各门课程中，其他课程一般都有被该课程领域的专家学者、广大教师及社会公众乃至学生所共同认可的课程性质与特征，同时一般也具有明确的课程目标、特定的课程任务、相对固定的课程内容与基本的教学方法，在课程变革、教材建设的漫长历史中，人们对这些重大课程认识与实践问题几乎没有大的争议或根本性分歧。但令人困惑不解的是，为人们最熟悉、与人们实际生活联系最密切并实际开设时间最长（从小学一直到高中甚至到大学阶段）、真正地位最重要（一般被视为基础课程中的基础）的语文课程，其性质与特征、目标与任务等重要问题却自独立设科后就一直处于持续不断的激烈争辩之中，且“公说公有理，婆说婆有理”，始终难以求得

①王松泉：《把握当代语文教育导向的学者——论顾黄初语文教育性质观及其历史贡献》，载王乃森、徐林祥：《顾黄初语文教育思想研究》，北京：社会科学文献出版社，2003 年版，第 48 页。

共识。对语文课程中的这些重大问题历时或共时的各种纷繁复杂的观点与学说，不要说那些“非语文人士”与普通中小学语文教师，就连一些以语文课程为自己研究领域的专业人士也常是难辨真伪，难以取舍。可以说，纵观语文课程发展演变史，学者们对其性质与特征、目标与任务等这些关乎课程的根本性、关键性问题的分析与论述，的确存在着“你不说我还明白，你一说我反而不明白了”的现象。顾黄初先生自然也深知这一问题的复杂性与不同观点的对立性，因此他对这一问题的分析论述就独辟蹊径——从语文与语文课程的关系入手，来较为系统深入地阐述自己的语文课程性质观、语文课程特征观与课程实施的基本策略。

一、语文名称的出现与内涵

在顾黄初先生看来，要想恰当确切并令人信服地论述和说明语文课程的性质，就必须先要确切说清语文的性质。而要说明语文的性质，又要先清晰界定出语文的真正内涵。如此看来，什么是语文或语文是什么就成为认识语文课程众多重要理论认识问题中的一个关键性问题。

之所以说语文是什么或说什么是语文是一个关键性问题，或者说在语文课程理论研究与实践探求中必须先要解决其基本内涵是一个重大课程认识问题，主要是由于在基础教育发展史中，尽管语文课程的实际历史最为悠久且有着丰富的课程理论与实践，但其作为基础教育阶段与其他教育类型中的一门独立课程（学科），“语文”课程名称的真正诞生还是 20 世纪初期的事情，而语文一词的正式出现则到了 20 世纪中叶。正因如此，自语文独立设科与语文一词出现后，由于课程性质的复杂性与不同课程性质观的交互影响，语文课程研究领域的众多专家学者对语文一词的确切内涵实际上始终存在着明显的分歧与长期的争辩，以致出现谁也说服不了谁的尴尬局面，进而出现了对语文含义的不同界定影响到对语文课程性质的不同理解，对语文课程性质的不同解说影响到对语文含义的不同界定，这样的相互纠缠、难以明辨、无法取舍的混乱认识状态。也正是在看到对语文含义的界定对语文课程基本问题的认识与处理具有重要影响的基础上，有研究者明确指出：“作为语文课程最重要的关键词——‘语文’，对其内涵与外延的界定，既关系到语文教育目的和任务的确定、语文教育教学内容和方法的选择，也是指导语文教材编写的基本理念。有什么样的语文观就有什么样的语文课程观、教学观、教材观。”①

在现代语文教育史研究领域内导夫先路的顾黄初先生，也是把分析、认识语文这一关键性概念作为分析、认识并进而作为正确阐明与恰当解决语文课程性质与特征、目标与任务的首要问题进行认真看待、全面分析论述的，他在众多书籍与文章中深入浅出地揭示了语文一词含义的历史演变与真正内涵。如此看来，具体认识与全面体会顾先生关于语文含义的理解，对廓清语文课程领域长期争辩不清、认识不明的一些重大问题具有重要的现实启迪价值。

为更好地说明语文一词的确切内涵，我们先需简要回顾一下其名称的历史演变情况。1904 年，清政府颁布实施由张之洞、张百熙等制定的《奏定学堂章程》，标志着语文单独设科的开始。但此时尚无“语文”一名，而是有着“词章”“中国文学”“中国文字”等多种课程名称。1912 年中华民国成立，在蔡元培先生主导下制定的《中学校令施行规则》改学堂为学校，并明令禁用清学部所颁行教科书，取消了“中国文字”“中国文学”等课程名称，统一称之为“国文”；同时，也明确规定了这一课程“要旨在通解普通语言文字，能自由发表思想，并使略解高深文字，涵养文学之兴趣，兼以启发智德”②。1920 年 1 月，国民政府教育部颁发《国民学校令》，又决定改“国文”为“国语”，这是我国以政府名义明令使用“国语”课程名称之始。③1923 年，全国教育联合会、新学制课程标准起草委员会公布了《中小学各科课程纲要》，其中就有国语科课程纲要。在这一纲要体系中，《小学国语课程纲要》由吴因研起草，内容包括“语言”“读文”“作文”“写字”四项；《初级中学国语课程纲要》由叶圣陶起草，内容包括“练习运用文字和涵养文学趣味”；高级中学部分由胡适起草，有《公共必修的国语课程纲要》与《必修特设国文课程纲要》。④自 1929 年后，国民政府教育部颁布《中小学课程暂行标准》一直到 1948 年，语文课程名称与课程内容都没有根本性或彻底性的变动：小学通常称“国

①周文叶：《释“语文”》，浙江师范大学 2006 年硕士论文。

②舒新城：《中国近代教育史资料》（中册），北京：人民教育出版社，1980 年版，第 5271 页。

③李杏保、顾黄初：《中国现代语文教育史》，成都：四川教育出版社，2007 年版，第 67 页。

④李杏保、顾黄初：《中国现代语文教育史》，成都：四川教育出版社，2007 年版，第 73—78 页。

语”，中学通常称“国文”，其中“国语”的内容主要为“说话’“读书”“作文”“写字”等项，而“国文”的内容主要为“精读”“略读指导”“习作”等项。语文作为课程名称的正式出现则到了1949年，在语文研究者们所熟知的叶圣陶先生的主持与主导下，由华北人民政府教育部编辑出版的《语文》课本在“编辑大意”中首次提出（规定）的语文内涵：“说出来的是语言，写出来的是文章，文章依据语言，‘语’和‘文’是分不开的。语文教学应该包括听话、说话、阅读、写作四项。这套课本不用‘国文’或‘国语’的旧名称，改称‘语文课本’。”[①]同时，这一延续至今的课程名称随后还被写进了1950年的《小学语文课程暂行标准（草案）》之中。1950年6月，中央人民政府出版总署编译局在上海联合出版社1949年出版的《初中国文》《高中国文》教材的基础上，改编出版了全国统一的《初中语文》与《高中语文》课本。[②]自此之后，除个别特殊历史时期之外，在基础教育阶段“语文”这一课程名称就被官方正式确定了下来，除个别特殊时期外一直延续到现在。

从如上的语文课程发展史的叙述中，我们虽可看出其课程名称是基本稳定的。但事实上却非如此，因为自1949年后“语文”这一汉语中的普通词与基础教育课程体系内的高频词，在语文教育领域内以及领域外的不同时期中，不同专家学者对其内涵却有着多种的理解与多样的界定：如将其内涵解释（规定）为“语言与文字”“语体文（白话）与文言文”“书面语与文章”“口头言语的作品与书面言语的作品”“语言与文学”“语言与文章”“语言与文化”等。如对“语文”内涵的界定加以详细梳理与确切统计，恐怕不少于十几种答案，且存在着谁也说服不了谁的认识困局。如此看来，语文作为课程名称的合理内涵，之所以至今仍是一个争辩不休、有待解决的问题，并非是由于它没有确切内涵（答案），而是恰恰相反——实在是由于它的内涵（答案）太多。那么，熟知现代语文教育发展史与多种语文课程性质观的顾黄初先生，又是怎样看待与赋予语文一词确切内涵的呢？

综观顾黄初先生在众多著述中对“语文”一词的实际运用，我们可以明显看出他是认同语文就是“语言文字”（或说就是汉语）这一内涵的。这主要有如下事

①转引自陈必祥：《中国现代语文教育发展史》，昆明：云南教育出版社，1987年版，第217页。

②李杏保、顾黄初：《中国现代语文教育史》，成都：四川教育出版社，2007年版，第269页。

实为证。第一，在自己的众多论述中，顾先生都先后赋予了语文“语言文字”的含义。顾先生虽没有就语文确切内涵进行过系统论述与具体分析的专文，但我们却能从他的众多著述中使用语文一词时所赋予的含义明确看出这一点。为增强说服力，笔者将列举他在不同时期的不同著述中对“语文”一词的使用，以具体证明这一点。1983 年，顾先生在《“出路”在于改革——致郑天任同志》一文中，先后有“学生运用现代口语进行写作的能力远远超过了五四之前，这就为进一步扩大语言文字的交际范围创造了条件”“新中国成立以后的语文教学，除了要求学生能运用现代口语进行写作外，还提出了语言文字的规范化问题”“语文教学是以汉字、汉语作为自己的教学内容的”“语文教学的内容汉字、汉语在变化，语文教学的形式也在变化”①等众多语句，都表明了他对“语文”一词内涵的理解就是“语言文字”。1997 年，顾先生在《语文学科教育改革刍议》一文中，也依次有(语文研究)“一是研究汉语汉文的特点；二是研究汉语文教育的传统经验”“但从总体上说，在这方面能提供我们在实践中思考与运用的科学结论还不太多，与汉语汉文的悠久历史和博大精深也不太相称”“汉语汉文的特点，是个还没有研究透的问题”“传统语文教育中究竟有哪些是适合汉语汉文教学规律的经验，需要下工夫去研究”②等众多语句，也表明了他对语文一词内涵的理解就是“语言文字”。2008 年，他在《我国现代语文课程教材建设百年的理论跋涉》长文中，先后还有(自)“中国汉语汉文发展史上第一部国家法律《中华人民共和国国家通用语言文字法》颁布，从此语言运用规范化要求纳入了法制轨道，语文教科书编制中的语言文字工作才有了法律的依据”“在综合单元的组合上，首次提出了学习和掌握汉语汉文的基本规律和主要用途的全新理念”“我们期待着新的百年，中国语文教育将在继承中创新，在创新中发展，并根据汉语汉文的特点及其学习规律开辟出更新、更广阔的路”③等众多语句，再次表明了他对语文内涵的理解就是“语言文字”，或者说他认为语文就是汉字、汉语与汉文。综合来看，顾先生在自己论述中所说的“语言文字”就是语文，或说语文就是“语言文字”。而且在他看来，语文或“语言文字”实际上就是汉语。至于为什么说“语言文字”就是汉语？笔者将在后面进行具体分析与详细论述。第二，顾先生还从语文一词出现的

①顾黄初：《“出路”在于改革——致郑天任同志》，《扬州师范学院学报》(社会科学版)1983 年第 4 期。

②顾黄初：《语文学科教育改革刍议》，《学科教育探索》1997 年第 4 期。

③顾黄初：《我国现代语文课程教材建设百年的理论跋涉》，《江苏教育研究》2008 年第 8 期。

历史中，充分肯定了语文就是“语言文字”的含义。在语文课程的历史与现实中，尽管人们对语文的内涵有着多种界定或多样理解，但笔者认为对其内涵的理解应以首提者的解释为基本依据，事实上顾黄初先生也是这样看待这一问题的。如前所讲，语文一词的确切内涵是在1949年春编辑出版的《语文》课本“编辑大意”中所规定的，也是叶圣陶、吕叔湘、张志公等先生一直所反复阐释与长期使用的。从顾先生在《语文学科名称之变》短文的叙述中，我们可看出他无疑是认同这一最初内涵的：

> 1949年春，当时的华北人民政府教育部教科书编审委员会，决定把过去“国语”“国文”的学科名称改为“语文”。“语文”中的“语”，就是指口头语；“文”，就是指书面语。规定“语文”一科的基本任务在于对学生进行口头语和书面语的全面训练。语文学科名称的一变再变，反映着时代前进的足迹以及人们对语文学科性质和任务的认识在逐步深化。①

在这段具有总括性的文字之前，顾先生还详细而具体地介绍了语文课程名称的复杂历史变化以及最终得以以“语文”一词来立课程之名的客观历史事实，最后才辩证归结出这一课程“名称的一变再变，反映着时代前进的足迹以及人们对语文学科性质和任务的认识在逐步深化”的结论。对此我们要看到，他为什么说语文课程名称的“一变再变”就能够“反映着时代前进的足迹以及人们对语文学科性质和任务的认识在逐步深化”呢？这自然是由于最早出现的“中国文字”与“中国文学”等课程名称，只是反映出课程的基本目标与主要任务指向在于书面语言，有忽视与忽略口头语言之不足。1912年出现的“国文”这一课程名称，事实上也有重“文”（书面语）轻“语”（口头语）之不足。随之于1920年出现的“国语”课程名称，又有重“语”（口头语）轻“文”之不足。至于随后普遍使用的“国语”与“国文”之课程名称，也难以周全地揭示出课程应有的促进学生听说读写语言能力协同全面发展的科学内涵。独有“语文”这一课程名称，全面科学揭示出了“语”（口头语言）与“文”（书面语言）之间的必然联系——“说出来的是语言，写出来的是文章，文章依据语言，‘语’和‘文’是分不开的”。对此课程名称的复杂变化情况，我们还要看到，古代语文课程由于是在书面语（文言文）与口头语（白

①顾黄初：《顾黄初语文教育集外集》（下），南京：江苏教育出版社，2013年版，第908页。

话文）相分离的客观语言环境下进行的，因此只能指向于书面语（文言文）而忽视口头语（白话文）。而在五四运动之后，在口语与书面语趋于统一的新的语言环境下，语文课程这一新名称的出现实际上更好更全面地反映出了汉语这一民族共同语的巨大而深刻的历史变化。缘于此，顾先生才明确得出“语文学科名称的一变再变，反映着时代前进的足迹以及人们对语文学科性质和任务的认识在逐步深化”的结论。同时在顾黄初先生看来，语文这一名称之所以出现与随后被广泛使用，在语文课程历史发展进程中还具有其历史的必然性与现实发展要求的客观性：“‘语文’的名称，旗帜鲜明而正确地突出了该学科进行语言全面训练的特征……更重要的是这一名称明确规定了从小学到中学都必须充分重视口头语言和书面语言全面训练的重要任务，并以此来确定学科的主要教学目标。”[①]用“旗帜鲜明”与“正确”等肯定性的词语来评价这一课程名称的出现，无疑反映出顾先生对其内涵的充分肯定态度。第三，顾黄初先生始终是高度认同叶圣陶先生最早提出与一直坚持的语文性质观的。语文界有人说，顾黄初先生是靠研究叶圣陶先生“起家的”。如把此语不看成是戏谑之语而看成是形象之说，应该说还是很有概括性的。因为对叶圣陶语文教育思想的深入持久全面研究，的确是顾先生在语文课程与教学领域研究的一大重点与亮点。在对叶圣陶先生语文教育思想全面研究与充分阐发时，顾先生一再阐发与反复强调语文就是“语言文字”的含义。在对叶圣陶教育思想进行持久而精深研究的基础上，顾先生认为对语文课程性质与基本目标、根本任务的观点是叶圣陶语文整个教育思想的立足点与根本点。基于此，他从叶圣陶先生提出国文教学目标在于“养成阅读书籍的习惯，培植欣赏文学的能力，训练写作文字的技能”的著名观点出发，认为在语文课程的认识与实践中：“前两项就是‘读书’，后一项就是‘作文’。而读书、作文的工具是语言（文字），所以语文教学的基本任务就在于培养和提高学生用语言（文字）正确地表达自己思想的能力——‘作文’的能力和通过语言（文字）正确地理解旁人思想的能力——‘读书’的能力。这是叶圣陶先生一贯坚持、反复宣传的一个重要观点。这个观点决定和派生出他对语文教学中其他问题的看法。”[②]以上这一论述可充分说明，顾先生在具体阐发叶圣陶先生语文教育根本观点之时，认为其根本目标或主要价值（实质就是对为什么要设立语文课程的回答）就在于这一课程能

①李杏保、顾黄初：《中国现代语文教育史》，成都：四川教育出版社，2007 年版，第 268 页。

②顾黄初：《顾黄初语文教育集外集》（下），南京：江苏教育出版社，2013 年版，第 594—595 页。

够培养、提高学生实际的语言文字能力。这里，由于叶圣陶先生主要是论述“国文”的特定任务的，因此顾先生也主要从书面语的角度来认识与看待语文的含义。与之同时，由于语文的真实含义是“书面语”与“口头语”的统一，因此他还从语文课程的根本目标出发明确分析指出：

> 语文教学既然应该着眼于培养能力并形成习惯，那么它的教学内容就必须与之相适应，对学生进行语文能力的全面训练，即：既能训练书面语言，也训练口头语言；既重视读和写，也重视说和听。这个问题，叶圣陶先生和其他一些语文界前辈早在五四时期就已经明确提出过，可是在新中国成立前的几十年中，一直没有引起人们足够的重视。直到新中国成立前夕，在确定学科名称的时候，叶圣陶再次提出这门学科的性质和任务问题，认为它必须以书面语和口头语的全面训练作为自己的任务，因此宜把学科名称从“国语”或“国文”改为“语文”。把学科名称叫做“语文”，就意味着它的教学内容必须兼顾口头语言和书面语言两个方面，而决不能有所偏废。[①]

在这段夹叙夹议的文字中，顾先生从叶圣陶先生的论述中强调了语文课程“必须以书面语和口头语的全面训练作为自己的任务”，也就“逆向”说明了语文就是汉语之口头语言与书面语言的统一体。

用不着进行过多引证与繁琐分析，仅从以上三方面我们就可看出顾黄初先生认为语文课程名称关键词或核心词的确切含义就是“语言文字”。需说明的是，由于语文属于母语教育，因此说语文含义中的语言就是指汉语特别是指口头语，这应是不会引起争议的。但顾先生为什么还要将其与“文字”并列起来呢？这里的“文字”究竟又是指什么呢？这就还需要加以进一步的分析与论述。

在顾黄初先生看来，汉语是以汉字为书写符号的，学习与掌握汉语书面语必须要以汉字的认读、书写为基础；同时，由于汉字又是具有以形表意、以形表音特征与世界上大多数以字母为词汇单位语言构成明显不同，并具有独特功能和艺术价值的与汉语表达具有密切联系的表意文字。因此，在他看来：“语言和文字，

①顾黄初：《着力于语文能力的全面训练》，《语文教学通讯》1983年第7期。

都是人类传情达意的符号。语言,是'声'之符号,主要是声、韵、调;文字,是'形'之符号,主要是点和线及其变形。"[①]显然,在这里他认为语文课程名称含义中的"语言"主要就是指口头语言——即"声"之符号,而"文字"则是指书面语言——即"形"之符号。同时,他还从语文工具性的基本特征出发,曾明确地指出:"语言是思维的工具、交流思想的工具;文字是记录思维成果的工具,是让交流的思想得以传之久远的工具。这二者都是工具。"[②]显然,他这里所说的"文字"自然既是指文字,更是指以文字(汉字)为基础而形成的书面语(广义上的文章与文学作品)。自然,也许有人会提出"文字"不就是等同于"汉字"的疑问。这当然也是有一定道理的,因为不懂汉字自然就不会认读、书写汉语书面语,学习汉字的确是学习汉语时具有基础性、前提性的重要任务之一。但仅有此认识还不够,实际上还没有深入到这一问题的核心,因为学习汉字虽是学习汉语书面语的重要基础但却不是其根本目标——学习汉字的根本目标在于掌握汉语书面语。如此看来,顾先生笔下一再出现的语文就是"语言文字"含义,与叶圣陶、张志公等关于语文就是汉语口头语与书面语的"综合体"这一观点的所指是完全相同的。在明确语文就是"语言文字"与明确"语言文字"是口头语言与书面语言的"综合体"的基础上,还需继续讨论的另一问题是:"文字"这一书面语言又具体指什么?或说哪些书面语言属于"文字"?实际上,有了以上这些问题做认识与分析的前提基础,对这一问题的回答是简单的:凡是以汉字为书写工具而呈现出的作品都是"文字"或说都是"书面语言",其在范围上主要包括文章与文学作品两大类。

二、语文(言)的性质与特征

我们知道,性质是指事物的本质属性与基本特性,是某一事物区别于其他事物的根本属性。因此,在对语文含义加以全面界定的基础上,我们还需继续研究语文的本质属性,才能更好厘清对语文课程性质的认识。顾黄初先生正是按这一认知逻辑来分析与研究语文课程性质问题的,即在界定语文含义的基础上分析研究语文的性质,随之在分析研究语文性质的基础上再分析研究语文课程的性

①顾黄初:《语文学科性质之我见》,《语文学习》1997年第1期。

②顾黄初:《语文学科性质之我见》,《语文学习》1997年第1期。

质，从而使语文课程性质的论述全面深刻。

顾先生认为："语文是工具，是思维和记录思维成果使之得以交流的工具。"这是对语文（语言）性质的最古老也是最基本的共性认识，但他还认为："不过，认识到此为止，还是不够的，还得进一步深化。"[①]顾先生对语文工具性的认识的深化，具体体现在以下三方面。

（一）语言（文）具有符号性特征

顾黄初先生明确指出："语言和文字，都是人类传情达意的符号。语言，是'声'之符号，主要是声、韵、调；文字，是'形'之符号，主要是点和线及其变形。既是符号，它本身就是外显的东西，外显的状态一必须正确，二必须清晰，方能准确传达出内涵的东西。"[②]这里，顾先生从语言学的视角，明确指出了语文所具有的符号性特征，深刻揭示出语文是汉民族全体成员共同约定的用来代表或指称各种事物与现象的标记和记号系统，这一系统自然也是由语音和语义结合而成的意义统一体。例如，以汉语为母语的人在听到"人"与"人群"这两个词（语音）时，就会自然把前者与个体的"人"联系起来，而把后者与群体的"人"联系起来。同样，以英语为母语或熟知英语的人，在听到"human""person""people"等词（音节）时，也会自然知道它们的所指。显然，认识和把握语文的符号性特征，对个体的语文实际学习具有重要指导意义。这是由于：一方面，在口头语言的学习与掌握中，个体只有在对汉语系统中语音与语义联系准确把握的基础上才能领会与运用。就是说，学习语文就要在对"声"之符号这一"摹声上下工夫"[③]，才能准确掌握并在实践中熟练运用它。就是说，作为以抽象符号系统来表意的口头语言，要把语音（声音或语言形式）与语义（语义或语言意义）熟练地联系起来，就必须要准确理解、熟练运用二者之间的有机联系。譬如某人不懂英语，其实质就是不能把语音与语义有机联系起来。再如在汉语体系中，人们之所以听不懂某一方言，实质上也是由于不能把这一方言的语音与语义有机联系起来。如此看来，要掌握汉语的口语，就要在语文的反复实践（听与说）中把语音与语义之间的联系牢固建立起来。自然由于汉语的母语特质，是我们自婴儿时"自然而然"就逐渐熟悉与掌

①顾黄初：《语文学科性质之我见》，《语文学习》1997 年第 1 期。
②顾黄初：《语文学科性质之我见》，《语文学习》1997 年第 1 期。
③顾黄初：《语文学科性质之我见》，《语文学习》1997 年第 1 期。

握的,因此对其“摹声”与声韵调等掌握的难度常常难以察觉。对语言学习中的“摹声”难度,学过外语的人都是深有体会的,这也可具体印证顾先生指出的学习具有符号性特征的语言时“一必须正确,二必须清晰”的必然要求。另一方面,在汉语书面语的学习与掌握中,个体对于作为“形”之符号的文字,“学习它首先必须摹其形”[①]。就是说,由于汉语是以汉字为书写工具的,再加之汉字是表意功能极为明显的具有鲜明汉民族文化特征的形音义的统一体,因而对其的有效学习、正确理解与熟练运用就具有十分重要的意义。譬如我们在学习运用“悔”“诲”“晦”三个形似字时,就要十分注意它们形旁之间的细微差别,这些细微差别直接决定着对“后悔”“教诲”“阴晦”等汉语词语的准确理解与正确运用。同样,对“揣”“踹”“喘”“湍”“惴”的认读与书写中,也只有准确把握这些形似字形旁的不同,才能正确理解与熟练使用“揣测”“踹开”“喘气”“湍急”“惴惴不安”这些词语。从以上两例可见,顾先生从语文的符号性特征出发,强调“学习它首先必须摹其形”,可谓是抓住了语文学习时的关键问题所在。也正是在这一意义上,顾先生曾明确提出在语文课程实施中,要“把汉字的认读、书写和积累看作是学语文的基础”[②]。显然,顾先生强调语文的符号性特征,实际上就是从汉语具有极强表意性的这一特征出发,强调了在汉语口语与书面语的学习中必须要高度重视正确与清晰的要求:“‘声’和‘形’描摹得正确、清晰,是学习语文的第一要着。忽视了这一点,其他问题也就无法解决。”[③]顾先生提出的语文学习要把“‘声’和‘形’描摹得正确、清晰”并认为这“是学习语文的第一要着”,在本质上与张志公先生倡导的“字要规规矩矩地写,课文要仔仔细细地读,练习要踏踏实实地做,作文要认认真真地完成”的著名观点是完全相同的。

(二)语言(文)具有工具性特征

我们知道,语言(文)既有着外部语言(文)与内部语言(文)之分,也有着书面语言(文)与口头语言(文)之别,但顾先生认为它们的基本功能却是相同的:“语言是思维的工具、交流思想的工具;文字是记录思维成果的工具,是让交流

①顾黄初:《语文学科性质之我见》,《语文学习》1997 年第 1 期。

②顾黄初:《语文学科教育改革刍议》,《学科教育探索》1997 年第 4 期。

③顾黄初:《语文学科性质之我见》,《语文学习》1997 年第 1 期。

的思想得以传之久远的工具。这二者都是工具。”[①]就是说，外部语言（文）特别是口头语言（文），常常是人们得以顺利进行信息交流、社会交际的基本工具——不同个体正是以语言（文）为交际工具，才有效实现了信息的沟通、情感的交流、思想的碰撞、观念的交锋、情况的互通……内部语言（文）则是人们进行分析、判断、推理等思维活动的基本工具。自然，内部语言（文）与外部语言（文）也是密切联系着的：一方面，内部语言（文）通过适当的思维组织并凭借语气、神情等辅助手段可转化为外部口头语言（文），使双方的交流交际得以完成；另一方面，内部语言（文）通过较为严密的逻辑思维并凭借篇章结构可以形成书面语言（文），使个体所思所想的思想情感、价值观念、认识态度、思维成果等“外显”为文字（文本），也使双方的交流交际得以完成。显然，顾先生主要是从内部语言（文）和口头语言（文）、书面语言的联系与区别中揭示了语言（文）在思维、交流与交际中的工具性特征，也就是揭示出了语言（文）在人们思维、交流与交际中具有“器具”的显著特性，是有效沟通的手段。

如将顾先生关于语言（文）是“思维的工具、交流思想的工具”与“是记录思维成果的工具，是让交流的思想得以传之久远的工具”的观点加以进一步的细化，我们就可推理出如下几个具体结论。第一，语言（文）是人们进行思维的工具。如前所述，从语言（文）的表现形式来看其有外部语言和内部语言之区别，其中表达出来的话就叫外部语言，在心里思考但却未表达出来的话就叫内部语言。内部语言（文）是人们进行思维的工具，也就是说人脑是以语言（文）为器具（工具）来实现对客观现实的间接、概括反映的。由于思维是认识的高级形式，所反映出的是客观事物的本质属性与规律性的联系，因此就成为人区别于其他动物的重要标志。可以说，如没有语言（文）这个工具，人就无法思维；同时语言（文）能力有缺陷的人，其思维能力也就受限。反之，只有人们具有良好的语言（文）能力时，思维才能变得清晰、严密、准确。根据这一联系，个体如要具有良好思维能力，就要不断提高语言（文）运用能力。第二，语言（文）是人类口头交流与交际的工具。在纷繁复杂的社会生活中，人与人之间想要有效交流、团结协作、彼此相知，就必须要以语言（文）为工具、为桥梁、为纽带、为渠道才能实现。可以说，只要有共同的社会生活、只要有不同个体的存在、只要有共同行动需要组织，就自然离不开语言（文）这一交流的工具。如在开会时领导的发言讲话、在工作中同

①顾黄初：《语文学科性质之我见》，《语文学习》1997 年第 1 期。

事之间的讨论协商、在日常生活家庭成员之间的闲谈聊天……这些都属于交流，这些交流自然都需要共同的工具——语言（文）。从一般意义上讲，对语言（文）书面语掌握的熟练、准确程度直接影响到人与人之间交流的效果。譬如能言善辩者，总会善于使他人接受自己的意见；而笨嘴拙舌者，常常难以使他人心悦诚服。因此，要提高口头交流的成效，就要锤炼自己的口头语言。对此，顾先生指出：“以‘说话’为例，会说比较准确、流利的普通话，语音清晰，语态从容，心理上比较放松，懂得礼貌用语，这些都属于基本素质范围。”①就是说，在使用汉语口头语时，能讲“较准确、流利的普通话”且做到“语音清晰，语态从容”及“懂得礼貌用语”，就能较好地实现交流目的。口头语，无疑是进行交流的基本工具。第三，语言（文）是人们得以进行书面交流的工具。把自己的情感态度、认识观念、感悟见闻、观点看法等整理为书面语言（文本），其“无胫而走，无翼而飞”的特征就可传至后世或远方而使他人阅读欣赏，这也是一种通过文字（文本）实现的不同时间、不同空间的人们之间的交际交流。实际上，过去极为重要的书信与现在流行的手机短信、微信等都是一种通过文字实现交流的工具与渠道。此外，在人们的阅读实践中我们常见这一现象：文采飞扬的优秀作品，易于使读者心悦诚服。为什么呢？原因自然在于优秀作品（或说作者）以文本为载体、以语言（文）为工具，向读者传递出了有价值的信息，使读者受到知识的扩展、视野的开拓、智慧的启迪、灵魂的洗礼、情感的净化。这些，也都是以书面语言为工具才得以完成的。可见，正是以书面语言作为工具，才实现了不同时期、不同地域之中的不同之人的有效交流。第四，语言（文）还是学好其他课程的工具。由于各门课程的基础性知识、基本教学内容主要是用语言文字来表达的，而且在课堂上教师也必须以语言为主要工具才能对其进行有效阐释与系统讲解，同时学生自然也需要用语言来思考与回答问题。显然，如果离开语言文字，一切课程都将无从进行、无法实施。显然，语言（文）是学习其他课程的基本工具与重要基础。对此，顾黄初先生曾十分明确地指出：“说到受教育（社会实践，其实也是一种教育），特别是在学校接受系统的教育，得有一种最基本的交际工具、知识载体和传播媒介。这个工具、载体和媒介，不是别的，那就是本民族的语言文字。”②这就极为清晰地论证了语言（文）在教育中的基础性地位与工具性作用。也正是在这一意义上，顾先生有一个著名观点：“语文教育是提高全民族素质的一项奠基工程。”语文教育之所以成

①顾黄初：《语文学科教育改革刍议》，《学科教育探索》1997 年第 4 期。

②顾黄初：《关于语文教育研究》，《扬州师院学报》（社会科学版）1996 年第 3 期。

为“提高全民族素质的一项奠基工程”[①]，语文课程之所以成为基础课程中的基础课程，主要是由其工具性特质决定的。与顾先生的观点相同，著名数学家苏步青先生也曾讲过：“语文是学习的工具，是基础，就像盖楼房需要打基础一样。”如此看来，学生只有语言（文）学习能力与语言（文）能力强了，才能不断提高思维能力、理解能力及表达（交流）能力，才能学好其他课程。这说明，语言（文）是学好其他课程的前提、基础与工具，其作用是十分巨大的。

（三）语言（文）具有社会性特征

顾黄初先生还认为，由于“语言和文字是全社会使用的工具，因此它又有社会性”。在他看来，语言文字的“社会性，包含着两层意思：一是社会的约定俗成……二是社会的相互影响”[②]。在这里，他从语言（文）这一社会公众的“公器”客观特征出发，既强调了其来自全体社会成员的共同使用以致对个体使用时具有强烈约束力的“社会性”特征；同时也指出了不同个体在使用语言（文）时，也存在着极为明显的相互制约与相互影响的“社会性”特征。具体来看，语言（文）在使用过程中具有极为明显的约定俗成的社会特征，也就是说每个个体的言语行为必须遵循语言（文）的“约定俗成”这一使用原则，才能实现交流与交际的目的。因为语言（文）的使用不是纯粹的个人行为，而是要受到社会与语言环境的限制。譬如随着英语在中国普及程度的不断提高，即使是一些文化程度不高者也知道“Bye，see you” 等这些英语常见词句的含义并频繁运用到实际生活之中，以达到交流的目的。再如东北方言“忽悠”一词借助《卖拐》《卖车》等小品的热播，迅速从一个汉语方言词变为汉语的基本（普通）词。于是在实际生活中，人们就把带有一定欺骗性但却没有多少恶意的谎话、假话称为“忽悠”，擅长此道者也被他人称为“大忽悠”，但人们却并没有对其深恶痛绝。还如“高富帅”“白富美”“土肥圆”“矮穷丑”这些通过形容词组合而表达名词意义的流行词语，在短期内借助网络迅速“走红”后而现被众多社会成员广泛使用，也是约定俗成的结果。显然，以上这些外来词、方言词与网络新造词之所以能被广泛运用，就是语言“约定俗成”原则的作用使然。这些语言现象充分说明，在一种语言形成之后，虽然社会成员所处的地位不同、从事的工作不同、价值观念不同，甚至相互之间还存在多种利害冲突甚至是尖锐的难以调和的矛盾。但由于语言并不是哪一个阶

①顾黄初：《关于语文教育研究》，《扬州师院学报》（社会科学版）1996 年第 3 期。

②顾黄初：《语文学科性质之我见》，《语文学习》1997 年第 1 期。

级所独有的行为，而是属于社会的全体成员的共同行为，[①]这就决定了全体社会成员的语言行为要遵循统一的规则，因此顾黄初先生强调的语言（文）一旦形成"便约定俗成，人人公认"[②]。更明确地说，语言（文）是社会成员的共同行为，不是个人现象而是社会现象，使用时必须遵循约定俗成的原则。另一方面，又由于语言（文）是全体社会成员共同使用的"公器"，不同个体在使用这一"公器"过程中必然会相互影响，这就是顾先生所指出的："既然语文是社会的'公器'，那么使用这个'公器'的人相互之间必然要产生影响。这就是所谓语文的社会环境。"[③]就是说，语言（文）在使用时就会变为个体的言语，而不同个体的言语在具有共性的基础上同时还具有个性特征，且这些言语的个性特征还会产生相互影响。例如学校的教师与工厂的工人，由于劳动对象、工作环境等的不同，教师与工人的言语就有一定的差异性。而同样是工人，外资企业与普通企业的工人，在言语的使用上也有着一定的差异性。这些差异，自然是由不同的社会环境、语言环境所造成的。为更进一步说明这一问题，我们再看一例。在2004年春节晚会上，巩汉林与柏青等人合演的小品《都市外乡人》中，巩汉林饰演的男主人出于自卑一直对自己的恋人兼老板谎称自己是新加坡人。因此在母亲与恋人即将见面之际，就"临阵磨枪"教了母亲几句句末有"得啦"的富有"南洋"语气特点的句子，试图蒙混过关，以致逗人发笑。[④]实际上，如从语言使用来看，这是一个典型的由于个体言语之间相互影响而使人发笑的案例：具有虚荣心的男主人（巩汉林饰）长期与南方人接触，语言上自然就会受到南方方言的影响。而其母亲（柏青饰）却长期生活于东北，自然会受东北方言的影响。从这些事例看，生活于不同社会环境与语言环境的人，其语言必然会受到这一环境的影响。

概括看，学习与理解顾黄初先生对"语文"课程名称含义的诠释与语文具有的客观特征的论述，对我们分析认识与理解语文教育的本质和剖析把握语文课程的性质特征具有十分重要的指导意义。

第一，语文是汉语口头语言与书面语言的统一体，告诉我们在语文课程中必

①于根元：《关于语言机制的若干假设》，《鲁东大学学报》（哲学社会科学版）2010年第5期。

②顾黄初：《语文学科性质之我见》，《语文学习》1997年第1期。

③顾黄初：《语文学科性质之我见》，《语文学习》1997年第1期。

④解光穆：《故事里的汉语》，西安：陕西师范大学出版总社有限公司，2015年版，第245页。

须坚持听说读写协同推进。在五四运动的历史背景下，打破了传统语文课程中“语”（口语与白话文）与“文”（书面语与文言文）相分离的状况，实现了口语与书面语的基本一致，语文课程必须要以全面提高学生的语言能力为目标。因此，在语文课程的理论认识或实践操作中忽略口语或不能把口语与书面语有机统一起来的观点与行为，都是不科学的，也是违背语文本义的。

第二，语文是语言文字的全面含义，告诉我们在语文课程中要兼顾文章与文学作品。如前所述，顾先生认为“文字”的表现形式（或“书面语言”）包括了文章与文学作品两大类。因此，在语文课程中就必须兼顾文章与文学作品的学习。具体说，以“真实”反映客观事物为特征的文章与以“虚构”为特征来反映客观事物的文学作品，都是“文字”或“书面语”，也都需要在语文课程中得到充分而恰当的反映，进而也都要作为学生学习的重要对象。如此看来，那些认为或提倡“语文”就是“语言与文章”或“语文”就是“语言与文学”的主张与观点，其偏颇是显而易见的。

第三，语文具有符号性、工具性与社会性的综合性性质特征，告诉我们在语文课程中必须兼顾这些特征之间的有机配合与和谐统一。具体讲就是在语文课程实施中，必须既要高度重视“摹声”与“摹形”等语文基础知识的系统学习与扎实掌握，也要突出语文工具的实践性特质并着眼于在语文实践中不断提高个体对语文的实际运用能力，还要强调在语文知识学习掌握与语文实际运用中，不断认识体会语文的规范性要求并更好地促进语文能力的发展。

总之，顾黄初先生对语文内涵的界定与对特征的分析提醒我们，语文与语文课程具有不同于其他工具和课程的独有特点：（语文）“它既是工具，又是材料，还是制成品（部件或整件）。工具、材料、制成品，集于一身，不可分割，语文学科（课程）的教学内容决不是或者说主要不是作为符号、作为工具的语文，而是集工具、材料、制成品为一体的语文。”[①]这就清晰地告诉我们，语文具有鲜明的工具性特征，但同时还具有符号性、社会性等一些其他特征，这些特征常常共同影响到语文课程的科学有效实施。

---

①顾黄初：《语文学科性质之我见》，《语文学习》1997年第1期。

第二节 语文课程之性质

虽然语文课程是基础教育阶段课程体系中最基础、最重要的课程之一，但自其独立设科后的百余年来，与“语文”一词的内涵一样，众多学者们对语文课程的性质以及目标、任务等许多重大问题的认识也始终处于不断争辩乃至激烈争锋中，其中课程性质更是争论的焦点。顾黄初先生在长期孜孜以求的语文教育理论研究中，认为语文课程具有工具性是正确的。“说语文学科具有工具性，这是没有问题的”，虽然他认为这一认识“只是稍稍简单了些”。①正是为了实现对这一复杂问题的深化认识、周妥论述、辩证分析，他分别从历史视角、课程视角、比较视角全面阐释了自己独特的语文课程性质观。

一、历史视角：对语文课程性质的纵向探索

以长期精深研究现代语文教育史而著称的顾黄初先生，对语文课程性质这一复杂问题的分析研究，首先表现在他对语文课程性质演变的历史研究上。也就是说，他从语文课程史演变发展的独特视角，从对不同时期语文课程标准的历史事实分析中，给我们清晰地勾勒了语文课程性质演变的百年艰难步履，进而表述出自己的语文课程性质观。

由于语文本身的复杂性与语文课程的独特性以及不同学者、不同课程性质观的共同影响，致使我们对语文课程性质的认识长期难以达成共识，以致不时出现争执与争辩。对这个客观存在着的历史现象，顾黄初先生认为：“对语文学科的性质和任务，近百年来人们的认识经历着一个曲折迂回而又不断接近完善的历史过程”，且这一“历史过程”“集中反映在对‘语文是工具’这一命题的认识和理解上”。②

①顾黄初：《语文学科性质之我见》，《语文学习》1997年第1期。

②顾黄初：《语文学科教育的百年步履》，《中学语文教学参考》1998年第1期。

在语文课程研究领域，人们对语文课程性质与任务认识的历史表现是“曲折迂回”的。语文课程性质的认识何以会呈现出“曲折迂回”的特征呢？笔者认为，是语文的复杂性导致了语文课程的复杂性。而语文课程的复杂性，又导致了对其性质分析认识的复杂性。具体来看，语文（言）的符号性属性自然就使语文（言）具有明显的工具性特质，随之以语文（言）为基本课程对象与内容的语文课程自然也就具有工具性特征。但由于语文（言）形式与表达内容的密不可分性，语文课程也自然具有显著的人文性、情感性、文化性、审美性等众多特征。两种不同属性在语文、语文课程中的客观存在，自然就导致了不同时期不同学者与课程标准编制者对语文、语文课程性质产生了不同的认识乃至针锋相对的观点。

正是缘于此，顾先生认为：“对‘语文是工具’这一命题，不同历史时期有不同的理解、不同的历史内容。”①在他看来，在传统语文课程中，第一，“语文是工具”具体表现为它是一个跻身仕途、光宗耀祖与升官发财的“工具”。在封建科举制度时代，要实现“朝为田舍郎，暮登天子堂”的人生梦想，就要参加科举考试；而要想顺利通过科举考试，就得熟练掌握以文言为基础的八股文写作；而要掌握八股文写作，就要接受以文言文为表达工具的训练。这就是顾先生指出的：“当语文学科还没有在中小学堂正式独立设科之前，语文也被认为是一种工具，那是被用来当作应试赴考、擢升仕途的工具，即用来叩开官宦之门的一块敲门砖。”②这就是语文在独立设科之前的“工具性”的具体体现，也是语文工具性的历史表现。第二，在语文独立设科之初，“语文是工具”具体表现为它是反对封建、开发民智的“工具”。语文独立设科之初特别是辛亥革命后，随着封建政体的瓦解与共和政体的建立，学校教育的宗旨也发生了重大改变，语文这一“工具”也同步发生了重大变化。对此，顾先生以蔡元培先生所主持制定的《中学校令施行规则》中“要旨在通解普通语言文字，能自由发表思想，并使略解高深文字，涵养文学之兴趣，兼以启发智德”的课程性质与目标为例，指出这一历史变化使得语文成为“自由发表思想的工具”“培养文学兴趣的工具”“启发智德的工具”。③第三，在民族危亡之际，“语文是工具”则具体表现为它是了解民族历史文化与唤醒民族

①顾黄初：《语文学科教育的百年步履》，《中学语文教学参考》1998年第1期。
②顾黄初：《语文学科教育的百年步履》，《中学语文教学参考》1998年第1期。
③顾黄初：《语文学科教育的百年步履》，《中学语文教学参考》1998年第1期。

意识的“工具”。顾先生通过对 20 世纪 30 年代国民政府教育部颁布的《修正中学国文课程标准》中“使学生从本国语言文字上,了解固有文化”等规定上,指出在抗战这一特殊时期“强调‘唤起民族意识并发扬民族精神’的必要”。①于是,语文与语文课程在这一时期又成为传承、弘扬民族精神文化的“工具”。第四,在新中国成立后,“语文是工具” 具体表现为它是学好各门知识与从事各项工作的“工具”。顾黄初先生在对新中国语文教育发展史中不同时期所颁布的众多语文课程标准(教学大纲)的纵向对比研究中,曾专门对 1963 年颁布的《全日制中学语文教学大纲(草案)》进行过详细的阐述。在他看来,这一教学大纲中明确提出了语文“是学好各门知识和从事工作的基本工具”,这一定性就“较为正确地反映了语文教学自身的特点和规律, 以体现语文的工具性, 来达到语文学科的目的”。②显然在这一时期,由于革命与建设事业的客观需要,语文又随之成为个体生活、学习与工作、发展的“基本工具”。从以上内容看,语文与语文课程的性质在不同历史时期有着不同的内涵与价值指向。自然, 除顾黄初先生所分析阐述的四点外,学者与课程标准制定者对语文性质的分析与认识还有一些,虽限于篇幅笔者难以尽述, 但这些事实都足以说明对语文性质的认识, 的确如他所说在“不同历史时期有不同的理解、不同的历史内容”,并具体呈现出“曲折迂回”的历史特征。

与对语文性质的认识相一致,不同时期的课程标准(教学大纲)与众多专家学者对语文课程性质的分析与认识也是复杂多样的, 在历史与现实中存在着种种不同的观点与主张。但不论人们对语文课程性质有着多少不同的认识或观点,顾黄初先生认为“工具性”始终是这门课程的重要性质或基本性质之一。首先, 我们可从顾先生对语文工具性这一基本命题的历史回顾中看出工具性是语文课程的重要性质之一。如前所述,尽管在不同历史时期,语文这一工具的具体内涵或侧重点的确有所不同, 但其无论是作为进入仕途、反对封建帝制的 “工具”,还是作为唤醒民族文化意识、进行学习与从事工作的“工具”,其都是人们所必须凭借的“基本工具”。或者更明确地说,正是语文的工具性才决定了语文课程(教育)的工具性。其次,顾先生指出语文课程是以“语文”为核心课程内容

①顾黄初:《语文学科教育的百年步履》,《中学语文教学参考》1998 年第 1 期。

②李杏保、顾黄初:《中国现代语文教育史》,成都:四川教育出版社,2007 年版,第 311—312 页。

与基本教育对象的，语文的工具性也就决定了语文课程的工具性。顾先生曾明确指出："语文教育，顾名思义，就是以学语文、用语文为基本内容的教育活动。如何学、如何用，这里面大有学问。"[①]笔者认为，如同"如何学、如何用，这里面大有学问"一样，为何学（语文）与为何用（语文），这里面更有学问。因为对这些问题的回答，实际上是要求我们必须正面回答语文课程"为何存在"的重大理论认识问题。语文课程为什么存在呢？或说为什么要设立语文课程呢？简单的答案就是顾先生所给出的："（语文课程）为人们接受教育提供一种重要的工具和媒介。"[②]显然，正因为语文是工具，也正因为以"语文为基本内容"的语文课程能为新生一代接受教育提供一种重要的工具和媒介，因而工具性自然也就成为这一课程的重要性质之一。最后，顾先生还从中小学课程设置体系中，指出语文课程与数学、外语课程具有同样的基础工具性特征。在我国中小学众多课程设置中，语文与数学、英语是三门开设时间最长、课时也最多的基础性课程，这是由它们具有的基础性、工具性等性质所决定的，人们也习惯上称之为基础性课程或工具性课程。对此，他曾明确指出：

> 在中小学的课程设置中，工具学科主要是语言学科和数学学科。语言学科包括汉语文（在兄弟民族地区有双语学科）以及外语；数学学科除传统设置的以外新增了电脑。这些学科，由于教学的内容是语文工具或计算工具，所以习惯上统称为工具性学科。[③]

对此我们要看到，数学之所以被视为基础性、工具性课程，在于其是学习物理、化学等自然课程的基础与工具。而语文之所以也被视之为基础性、工具性课程，在于其是学习数学、化学、历史、地理等一切课程以及今后生活、工作、发展的基础与工具。

综合以上理由，顾先生反复申明："从确认语文是工具起始，进一步认定语文学科是以培养学生掌握祖国语言和文字为己任的工具性学科。这是认识上的一

①顾黄初：《关于语文教育研究》，《扬州师院学报》（社会科学版）1996年第3期。

②顾黄初：《关于语文教育研究》，《扬州师院学报》（社会科学版）1996年第3期。

③顾黄初：《语文学科性质之我见》，《语文学习》1997年第1期。

次大解放、大进步。”[①]同时从总结忽视或否定语文课程工具性对语文课程不良影响的历史经验教训出发，又指出：“说语文学科具有工具性。这是没有问题的，理由上文已经申述，而且我认为这个认识来之不易，坚持这个观点可以避免摇摆，避免大起大落，避免语文能力训练的削弱。”[②]如此看来，顾黄初先生认为尽管语文与语文课程有一定区别，尽管语文这一工具与别的生产工具相比也有着明显区别，尽管语文的工具性在不同时期有着不同内涵，但工具性是语文课程固有的重要性质之一。需笔者强调指出的是，忽视或轻易否认语文课程的工具性性质，就会在认识层面上使语文课程难于阐述清楚自身的独特价值与根本任务，在课程实践层面上也易导致非语文与非语文课程现象的出现与泛滥。

二、课程视角：对语文课程性质的多方观照

如前所述，语文的工具性就决定了语文课程的工具性，这是我们分析并认识这一重要问题的前提；同时，也必须看到作为人们交流、交际工具的语文和以语文为基本课程（学习接受）内容的语文课程在性质上还是有所不同的，这是我们在分析、认识这一问题时的必要延伸与深化。对此，顾黄初先生明确指出：“在语文学科中学习语文，主要是学习承载着人们情、理、意、趣的语文，而不是孤立的、静止的、不表现任何实际内容的语文。因此，学习语文同时也学到了古今中外作者们所要表现的情、意、理、趣。这是语文学科中学习语文的显著特点。”[③]就是说，我们从语文具有的工具性“自然”地推出语文课程也具有工具性，但同时又要看到这一工具又有着自身的一些特征。正是因为有这一辩证分析、全面认识的基础，与其他学者对语文课程性质的分析认识往往偏执一词相反，顾先生不仅坚持语文课程工具性的基本观点，还注重从语文与语文课程、语文课程与其他课程之间的联系与区别，辩证而全面地阐述了语文课程除工具性这一课程基本性质之外的其他重要性质，这对我们辩证理解和全面把握语文课程性质，进而科学实施语文课程具有重要的启示意义。

①顾黄初：《语文学科性质之我见》，《语文学习》1997 年第 1 期。

②顾黄初：《语文学科性质之我见》，《语文学习》1997 年第 1 期。

③顾黄初：《语文学科性质之我见》，《语文学习》1997 年第 1 期。

第一,语文课程具有基础性。在顾黄初先生看来,“基础教育”中的“基础”或“基础性”具有相对性:“‘基础’一词,其含义本来就具有相对性,就高一级的学习层次来说,低一级的学习都是‘基础’。相对于高一级的专门教育,普通中小学的各科教育统称为基础教育。”正因如此,我们就把中小学阶段的教育称之为基础教育。但在基础教育课程体系结构中,语文课程的基础性地位与特征却是具有“绝对性”的,这是由于:

> 然而要把中小学各科的教育教学活动正常地开展起来,得有个先决条件,那就是要让学生能由低到高逐步掌握祖国的语言文字,会说会听,会读会写。因为其他各科的学习,都要以祖国的语文作为媒介,都要有读、写、听、说的实践作为开展教学活动的手段。否则,一切教育教学活动都无从谈起。因此,学好语文是学好其他学科的基础,甚至是学生进行有效学习的基础。①

如此看来,语文课程显然是整个基础教育阶段乃至整个教育体系中的重要“基础”。具体来说:首先,语文课程是一切教育教学活动赖以开展的前提条件。个体(学习者)如不懂得语言或不能熟练地进行语言交流,就不能对其实施有效的教育教学。出国留学者之所以要先进行语言训练与测试,其根本原因就在于此。同样的道理,学生如不能熟练运用语文来进行听说读写,也就难以有效地接受教育。语文课程,正是接受把汉语文作为交流(教学)一切教育教学活动的语言,其重要性与基础性无需多言。其次,语文课程是其他课程赖以开展的基础条件。语文课程是学好其他课程的基础与获得知识的必要技能,这是常识性知识。因为人类对事物(知识)的感知、接受与掌握必须从理解开始,而理解又需要以语文(言)为基本凭借。可以说,没有语文(言),就没有理解。譬如,在解释数学题时,审题分析就需要语文、证明诠释也需要语文、答题归纳更需要语文,语文是数学课程赖以进行的前提条件。再如,在历史课程中,要使学生认同中华民族的优秀文化传统、增强爱国主义情感、坚定社会主义信念、拓展国际视野并逐步树立正确的世界观和人生观,就需要通过对历史教材与历史典籍的系统阅读与具体分析理解这些语文(言)活动来完成。反之,学生如不具备良好的书面语言阅

①顾黄初:《语文学科性质之我见》,《语文学习》1997年第1期。

读、理解、归纳等能力，就无法或不能很好地完成历史课程的目标任务。这说明，在中小学的一切课程中，没有不以语文为凭借(工具)的课程。正是在这一意义上，顾先生才认为“学好语文是学好其他学科的基础”。最后，语文课程还“是学生进行有效学习的基础”。语言文字不仅是人类文明的重要标志，而且是人类认识世界、描述世界、反映世界的重要工具。这自然是由于人类要认识、分析、反映主客观世界，就需要良好的思维能力。而良好的思维能力，又主要来自良好的语言能力。具体说，学生要在学校教育教学过程中逐步提高自己认识问题、分析问题、解决问题的能力与水平，就要不断提高自己的思维能力特别是抽象思维的能力与水平。而思维能力的锻炼提高，又主要依靠语文(言)训练。可以说，没有良好的语文能力，也就难有良好的思维能力；没有良好的思维能力，也就难有高效的学习活动。这就是语文课程“是学生进行有效学习的基础”理由之所在。正是在以上认识的基础上，顾黄初先生明确而深刻地指出：“(由于)语文学科为学好其他学科提供了必要条件，那就必然成为整个素质教育的基础。”[①]也正是在这一认识基础上，顾先生在总结自己关于语文课程研究成果时曾概要指出，由于语文课程可以“为人们接受教育提供一种重要的工具和媒介”，因而就自然成为“提高全民族素质的一项奠基工程”。[②]这就是语文课程在中小学课程体系中所具有的基础性的具体含义。

第二，语文课程具有人文性。在顾黄初先生看来，由于语文表达形式与表达内容（思想情感）的密不可分性，因此语文课程不但具有鲜明的人文性客观特征，而且在语文课程中“人文”一词的内涵也是十分丰富且广泛的。因此，我们在对其的认识与理解上就绝不能限制在过去因“左倾”思想影响而形成的抽象的思想政治教育这一单一的因素上：

> 人类社会的各种现象，包括各种社会思潮和文化现象谓之人文。改革开放以来，在众多学科的交流和融汇中，人们发现用“人文性”一词来概括语文学科在教学内容上的特征似乎更为科学、更为准确，它既涵盖了政治思想性或思想性，又包括人的世界观、人生观、价值观、审美观等一切属于人的精神

①顾黄初：《语文学科性质之我见》，《语文学习》1997年第1期。

②顾黄初：《关于语文教育研究》，《扬州师院学报》(社会科学版)1996年第3期。

> 世界的教育因素。这个发现是十分重要的，它将为语文学科结合自身特点，在“人文”的广阔领域里恰如其分地承担起为社会主义精神文明建设打基础的任务。[①]

从顾先生对“人文”一词含义的解释中，我们可以看出“人文”一词的内涵似乎相当于“文化”——“包括各种社会思潮和文化现象”。这样看来，语文课程的人文性特征，就自然而然地既包括政治观点、人生意义、伦理价值、审美情趣、处世之道等观念层面上的认识与理解，又包括对自己与他人、言语与行为、学习与生活、创业与守业等诸多生活中具体问题及各种关系的认识与理解。如此看来，“人文”的内涵实质上就是指附着于语文形式（文本）之上的一切思想、情感、观念、审美、价值观等众多内容。从这一客观存在看，语文课程的人文性的确“既突出，又鲜明”。[②]

顾先生认为语文课程具有人文性，主要是基于两方面的判断：一方面，是由于语文课程自身就是语言形式与思想内容的统一体。不论是历史还是现实存在，既没有无语文（言）的思想内容又没有无思想内容的语文（文）；语文（言）形式与其所表达的思想内容虽有着根本的不同，但却总是如一张纸、一枚硬币的正反面一样密切结合在一起。对此，顾先生指出：“语文学科不但要涉及作为信息符号的语言和文字，更要涉及作为信息载体的语言和文字所承载的人们的情意理趣。”[③]语文课程要提高学生的语文运用能力，就必然离不开对思想内容的理解。而学生对语文（言）所表达的思想内容的理解与把握，又离不开对语文（言）形式的理解与把握。语文课程的这一特征与数学、化学课程中的只是单一表意的符号有着本质的不同，其人文特征十分“突出”。另一方面，语文课程作为中小学课程体系中的一个重要组成部分，必然也必须内含着教育性——承担着以“语文”为基本依据、基本凭借来进行思想认识、道德情感等方面的教育任务。这就如同物理、地理、化学、历史等课程都需要承担必要的与课程内容自然联系在一起的对学生进行思想认识、情感态度价值观等方面的教育任务一样，语文课程

①顾黄初：《语文学科性质之我见》，《语文学习》1997年第1期。
②顾黄初：《语文学科性质之我见》，《语文学习》1997年第1期。
③顾黄初：《语文学科性质之我见》，《语文学习》1997年第1期。

也必须并必然要承担起对学生进行思想认识等多方面的教育任务。同时，由于语文课程本身（文本）就是丰富思想情感、鲜明政治观念、明确价值取向、独特生活体验等内容的表达，并常常借助于艺术手段与语言技巧来生动、形象地呈现。因此，这些人文内容自然就在学习、接受的过程中对学生的精神世界产生巨大而深刻的影响。对此，顾先生明确指出：“语文作为知识、信息、思想、情感的载体，在学习过程中又必然伴随着知识的扩展、信息的吸收、思想的培育、情感的熏陶。因此，语文学科对于提高学生的思想道德素质和科学文化素质，也具有不可忽视的重要作用。”[①]这就说明，语文课程必然也必须承担思想认识、道德观念、情感价值等多方面的教育任务。此外要指出的是，顾先生还提出要从信息输入与输出的两方面实现人文教育：在课内外的阅读实践中，学生阅读了大量古今中外的诗文名篇与反映各种社会思潮和文化现象的优秀作品，必然会受到思想的启迪、情感的熏陶、观念的改变等；在课内外的习作实践中，学生学会了观察和分析历史的、现实的社会和人生，才能写出足以反映自己真情实感的文章（话语）来，在这一过程中也必然要受到思想认识方面的教育。这样看来，语文课程的人文性显然是“既突出，又鲜明”。

第三，语文课程具有技能性。把技能性视为语文课程的重要性质之一，是顾黄初先生对语文课程性质观的一大贡献。在顾先生看来，要廓清语文、语文课程的性质，一大着眼点就是要根据吕叔湘先生的观点，真正厘清人们学语文、用语文的特点——“明白人们学习语文的一些特点和规律”。[②]那么，人们学习语文的“特点和规律”又是什么呢？在他看来，人们学习语文的客观“特点和规律”最基本或最主要的有如下三点：首先，是由于学生（个体）语文（言）能力的形成与提高必须要以长期反复的技能训练为基本凭借与主要途径。客观来看，虽然人们学习语文（言）的“特点和规律”很多，但人们只能从具体的语文（言）实践（听说读写）中才能获得感知、领悟、体会、运用、锤炼、提高语文（言）能力（技能），却是一个显著特点与基本规律。譬如，以婴幼儿学习、掌握口头语言为例，他们总是从单个词的牙牙学语开始，然后在反复使用中逐步进入到用多个词来表情达意，最后才形成连词成句、连句成段（篇）的语文（言）能力或技能。就是说，婴幼儿的

①顾黄初：《顾黄初语文教育集外集》（上），南京：江苏教育出版社，2013年版，第144页。

②顾黄初：《语文学科性质之我见》，《语文学习》1997年第1期。

口语表达能力或使用技能是在长期的、反复的语文(言)实践中才获得的,这实际就是古语所讲的"操千曲而后晓声,观百剑而后识器"的道理在语文(言)学习中的具体体现。再如,在提高书面语言表述能力的练习中,学生也是在先进行组词造句练习,再进行连句成段(写话)训练,最后则进行完整篇章的写作训练。这一训练过程也是十分漫长并需反复、长期进行,才能形成与提高。对此语文学习的"特点与规律",顾先生曾十分明确地指出:

> 技能是必须经过实际操练方能逐步获得的,通过读、写、听、说的实践来培养和提高读、写、听、说的技能,这是语文学科在教学上的一大特点。在其他学科中,读、写、听、说是求得知识的手段;而在语文学科中,读、写、听、说既是手段,又是目标的体现。而且,在读、写、听、说的实践中又必然使思维受到严格的训练。因此,语文学科的技能性是始终不能忽视的,否则势必导致语文教学走入误区。①

其次,由于语文课程的主要课程内容与教学对象在于使学生获得切实的语文技能。我们知道,语文课程是以语文为基本课程内容的,但这一"语文"却不是或不完全是文字学、语言学、文章学、文学等学科领域内的基本知识、基础理论,而主要是以具体的运用语文的方法、方式及实际能力为根本对象与直接目的。就是说,语文课程的出发点与终结点都不在于或不主要在于使学生获得了多少"语文知识",而在于或主要在于是否实际地提供了他们使用语文的能力与水平。尽管语文知识也十分重要,但与语文技能相比,其应处在第二位。对此,他明确指出:"语文教学的任务是多元的,在这多元的任务中,形成正确理解和运用祖国语言文字的能力和习惯,是最根本的任务。"②"形成正确理解和运用祖国语言文字的能力和习惯"这一"最根本的任务",就从根本上决定了语文课程的实践性品质,而实践性品质的体现又具体表现为语文课程必须以语文能力形成与语文习惯养成为根本目标。或者更明确地说,语文课程不是一门"语言知识"课程,而是一门"语文能力"的课程,其主要目的不在于让学生掌握一套静态的语言知识体系,而在于培养学生实际运用语文的能力。最后,是由于语文课程中的语文与实际生活中的语文有着客观必然的联系。如前文所讲,在顾黄初先生看来语文课程与实际生活中的"语文"之间有着天然的联系:

---

①顾黄初:《语文学科性质之我见》,《语文学习》1997 年第 1 期。

②顾黄初:《语文教学与素质教育》,《语文教学与研究》1997 年第 9 期。

> 从历时性角度说，一个人进学校以前就在学语文、用语文，上学后不是毫无基础。离校后则要在更高的层次上学语文、用语文。中学只是一个特殊的阶段。从共时性角度说，学生在校学语文、用语文的同时，在家庭、社会和生活中还要学语文、用语文。课堂只是一个特定的空间。这是语文学科独有的。由此可见，语文教学与实际生活存在着天然的联系。[①]

显然，在进入学校之前与出了学校之后以及在校期间与学生实际生活、工作密切联系着的“语文”与语文课程，其工具性、实践性等特征自然就要求语文课程必须致力于对学生实际使用语文技能（听说读写）的训练，并不断促进他们实际运用水平的提高。这一课程目标，就必然要求以实际的听说读写技能训练与提高作为课程的基本内容。

综合以上三方面的内容，顾先生十分郑重地提醒我们：“把语文学科视为单纯传授知识的学科，是严重的误解。”[②]笔者在此还需指出的是，不少著名语文教育家或不甚著名的语文教育研究者都关注并论述了语文课程的技能性与实践性特征。如吕叔湘先生就曾明确指出：“语文的使用是一种技能，一种习惯，只有通过正确的模仿和反复的实践才能养成。”[③]张志公也曾明确指出：“不能把语文课搞成一门纯粹的知识课，而以知识为先导、以实践为主体，并以实践能力的养成为依归的课。”[④]从这些著名论述中，我们就可看出语文课程的技能性的确是语文课程的一大重要特征，我们在课程实践中需要努力突显、全面体现这一特征。

三、比较视角：对语文课程性质的横向分析

顾黄初先生认为语文课程在具有工具性这一根本特征的基础上，还具有基础性、人文性与技能性、生活性等众多显著特征。他对语文课程性质的这一独特分析视角与所得出的基本结论，我们通过与中小学其他课程标准对其性质的表述

①顾黄初：《顾黄初语文教育集外集》（上），南京：江苏教育出版社，2013年版，第92页。

②顾黄初：《语文学科性质之我见》，《语文学习》1997年第1期。

③吕叔湘：《吕叔湘论语文教学》，济南：山东教育出版社，1987年版，第53页。

④张志公：《张志公文集》（第3卷），广州：广东教育出版社，1991年版，第33页。

对照，就可看出其观点的科学性与论述的周密性。

由于语文与语文课程的普遍性、常见性，课程涉及要素多，能力形成、提高缓慢等自身因素的影响，对语文与语文课程性质，特别是对后者的认识、分析、表述长期以来始终是智者见智，仁者见仁：有人主张语文课程要在突出工具性的基础上发展学生的语文能力，有人却强调语文课程要在彰显人文性的前提下提高学生的认识水平。而且在理论与实践上，两种观点各持其故、各有其理，谁也说服不了谁。于是，语文课程标准在2001年的“实验稿”与2011年的“修订稿”中在肯定语文是最重要的交际工具的基础上，为防止把语文课程当成“无血肉”的工具课程或当成只是提高学生认知水平的人文课程，就在不同位置共同申明了“工具性与人文性的统一，是语文课程的基本特点”。这一规定性表述，自然有其不得不为(表述)的初衷，也是具有一定合理性的。但由于只肯定了语文的工具属性，而缺乏对语文课程性质周妥的规定性表述，“工具性与人文性的统一”的强调表述就使人难以捉摸，也就自然会在课程实践中造成“纯工具性”倾向或“泛语文”倾向。那么，作为课程法规性质的语文课程标准该怎样科学而规范地来规定、表述语文与语文课程的性质呢？顾黄初先生在其《语文学科性质之我见》中所阐述的语文课程性质观，对我们深化语文课程性质有着重要的启示意义。

顾先生认为，语文与语文课程具有密切的联系，但也有着明显的不同，因此确立“语文是工具，是思维和记录思维成果使之得以交流的工具”[①]这一重要认识是我们分析、认识语文课程性质的重要基础。基于这一重要认识，他进而分析、论述了语文的“符号性”“工具性”“社会性”等主要特征，使我们对语文性质的认识得以深化与升华。不仅如此，在肯定语文工具性质与符号性、社会性等特征的基础上，顾先生还明确提出要把语文与语文课程、语文性质与语文课程性质既联系又区分地加以具体分析：“说语文是工具，便认定语文学科也就是工具学科，这样的推理不是毫无根据的，只是稍稍简单了些。”[②]这是由于他认为，在中小学课程设置体系中，“工具学科主要是语言学科和数学学科。语言学科包括汉

①顾黄初:《语文学科性质之我见》,《语文学习》1997年第1期。

②顾黄初:《语文学科性质之我见》,《语文学习》1997年第1期。

语文(在民族地区有双语学科)以及外语;数学学科除传统设置的以外新增了电脑。这些学科,由于教学的内容是语文工具或计算工具,所以习惯上统称为工具性学科”[①]。这一论述说明,语文与数学的工具性质,就决定了语文课程与数学课程一样都具有工具性。但从教育目标与课程设置来看,如只强调课程的工具属性就会导致“纯工具性”的课程观与机械训练的实践取向。因此,在肯定(承认)语文工具性带给语文课程工具性的基础上,顾先生还指出,我们仅仅认识到语文、语文课程的工具性是不够的,还应做更进一步的分析。在他看来,语文课程与数学课程、外语课程相比,其基本性质还有:

第一,语文课程具有鲜明的基础性。对语文课程的基础性,顾先生明确指出:“在中小学设置的众多学科中,语文学科首先是一门基础性学科。”这是由于在他看来,学习的一切教育教学活动与所有课程的实施,都要以语文作为媒介与手段。从这个意义上讲,“学好语文是学好其他学科的基础, 甚至是学生进行有效学习的基础”[②]。这就说明,如没有语文课程对学生语文能力的有效培养与提高,其他课程乃至整个教育教学活动都难以顺利开展, 这就是语文课程的基础性地位与特征的具体体现。值得我们注意的是,他的这一论述与 2011 年颁布的《义务教育数学课程标》在“课程性质”中对数学课程性质的表述极为相似:“义务教育阶段的数学课程是培养公民素质的基础课程,具有基础性、普及性和发展性。”数学课程标准对数学性质的规定性表述, 既强调了数学的工具性质与这一工具性质使数学课程必然具有工具性质, 同时又强调了数学课程在工具性基础上还具有的基础性、普及性等特征,并得到了数学教育界的广泛认同。同样,顾先生赋予语文课程具有的基础性特征,也应该得到广泛的认同。

第二,语文课程具有浓郁的人文性。如前所述,顾先生认为世界上不存在不承载思想观点、情感价值、道德理念的语言,也不存在不表达写作者思想认识、喜怒哀乐的作品。因此,语文课程特别是语文教材中的众多作品,都含有极为丰富多样的历史文化、道德情感、观念行为等人文因素。学生在接受语文训练的同时, 也必然要接受这些观念形态的教育与熏陶。正因如此,《义务教育英语课程

①顾黄初:《语文学科性质之我见》,《语文学习》1997 年第 1 期。

②顾黄初:《语文学科性质之我见》,《语文学习》1997 年第 1 期。

标准》在"课程性质"中对英语课程性质表述就为:"英语课程的学习,既是学生通过英语学习和实践活动,逐步掌握英语知识和技能,提高语言实际运用能力的过程;又是他们磨砺意志、陶冶情操、拓展视野、丰富生活经历、开发思维能力、发展个性和提高人文素养的过程。"这一表述,强调了"掌握英语知识和技能,提高语言实际运用能力"这一工具目标,也指出了"磨砺意志、陶冶情操、拓展视野、丰富生活经历、开发思维能力、发展个性和提高人文素养"的人文目标。顾先生认为:"语文这个工具,作为信息的载体,它在实际运用中总是承载着人们所要表达的情、理、意、趣的。"与英语课程具有的人文性性质相同,语文课程也具有浓郁的人文性。因此,顾先生认为:"在语文学科中学习语文,主要是学习承载着人们情、理、意、趣的语文,而不是孤立的、静止的、不表现任何实际内容的语文。因此,学习语文同时也学到了古今中外作者们所要表现的情、意、理、趣。这是语文学科中学习语文的显著特点。"①

第三,语文课程具有技能性。听说读写能力常常表现为技能,这些技能与演唱、绘画、表演等技能一样,都需要在实践中学习与掌握。同时,一旦停止练习,技能将很快就会变得生疏。顾黄初先生正是在对语文课程与美术、音乐等课程的课程性质对比中,以泰克西纳知识分类的12个领域来分析认识语文课程性质的,并认为语文课程"应是横跨'符号''艺术''传播'等领域的综合学科",并且"语文学科又往往不满足于传授有关符号、艺术和传播等领域孤立的、静止的知识,它绝对地要求把这些知识转化为种种技能,即把语文作为信息符号、作为艺术手段、作为传播媒介的种种知识转化为规范的、有艺术表现力的、便于人们接受的语文行为和语文技能"。②显然,作为横跨"符号""艺术""传播"学科的语文课程,技能性也是其基本的课程性质与主要特征之一。

概括来看,顾黄初先生对语文与语文课程、语文性质与语文课程性质之间联系与区别的分析论述,对我们正确认识、科学表述语文与语文课程性质具有重要的现实启示作用:第一,只有把语文与语文课程既加以联系又加以区分,才有助于真正廓清对它们性质与特征的全面、准确认识;第二,只有综合考虑语文本身

①顾黄初:《语文学科性质之我见》,《语文学习》1997年第1期。

②顾黄初:《语文学科性质之我见》,《语文学习》1997年第1期。

的性质、作用与语文课程本身的性质、作用，以及它们之间的相互制约、相互作用，才有助于全面认识、客观评价语文课程的实际价值与功能；第三，只有在多方面、多层次关照与分析语文、语文课程性质与作用的基础上，才有助于分清语文、语文课程的基本属性与本质属性。

需要强调的是，由于语文课程性质问题的实质集中于或者说聚焦于语言形式（“文”）与思想内容（“道”）的关系上，因此，语文课程究竟是以“文”为主，还是以“道”为主？抑或“文道并重”？或者以“文”为硬币的正面（通过语言形式来认识思想内容），以“道”为硬币的反面（通过思想内容来学习语言形式）？就需要进行全面分析、辩证看待。对此，笔者认为，我们在多年的讨论中事实上已形成了共识：工具性是语文、语文课程的本质属性，人文性、基础性、技能性也是语文课程的重要属性之一。语文课程必须要以提高学生实际语文能力为根本目标，要坚持在课程实践和语文形式的学习中提高学生的思想认识水平，要在把握语文所表达思想内容的基础上提高学生对语文运用的能力。基于此，顾先生与叶圣陶、吕叔湘、张志公等先生一样，不主张在这一问题上过多地去搞一些无谓之争，使本来就显得复杂的语文课程性质问题变得更为复杂：

> 当时所达成的共识，大致可以概括为这样4句话16个字：循文明道，因道悟文，文道统一，不可偏失。可是，在20世纪的最后岁月里，“文”和“道”的关系一时被“工具性”和“人文性”这两个概念所取代。而究其实质，还是当年“形式”的和“实质”的、“独有”的和“共有”的等等概念在新时期的翻版。为此，我们认为，对于语文教材建设中“文”和“道”关系的认识和处理，近百年来经过长期的理论跋涉和实践探索，既已基本达成共识，那就不必一有“风吹草动”便又“旧事重提”，仿佛在这里还可能翻出多少“创意”来。[①]

①顾黄初：《我国现代语文课程教材建设百年的理论跋涉》，《江苏教育研究》2008年第8期。

第三节　语文与语文课程的联系与区别

自语文独立设科之后,关于语文与语文课程性质、目标与任务的讨论与争辩就一直没有停止过,虽然争论有时平缓有时激烈,但对语文的内涵与语文课程的性质却始终难以求得共识。顾黄初先生也在对语文课程的理论研究中,全面阐释了语文与语文课程之间的联系与区别, 这对我们廓清语文课程基础领域的一些重大问题具有重要的启示作用。

一、语文与语文课程的联系

语文与语文课程(学科)是两个既有着密切联系,又有着诸多不同的概念。在顾黄初先生看来,它们之间的联系在于"语文学科是以培养学生掌握祖国语言和文字为己任的工具性学科"[①]。如此看来,语文应是语文课程的根本(主要)内容,或者说语文是语文课程的基本对象。语文与语文课程之间的区别在于,语文属于语言学领域,主要表现为它是一种具有明显符号性的"社会现象",而语文课程则属于课程论领域,"在中小学设置的众多学科中, 语文学科首先是一门基础性学科"。[②]这就说明,在基础教育阶段中,语文和课程的密切组合,就形成了以语言文字为主要学习对象(课程内容)的语文课程。

一般来说,语文既构成了语文课程的基本内容,又成为语文课程赖以存在(表现)的重要载体或基本凭借:如没有语言文字本身、语言文字的运用规律以及对语言文字具体运用的范例(作品)作为课程内容,就不会有语文课程与这一课程的主要(基本)体现物——语文教材以及相应的教育教学行为。在顾先生看来,语文与语文课程之间的联系主要表现在如下三个方面:

---

①顾黄初:《语文学科性质之我见》,《语文学习》1997 年第 1 期。

②顾黄初:《语文学科性质之我见》,《语文学习》1997 年第 1 期。

> 作为学校教育中的一门具体学科，总有它特定的教学内容。语文学科的教学内容，笼统地说是“语文”，细说起来却包含着三个主要部分：一部分是关于语言的摹声和文字的摹形，通俗地说就是学习把话说对、说好，把字写对、写好；一部分是成功地运用语言的优秀作品；一部分是关于语言的运用规则以及读、写、听、说的基本方法。这三部分内容，一般都不是分割开来、孤立地进行教学的，而是以一定数量的优秀语言作品作为例子和凭借来指导学习语言、学习文字、学习语言运用规则和读、写、听、说等各种方法。[①]

这里，顾先生明确阐述了语文与语文课程之间的联系，这一联系就体现在语文课程是以语文作为课程基本内容与主要学习对象的。第一，语文课程是以“语言的摹声和文字的摹形”为基本课程内容之一的。我们知道，在语文（言）系统中，口头语言总是表现为语音与语义的结合体，学习者做到对其正确、清晰的“摹声”，实质上就是对语言的模仿与学习。例如，个体在婴幼儿时期的牙牙学语，实质上就是对语文（言）这一工具的自觉学习与逐步掌握。到了学校后，学生在语文课程中有计划、有步骤地逐步锻炼，养成了标准、流利、清晰的口语表达能力，更是典型的“摹声”。而在书面语中，由于汉语是以汉字为书写工具的，因此对书面语的学习与掌握就要以对汉字的正确认读、全面理解、熟练书写为基础与前提。不论是传统语文课程还是现代语文课程，在起始阶段（小学低幼年级）都把汉字作为课程的重点任务，采取“集中识字”或“分散识字”等多种办法来学习汉字，这就是顾先生所说的文字的“摹形”。在语文课程中，“摹声”与“摹形”都包括两方面的要求——“通俗地说就是学习把话说对、说好，把字写对、写好”。第二，语文课程是以“成功地运用语言的优秀作品”为基本课程内容之一。语文课程虽然姓“语”，但又不完全等同于语言学课程。就是说，它不是要传递给学生系统、科学的语言（语文）理论知识与方法，而是重在培养与提高学生实际运用语文的能力与水平。同时，对语言（文）的实际运用又需要以优秀的成功范例（文本）为基本借鉴。于是，在“文选型”语文教材中那些“成功地运用语言的优秀作品”自然就成为学生学习语文运用的主要对象与重要内容。例如在中学阶段，学生就要通过学习朱自清的《背影》、鲁迅的《孔乙己》、莫泊桑的《项链》等一系列中外优秀作品来认识、掌握语文的具体运用方法和基本规律。就是说，这些优秀作品

①顾黄初：《语文学科性质之我见》，《语文学习》1997年第1期。

运用的遣词造句、布局谋篇、衔接过渡等语言表达方法和流露出的真挚情感、人生认识及对社会现象的深刻剖析，都是学生学习的重要对象。第三，语文课程是以“关于语言的运用规则以及读、写、听、说的基本方法”为基本课程内容之一的。显然，顾先生这里所说的“关于语言的运用规则以及读、写、听、说的基本方法”，实质上就是指语文课程领域中我们常说的“语文知识”，也就是字、词、句、篇、语、修、逻、文等具体语文运用领域内的基础知识与基本方法。对此我们要看到，由于语文知识与语文能力、语文知识与语文方法之间关系的复杂性，再加之语文能力又与思维能力、认识水平、情感意志等智力与非智力因素之间有着密切的关系，因此在语文课程中要使学生认识、掌握及运用“关于语言的运用规则以及读、写、听、说的基本方法”要比别的课程达成同一目标更为复杂与困难。这主要是由于在语文与语文课程体系中，语文“运用规则以及读、写、听、说的基本方法”内容极为众多且极为复杂：“语文知识包括语文内容知识和语文形式知识；语文动作技能包括口语技能和书写技能；语文智慧技能包括识字、词汇理解、语感等基本智慧技能，以及运用概念规则解决阅读、写作和口语交际问题的高级智慧技能；语文认知策略包括听、说、读、写策略和语文学习策略；态度包括对学习对象如文本内容的态度（情感与价值观）和对语文学习的态度（语文学习动机）。”[①]如此看来，在顾先生关于语文课程的三大任务中，这一任务的学习与掌握最为重要，但也最为艰难，同时学者们对这一问题的争论也最为激烈。

在现代语文课程体系内，由于语文课程的最基本、最主要载体与凭借——语文教材以“文选型”为主要编写形式，也正由于语文教材不同于或不完全同于语言学、文章学与文学教材。因此，顾黄初先生在概述语文课程的三大语文教学任务后，又分析指出：“这三部分内容，一般都不是分割开来、孤立地进行教学，而是以一定数量的优秀语言作品作为例子和凭借来指导学习语言，学习文字，学习语言运用规则和读、写、听、说等各种方法。”[②]这说明，“学习语言，学习文字，学习语言运用规则和读、写、听、说等各种方法”是语文课程的中心任务与根本目标，这就是语文与语文课程之间密不可分的联系。因此，从语文与语文课程的客

①何更生：《语文技能为核心——现代学习论视角下的语文课程观》，《语文建设》2014年第4期。

②顾黄初：《语文学科性质之我见》，《语文学习》1997年第1期。

观联系中,正确认识与准确把握语文课程是以“学习语文”为基本任务与主要内容的,这对语文课程的科学实施有着重要的现实指导意义。

二、语文与语文课程的区别

在顾黄初先生看来,语文与语文课程尽管有着密切的联系,但二者之间还存在着诸多不同,因此不能把二者简单地等同起来。语文与语文课程之间的区别,顾先生认为主要表现在以下几个方面:

第一,语文是一种相对稳定的社会现象,语文课程则是一种时时处于变化之中的文化现象。语文(言)是人类交流交际与思维的工具,具有社会客观存在性与全民共同使用与遵循的特征——一般不随政权的更替而更替,也不因使用者的社会地位、经济状况的不同而不同。语文课程作为“有选择”、有计划的学校教育的知识体系则与语文(言)不同——常常随社会的变化而变化,随时代的发展而发展。这自然是由于课程是教育核心之所在,具有“集中具体地体现了教育目标,是人才培养的蓝图”[①]的特点。从根本上讲,课程都是文化价值的选择结果或者说是在一定价值观指导下文化选择的结果。就是说在教育中凡是能成为课程与课程内容的知识都是人们特别是统治者依据一定的经济社会发展的客观需要与维护统治的需要而对知识加以选择与取舍的结果,语文课程自然也不例外。譬如在历史与现实生活中,语文总是有着多种多样的表现形式与不可胜数的作品,但能够进入语文课程与教材的“语文”却是经过人们反复斟酌、精挑细选的,是最能反映出统治者及课程编制者的政治意志与文化意图的。例如,在从传统语文课程向现代语文课程的转变中,过去那些反映与颂扬“忠君”思想的语文作品就逐步从课程(教材)中去除。同样,随着生态环境的恶化与生态文明观的确立,一些反映人与自然和谐共处的语文作品开始逐步进入语文课程,进入语文教材之中。正是在看到语文与语文课程既有联系又有区别的基础上,顾黄初先生提醒我们:

语言是社会现象,语言和记录语言的文字是社会的客观存在物,它们作

①吕达:《中国近代课程史论》,北京:人民教育出版社,1994 年版,第 1页。

为人类传情达意的符号，其工具性是十分明显的。而语文学科则是基础教育中的一门课程，是全面培养人的素质的一门课程，这就不能简单地视为工具，也不能简单地认定它是工具学科。①

以此来推论，语文作为"社会现象"具有工具性，这是毫无疑问的。而语文课程由于是价值观指导下文化选择的一种结果，其具有的工具性与语文的工具性自然就既有联系又有区别。因此，我们既要看到语文课程的工具性特征，但同时又"不能简单地认定它是工具学科"。这一观点，对廓清语文课程性质的认识具有重要的启示作用。

第二，语文的现实存在（具体表现）一般都是分散或较为分散的，且不具有或不过多地具有教育性，但语文课程则是内容集中且有明确教育目标指向的。由于语文的工具性特征，人们在生活、工作、学习中随时随地都要用到这一工具，因此具有随时随地可学、随时随地可用的特征，这也是"语文的外延与生活的外延相等"的真正含义。譬如，在看电视剧时，剧中人物之间的精彩对话就可能对观看者的语言表达起到一定的指导与示范作用。同样，日常生活中人们相互之间经常性地戏谑玩笑，也许会在不知不觉中锻炼、提高他们的口语表达能力。尽管这些"语文"对人们语文能力的提高具有明显的促进作用，但由于这些语文（言）活动缺少明确的目标，并缺乏严格的组织，因此就具有分散、随意及效果一般较差等问题。语文课程则不然，由于它是根据受教育者身心发展特征与语文体系的内在逻辑而科学设计、精心组织、有序呈现、讲练结合的教育活动，具有极为明显的教育性、教学性、训练性等特征，并具体通过课前预习、课堂组织、课后复习、效果评估反馈等一系列有力措施来确保其顺利实施，从而确保取得切实成效。同时，由于语文特别是课文（作品）本身就是表现形式与思想情感的有机统一，再加之语文课程、语文课教材中的语文（课文）又大都是从无数作品中挑选出来的，具有文质兼美、适合教学、与学生身心发展相一致等特征。因此，与人们在日常生活中自觉或不自觉地学习与运用语文不同，语文课程与课程实施中的语文学习活动常常具有鲜明的目的性、教育性、规划性。对此，顾黄初先生分析指出，由于"语文这个工具，作为信息的载体，它在实际应用中总是承载着

①顾黄初:《语文学科性质之我见》,《语文学习》1997年第1期。

人们所要表达的情、理、意、趣的”，因此受教育者“在语文学科中学习语文，主要是学习承载着人们情、理、意、趣的语文，而不是孤立的、静止的、不表现任何实际内容的语文”。这就是说，学生在语文课程中“学习语文同时也学到了古今中外作者们所要表现的情、意、理、趣。这是语文学科中学习语文的显著特点”[①]。这就是语文课程所具有的教育性、目的性、情趣性等客观特征。这一课程特征告诉我们，语文课程在具体实施中必须要结合语文自身所具有的特点，重视并发挥其教育性、目的性、情趣性等作用。

第三，语文通常表现出单一性，语文课程通常表现出复合性。语文作为人们共用的“公器”，一般都是为了完成某一特定的交际任务而具有单一性特征。如在工作中下发一则通知，主要就是为了让相关人员周知某一事项。在商务活动中要签订一项合同，也主要是为了有一个基本凭据，以避免日后“口说无凭”。显然，语文具有较为明显的单一性或符号性特征。语文课程则不同，进入语文课程特别是进入语文教材中的“语文”（文本），除了为体现其工具性而必须具有的符号性、社会性特征之外，同时还有文学与美学、文化传播、政治伦理、道德价值等多方面的内涵特征。就是说，进入语文课程之内的语文（文本）不仅具有符号性，还具有审美学的、传播学的、文化学的、伦理学的、政治学的等多方面的特征。顾黄初先生在分析论述语文与语文课程之间的联系与区别时，曾以美国学者泰克西纳（J.T.Tykociner）的知识分类学说[②]为依据，指出语言学（语文）应属于第 2 领域——“信息的符号领域”，“尽管中小学语文学科教的是‘语文’而不是‘语言学’，但语文本身毕竟在本质上是一种‘信息的符号’”。[③]但同时他也认为，以符号性为基本特征的语文作为基础的语文课程，不只是具有符号性特征，同时还具有艺术审美性与传播学、价值观等众多特征。就是说，作为课程的语文（特别是课文）不只是传递出一定的基本信息，而是在传递基本信息的同时还同步传递出众多丰富多样的审美信息、价值取向信息、人生态度信息、认识水平信息、处世待人信息……同时，这些众多而复杂的信息在课程实施过程中还常常通过

①顾黄初：《语文学科性质之我见》，《语文学习》1997 年第 1 期。

②美国学者泰克西纳把人类社会的知识分为互相联系的 12 个领域，即艺术领域、信息的符号领域、物质能领域、生物学领域、心理学领域、社会学领域、未来领域、演进领域、调节领域（法学、政治学、经济学、管理学等）、传播领域、探究领域（探究学、问题学、普通方法论等）、综合领域（哲学的、愿望的、普通系统论等）。

③顾黄初：《语文学科性质之我见》，《语文学习》1997 年第 1 期。

教师的选取与阐发以及学习者的不同感悟与体会，变得异常丰富多样，摇曳生辉。对此现象，鲁迅先生曾以文学作品的阅读感受为例，指出单是《红楼梦》的“命意，就因读者的眼光而有种种：经学家看见《易》，道学家看见淫，才子看见缠绵，革命家看见排满，流言家看见宫闱秘事……”对《红楼梦》的这些不同“命意”，自然是由于读者不同的价值观、审美观、人生观而造成的。顾先生也正是从语文课程所具有的人文性、开放性、复杂性等特征出发，明确指出语文（课文或作品）“一旦成为语文作品，成为语文学科中进行研习的教材，它便与第 1 领域的‘艺术’和第 10 领域的‘传播’有了密不可分的联系。”①这就清楚地告诉我们，语文课程中的语文不完全等同于生活中的自然语文，它作为课程形态自然就具有除符号性之外的美学、传播学、文化学等多方面的价值与功能。对此，他十分明确地指出：“语文学科本身又将以丰富多彩的知识内容来扩展学生的视野，以各种各样美的人、美的事、美的景、美的物陶冶学生的心灵，以人生哲理、自然奥秘、历史规律、处世态度等发展学生的理论思维，在奠定学生的素质基础方面能发挥它特有的功能。”②这一论述就告诉我们，语文课程必须在突出其工具性的同时，注重其应有的育人作用，不能也不应把语文只看成单纯的“技能课”。

三、对语文与语文课程关系的把握与处理

顾黄初先生关于语文与语文课程这两个关键性概念在内涵方面的联系与区别的分析和论述，对我们正确认识语文课程性质并进而科学进行语文教育有着重要的指导意义。或者更明确地说，正确认识与准确把握语文与语文课程之间的客观联系与本质区别，对语文课程的科学实施具有重要的现实指导意义。在他看来：“要探索语文教学规律，先得明白‘语文’本身的一些特点和规律，还得明白人们学习语文的一些特点和规律。换句话说，语文教学规律就‘潜藏’在语文本身的规律和人们学习语文的规律之中。”③概括来看，这些基本规律有：

①顾黄初：《语文学科性质之我见》，《语文学习》1997 年第 1 期。
②顾黄初：《语文学科性质之我见》，《语文学习》1997 年第 1 期。
③顾黄初：《语文学科性质之我见》，《语文学习》1997 年第 1 期。

第一，语文课程是“语言训练”与“人文熏陶”的有机统一。语文（言）是交流交际的工具，以语文（言）为基本学习对象（内容）的语文课程自然也就具有显著的工具性，这是我们分析认识这一问题的前提。但同时，语文（言）这一工具又与别的生产工具有着明显的不同，即它总是承载着一定的思想情感、价值观念、思想认识等。就是说，在语言实践中语言形式与语义表达总是密切地结合在一起，就如同一枚硬币的两面，难以分开。更具体地说，就是在具体的语文（言）实践（作品）中，“语”与“文”（语言形式）、“意”与“道”（思想内容）总是密切结合在一起的。在历史与现实中，没有无语言的思想，也没有无思想的语言。对语文与语文课程的这一独特现象与独特性质，顾黄初先生在充分肯定语文与语文课程的工具性特征后，也曾十分明确地指出：“语言是社会现象，语言和记录语言的文字是社会的客观存在物，它们作为人类传情达意的符号，其工具性是十分明显的。”[①]这一论述，就极为清楚地阐释了语文及语文课程的工具性特征，并提醒我们不能无视这一特征的客观存在。另一方面，他也清晰地告诉我们必须要辩证、全面地看待这一“工具”的复杂性与独特性：

> 语文这个工具，与木匠手中的斧、刨、锯、凿不同。斧、刨、锯、凿是制作桌、椅、板凳的工具，桌、椅、板凳是运用上述木工工具制成的作品，一旦作品制成，工具就得收进工具箱。语文工具则不同，它既是工具，又是材料，还是制成品（部件或整件）。工具、材料、制成品，集于一身，不可分割，语文学科的教学内容决不是或者说主要不是作为符号、作为工具的语文，而是集工具、材料、制成品为一体的语文。[②]

这一论述，就极为形象而清晰地阐述了作为工具的语文（言）的复杂性与特殊性。需引起我们注意的是，顾黄初先生对语文及语文课程独具特性的这一辩证、深刻的论述，与张志公先生对这一问题的辩证分析、形象论述有着同工异曲之妙。张先生曾明确说：“语文是个工具，进行思维和交流思想的工具，因而是学习文化知识和科学技术的工具，是进行各项工作的工具。”[③]十分明确地肯定了

①顾黄初：《语文学科性质之我见》，《语文学习》1997 年第 1 期。

②顾黄初：《语文学科性质之我见》，《语文学习》1997 年第 1 期。

③张志公：《张志公语文教育论集》，北京：人民教育出版社，1994 年版，第 21 页。

语文的工具性特征，但与之同时他也不忘分析这一常见、常用“工具”的独特性，并指出这一工具与一般的生产工具相比是不大一样的：“生产上用的各种工具，都是生产物质资料的。语文这个工具不生产物质资料，它不是生产工具，而是人们用来思维和交流思想的工具，学习科学文化知识和进行工作的工具。这就是说，语文这个工具和各种生产工具的作用不同。”[①]在他看来，这一不同主要就在于：“锄头是除草的，而锄头和草是两码事，锄头和草并不长在一起。语文是交流思想的，语文和思想虽然也是两码事，可是由于语文是交流思想的工具，而思想是抽象的，它要依靠语文这个物质外壳而存在，所以语文和思想老是长在一起，分不开。这是语文工具跟其他工具不相同的一点。”[②]这也就十分清晰地指出了语文作为工具与一般生产工具的不同之处——“语文和思想老是长在一起，分不开”。

通过以上不无繁琐的引用，我们可以看出，顾先生分析指出的语文（言）基于符号性而具有的工具性特征，与作为“工具、材料、制成品”而“集于一身不可分割”的存在特性，告诉了人们这一客观事实：语文课程是工具性与人文性的统一，我们既要坚持其工具性的一面，以切实提高学生的语文能力；又要承认其所具有的思想情感、价值伦理等观念的一面，以有效提高学生的认识水平。具体来说，一方面，在课程认识与实践层面我们绝不能忽视或否定语文与语文课程的工具性特征，否则语文就不能成其为语文；另一方面，在课程认识与实践层面，我们也不能忽视或否定语文、语文课程所必然内含着的思想情感等人文特征，否则语文也就可能沦为纯粹的与一般生产工具无异的语文。也正是在全面认识、辩证分析的基础上，顾先生郑重地提醒和告诫广大语文教育工作者：“语言是社会现象，语言和记录语言的文字是社会的客观存在物，它们作为人类传情达意的符号，其工具性是十分明显的。而语文学科则是基础教育中的一门课程，是全面培养人的素质的一门课程，这就不能简单地视为工具，也不能简单地认定它是工具学科。”[③]这就清晰地告诉我们，以工具性“十分明显的”语文（言）为基本看内容的语文课程，具有工具性特征。但同时，作为“全面培养人的素质的”语文课程又“不能简单地视为工具”。这就是语文、语文课程的复杂性之所在，也是我们在课程认识与课程实践中必须要解决的问题。怎样解决这一客观矛盾呢？就

①张志公：《张志公语文教育论集》，北京：人民教育出版社 1994 年版，第 24 页。
②张志公：《张志公语文教育论集》，北京：人民教育出版社 1994 年版，第 24 页。
③顾黄初：《语文学科性质之我见》，《语文学习》1997 年第 1 期。

是要在课程认识与实践中实现“语言训练”与“人文熏陶”的有机统一：既要切实加强对学生实际运用语文（言）能力的训练与培养，又要注重提高学生对语文（言）本身所必然内含的价值观念、思想情感等的认识水平。

第二，语文课程是“基本（独有）目标”与“共有目标”的有机统一。在语文课程理论与实践中，分析与阐释并使他人认同语文、语文课程，在看到语文、语文课程具有工具性特征的同时又必须看到（肯定）这一“工具”不同于一般工具，是较为容易的。但在实践中要做到既准确体现语文工具性的同时又准确体现出这一工具的特殊性，却是极为不易的。这主要是由于语文课程要承担对学生进行语言训练、熏陶学生的人文精神、提高学生的文学素养等多重任务：

> 在中小学的众多学科中，没有哪一门学科像语文学科那样，教学任务呈现如此的复杂性。从高一级的层次说，语文学科有进行思想政治教育、语文知识教育、语文能力训练、文学教育等任务。在这个层面上的各项教学任务，其中哪一项应该是核心，人们的认识不完全一致。过去有一段时间，曾经有过“语文教学应以思想政治教育为核心”的提法。这种观点的偏颇是显而易见的，现在当然很少有人接受。到80年代，强调语文教学应以语文能力训练为核心，似乎已成为人们的共识，多数人的改革实践也都以这种认识为基点。可是也不尽然……
>
> 至于在下位的层次上，例如在语文的知识教学中，习惯上所说的字、词、句、篇、语、修、逻、文这八个方面，其核心究竟是什么，人们的认识也不尽一致……
>
> 又如，在语文能力训练中，习惯上所说的听、说、读、写四项训练任务，其中究竟以什么为核心对全面完成训练任务更为有利，人们也有不同的见解。①

正如顾先生所言，思想教育、语文知识教育、语文能力训练、文学（审美）教育以及他还没有提及的历史文化教育、伦理观念教育等都是语文课程的重要目标，且都是语文工具性与这一工具所具独特性的必然体现与内在要求。就一般原则讲，语文课程应做到语言训练与人文熏陶的有机统一。但这二者的有机统一怎

①顾黄初：《语文教学研究的多向探索》，《扬州师院学报》（社会科学版）1992年第3期。

样才能实现呢？或者说语文这一“硬币”的两面——语言形式与思想情感怎样才能有机统一起来才是问题的关键所在。显然，笔者所述的这一问题实际是对上一问题的逻辑延续或认识深化。

对语言形式本身与语言所表达出的思想情感关系问题的解决，顾黄初先生虽没有明确的论述，但却在许多文章中表露了自己的观点，这就是：要以语文（言）能力的训练与提高作为课程的“主目标”，要以思想观念、人文情感、审美关照等的传递熏陶为“副目标”，并力求使二者有机和谐统一。对此能提供直接佐证的是顾先生对历史上关于语文课程目标讨论的评述。在回顾语文独立设科之后的百年艰难发展历史时，他介绍了语文教育界对“为什么教”语文课程这一根本认识问题的历史变化情况，并高度评价了20世纪40年代陕甘宁革命根据地制定的《初中国文课程标准草案》。这是由于在他看来，这一标准草案“既提出了语文学科教育的‘基本目的’，又强调了要配合其他课程所该达到的其他目的，如提高学生思想认识、增进学生其他知识，等等。这样，把语文能力、思想认识和相关各科知识三者联系起来加以考虑，意识到了语文工具的特点和语文学科的综合性功能，又正确分清了它们之间的相互关系，提法上相对完整了。其他如读、写、说并提和能力、方法、习惯兼顾，都体现了观点的周妥”①。对历史上数十次制定与修订的众多课程标准，顾先生之所以推崇这一标准草案，其根本原因显然在于其实现了培养语文能力这一“基本目的”与提高思想认识水平等“其他目的”的有机统一。再如，在对众多语文课程历史史料、语文教育家的研究评述中，顾先生对陈启天、朱自清等先生提出的语文课程目标应有“主（特有或独有）目标”与“副（与其他学科共有的）目标”之分的观点也是极为赞同的。他认为在对文与道、工具性与思想性关系的分析认识上，朱自清先生能根据生活实际中如何运用语文这一工具的客观情况，对语文课程目标采用“分解法”阐述得非常清楚：“作为语文课程‘特有’的目标是‘养成读书、思想和表现的习惯或能力’；它‘与他科共有’的目标则是‘发展思想，涵育情感’。这‘特有’的目标，就是所谓‘文’，或相当于‘工具性’；这‘与他科共有’的目标，大概就是所谓‘道’，或相当于‘思想性’‘人文性’。”②显然在这里，他在历史评述中充分肯定朱自清先生对

①顾黄初：《语文学科教育的百年步履》，《中学语文教学参与》（社会科学版）1998年第1期。
②顾黄初：《生命·生活·生态——我的语文教育观》，《湖南教育》2006年第8期。

语文课程目标的“分解法”，在他看来，这一“分解法”兼顾了语文独有的工具目标（提高语文能力）与提高思想认识这一与其他各课程（科）所共有的目标。

在语文课程认识与实践中，我们必须勇于承认这一重大历史与现实问题：语文与语文课程的工具性、人文性与审美性等综合性特征，使得“语言训练”与“人文熏陶”常常成为一个尖锐的矛盾：过分强调工具性往往会使语文课程变为冰冷的纯粹训练性的技能课程，而过分强调语文课程的人文性又往往会使语文课程变为边际不清的“泛语文”与“非语文”课程。因此，只有实现这二者的有机统一，才是科学的。这是由于：“‘语文’本身在实际生活中运用的特点，就是‘一个金币的两面’，一面是‘语文形式’，另一面是‘内容实质’，二者不可分割。在生活中出现的‘语文’，既不可能是‘无内容’的一堆胡乱拼凑的词语，又不可能是不凭借语文形式而漂浮于虚空中的什么‘思想’和‘人文’。”[①]与之同时，语文形式与内容实质的不可分割也并不意味着二者就要平分天下，而应有主有次：语文形式的学习与训练是语文课程的“基本目标”，而内容实质的理解和把握则是语文课程与其他课程的“共有目标”。

第三，语文课程是“知”与“行”的有机统一。除工具性与人文性关系的争辩不清外，在语文课程体系中长期争论不休的另一大问题是语文知识传递与语文能力训练之间的关系，以及怎样科学处理二者之间关系的问题。对此，我们一方面要清晰地看到语文与语文课程的实践性特征，突出并加强对学生实际运用语文能力的训练与培养；另一方面，也要充分肯定语文知识特别是“本体性”与“程序性”语文知识的基础性作用，不断改善和提高语文知识的有效传递。就是说，语文课程在具体实施中要努力追求并力图实现“知”与“行”的统一。语文课程为什么要实现“知”与“行”的有机统一呢？这是由于在顾黄初先生看来：

> 语言是思维的工具、交流思想的工具；文字是记录思维成果的工具，是让交流的思想得以传之久远的工具。这二者都是工具。既是工具，要掌握它，就必须注意两条：一是要了解这个工具的性能和使用的方法，这便是关于工具的知识。语言和文字，各有自己的性能和用法，了解它们的性能和用法，获

①顾黄初：《生命·生活·生态——我的语文教育观》，《湖南教育》2006年第8期。

> 得有关语文的知识，这是正确运用语文工具的前提。二是要试着去用，去进行实际的操作。光“知”而不“行”，工具不过是一堆无生命的物件，尽管你已经知道这工具的性能是什么，使用方法是怎样，工具与你仍然不相干；必须把工具拿在手里去实际操作，让工具在运用中产生作用，发挥出应有的功能，这工具才有了生命，你也才能算真正掌握了它。既有“知”，又能“行”，知行统一，是掌握语文工具的必要条件。而且，这种“行”，还须达于熟练，使之“习惯成自然”。[①]

在这段言简意赅的论述中，顾先生告诉了我们在语文课程中要确保“知”与“行”的有机统一，就要处理好如下三点。首先，语文课程要使学生具备必要的基础性语文知识。由于语文（汉语）的母语性质，再加之其自身具有“意合”、虚词表意与词序灵活等特征，一般来说除汉字的认读外，我们常常还在不自觉或无意识中认识、学习和掌握了许多汉语的词汇、语法、修辞等基本知识，并能自觉灵活地把这些知识运用于汉语实践之中。否定语文知识课程价值观的人大多也是以此来作为立论依据的，主张“淡化”乃至“取消”语文知识的教学。实际上，语文知识本身十分复杂且与语文能力之间有着极为复杂而密切的关系：“在语文课程中，一些语文知识就是语文能力”“一些知识与另一些知识结合起来可转化为能力”“一些知识与实践结合可转化为能力”。[②]因此，在语文课程中我们就不能轻率地去否定语文知识的课程价值与教学功能，因为它们中的一部分有可能是属于顾先生所说的“是要了解这个工具的性能和使用的方法”的“程序性”知识。在充分肯定语文知识课程价值的基础上，他也提醒我们要认识语文知识分散性、众多性等客观特征，要以张志公先生提出的“精要、好懂、有用”为原则、以“实用”为标准[③]来正确进行语文知识的教学，力求使所传授的语文知识与实际生活中的语文实践运用联系起来。其次，语文课程要以提高学生语文实践能力为课程实施的重点。如前所述，顾黄初先生认为按照泰克西纳知识分类的12个领域，语文学科（课程）应是横跨“符号”“艺术”“传播”等多领域的具有综合性的一门学科（课程）。因此，具有综合性、实践性特征的语文课程自然就“不满足于传授有关

①顾黄初：《语文学科性质之我见》，《语文学习》1997年第1期。

②解光穆：《语文知识与语文能力关系再论——以张志公先生对语文知识的论述为分析视角》，《宁夏大学学报》（人文社会科学版）2015年第2期。

③顾黄初：《生命·生活·生态——我的语文教育观》，《湖南教育》2006年第8期。

符号、艺术和传播等领域的孤立的、静止的知识，它绝对地要求把这些知识转化为种种技能，即把语文作为信息符号、作为艺术手段、作为传播媒介的种种知识转化为规范的、有艺术表现力的、便于人们接受的语文行为和语文技能”。依据这一分析，他进而明确指出：“因此，把语文学科视为单纯传授知识学科，是严重的误解。”[①]最后，要突出语文课程的实践取向并努力使语文能力转化为语文习惯。顾黄初先生重视和加强语文实践训练，并使语文能力转化为语文习惯的课程观，认为语文课程必须要着眼于对学生实际运用语文能力的有效训练与培养，因为作为工具的语文运用能力与游泳等技能一样，只有在多次的反复实践运用中才能形成与提高。世界上绝没有只懂游泳理论而不会游泳的游泳家，也自然就没有只知道语文理论而不会语文实际运用的学习者。因此，他极力主张：“技能是必须经过实际操练方能逐步获得的，通过读、写、听、说的实践来培养和提高读、写、听、说的技能，这是语文学科在教学上的一大特点。在其他学科中，读、写、听、说是求得知识的手段；而在语文学科中，读、写、听、说既是手段，又是目标的体现。而且，在读、写、听、说的实践中又必然使思维受到严格的训练。因此，语文学科的技能性是始终不能忽视的，否则势必导致语文教学走入误区。”[②]语文课程的技能性特征，就必然要求以实践为语文课程的基本价值取向。而以实践为价值取向的语文课程，又有利于使语文能力转化为语文习惯。

第四，语文课程是“课内”与“课外”的有机统一。由于语文的母语性质与工具性特征，使得语文的学习无处不在、无时不在，也使得语文的使用无处不有、无时不有。就是说，学生实际上是既在语文课程之中学习、运用语文的，又是在其他课程与生活中学习、运用语文的。对此，顾黄初先生明确指出：“既然语文是社会的‘公器’，那么使用这个‘公器’的人相互之间必然要产生影响。这就是所谓语文的社会环境。从这个意义上说，一个人最重要的语言教师是社会而不是学校里的语文教师。”[③]的确，除语文课程外，学生还分散地、无意识地从社会实践、家庭生活、其他课程等多处随时随地学习与运用着语文，且这些“非语文课程”的学习与运用有时还对学生的语文能力与素养有着极为重要的影响。

①顾黄初：《语文学科性质之我见》，《语文学习》1997年第1期。

②顾黄初：《语文学科性质之我见》，《语文学习》1997年第1期。

③顾黄初：《语文学科性质之我见》，《语文学习》1997年第1期。

学生对语文的学习与运用深受社会环境之重大影响的客观现实存在，就必然要求语文课程在实施中要努力做到“课内”与“课外”的有机结合。一方面，必须要充分看到“课外”语文对“课内”语文的积极影响，努力促使学生把“课内”学到的知识灵活运用到“课外”语言实践中，同时也要注意要以“课外”的语文现象来提高学生对“课内”语文的理性认识。另一方面，也要必须注意克服“课外”语文对“课内”的一些消极影响。在现阶段，社会上一些人对语文使用的随意性特别是网络语言的“个性化”特征，对中小学生规范使用语文习惯有着消极的影响，常使得学生把语文（言）运用看成是个体的“私事”，这就使语文的“公器”性质受到损害，进而影响到汉语文的健康发展。因此，我们在理解顾黄初先生语文课程要“课内”与“课外”相结合以促进学生语文能力提高的观点时，还要注意有时“课外”语文环境也会对学生语文能力的发展和提高有着一定的负面影响。

概括本章内容我们可看出，语文课程论中对课程性质的认识是一个长期争执的重大问题，且不同认识常会直接影响到语文课程的实际实施。对此，顾黄初先生在回应1997年由《北京文学》引起的关于语文教育的“世纪大讨论”中社会各界对语文教育的严重诟病及对语文工具性的严厉指责时，明确指出：

> 我是坚信“语文是工具的”，但我从来认为语文这个工具与纯技术的工具有本质区别，它本来就有承载和传承人文精神的意义在，甚至它本身就是人文精神的一种体现。不过我也说，在王丽们的宏论中，在高举“拯救语文”大旗的“草原部落”中那些“黑马”的眼泪中，我一方面痛感到当前中国语文教育存在问题的严重性，同时也看到了从事语文教育理论研究和实践探索的人们并未动摇自己的信念，他们在困惑中复苏，在探索中奋进的美好前景。①

---

①顾黄初：《顾黄初语文教育文集》（下），北京：人民教育出版社，2002年版，第1138页。

第三章

“尊重汉语文知识本身的客观价值及其特点”

——顾黄初语文教育本体观

与其他语文教育研究者相比，由于顾先生实际从事过中学语文教学，并坚持不懈地对语文课程、语文教学领域的诸多具体问题进行了系统而深入的研究，因而顾黄初先生除了对课程性质、教材编制、教师专业成长、语文教育史等重要问题进行了全面、系统的研究外，还对语文教育与语文课程的本体——语文基础知识与基本技能的教学与训练、具体文章与文学作品的教学与设计、阅读与写作的实际设计等诸多语文教育的“微观”内容进行了多方面的系统研究，并取得了丰硕成果。就是说，在大师级的语文教育专家中，很少有人如顾先生一样能对语文教育、语文学科的微观层面——语文学科领域的本体性知识与技能训练，进行系统、全面的研究。这一现象，值得我们在研究顾黄初语文教育思想时予以高度关注和具体研究。

在对众多而复杂的语文教育本体性知识与训练的研究中，顾先生不仅先后发表了《要重视词汇教学》《略论造句训练》《注重作文的全程训练》《命题作文与情景设计》等一些“中观”层面的重要文章，而且还发表了《三读三问〈雷电颂〉》《〈我的叔叔于勒〉微型教案设计》及说明文“单元教学设计”（包括《宇宙里有些什么》《看云识天气》《大自然的语言》）等许多“微观”层面的精彩文章，对语文学科本体领域内的诸多知识性、技能性教学与训练问题进行了系统、深入的阐述。这一独特的研究视角与这些研究的重要成果，真切地反映出顾先生以语文课程“姓语”为基本点，并善于立足于语文教育、语文课程发展提高的实际需要，密切结合语文课程特征，因此对语文教育与语文课程的研究具有奠基性价值。鉴于此，在论及他在语文教育与课程本体领域的精深研究及所取得的丰硕成果时，包头师范学院韩雪屏教授曾高度评价：“他在语文本体研究方面的奠基工作，对新时期以来语文课程建设和教学改革，同样具有深远的影响。”[①]语文教育研究领域的资深研究者对另一位卓有建树的同行的评价，是客观而公允的。

①韩雪屏：《夯实语文教育本体研究的基础——学习顾黄初语文教育思想一得》，载王乃森、徐林祥：《继承·耕耘·创新：顾黄初语文教育思想研究》，北京：社会科学文献出版社，2003年版，第85页。

依笔者的浅见，顾先生重视对语文教育、语文课程、语文教学的本体性研究，集中体现了他不尚空谈、求真务实、服务现实、促进发展的研究理念。对此，早在20世纪80年代，他在接受记者采访时就曾经坦言：

至于语文教学改革要想在大面积上见成效，必须大力提倡脚踏实地的务实、求实精神。

当前的语文教改不是“讲”得太少，而是“做”得太少。如果一边“讲”，一边切切实实地照“讲”的去“做”，大面积提高语文教学质量就有了希望。

对顾先生提出要切实地“照‘讲’的去‘做’”，才能大面积提高语文教育质量并付诸自身实践的学术追求，记者由衷地感叹：

切切实实地照“讲”的去“做”，这不就是一种脚踏实地、务实求实的精神吗？

认准一个为中学语文教学改革服务的目标，扎扎实实地为推进中学语文教学改革做一些基础性的、然而也是创造性的工作，这是顾黄初先生多年来从事教学与研究活动的一大特色。[①]

纵观顾黄初先生对语文教育本体性的诸多研究，我们完全可以说：他以脚踏实地、求真务实、服务现实为原则，对语文基础知识教学与基本技能训练、阅读与写作的教学方式与方法等重要领域的诸多问题都发表了自己的真知灼见，既拓宽了语文教育研究的领域，又极大地丰富了语文课程研究的内涵，成为他语文教育思想的重要组成部分。

第一节　要切实加强语文学科的本体性研究

如在本章引言中所讲，语文教育的本体研究或语文学科的本体研究主要是指对语文学科本(自)身知识与训练系统的研究。这一研究从要素上看涉及字、

①何之：《切切实实地照“讲”的去“做”——访扬州师范学院副教授顾黄初》，《江苏教育》1987年第5期。

词、句、篇、语、修、逻、文等各个方面，从领域上看涉及听、说、读、写等各项技能领域，从对象上看涉及各种文体与语体的阅读与写作行为。在顾黄初先生看来，之所以要重视与加强语文学科的本体性研究，主要是由如下一些复杂多样的教育与课程因素决定的。

一、多样化学科教育任务的需要

长期以来困扰语文教育、语文课程发展及语文教师科学有效施教的一大难题，就在于语文教育、语文课程自身所具有的“点多面广”的特征与语文所承载的教育内容所具有的“无所不包”的特征，客观上使语文学科自觉或不自觉地要“主动”去承担多样化的教育任务，并常常造成教师难以科学取舍甚至有时根本无法取舍的困难局面。就是说，相比于中小学其他学科、其他课程，语文教育和课程在内容上具有无所不包、无所不有、无处不在的特点，但同时在事实上却又难以形成具有明显逻辑和层级性的教学内容与技能训练序列，以致学者、教师在教材编制、课程实施、日常教学时只能“凭经验办事”或以个人好恶去定夺。这些现象实际是由学科特征、课程特征所决定的，并成为语文教育复杂的重要原因。对此，有研究者曾极为深刻地分析指出：“与其他的学科课程相比，语文学科从它独立的那天起，就没有办法成为一门真正意义上的‘学科课程’——因为它没有像数学、物理、化学一样可以作为基础的科学学科‘母体’。”因而，“它独立设科的基本目标和功能与学科课程存在着本质的不同”[①]。正是由于语文学科“没有像数学、物理、化学一样可以作为基础的科学学科‘母体’”，因而语文学科在构建学科教学知识、能力训练体系之时，就面临着极为复杂且令众多专家学者都难以科学取舍的复杂局面：

一是以语文知识为序，并把语言学（又包括文字学、词汇学、语法学、修辞学、逻辑学等）知识大量引进语文课程与教材，这无疑在理论上是正确的。但客观上由于这些知识不仅体系庞大、内容众多而难以在较短时间内进行系统、有效的传递与教学。更重要的是这一做法与语文学科旨在教学生“运用语文”而不是教学生去“研究语文”的学科教育基本价值取向不符。相反，如否定必要的文字

①王云峰、汪海龙：《语文知识观的反思与重构》，《语文建设》2002年第8期。

学、语言学、文章学及文学等学科领域知识的教学与传递，又常常会导致“泛语文”“非语文”的现象大量出现，致使语文课程不能凸显自身的特征与功能，使得语文的科学性极为不明显。于是在语文课程中，我们就只能在“强化知识教学”与“淡化知识教学”的两难选择中苦苦寻觅，但却始终缺乏良策。二是为了实现在“范例”指导下提高学生语文能力的目标，我们只能在“文选型”教材框架与基本凭借下，通过教师不厌其烦地详细讲解试图为学生语文能力的提高“贡献力量”。但我们却很快会发现通过“范例”来提高语文能力事实上却是“少慢差费”的，于是就只好转而求他径，如此则“满堂灌”或“满堂练”的现象就随之出现。三是为了突出实际语文运用能力的培养与提高，我们在重视范文对语文运用的“示范”作用的基础上，强调要切实加强语文实践训练，特别是“标准化”训练。但在实践中，我们又会发现由于缺乏科学性，机械性、重复性的“高强度”训练也无助于学生语文能力的提高，反而却成了束缚学生身心发展的桎梏，我们又只能转而求其他的有效“途径”，于是以知识传递为取向的教学行为就自然出现。以上三方面都说明，语文教育、语文课程的确具有诸多自身所独具的复杂性，并在深层次上影响到我们对其认识与实践的各个方面。譬如，仅就语文教师的课堂教学行为而言，大家都知道传统的“满堂灌”是不好的，一度流行的“满堂练”与“满堂问”也是不好的，在新课程理念下存在着的“满堂转”还是不好的。因为从本质上讲，无论是“满堂灌”还是“满堂转”，实际都与缺乏对语文教育本体知识与能力序列的细致严密研究有着明显关联。也就是说，语文教育、语文课程中长时期以来都不同程度地存在着教者不知道“教什么”这一本体性的根本认识问题。

语文学科缺乏必要的基础的科学学科为“母体”，且自身客观存在着的多样化教育任务，以致造成说不清、道不明、梳不顺的“教什么”与“怎样教”的历史与现实困境，顾黄初先生曾在与别的学科、课程的鲜明对比中真实地描述：

> 教几何、代数的，知道自己的责任是教几何、代数；教物理、教化学的，知道自己的责任是教物理、化学；教地理、历史的，也知道自己的责任是教地理、历史。这些学科的教师，对自己工作的目标、工作的任务都十分明确，都能做到心无旁骛。只有教语文的，因受环境或舆论的影响，有时会弄得“当了和尚竟不知道该念什么经”。①

①顾黄初：《顾黄初语文教育文集》(下)，北京：人民教育出版社，2002年版，第1001页。

如此看来，正是由于语文学科缺乏以“语文学科”为“母体”这一独有的学科、课程特质，造成了教学任务的多样化，进而导致其缺少系统明确、逻辑严密的课程、教学与训练内容；同时，又由于语文特有的“形式”与“内容”之间所呈现出的复杂而又密不可分性的关系，以及一篇篇具体文本（课文）都具有各自独有的形式、独有的内容、独有的情感、独有的结构方法、独有的表现形式等众多复杂因素的交织影响，如此等等，就自然使得语文学科一直自觉或不自觉地承担着过多任务（尽管有时是由于语文课程标准规定所致，有时是由于语文教材编制所致，有时则是由于语文教师自身素质所致），而使目标不明、任务不清、内容模糊等情况客观存在。如此也就造成了语文在课程标准制订、教材编制与实际施教过程中，复杂内容一般只能在语文课程标准（大纲）中通过概要性的“课程目标”来提纲挈领式地表达出来，而难以如数学、化学、地理、历史等课程那样在具体的“阶段目标”中清晰、具体地表现出来。或者更明确地说，语文学科、语文课程客观上存在着众多因素与多样化的任务，但却缺乏清清楚楚的“阶段目标”与实实在在的学科内容，于是我们只能在语文知识与典范文章中试图寻求平衡点，力求支撑宏观“课程目标”的顺利实现。这一客观存在，就造成了在语文学科的历史与现实阶段，许多学养深厚、教法精湛者主要就靠梁启超先生所说的“凭经验办事”，而业务水平一般的教师就只能如顾先生所描述的这样：

> 说起来真叫人难以置信，教语文的，责任不就是教语文吗？可是，张三说语文只是形式，语文形式所反映的政治观点、思想感情、时代风貌等等才是根本。教语文就是教做人，就是教学生形成正确的世界观、人生观。有没有道理？很有道理。李四又说，语文形式的优秀范例是文学，对青少年思想感情的影响力最大的也是文学，教语文的有效途径应该是教文学。有没有道理？很有道理。但是，王五又站出来说话，语文的理解和运用无非是听、说、读、写，而听、说、读、写总离不开一个人的思维，思维是内在的、本源的，听、说、读、写不过是思维的外在表现而已，教语文说到底就是教学生学会思维。有没有道理？很有道理。然而赵六还有话说，在语文课上，让学生学的一篇篇各体各类的文章，可见教语文就是教文章，教文章的读法和写法。有没有道理？也很有道理。如此这般，七嘴八舌，道理仿佛都对，究竟该听谁的？还是谁的话都听？于是，弄得不少工作了十几年、几十年的语文教师不能不搁笔长叹：“我

教了这么多年的语文,竟不知道语文该怎么教、该教些什么了!”奇怪吗?很奇怪。然而,这是事实。[①]

教语文的人竟然不知道自己教什么与怎么教虽令人奇怪，但却是一个客观事实。这一令人奇怪的客观事实却真实地说明,语文学科、课程客观上存在着众多教育因素与多样化教育任务,是使得语文难以科学有效实施的重要因素。该怎样摆脱这个学科困境呢?顾先生虽谦逊地说对这一重大问题“在我是卑之无甚高论”,但实际上在众多的分析与论述中,他为我们指明了解决这一问题的正确方向与途径:“教语文就是教祖国的语言和文字，任务是要培养和提高学生理解和运用祖国语文的能力。这是中、小学设置语文课的根本宗旨。”而要顺利实现这一基本目标与任务,在他看来:“正确的途径就是要牢牢抓住‘语文’二字,充分理解语言和文字的性质、特点和功能,正确把握人们学习语文的过程,把‘语文’作为牛鼻子,用它来统率整个语文学科的教学内容。”[②]语文学科、语文教育要牢牢抓住“语文”二字,并以此来统率整个语文学科的教学内容,自然就要求我们必须要加强对语文学科本体性知识与技能体系的理论研究与实践探索，从而使语文学科的具体内容与学生学习语文的实际情况有机结合起来。对此重大语文课程的认识与实践问题,叶圣陶、张志公等先贤都曾有过反复强调与不懈努力,但未形成广泛共识，在语文教育实践中我们始终缺乏对语文本体性知识与训练体系的持久、周密、细致的研究,以致我们对汉字、汉语、汉文的特征特别是对它们的教育、教学特征与基本规律认识不清、把握不准。基于此,顾先生不但提出了要加强对语文、语文学科的本体性研究,而且还以实际研究来身体力行,这又具体体现在《略论造句训练》《发议论与释概念》《关于语文素质教育的思考》等具体文章之中。

二、复杂化能力素质结构的要求

与语文学科、语文课程内容的复杂性与教学目标的多样化现象这一基本特征相一致,个体(学生)在语文能力素质结构的培养、形成、提高中也表现出明显

①顾黄初:《顾黄初语文教育文集》(下),北京:人民教育出版社,2002 年版,第 1001—1002 页。
②顾黄初:《顾黄初语文教育文集》(下),北京:人民教育出版社,2002 年版,第 1002—1003 页。

的复杂性，这与其他学科在个体（学生）能力素质培养上较为简单的情况有着很大的不同。譬如，在初中数学学科中，课程基本目标就是通过培养与发展学生的数感、符号意识、空间思维、几何直观、数据分析等观念，提高他们的实际运算能力、推理能力与模型思想。显然，学生数学能力素质结构的体现集中表现在运算能力、推理能力与模型思想这几个相对集中的方面，并大多可直观地显示出来。再如在初中生物课程（学科）中，对学生生物基本能力素质结构的基本目标是要求学生通过课程理论学习与实践训练达到“正确使用显微镜等生物学实验中常用的仪器和用具，具备一定的实验操作能力”“初步具有收集、鉴别和利用课内外的图文资料及其他信息的能力”“初步学会生物科学探究的一般方法，发展学生提出问题、做出假设、制订计划、实施计划、得出结论、表达和交流的科学探究能力”“在科学探究中发展合作能力、实践能力和创新能力”以及“初步学会运用所学的生物学知识分析和解决某些生活、生产或社会实际问题”。显然在生物课程中，使学生“正确使用显微镜等生物学实验中常用的仪器和用具”与“学会生物科学探究的一般方法”等课程目标，也大多具体可感且易于实际度量，并在教学实践中易于为师生把握。与这些学科相反，学生（个体）的语文能力结构却复杂得多——不仅能力素质的数量多，而且这些众多的能力素质之间还有着极为复杂的不同层级，并在语文的具体运用实践中有着不同的表现与特征。对学生（个体）语文能力素质结构的众多基本内涵或具体要求，顾黄初先生在对其的多年密切关注与精深研究基础上曾十分明确地归纳了“十项全能”：

能写规范、工整、匀称、流利的汉字；

能正确辨认3000~4000个汉语常用字；

能正确运用规范的标点符号；

能说不妨碍社会口语交际的汉语通用语（说得标准，是应当追求的目标）；

能写清通、合格、得体的一般实用文和常见应用文；

能有较强的口语交际能力；

能读一般政治的、文艺的、科普的现代作品，了解主要内容，并有一定的鉴赏评价能力；

能借助注释和工具书阅读浅易的文言诗文；

能有一定的文化修养，读、写、听、说有一定的文化内涵；

能背诵一定数量古典的、现代的诗文名篇佳句。

我姑且戏称之为“十项全能”。这些“能”，当然有“能级”的区分。在基础教育阶段，特别是义务教育阶段，要有层次地按受教育者的生理、心理的特点，并逐步加以训练。[①]

在这些语文能力素质结构中，虽然对汉字认读的数量、古典与现代诗文名篇佳句的背诵数量有着明确、具体的要求，且可以直观度量。但就整体能力素质来看，无论是口语的听与说，还是书面语的读与写，其能力素质结构都是极为复杂的。譬如，同样是汉字的书写能力水平，书法家、流利书写者与初学书写者自然有着巨大的差别。再如，同样是朗读或诵读的方法与技巧，广播电台的播音员、基本掌握汉语诵读方法者与初步学习诵读者之间的技巧与水平，也是不可以道里计的。还如，速读与速写能力，经过严格训练者与普通人之间在速度、准确性、精确性等方面自然也有着天壤之别。自然，个体语文能力素质结构的差别还具体表现在听、说、读、写的实践运用上。语文能力素质结构的复杂性说明，语文教育实际面临着比别的学科教育更为复杂的能力培养任务与素质提高的任务。因此，要提高语文教育的科学化水平，就必然需要对语文本体性知识与技能的存在特点以及知识结构、能力层级的培养与提高规律做出具有合乎实际的全面研究，并在教材编制与课程实施中予以科学、具体的体现。对此重大理论与实践问题，顾先生曾从语文教材编制角度提出必须要对其进行优化选择：

> 汉语文教材，不管是知识型的，还是训练型的，都必须尊重汉语文知识本身的客观价值及其特点。但汉语文知识本身纵横交错，头绪复杂。从语言形式看，有字、词、句、篇；从语言运用规律看，有语、修、逻、文；从语言行为看，有听、说、读、写；而语言能力的培养和发展，又离不开人的思想水平、知识视野和生活阅历。要把这庞大而复杂的汉语文知识体系全部收纳进教材，几乎是不可能的，也是不必要的。这就需要对知识进行优化选择。[②]

在这段极为简洁而精辟的论述中，他充分说明了个体(学生)的语文能力素质有些是属于语文表达形式领域的，有些则是属于言语实际运用领域的，还有些

①顾黄初：《关于语文素质教育的思考》，《中学语文》1997 年第 9 期。

②顾黄初、朱川彬、洪宗礼：《论汉语文教材的优选、组合和延展》，《教育评论》1991 年第 3 期。

是属于语文能力与思想认识相互交织领域的；同时，这些知识能力之间还常常呈现出你中有我、我中有你的复杂局面，很难如别的学科中的能力素质那样可以清晰地区分与有效地培养。就是说，语言的客观规则与言语的具体运用、语言表达能力与思维能力、语言表达能力与思想认识水平及情感态度等众多因素，在个体语文能力的形成与提高中常常是相互交织、相互影响的。这一客观存在，随之就成为语文学科在构建学科体系、编制教材与教师具体实施教学时不可视而不见的重大现实问题，必须予以缜密的研究与科学的论证，并逐步在课程与教学实践中加以科学试验与多次验证，才能真正建立起既符合汉语文客观实际又符合学生认知规律的语文教育学科体系。笔者在这里要强调指出的是，由于语文能力素质结构本身的复杂性，再加之在长期的课程实践中我们始终没有对其本体进行持续不懈的、富有成效的科学研究，语文教育、语文课程大多都是跟着“教育潮流走”，甚至有时是“跟着社会潮流走”：在强调教育的社会价值时，语文教育就随之突显出其思想认识的价值与功能；在突出教育的个体发展价值时，语文教育就随之强调其工具的价值与功能；在重视学生的主体地位时，语文教育就随之强调自主合作……这充分说明，自语文独立设科后我们一直缺乏对语文学科本体性知识与技能的科学研究。除此之外，我们还要看到语文学科中的知识与能力之间的关系也不是同数学、物理、历史等学科那样界限明晰、层次清楚、能级明显，我们也缺乏对其必要的缜密研究。具体说就是，“语文知识与能力之间的关系不完全同于其他课程而具有自身的独特性，语文课程标准应赋予语文知识应有的课程地位与作用，教学内容设计也应在恰当分类基础上对其加以区别对待与系统设计，在课程与教学实践中更要力求实现知识传递与能力培养的完美结合”[①]。顾黄初先生无疑是在清晰看到了语文能力素质结构复杂性的基础上，明确提出要对语文知识与技能这一本体“进行优化选择”。而对语文知识的“优化选择”，就自然需要对语文本体知识与技能加以全面细致的研究。对此复杂问题，顾先生曾实事求是地指出：

在初中阶段完全可以改变以往传统的做法，而从“汉语表达”的角度把字、词、句、篇和语、修、逻、文紧密结合起来，重新提取并编列知识“元素”，

①解光穆：《语文知识与语文能力关系再论——以张志公先生对语文知识的论述为分析视角》，《宁夏大学学报》(人文社会科学版)2015年第2期。

以满足“知识优化选择”的需要。但这是需要切实下工夫去解决的问题，目前我们只是理论上认识到，还不能在实践上完全解决好。[①]

要在语文教育的“实践上完全解决好”这一复杂问题，必然要求我们要对语文本体性知识与技能训练进行细致、全面的研究。因为只有在全面、科学研究的基础上，我们才能从语言表达等新的视角寻找出新的途径。如此看来，建立以语文为本体的“语文学”应是我们今后努力的一大方向，也许会成为解决这一问题的必然途径。

三、构建科学化学科课程体系的要求

在顾黄初先生看来，受传统语文教育综合性、人文性、自得性、反复性特征与语文学科自身学科因素众多并联系复杂等独有特征之共同影响，语文自独立设科之后与别的学科相比就一直缺乏科学性。基于此，他在继承叶圣陶、张志公先生提出的要切实提高语文教育科学化水平观点的基础上，更是坚持不懈地致力于语文学科体系科学化理论与实践建构，并集中体现在对语文教材科学编制的实践探索之中。20世纪90年代后期，顾先生在《语文学科教育改革刍议》一文中曾明确提出只有在积极对传统语文教育的历史继承中与在正确对国外先进教育经验加以有效的借鉴中，我们才能“改革语文学科教育，建设具有中国特色的语文教育新体系”。在这一新体系的建设中，“其中有几项，我认为是属于基础性工作：一是研究汉语汉文的特点；二是研究汉语文教育的传统经验；三是研究新时代对人们语文素质的新需求”[②]。为实现这一宏大的促进语文教育发展与提高的科学目标，他还从宏观层面具体勾勒出建设语文教育新体系的基本改革思路与主要方向：充分发挥语文学科的育人功能，用科学、有效的方法来突破“三关”（认读关、书写关、积累关），重视诵读训练，用活的语言知识指导学生语言的实际应用，教给学生“三动”（动口、动手、动脑）的方法与留给学生“三动”的时间与机会，精读与博览相结合和课内与课外相沟通，在培养各种良好的语文行为习惯

①顾黄初、朱川彬、洪宗礼：《论汉语文教材的优选、组合和延展》，《教育评论》1991年第3期。

②顾黄初：《顾黄初语文教育文集》（上），北京：人民教育出版社，2002年版，第85页。

上下功夫，把基础教育、职业教育联系起来统筹规划，以形成多层次、多类型的语文学科教育新格局，注重提高学生的文化素养，以有效的激励机制使语文教师本身素质的提高有可靠的保证。①在顾先生看来，以上十个方面的每一个方面或每一个领域，都值得语文教育者、语文教育研究者花大力气进行全面、细致的研究。将其有机衔接起来形成一个有机整体，才能建立起语文教育的新体系。譬如在汉字教学中，顾先生从汉字在汉语学习中的基础性地位与作用着眼，提出在构建语文教育新体系中要积极继承古代优秀的汉字教学方法，并充分利用现代统计学手段，根据汉字使用的频率科学编制汉字认读等级表。再如，他从诵读对学生语感培养、语料积累、语言感受等方面的积极作用出发，提出要对现代文与文言文的吟诵进行科学研究与科学训练。显然，要实现这些具体的教育目标，就必须要加强对语文本体性知识与技能的系统、全面的研究。还如在对学生进行语言感受能力、语言运用能力的培养与提高时，顾先生以汉语以词序、虚词为主要手段、方法来连接组合语言单位为例，说明认识与掌握汉语本体性知识的重要性与必要性：

> 我们汉民族语言的词汇是很丰富的，但其中的常用词汇，特别是基本词汇，按其绝对量来说，原本是有限的。然而，这有限的词汇，就如同万花筒底的彩色碎粒，经过语言运用上的高手巧匠的一“颠”一“摇”，却能够化出气象万千的图景，传出无限丰富的情意……“贫困的哲学”，颠倒成为“哲学的贫困”，针锋相对。“鸡冠花”是花，“花冠鸡”是鸡，“花鸡冠”是冠，所指不一。“我看过这本书”，说的是“我”怎样；“这本书我看过”，说的是“书”怎样。词序的变化显示了语意的变化。“如果他来，我就走。”“只要他来，我就走。”“即使他来，我也走。”“万一他来，我只好走。”“除非他来，我才走。”“果真他来，我怎么走？”……在“他来”与“我走”之间，楔进不同的词语，表达出来的则是种种不同的关系。用有限的词汇来反映无限的客观世界和主观世界，需要培养起一种对于语言的敏感性、识别力和组织调度的才能。②

①顾黄初：《顾黄初语文教育文集》（上），北京：人民教育出版社，2002年版，第92—95页。

②顾黄初：《万花筒的启示》，《语文学习》1979年第1期。

要培养学生对汉语文的“敏感性、识别力和组织调度的才能”，首先就需要对汉语自身的知识与技能训练体系以及基本特征进行全面研究，并以教学论为基本理论依据进行优化组合，才能形成科学的教学训练体系。

在顾黄初先生看来，对语文学科的本体性知识与技能训练的研究还必须要密切结合学生学语文、用语文的实际来进行，才能更好地构建起语文教育的新体系。具体看就是：语文本身所涵盖的字、词、句、篇、语、修、逻、文等众多领域的知识能力，听、说、读、写等各个言语领域的实际技能以及语文能力与思维能力、语文能力与认识水平、情感态度之间的复杂多样的关系，都必然要求要把“语文”与“教育(学)”密切联系起来进行科学处理，才能构建起新的语文教育体系。对此，他曾从语文教材科学编写的视角明确指出：

> 经过优化处理而提取出来的知识点，必须进行改造，方能成为学科的教学体系。这种改造大致可分三步进行。首先是把知识点按其本身的内在逻辑联系，编制出一个合理的序列；其次，对这些知识点规定听、说、读、写等单一的或综合的学习行为，使知识点转化为教学训练点；第三，参照原来知识点相互之间的内在联系，结合学生的认知特点和学习心理，将训练点进行优化组合，使之形成完整的教学训练体系。这样，整个教学训练体系既具有覆盖所有知识的属性，又具有满足智力因素与非智力因素协调发展的要求的属性。①

这就说明，编写出能满足“整个教学训练体系既具有覆盖所有知识的属性，又具有满足智力因素与非智力因素协调发展的要求的属性”的语文教材，才是具有较高科学性的语文教材。在教材积极引领、校正语文教育内容和技能训练的前提下，语文教师自身采取正确的教学行为，才能提高语文教育的科学性。

在顾黄初先生看来，语文教育要以“语文”为核心。顾先生认为，要构建语文教育新体系，就必须坚持语文教育“姓语”的基本原则不动摇。这就是他提出的

①顾黄初、朱川彬、洪宗礼：《论汉语文教材的优选、组合和延展》，《教育评论》1991 年第 3 期。

“教语文就是教祖国的语言和文字，任务是要培养和提高学生理解和运用祖国语文的能力”[①]这一根本观点。因为从20世纪初的“经义与语文之争”到随后三四十年代的“技术训练与精神训练”大辩论，再到五六十年代的“文道之争”及20世纪末以来的“工具性和人文性之争”，致使语文学科的教育目标总是摇摆不定，时时陷入二元矛盾之中。因此，在构建语文教育新体系时，我们必须把语文课程目标、教学目标的核心指向于“学习语言文字运用”，而其他的诸如认识、思想、价值、伦理、人文、道德、政治、情意、审美、文化等目标都是语文教育这个主干上的衍生物，都应该也必须通过语言学习和运用语言这一基本途径来实现。与顾先生“教语文就是教祖国的语言和文字”观点相同，也有学者明确提出：“语文课程区别于其他所有课程的特质在于它以培养学生正确理解和运用祖国语言文字的能力为根本宗旨。”[②]这就告诉我们，语文教育新体系构建必须牢牢坚持这一根本宗旨才能顺利实现。

①顾黄初：《顾黄初语文教育文集》（下），北京：人民教育出版社，2002年版，第1002—1003页。

②王尚文：《语文教学要走在“语文”的路上》，《中学语文教学参考》2004年第10期。

第二节 语文基础知识传递与基本技能训练

由于语文教育是以汉字、汉语、汉文为基本课程对象、教学内容的基础性教育，因而就必然要涉及对汉字、汉语、汉文自身知识与技能的内容选择、结构组织、方式呈现、训练频次等实际问题的研究。基于提高语文教育效率并实现科学化的目标，顾黄初先生曾明确提出要实现语文教育的科学化就应“科学地安排内容，科学地确定教学程序，科学地运用教学方法”①这一观点。这一观点自然也包含着对语文基础知识与基本技能教学的要求。

一、要科学组织安排语文知识教学与技能训练的内容

受语文教育、语文课程自身独有特征，社会变革以及公众舆论对语文教育的重大影响等因素的共同作用，语文知识与技能训练中存在着两种截然相反的认识与行为：要么极为重视语文知识的系统传递与技能训练，并视它们为语文教育的根本任务与课程特征的主要体现，主张并积极在课程实践中进行系统、全面、扎实的知识教学与技能训练；要么认为语文教育是教学生使用语文而不是研究语文，反对语文知识的系统传递与反复训练，并表现出忽视、轻视甚至否定语文知识价值的认识倾向。实际上，这是两种各有偏颇的观点与行为，都对语文教育实践有着一定的负面影响。因为作为以语文为基本内容与主要对象的教育，就必须既要看到本学科知识在形成学科基本能力素质构架上与促进学生语文能力提高中的积极作用，又要看到语文课程领域的知识与技能训练有着不同于其他课程的固有特征。对语文课程为什么要进行基础知识教育与技能训练，笔者认为这是一个无需过多争辩的问题，我们应把思考与探究的重点放在怎样科学进行语文知识教育与如何有效进行技能训练上。对此，顾黄初先生也认为，语文知识传授与技能训练的核心问题不是要不要教的问题，而是怎样教的问题，即如何才能提高语文知识传递与技能训练的科学性。在他看来，语文教育缺乏科学性的突

①顾黄初：《顾黄初语文教育文集》(上)，北京：人民教育出版社，2002 年版，第 8 页。

出表现之一就是“忽视汉字、汉语特点的研究，忽视听说读写规律的研究，忽视语文技能的严格训练”[①]。因此，他极力主张要加强对汉字、汉语、汉文自身知识与技能特点的科学研究，并在科学研究、不断实验的基础上认真总结经验，以构建起既符合语文本身特征又符合学生语文认知实际规律的语文知识传递与技能训练的内容框架体系。

如前所述，由于汉语文知识与基本技能众多且庞杂，要全部使中小学生学习、认识与掌握，是不现实也不需要的，这就自然需要对其内容进行优化选择。对这一内容的优化选择，顾先生认为：“对汉语文知识的优化选择，其主要依据是汉语文知识本身的特点，同时兼顾到学生和社会的需求。”[②]在他看来，对汉语文基础知识与基本技能训练进行优化选择应主要包括如下几个方面。

第一，要对汉字基础知识与基本技能训练的内容进行优化选择。汉字既具有数量庞大、笔画繁复、难辨难写、形似字与同音字众多、异体字众多等不利因素（特征），又具有以形显义、以形表音且大多都有一定“字理”、基本字派生能力强等有利因素（特征）。因此，语文教育对汉字基础知识的优化选择，主要就是要抓住基本汉字的基础性进行扎实认读，抓住汉字构字规律（由笔画构成独体字与由独体字构成合体字）进行系统学习、全面掌握，以实现以少御多、化繁为简的功效——“学习汉字，掌握基本字的形、音、义及其派生功能，逐步扩大识字量，这是学习汉语文的最重要的基础。”[③]

第二，要对词汇基础知识与基本技能训练的内容进行科学选择。顾先生认为，中小学生的语文学习与掌握具有“在实践上，要学好语文，总离不开词汇和语法两个方面”的特征，其中对词汇的系统学习与切实掌握、不断积累与熟练运用“又是基础”。[④]因为古今中外无数人的语言形成与思维发展能力的事实都充分证明，一个人词汇丰富、掌握准确、运用灵活，就常常反映出他认识水平的深刻、思想观念的正确与对外部各种客观存在关系的准确理解与确切把握。反之，

①顾黄初：《顾黄初语文教育文集》（上），北京：人民教育出版社，2002年版，第19页。

②顾黄初、朱川彬、洪宗礼：《论汉语文教材的优选、组合和延展》，《教育评论》1991年第3期。

③顾黄初、朱川彬、洪宗礼：《论汉语文教材的优选、组合和延展》，《教育评论》1991年第3期。

④顾黄初：《要重视词汇教学》，《语文战线》1978年第5期。

则可能反映出他思想认识的贫乏、观点见解的肤浅、领会理解的模糊与表达陈述的粗疏,并具体表现在他的“词汇库存”小、掌握不准、运用不活以及由此而造成在语言表达时的词不达意、苍白无力。

> 词汇积累越丰富,反映人们对客观事物的认识程度越深广,反映人们对客观事物之间复杂关系的理解越细密。比如,要表现一个人站在那里,通常情况下用“站立”,如要表现他“长时间地站在那里”,就得用“伫立”,要表现他“严肃而庄重地站在那里”,又得用“肃立”。上述三个词,都是同一定的社会生活和人们对这种生活的理解联系着的。①

正是基于词汇在个体语言能力发展结构中的重要作用和词汇掌握与思想认识水平之间客观密切的关系,顾先生除了提出在语文教育中要切实加强词汇教学的计划性(避免出现老熊掰玉米棒子的现象)、系统性(对学过的词汇要引导学生有意识地及时加以归纳与总结)与实践训练性(在积累、理解基础上要注重语境的设计,以突出对词汇的实际训练与具体运用)外,还特别强调教师在课程实施中要有目的、有计划地对学生进行词汇基础知识的科学讲解与系统训练。为此,他以高考试题中一道要求填写“荣(辱)”和“毁(誉)”两词但许多学生不是填为“荣(誉)”“毁(坏)”就是填成“荣(耀)”“毁(灭)”为例,周密分析并指出:“其中有些人可能是根本没有接触过‘荣辱’‘毁誉’这样的词,但多数人恐怕是虽然曾经接触过却并没有意识到这类词的内部结构特点。在这道题中,同要求填空的词儿相并列的还有‘得失’‘安危’这样两个由意义相反的词素构成的合成词,这就表明后面并列的也必须是构成方式相同的词儿,即‘荣(辱)’和‘毁(誉)’,而不能是其他。一个初步具备汉语词汇基础理论知识的人,他懂得现代汉语中合成词的各种构成方式,在平时阅读中就会敏锐地发现‘荣(辱)’‘毁(誉)’这类词的内部结构特点与‘荣誉’‘毁坏’等词完全不同,不致混淆。”②以这一高考语文试题中考查学生辨析、运用词汇的具体事例,并在通过详细周到的分析来探析造成词汇误用的深层次原因后,顾先生就十分明确地提出要加强汉语词汇知识的系统教学与训练:“在词汇积累达到一定程度的时候,有目的地向学生介绍一些汉语

①顾黄初:《要重视词汇教学》,《语文战线》1978年第5期。

②顾黄初:《要重视词汇教学》,《语文战线》1978年第5期。

词汇的基础理论知识，使他们在感性知识基础上逐步了解汉语词汇的组成成分、构成方式、词义演变等，进而掌握住某些规律性的东西。这样，他们在词汇的积累和使用上就能变被动为主动，变盲目为自觉。不但能自己辨正识误，而且能连类相及，触类旁通。”①这就指出在词汇的教与学中，教师一方面必须要重视学生对其的积累与运用，另一方面也必须要加强对必要而精要的词汇规律性知识的讲解与训练，从而使学生在丰富的语言实践中对丰富多样的汉语词汇做到既“知其然”，又“知其所以然”，为语文能力的提高奠定基础。

第三，要对句子基础知识与基本技能训练的内容进行科学的选择。句子，作为语言的运用单位，既连接着词汇运用又连接着段落组成，常常是体现一个人语言理解与表达能力强弱的重要方面。同时，汉语句子还具有以意合为主、词序灵活、虚词重要，以及主动句多而被动句少等一些特征。此外，汉语句子在其他方面的特点还有：“句式以短句为主，表达形式较为整齐；多用比喻性句子来表达语义，富有形象性；有较多省略，但不影响语义表达……这就说明，要熟练掌握汉语，就要了解汉语句子的基本结构、类别与表达形式。”②如此看来，学习、认识、掌握汉语句子的基本构成、主要句式与基本特点、表意方式，也应是语文知识与技能训练的重要内容。顾黄初先生也极为重视句子训练在提高语文能力中的重要地位，为此还专门写了一篇《略论造句训练》来论述。他从自身丰富的教学实践与独到的深入研究出发，分析指出语文教育实践中常见的句子（造句）训练，无论是“生词造句”还是“连词造句”，实际大多都是重在检查“用词”恰当与否，而不是从真正意义上提高句子运用能力的“造句”训练。在他看来，“词法和句法毕竟有区别，它们各有各的训练要求和训练方法。因此，要培养和提高学生的造句能力，就得深入研究‘句子’在实际语言运用中的特殊规律，在此基础上明确训练目标、确定训练内容、设计训练方法，这才能真正取得实际的成效”③。他还认为，虽然造句训练涉及语法、修辞、逻辑等多方面的知识与技能，且在实际运用中相互交织、相互渗透、相互制约，较难形成合理的教学训练序列。但如我们从习见的语言现象出发去寻找出合乎汉语文的某些规律性的东西，还是可以总结出一些作为造句训练的基本内容与主要方法来的。以此分析为认识基

①顾黄初：《要重视词汇教学》，《语文战线》1978年第5期。

②解光穆：《故事里的汉语》，西安：陕西师范大学出版总社有限公司，2005年版，第251页。

③顾黄初：《略论造句训练》，《语文教学通讯》1980年第7期。

础，他全面、系统地提出了从“语式”（句子的格式）、“语序”（词语的次序）、“语气”、“语感”（语言给予人们的感受）、“语调”（主要指重复词语的恰当处理、句间节奏的调整及字词声韵的讲求）①等多方面来追求造句训练的序列化。客观来看，注重从“语式”“语序”等汉语句子的独特方面来设计、组织、实施造句训练，应是提高学生“组词成句”能力的一个重要途径。

第四，要对篇章基础知识与基本技能的内容进行科学选择。在顾先生看来，语文知识的建立与技能的形成必须要从字、词、句发展到段落与篇章，因为学习者只有在对更大语言单位的积极构建中，才能更好、更快地提高和完善自己的语文能力。对此，他明确指出由于“汉语的篇章，涉及文体知识和语体知识，不同的文体有不同的表达方式，不同的语体有不同的语汇和不同的表达习惯”。“因此，了解一般实用文、文艺文和程式文的文体特点，初步熟悉文言语体和白话语体的差别，以及文艺语体、科技语体、议论语体和事务语体的差别，就成为初中阶段汉语文教学的又一重点。”②为论述各类文体、语体知识与技能训练的重要性，他还在《试论语体学与语文教学》等文中进行了详细阐述。限于篇幅，兹不详述。

二、要有效选择与确定语文知识教学与技能训练的程序

在顾黄初先生看来，语文自独立设科之后之所以长时期、大面积地存在被社会各界所不断诟病的“少慢差费”现象，其中重要的原因之一就在于语文教育客观存在着承担任务多、涉及因素多、能力提高客观上较慢、知识要素多、具体运用时极为灵活等明显的学科特征，因而就造成了课程的科学性不强，并进而具体表现在实践教学中的“听说读写训练的无目的、无对象和无场合”③这一“不定式”的盲目训练上。要改变这一盲目现象，就要在对语文知识与技能训练内容加以恰当选择与不断优化的基础上，在教材编制与教学实践中实现对这些选择优化而来的内容的有序训练。

①顾黄初：《略论造句训练》，《语文教学通讯》1980年第7期。

②顾黄初、朱川彬、洪宗礼：《论汉语文教材的优选、组合和延展》，《教育评论》1991年第3期。

③顾黄初：《语文教学要贴近生活》，《教学与研究》1988年第1期。

在顾黄初先生看来，要真正在知识点优化选择基础上形成教学训练点，进而构建起科学的语文知识传递与能力训练教学体系，就要注意如下几个问题。

第一，对语文知识与技能训练序列的优化选择要依据语文的自身特点与学生学习母语的客观规律，并充分注意知识与技能之间的渗透性和交叉性，分清主次，简化头绪，有序推进。在语文知识与技能训练中如何才能做到“分清主次，简化头绪”及有序、有效推进呢？顾先生曾以汉语句子的教学为例指出：“比较合理的办法，应该是从习见的语言现象出发，找出我们汉民族语言在实际应用中的某些带有规律性的东西，以此作为造句训练的内容。大体说来，这些所谓带规律性的东西，主要体现在语式、语序、语气、语感、语调等几个方面。”①他之所以提出要把语式、语序、语气、语感、语调等几个方面作为句子教学与训练的重点，主要是由于句子作为语言的运用单位，不但有单句与复句、长句与短句、整句与散句、常式句与变式句、陈述句与疑问句、祈使句与感叹句、一般句与特殊句（连动句、兼语句等）、主动句与被动句等众多的知识点与训练点，而且在实际训练之中还常常涉及词法、句法等多方面的知识与技能，也必然会涉及修辞、逻辑及篇章等方面的知识与技能。如此众多的知识点、训练点，自然就需要分清主次、简化头绪、有序训练，才能取得实效。

第二，对语文知识与技能训练序列的优化选择要注意知识之间的衔接性与技能训练时的反复性。虽然语文课程的实施重点与基本目标主要不是让学生去“研究语文”，而是要让学生切实“掌握与运用语文”。但由于“学习”“研究”与“掌握”“运用”之间的密不可分性，就必然注定了学习者必须要对语文现象、特点乃至运用规律（广义的语文知识）进行必要的感知、分析、揣摩、理解。因此，语文知识不应是教不教的问题，而是教什么、怎样教的问题。与之同时，由于人们实际运用语文的能力只有通过持续不断的听、说、读、写的实践运用才能形成、发展、提高，因而对它们的反复（重复）训练也是必不可少的。譬如写作能力，就只能在不懈的写作实践中才能形成与提高。在实际生活中我们常常可见这一现象：某一个

①顾黄初：《略论造句训练》，《语文教学通讯》1980年第7期。

体即使具有很高的写作能力,但如长时期不进行实际写作,其能力会不断降低乃至消失。显然,个体要具有“写不怕,不怕写,怕不写”的能力与素质,写作能力只有在这一实践中才能形成,也只有在这一实践中才能发展。正是在深刻认识语文知识的非线性存在特征与语文技能训练实践性特征极为突出与明显的基础上,顾先生明确地指出:“知识本身的逻辑系统是线性的、单向的,然而这种知识系统一旦经过改造,构成学科教学体系,就不能不考虑学生的身心特点和认知水平,就不能不考虑知识转化为能力、能力转化为习惯的客观规律性。”[①]依据这一客观存在,在语文教育中就自然也必然要求做到“既要注意前后的衔接,又要重视必要的反复”。自然,“这种重复决不是机械的简单重复,要尽可能使之在新的认知背景下得到进一步的巩固、深化和发展”[②]。顾先生的这一观点告诉我们,语文知识传递与技能训练有着不同于其他学科的特点,客观上具有自身的独特性与复杂性。譬如初中物理课程的知识与技能,首先就从认识物质开始学习,然后进入到对运动(一般运动、机械运动、声和电、电和磁等)的学习与掌握,最后则进入到对能量(机械能、内能、能量守恒等)的学习与认识。这些知识与技能,有着较为明显的线性序列与能力层级,教师与学生相对易于认识和把握,客观上也便于实际操作。语文课程的知识与技能虽也有着一定的联系与层级,但它们之间的线性序列远远没有其他学科那样明显,且在具体运用时有着明显的反复性与交织性特征。如连句成段的知识与能力就既与汉字、词汇等知识与技能相联系,又与句子本身、段落、篇章等方面的知识与技能相联系,还与个体的思维能力、认识水平、道德情感等因素相联系;与之同时,个体连句组段能力的形成与提高还必须经过多次的、长时期的实践训练才能形成与提高。这说明,语文学科在知识的序列性、技能的层级性上远不如其他学科那样明显,这就是语文学科的复杂性与艰巨性之所在。语文课程的这些客观特征告诉我们,在语文知识传递与技能训练中,既要承认并切实注意到它们之间的线性存在特征,又要承认并科学处理好必要知识的非线性存在,以及相互交织、交互影响与技能形成的长期性、反复性,才能科学推进语文课程的高效实施。

---

①顾黄初、朱川彬、洪宗礼:《论汉语文教材的优选、组合和延展》,《教育评论》1991 第 3 期。

②顾黄初、朱川彬、洪宗礼:《论汉语文教材的优选、组合和延展》,《教育评论》1991 第 3 期。

第三，对语文知识与技能训练序列的优化选择要以形成具有整体综合效应的"集成块"为基本目标。顾先生从知识数量众多、能力提高训练涉及因素复杂等语文课程客观特征出发，认为要实现语文知识传递与技能训练序列的优化组合、有效推进,就"要在教育教学目标的制约下使内容形成一个整体"。[①]具体来讲就是,语文知识只能与语言的具体运用相结合才能有效组织与实施,语文技能也只能在听、说、读、写的实践中才能提高发展,实现知识传递、技能训练与方法掌握、习惯养成等多个目标的有机统一。因此,在他看来,就应在语文教材编写之时与实际教学过程之中不断追求并努力做到:"以课文为例子，按照由感性到理性的认识规律,把传授语文知识,培养语文能力和习惯,帮助学生掌握学习语文的方法等密切结合起来,以期形成具有整体综合效应的'集成块'。"[②]

三、要恰当选择语文知识教学与技能训练的方法

在顾黄初先生看来,要促使学生更好地掌握语文知识、科学而有效地提高语文实际技能,语文教师还要科学地运用教学方法。在他看来,语文教师在语文课程中科学运用方法主要体现在如下两个方面。

一方面,教师要注意以科学的方法来调动学生主动获取语文知识的积极性,并不断提高他们主动提高语文技能的内驱力。我们知道，语文课程与数学、化学、地理等课程相比,学生在课程内容、学习对象上具有一定的"已知性"——语文的表现形式(篇章结构、写作手法、具体词句等)与语文的实际内容(作品所表达的主题、述写的事情、说明的事物、阐述的道理等)都有可能是他们所熟悉或较为熟悉的。事实上,正是由于语文课程特别是课程(文本)内容对学生不具"陌生化",实际上却常常影响学生学习语文的积极性与主动性,这是语文课程之所以复杂的具体体现。依据语文课程中学生学习、理解的课程内容与数学、物理等课程不同,顾先生认为在语文教育中教师应特别注意对课程(教学)内容做出恰当科学的取舍,因为"内容的深浅宽窄,弹性较大,教师主观上不注意控制,不讲

①顾黄初、朱川彬、洪宗礼:《论汉语文教材的优选、组合和延展》,《教育评论》1991 第 3 期。
②顾黄初、朱川彬、洪宗礼:《论汉语文教材的优选、组合和延展》,《教育评论》1991 第 3 期。

究取舍，很容易因内容庞杂而使学生抓不住要领，事倍而功半”[①]。同时根据这一课程特征，他也曾明确地提出在语文课程实施中，语文教师要做到“知有不言，言有不尽”：

> 用比较法时，让学生自己去比较得出结论；用示例法时，教师先作一例示范，其余让学生依例仿照独立去完成；用归纳法时，具体事例由学生列举，结论也由学生通过归纳得出，教师只是起穿针引线的作用；用演绎法时，教师只讲一般原则，让学生通过联系教材独立思考，自己得出具体结论。如此这般，教师以“不尽”之言去启发、诱导学生，使学生的思维始终处于兴奋、活跃的状态。[②]

无论是比较法、示例法还是归纳法、演绎法的运用都说明，在语文课程中学生对语文形式与内容学习的主要矛盾不是“无知”，而是在“已知”基础上对语文运用规律进行更深的认识、更精准的把握、更灵活的运用、更切实的提高。因此，语文教师就需要在正确把握“教什么”的前提下特别注意研究、认真思考解决“怎么教”这一主要矛盾。也就是说，语文教师常常在教学方法方面面临着比其他课程教师更高的要求。因此，语文教师一定要善于选择、灵活使用多种教学方法来切实调动学生学习语文的积极性与主动性，并以此来促进学生语文能力的发展与提高。古今无数优秀教师的语文教学经验都充分证明，只有调动学生实际学习、实际运用汉语文的浓厚兴趣与强大内驱力，才能培养出具有良好语文素养的学生。正如顾黄初先生所指出的：“（在语文学习中）‘无知’固然不可能‘有知’；‘有知’也未必一定‘有能’。能力是需要在实践中逐步形成、逐步提高的。”[③]

另一方面，语文教师要高度重视对学生进行思维方法与思维品质的培养。顾先生认为，不同学科在培养学生能力方面是有着客观差别的，如数学重在对学生计算能力的培养，生物重在对学生观察解剖能力的培养，历史重在对学生能从历史角度来观察和思考社会与人生认识水平的培养，语文重在对学生听、说、读、

①顾黄初：《顾黄初语文教育文集》（上），北京：人民教育出版社，2002 年版，第 484 页。

②顾黄初：《顾黄初语文教育文集》（上），北京：人民教育出版社，2002 年版，第 485 页。

③顾黄初：《顾黄初语文教育文集》（上），北京：人民教育出版社，2002 年版，第 477 页。

写能力的培养。但在中小学中各学科却有着需要培养的共同能力，那就是思维能力（思考能力）——科学的思维方法与思维品质的培养，或通俗说就是想问题、找方法的能力。这是由于尽管学生在不同学科中所关注的领域不同、面临的问题不同、理解的对象不同，但观察、思考、分析并提出具体解决问题的思维方法却是共同的。譬如由表及里、由现象到本质、由原因到结果、由具体到抽象、由一般到个别等思维能力培养在各学科的认知中都具有共性。因此在他看来，语文课程在坚持"姓语"的基础上，还要教给学生一些分析问题、解决问题的基本方法。这些方法主要包括：想性状（思考是什么、怎么样）、想缘由（思考为什么是这样、为什么会这样）、想疑点（思考不这样将会怎么样）、想联系（从横向与纵向来思考、分析事物之间的存在联系）、想规律（思考事物内部存在着的基本趋势与发展方向）。[①]那么，在语文课程中怎样才能更好地培养学生的这些"想问题"的能力呢？顾先生提出除了语文教师要在教学中特别注意既讲"然"又讲"所以然"外，还提出要注意两个重要条件：一是要有思维品质优良的教师，才能给学生以深刻的影响；二是要有一个思维活跃的班集体并以集体影响个体，才能使学生之间互相影响而促进思维能力的提高。[②]只有在教师的示范与同学之间的相互影响下，学生才能形成良好的思维能力。

概括本节顾黄初先生关于语文知识传递与技能训练的精辟论述，我们可以看出，在对这一自语文独立设科后就一直处于激烈争辩状态，并没有得到较好解决，以致深刻影响到语文课程具体实施的重大认识与实践问题的认识与分析上，他的观点无疑是中肯而辩证的，没有故作惊人的偏激之语。因此，他关于语文本体性基础知识与技能训练的基本观点，应作为我们正确认识、恰当处理这一问题的重要启示。在关乎语文知识与技能训练这一常引发争论、争辩的问题上，顾先生的基本观点是辩证而客观的：

探索课程和教材建设的科学化道路，辩证唯物主义者的要求是：既要承认学科知识的客观价值及其特点（但不同于"知识中心论"），又要考虑学生在不同发展阶段的身心特点（但不同于"儿童中心论"），还要考虑社会的客

①顾黄初：《顾黄初语文教育文集》（上），北京：人民教育出版社，2002年版，第478—479页。
②顾黄初：《顾黄初语文教育文集》（上），北京：人民教育出版社，2002年版，第479页。

观需求(但不同于“社会中心论”)。课程和教材的建设,在实践上的最大难题就在于,实现知识价值、学生特点和社会需求这三者的辩证、和谐的统一。[1]

历史与现实的客观存在都一再昭示我们，在对语文知识传递与语文技能训练中，认识上的最大难点就是不要把二者对立起来，而在实践上的最大难题在于实现知识价值、学生特点和社会需求之间的辩证、和谐的统一,这需要在认识上继续深化,在实践中继续探求。

①顾黄初、朱川彬、洪宗礼:《论汉语文教材的优选、组合和延展》,《教育评论》1991 年第 3 期。

第三节　阅读本体性知识的传递与训练

阅读教学是语文学科的重要基础，是提高学生听、说、读、写能力的基本途径，因为在课程标准中没有明确教学内容规定，教材基本以“文选型”为主要编写形式，无论是字、词、句、篇、语、修、逻、文等方面（领域）的知识传递与技能训练，还是学生听、说、读、写实际运用语言能力的发展与提高，主要是依靠对一篇篇具体的文本（文章与文学作品）的阅读、理解来进行的。对此，顾黄初先生指出：“一篇优秀的语言作品，是用字造句、结段谋篇的典范的体现者，是语法、修辞、逻辑以及各种表达方式完美结合的整体。从这个意义上说，一篇范文，就是一位不出声的语文教师，它随处都在告诉你听说读写的方法与技巧。”[①]但也正是由于阅读教学只能以一篇篇的具体范文为基本凭借，因此语文教育、语文课程的一大弊端就是在具体组织实施过程中存在着“只见树木，不见森林”现象——只重视对一篇篇范文的“分散性”讲解与“不定式”训练，而常常缺乏对一类文章、文学作品的“共性知识与基本技能”的科学构建与有效训练。正是为了提高语文教育的科学化水平，一些优秀语文教师坚信文无定法但却有规可循的理念，不断探索实施分类、分层教学与训练体系的构建。如上海著名特级教师陆继椿先生就曾探索建立了“分类集中分阶段进行语言训练”（“双分”教学体系）教学体系，取得了显著成就。同时，从课程与教学论基本原理来看，在语文教育中教师应切实树立“课文无非是例子”的观点，并积极以学一篇会一类为教学的价值取向，以帮助学生尽快掌握阅读同类文章、文学作品时的“可循之规”，实现“闻一以知三”，甚至“闻一以知十”的教学理想境地。而要实现这一高效目标，自然就需要加强对阅读本体性知识体系与技能训练序列的研究。顾黄初先生正是为了这一目的，阐述了许多对阅读本体性知识传递与技能训练的设想与主张，这为我们改进与提高阅读教学效率和促进学生阅读能力的发展提供了重要参考和有效借鉴。

---

①顾黄初：《顾黄初语文教育文集》（上），北京：人民教育出版社，2002年版，第184页。

一、阅读方式与方法本体性知识的教学与训练

个体对书面作品表达内容的阅读感知、分析理解与正确把握和对其表达形式的积极鉴别、有效吸收与借鉴，总是要借助于一定的阅读方式与方法来进行。阅读方式与方法科学，效果就高；阅读方式与方法不佳，收效就低。因此，在阅读教学中通过一些较为系统的阅读基本方式、方法知识的传递与训练，使学生认识与掌握这些阅读方式与方法，并能熟练运用到具体的阅读实践中，就成为中小学阅读教学的重要任务之一。

在顾先生看来，中小学生要重视与掌握的重要阅读方式与方法首先应是诵读。我们知道，诵读法实质就是常说的声读法，简单讲就是出声地去阅读作品，主要包括朗诵、吟诵、背诵、默诵等形式。诵读法之所以成为中小学生的重要阅读方式与方法，一方面是由于个体阅读方式、方法的形成、发展、提高一般都是按照由声读（诵读）向默读、从精读（细读）向略读（速读）的方向。个体没有诵读的方法与能力，就难以形成其他阅读的方式、方法与能力。另一方面，则是由于诵读极有利于学生形成语感、积累语汇、把握语调、体味语气、感受语式，从而促进语言能力的形成与提高。在古代，由于书面阅读对象是与口语有着明显差别的文言文，因此无论是对文言词汇的积累、句式的理解、句读的点断，还是行文的节奏、形式的把握、语感的养成，都主要依赖于诵读来完成。基于此，古人就极为重视诵读，司马迁、朱熹、真德秀、唐彪等历代大家鸿儒都极为重视蒙童读书时对诵读方法的养成。在口语与书面语趋于一致的现代语文教育中，诵读法的地位与作用有所降低。但如从学生特别是低幼年级学生阅读能力的形成与提高看，仍必须要给予诵读应有的地位与功能——个体阅读能力的形成与提高总是从诵读开始并向其他阅读形式与方法逐渐发展。基于这一认识，顾黄初先生十分赞赏蒋维乔先生关于诵读法的论述：

诵读之法有三：一曰机械读法。就文字读之，朗朗上口，可以熟练口齿，使敏而确。二曰论理读法。一字一句，析之至明，使文字意义，跃于心而发诸口，期其思想与文字联络。三曰审美读法。注意音节之抑扬顿挫，使古人之声调，拂拂然与我喉舌相习，以抒发作者之感情，至是而读法之能事毕。而在中

学生徒，尤宜置重审美读法也。[①]

虽然这一论述主要还是针对文言文阅读而言的，并强调在诵读训练中“尤宜置重审美读法”，但实际上如没有机械读法、论理读法作为基础与必要前提，审美读法也就难以顺利地发展起来。同样，在个体的阅读实践中如没有以诵读之法为基础，略读、速读等阅读方法也就难以形成与掌握。如此看来，诵读法是阅读最基础、最基本的方法，必须要在语文课程与具体教学实践中予以足够的重视。

在顾先生看来，中小学生还要切实掌握并善于灵活运用精读与略读相配合的阅读方法。精读与略读是广泛存在于人们阅读实践中的两种最基本、最重要的方法，并各具特色，各有其价值与功能：精读就是字斟句酌、力求全面深刻地把握阅读作品内容去读；略读则是讲求较快速度、观其大意地去读。从个体语言能力的形成与提高和人们的实际阅读行为来看，精读与略读都是要能够掌握、灵活运用的两种重要阅读方法，因为在个体的阅读实践中“精读与泛读是相互交叉的”。[②]对此，顾先生也明确指出：“两种读法，各有各的用处。比如，在实际的生活、工作和学习中，读重要的文件、重要的法规、重要的专业书、重要的机械操作说明书等等，都要细读、精读、咬文嚼字地读；读一般的报刊文章、一般的参考书、一般的文字资料，就可以粗读、略读，得其大要地读。”正因为人们在实际阅读实践中存在着如此这般的客观需要与客观行为，“所以在学校里、在语文课上都要有计划地进行训练”[③]。自然，从阅读能力的形成看，阅读方式的训练程序应先是对学生进行精读、细读训练，而后才是粗读、速读训练。因为只有通过细读、精读，学生才能形成良好的语言能力、积淀深厚的语言功底，并促进阅读能力的养成。

在顾先生看来，中小学生还要切实掌握一些虽常用、常见但却对良好阅读习惯养成具有重要作用的简单实用的阅读方法。阅读方法与阅读习惯常常相互联系。如遇到不认识的字、词，自己就会去设法解决而不是轻易将其放掉，实质既是一种方法又是一种习惯。再如，在阅读中对重要的句子、语段能够及时加以勾

①顾黄初：《顾黄初语文教育文集》（下），北京：人民教育出版社，2002年版，第1078页。

②解光穆：《中学生阅读理论与技能》，银川：宁夏人民出版社，2004年版，第116页。

③顾黄初：《顾黄初语文教育文集》（下），北京：人民教育出版社，2002年版，第1027页。

画、标注、加注等，实际上也既是一种方法又是一种习惯。鉴于此，顾黄初先生在谈及语文课程对学生阅读方法与阅读能力的培养时，十分赞同叶圣陶先生关于阅读教学必须要强化实践训练与遵循科学程序的教学思想，力求要把整个阅读教学过程处理成“学生独立阅读”与“师生集体阅读”相互结合的过程——就是要把精读一篇课文的全过程划分为预习、报告与讨论、练习三个阶段。他以叶圣陶先生的论述为立论依据，认为预习绝不是为了在预习之后给教师的滔滔不绝讲解扫清文字障碍，而是“训练阅读的最重要的阶段”，要切实促使学生快速提高阅读能力，真正掌握阅读方法。这是由于在他看来，古今中外众多人士的阅读方法虽说多种多样并具有鲜明的个性特征，但普遍性的基本阅读方法、阅读习惯的数量却是有限的：

> 读书方法，细说不尽，但最基本的恐怕只有那么几条：首先是遇到生字难词，能翻查字典词典自己去解决；其次是学会圈点勾画和批注，也就是叶老所说的学会在书上做“标记”，以便领会书中的重点、难点和疑点等等；再进一步，就是要学会做读书笔记。这些方法，学会并不难，但必须从一开始就切切实实地抓，一步一步有计划地加以训练。①

学生在独立的阅读实践中，注意并重视翻检工具书、重视并善于圈点批画、掌握并勤于做读书笔记与重视归纳总结读后感想，可以说都是一些最为基本、最为常见、常用，但却具有重要功效的阅读方法与习惯，也是学生阅读实践能力得以不断提升的根本保证。但在阅读教学实践中，可能是这些阅读方法最为普遍、常见，有时反而却不能让一些语文教师与学生足够重视并持久坚持。因此，顾黄初先生就告诫说：“所谓‘预习’，它的意义绝不在于给教师的滔滔讲解‘扫除文字障碍’，提供一些方便；而仅仅在于要让学生自己运用心力尝试着去认真读书，从而提高读书能力，掌握读书方法，养成读书习惯。因此，预习指导得法，做得切实有效，阅读教学可以说已成功了大半。”②这些“读书方法”与“读书习惯”，实际上就是以上所述的最常见的查阅工具书、圈点批画、写读书笔记等。令人遗憾的是，由于这些方法与习惯最为常见、常用，多时却未引起语文教师应有的重视。

---

①顾黄初：《顾黄初语文教育文集》（上），北京：人民教育出版社，2002 年版，第 308 页。

②顾黄初：《顾黄初语文教育文集》（上），北京：人民教育出版社，2002 年版，第 308 页。

在语文课程实践探索中，许多语文教育研究者与众多语文教师都有这样一个共同感受，学生的写作能力与水平往往是有迹可循且易于有序培养，但其阅读能力却常常无迹可觅，且难以形成有序的训练体系。对此，顾黄初先生也认为："提高学生的阅读能力绝不是一件简单的事情，它要我们付出足够的精力，要我们在教学上努力寻求符合阅读能力形成和发展的规律的方法，才能收到实效。"[①]而"寻求符合阅读能力形成和发展的规律的方法"的重要任务之一，就是要高度重视教给学生一些虽看起来极为简单，但实际却极为重要的具体阅读方法。

二、文章阅读本体性知识的教学与训练

在第二章中，笔者论述了顾先生所阐述的语文教育必须在坚持语言表达形式与思想内容相统一的基础上，突出从语言形式来理解思想内容、从思想内容表达来学习语言运用规律这一独有的课程特征。基于这一基本认识，他十分重视对阅读文本语言形式领域本体性知识的系统研究与精要提炼。在他看来，不同语体、不同文体、不同写作目的、不同作者的文本乃至同一作者在不同时期的文本都有着不同的语言特点与表现形式。造成这一语言现象客观存在的主要原因在于："在实际生活中，根据不同的语言环境来有效地进行语言交流，不仅涉及内容，而且也涉及语言本身，涉及语言材料及其表达手段、组合方式等等的准确选择。"[②]就是说，不同交际目的、不同交际对象、不同使用范围常常使得语言表达形式有所不同，这就是文体学、语体学所研究与揭示的内容。譬如，"文艺语体的特征是形象性、凝练含蓄、丰富新颖；科学语体的特征是精确性、严密性；政论语体的特征是逻辑性、鼓动性、文学性；公文语体的特征是准确性、简洁性、程式化，等等"[③]。语文课程的重要任务之一就是要让学生具体认识、熟练掌握，根据不同需要而使用不同风格语言的能力与水平。而要使学生具有"到什么山上唱什么歌"——根据交际需要恰当选取语言表达形式的能力，就有必要使学生认识、

①顾黄初：《顾黄初语文教育文集》（上），北京：人民教育出版社，2002年版，第307页。
②顾黄初、周梅珍：《试论语体学与语文教学》，《扬州师院学报》（社会科学版）1989年第3期。
③顾黄初、周梅珍：《试论语体学与语文教学》，《扬州师院学报》（社会科学版）1989年第3期。

明确不同文体、语体的不同语言形式，并利用这一形式来形成、建立各类文章阅读所需的知识，特别是程序性知识。

记叙文要重在对记叙语言知识的教学与训练。在记叙文的阅读教学中，顾黄初先生不是泛泛而论怎样抓住记叙六要素、人称等来进行教学，而是提出要重视对记叙语言表达知识的教学与训练。他从教学的角度曾明确指出：“要搞好记叙文的语言教学，首先得明白记叙文在语言运用上的一些基本要求，然后才能根据这些要求确定教学内容，按部就班地进行教学。”[①]基于这一认识，他分析了记叙文语言的组成：一是记叙者的语言，二是被记叙者的语言。

> （在记叙文中）作者以耳闻目击者的身份向读者述说事件发生的起因、经过、结局，人物活动的动作、神态、心理，客观环境的情状、气氛、特色，以至作者自己对有关人事景物的感受、认识、见解等等的语言。……所谓被记叙者的语言，是指作品中写到的那些人物的语言。记叙者的语言和被记叙者的语言，在写作上各有其基本要求……[②]

在具体分析指出了记叙文的基本语言组成结构之后，顾先生随之提出了应按照“思想和语言辩证统一的原则”来组织、实施记叙文的教学，并提出在具体记叙文教学中要使学生在正确认识与区分记叙者语言与被记叙者语言的基础上来科学实施教学。其中记叙者的语言知识主要包括：交代时间和空间的明确性（清晰述说记叙对象存在、活动的时间与空间），交代前因后果的周密性（有条不紊地讲述事情的前因后果、来龙去脉），描述人事景物的逼真性（对记叙对象加以逼真生动、绘声绘色的描绘），记叙人事景物的抒情性（体现出记叙者对人事景物的鲜明情感态度），变换人称语气的灵活性（善于根据表达需要来灵活使用人称与语气），照应局部整体的连贯性（处理好整体与局部的关系）。[③]显然，学生在记叙文的阅读实践中，如能清晰认识、准确掌握这一文体在交代时间和空间的明确性、交代前因后果的周密性、描述人事景物的逼真性等基本的本体性知识，

---

①顾黄初：《顾黄初语文教育文集》（上），北京：人民教育出版社，2002年版，第222页。

②顾黄初：《顾黄初语文教育文集》（上），北京：人民教育出版社，2002年版，第223页。

③顾黄初：《顾黄初语文教育文集》（上），北京：人民教育出版社，2002年版，第223—227页。

将有助于促进记叙文阅读能力及写作能力的形成与提高。

说明文重在对说明顺序与说明方法知识的传递与训练。在说明文的阅读教学中,顾黄初先生认为说明顺序、说明方法这些本体性知识对说明文的阅读与写作能力的形成和提高有重要影响,必须进行系统教授与扎实训练。这自然是由于说明文要实现“说而明”,就必须次序清晰、方法科学,否则就难以“说而明”。为此,他曾以“初中语文第二册第四单元”(说明文单元)的教学设计为例,指出在初一第一学期已初步了解、学习了说明的空间顺序、时间顺序与举例子、作解释等说明方法等本体性知识基础上,这一单元的“学习重点在于了解更多的说明方法,如数据说明、比较说明、比喻说明、拟人说明,等等。此外,还要进一步学习说明的合理顺序”。[①]根据这一基本教学目标,他依据教材编写意图与单元教学要求明确而概括地涉及:在《宇宙里有些什么》《看云识天气》等讲读课文中,教师就要组织和引导学生重点探讨一些说明方法及这些方法在文中的主要作用;在《大自然的语言》《沙漠里的奇特现象》等课内自读课文中,教师要积极指导学生运用学过的说明文的相关知识来对其说明顺序与说明方法进行具体认识与分析;在《奇特的激光》等课外自读课文中,教师应具体设计一些问题让学生进行思考并回答。根据这一单元教学的整体目标,在《宇宙里有些什么》一文的具体教学设计中,顾先生所确立的教学目标第一条就是:“了解举数字、作比较的说明方法以及比喻对说明事物特征的作用。”[②]在《看云识天气》一文中的具体教学设计中,他根据单元教学目标与课文的实际内容而确立的教学目的也是:“了解分类说明的方法,进一步理解比喻对说明事物特征的作用。”[③]仅就这些具体的说明文的教学设计看,顾先生显然是十分重视对说明文阅读本体性知识的系统梳理、科学传递与扎实训练的。同时,说明文的阅读实践也证明,只有掌握了较为系统、全面的说明文本体性知识,才有助于促进阅读能力的提升。

议论文要重在对分析、辨别、抽象、概括等基本思维方法知识的传递与训练。由于议论文主要是用概念、判断、推理逻辑等形式来表明作者对某一问题或现象的看法,或是为了反驳他人的意见而分析、指出其谬误,具有“偏于理性,偏于

①顾黄初:《顾黄初语文教育文集》(上),北京:人民教育出版社,2002年版,第373页。
②顾黄初:《顾黄初语文教育文集》(上),北京:人民教育出版社,2002年版,第374页。
③顾黄初:《顾黄初语文教育文集》(上),北京:人民教育出版社,2002年版,第382页。

抽象”[①]的明显特征，因而也就必然要以抽象思维的方法性知识作为发现问题、分析问题、解决问题的主要凭借。如此看来，发现问题、辨析问题、解决问题的程序性逻辑思维知识，在阅读与写作议论文时十分重要。正是基于对议论文本质特征的准确把握，顾黄初先生认为在议论文阅读教学中就必须给予学生必要的提出、分析与解决问题，对客观事物、现象加以抽象、概括等方面本体性知识的传递与训练，并以此来提高听、说、读、写时的议论能力。[②]对此，他曾明确分析指出：“通常所说的议论能力，是指一种用摆事实、讲道理的方式来表现自己对人、对事物的看法，并尽可能使人信服的能力。而这方面的能力，一般地说是由三方面的因素构成的：一、活跃而敏锐的发现问题的能力；二、清晰而严谨的逻辑思维能力；三、锋利而雄辩的论辩驳诘的能力。”[③]怎样才能更好地去培养学生发现问题的能力呢？顾先生认为在议论文阅读教学实践中，教师必须要重视并善于运用启发式教学来调动学生发现问题、探究问题、解决问题的浓厚兴趣。他认为在阅读教学实践中培养学生的“问题意识”并不只限于议论文，在记叙文、说明文以及文学作品的阅读教学中，实际上都存在着众多需要探索与值得商榷的问题，都有着众多培养学生“问题意识”的良好契机。如在阅读鲁迅著名小说《药》时，对其主题有着三种不同观点，教师在教学中对此问题就可组织学生进行深入、具体的讨论与分析，从而培养学生分析问题的意识与能力。如果说，发现问题是为了活跃思维，那么分析与论证问题，就需要以“清晰而严谨的逻辑思维的能力”为基础。这是由于只有具有必要的逻辑思维能力，议论者的思想观点才能表达得更精确、更清晰、更合乎逻辑，并更具有说服力。在他看来，要培养学生的逻辑思维能力，“首先要讲授必要的逻辑基础知识”，在初中阶段主要应结合学生阅读、生活中的实际问题出发去分析、判断作者“说话的观点、分寸、范围、条理、根据等等是不是恰当”，从生活逻辑去判断“是不是前后一贯”“是不是合情合理”，而不要过多地引进逻辑学的概念与术语。在高中阶段，由于学生抽象思维能力有了较快发展，因此就要重视对必要的逻辑知识的传递与训练。对此他认为，虽然这些逻辑知识教学与训练的基本目标在于（指向于）实际运用，但“必须讲究知识的系统性

①顾黄初：《议论与思辨——略论“议论能力”的培养》，《扬州师院学报》（社会科学版）1982年第1期。

②顾黄初：《谈谈议论能力的培养》，《上海教育》1981年第5期。

③顾黄初：《谈谈议论能力的培养》，《上海教育》1981年第5期。

和科学性”[①]。怎样对学生进行“锋利而雄辩的论辩驳诘能力”的培养呢？顾先生认为主要的途径是要“搞好议论文的讲读”——“因为优秀的议论文，是作者的学识和辩才相统一的产物，从这些范例中，学生能窥测到论辩驳诘的多样性和有效性。”[②]在分析论述了发现问题、逻辑思维与论辩驳诘等方面的知识与技能训练外，顾黄初先生还认为议论能力的核心是思辨能力。因此，在阅读教学实践中使学生切实掌握一些思辨的方法性知识对议论能力的形成与提高具有极为重要的意义：

> 从思辨的一般要求来看，似乎也并不复杂，无非包括辨正误、辨真伪、辨表里、辨分寸、辨序列这么几个主要方面。辨正误，是思辨的出发点和归宿，也是议论的最基本的要求。这里除了立场观点的问题以外，主要是通过辨析概念、研究判断、解剖推理等不同的方法，达到辨别正误、确立自己的正确观点的目的。辨真伪，主要是指对材料的真实性的辨别……一般说，材料的不可靠不外乎虚假、过时、伪饰、片面、表象等原因；这就需要辨表里，透过材料的表象去洞察问题的本质。待整个思辨过程接近完成的时候，辨分寸、辨序列就突出起来，成为不可忽视的两个环节：每个判断的量和质是否恰如其分，每个推理过程是否合理、是否完整，整个思辨过程能否顺理成章，如此等等都需来一番检查整理。[③]

通过对学生进行“辨正误、辨真伪、辨表里、辨分寸、辨序列”的系统传递与扎实训练，就能有效提高思辨能力，进而提高他们阅读与写作议论文的能力。

三、文学作品阅读的本体性知识教学与训练

培养与提高学生对文学作品的阅读与鉴赏能力，也是语文课程的一项重要任务。这一能力的形成与发展，自然也需要以对文学作品的素材概括提炼、人物形象刻画、情节结构安排、线索脉络设计、环境场所描写、思想情感倾诉与多种

①顾黄初：《谈谈议论能力的培养》，《上海教育》1981 年第 5 期。
②顾黄初：《谈谈议论能力的培养》，《上海教育》1981 年第 5 期。
③顾黄初：《议论与思辨——略论“议论能力”的培养》，《扬州师院学报》（社会科学版）1982 年第 1 期。

艺术方法运用等众多知识的具体认识与准确把握为基础。为此，顾黄初先生在《两种笔墨　各尽其妙——〈梁生宝买稻种〉和〈分马〉怎样写人物》《游踪·风貌·观感——怎样读游记》等文章中，较为具体地阐述了在文学作品阅读时学生应掌握的一些阅读的本体性知识与技能，具体反映出他的阅读文学作品鉴赏本体知识观。概括来看，顾先生认为在文学作品阅读与鉴赏时，学生应认识与掌握的本体性知识主要有：

在文学作品阅读教学中，首先要使学生认识与掌握文学作品的一些基本表达形式（基本样式）方面的知识与技能。文学作品虽然种类繁多、表达形式多样，但每种文学体裁都有着一些主要特征，以使自身与其他类型的作品区别开来。因此，文学作品的阅读教学就要使学生能从表达形式上分辨出它们之间的主要特征，并以此来更好地理解它们。譬如，小说与散文在形式上就有着明显不同，诗歌与小说在表达形式上也有着明显不同。学生在阅读与理解时，对所读对象“体式”特征的把握常影响到对作品内容与形式的理解。如此看来，文学作品阅读教学的具体任务之一，就是要使学生具有必要的文学作品表达形式方面的知识，从而通过表达形式来更好地解读作品、认识作品、鉴赏作品。对此，顾先生在对《雷电颂》进行阅读教学设计时，就明确指出这一具体阅读对象（文本）具有诗（诗一般的独白）、剧（是史剧《屈原》的节选）、史（既有战国末期的历史事实，又有抗战时期的历史事实）等多种教学因素，但应把“诗”作为阅读教学的重点，并具体通过“三读”“三问”来全面感受、具体体验、深入鉴赏屈原诗一般的抒情性独白所蕴含着的浓烈情感与复杂思想。[①]而在指导学生阅读、鉴赏莫泊桑的《我的叔叔于勒》这篇著名小说时，教师就要引导学生“通过它的故事情节来弄清楚小说中的人物关系，并通过人物关系及其变化看清楚当时社会的本质”。同时，由于这篇小说有着独特而巧妙的令人赞叹不已的艺术构思，因此“指导学生学习本文，应把重点放在领会作品艺术构思的独特性和深刻性上。”[②]具体来讲，就是要在教学中使学生通过阅读具体看出，小说以清纯少年约瑟夫的口吻，讲述了父母盼于勒叔叔回归，然后补叙了于勒是因败家而被驱家门，最后则是父母见到贫困潦倒的于勒避之不及的这样一个故事。显然，学生要透彻把握小说所表达的深刻思想内蕴，就要领悟其独特而巧妙的艺术构思。而领悟独特巧妙的艺术

①顾黄初：《顾黄初语文教育文集》（上），北京：人民教育出版社，2002年版，第355—360页。

②顾黄初：《顾黄初语文教育文集》（上），北京：人民教育出版社，2002年版，第370页。

构思，又要以对人物之间的相互关系、故事情节的曲折变化这些小说的本体性知识的正确认识和细致分析为基础。这就充分说明，在文学作品的阅读教学中使学生获得不同文体作品表达形式方面的知识，对具体阅读、透彻理解作品都具有重要的意义。

在文学作品阅读教学中，要使学生认识与掌握文学作品的一些基本内容组成方面的知识与技能。我们知道，虽然同一体裁的不同作品之间常有着不同的形式结构、表达形式、表现手法、语言特征等，但同类体裁的文学作品在基本结构、内容组成与表达手法等方面却具有明显的稳定性并表现出诸多的共性。譬如，小说的阅读鉴赏就应以人物为中心与关键，要善于抓住人物的语言、行为、心理等内容要素来进行分析与理解。散文特别是写景散文的阅读，就应以作者所写景物的特征与作者所赋予的情感为中心、重心来进行分析与理解。在散文的重要品种之一——游记的阅读教学实践中，顾黄初先生认为其“通常总是由‘游踪’‘风貌’‘观感’这样三个要素组成”。根据这一“共有特征”，我们“品评一篇游记的内容和形式的特点，往往也适宜从这些方面入手”。[①]而在游记中的游踪、风貌、观感这三个要素中，游踪是作者对整个游访对象的连缀与布局，常常体现出景物之间的空间联系与时间联系，并反映出作者独特的构思与巧妙的结构。因此，“读游记，揣摩一篇游记的构思特点，首先就得找出作者的游踪线索，把握作品中景移物换之间所体现的时间联系和空间联系”[②]。为说明这一阅读方法，他以郑振铎《石湖》为例分析指出，把《石湖》细读一遍，便可依循作者的游踪理出文章的脉络来：《石湖》先写“前年”（1956 年）从水路经过石湖时的见闻，再写“去年”（1957 年）从陆路经过石湖时的见闻，最后写今年（1958 年）握笔记游时对石湖的思念。显然，在《石湖》中作者写的“空间”没有变化，都是苏州市和洞庭东山之间的那个小湖泊——石湖。可是作者游览的“时间”却不同，前后有着明显的变化。因此，如从作者的游踪线索上来考察、分析《石湖》的行文结构，就可看出其由三部分组成：第一部分，写“前年初识石湖”；第二部分，写“去年再游石湖”；第三部分，写“今年思念石湖”。在理解、把握作品内容的基础上，就可看出作者之所以要采用这样的结构章法，显然是因为这样的结构安排更有利于全面反映石湖一带日新月异的变化。[③]顾先生对《石湖》游踪的这一分析，就使我们清晰地看出了阅读

①顾黄初：《顾黄初语文教育文集》（上），北京：人民教育出版社，2002 年版，第 251 页。
②顾黄初：《顾黄初语文教育文集》（上），北京：人民教育出版社，2002 年版，第 251 页。
③顾黄初：《顾黄初语文教育文集》（上），北京：人民教育出版社，2002 年版，第 251—252 页。

游记应具备的辨析游踪、风貌、观感等基本阅读知识与主要方法的重要性。他对《石湖》的具体教学设计，反映出学生只有在对游记的阅读实践中，认识与掌握诸如游踪等这些游记的本体性知识并逐渐形成技能，才能更好地提高阅读与欣赏游记作品的实际能力。

在文学作品阅读教学中，要使学生认识与掌握文学作品的一些常见表达手法与写作技巧等方面的知识与技能。在文学作品中，作者为了实现更好地刻画人物、描述事件、渲染气氛、制造悬念、衬托对比等，常常在文学作品中广泛使用比拟象征（“托义于物”）、衬托对比（通过反差来突出主要形象）、先抑后扬和先扬后抑、欲轻先重和欲重先轻、托物言志与借景抒情、虚实结合以及动静相衬、以小见大、渲染烘托等多种艺术表达手法与技巧，从而使作品内容更丰富、形象更丰满、情节更为生动。因此，在阅读教学与自读实践中，学生必须具有这方面的基础知识与基本技能，才能促进文学作品阅读能力的发展与提高。对文学作品中多样化的表达方式，顾黄初先生在众多的作品赏析、课文分析与教学设计等文章中都给予了足够的重视并做出系统阐述。譬如在《〈澜沧江边的蝴蝶会〉琐议》一文中，他分析指出《澜沧江边的蝴蝶会》如标题所示，本应写澜沧江边的蝴蝶会，这应是“主”。但实际上作者却偏偏先写了云南大理蝴蝶泉上的蝴蝶会，实际是用这个蝴蝶会作陪衬，为后面要写的蝴蝶蓄势。这实际上是作者行文整体布局上的一个“曲笔”，反映出作者对对比、映衬手法的娴熟运用。[①]对这一表达手法的认识与把握，就必然会影响到对作品内容的阅读与理解。再如他在谈到对《荔枝蜜》《夜走灵官峡》《正月十八吃元宵》三篇文学作品的教学设计时，曾分析指出：《荔枝蜜》用隐喻式的象征手法比拟勤劳的农民，全文绝大部分内容都是写蜜蜂采花酿蜜，最后才点出主旨；而《夜走灵官峡》正面描写成渝，侧面写成渝的父母与在风雪中战斗的建设工人，正面、侧面描写相结合，内容十分丰赡；《正月十八吃元宵》则以时间的飞越与传统的继承为内容，极力状写了三代人的精神风貌。[②]这些作品中所使用的象征、虚实结合等表达方式，无疑都要让学生正确认识、熟练掌握，才能更好地实现对作品的阅读理解，为自己的习作提供必要的借鉴。

①顾黄初：《顾黄初语文教育文集集外集》（下），南京：江苏教育出版社，2013年版，第743—744页。
②顾黄初：《顾黄初语文教育文集》（上），北京：人民教育出版社，2002年版，第330页。

总之，概括本节内容我们就可看出，顾黄初先生认为应注意系统传递与有效训练在诵读、速读等阅读中应具备的一些最基本方法与在文章阅读、文学作品鉴赏中应具备的一些基础知识与技能。与之同时，他也提醒我们，由于“要提高学生的语文能力，有三个潜在因素不能忽视，那就是：思想、知识和智力。不可能设想，一个学生思想品德低劣，知识领域狭窄，头脑呆板迟钝，而他的语文能力却居然能够超越他人”[①]。因此，语文课程中的阅读基础知识与基本技能的传递与训练还必须要与学生的思想提高、智力发展相结合。

①顾黄初：《顾黄初语文教育文集》（上），北京：人民教育出版社，2002年版，第431页。

第四节 写作本体性知识的传递与训练

顾黄初先生在关于语文本体性知识传递与训练的系统阐述、具体分析说明中，对写作领域的知识传递与技能训练尤为重视。在他看来，“在现代社会里，要真正成为一个时代的强者，必要条件之一是具有相当的写作能力。这已是毋庸置疑的事实”①。这是由于较好的写作能力，现在已是个体所必备的基本能力之一。由于社会生活与个体生存发展的实际需要，这一“相当的写作能力”主要应是指实用性或应用性文章的习作，即对关于记叙、说明、议论、应用等文章的写作能力的训练与培养。这些文章写作能力的培养，主要要靠作文实践训练，但同时也不应忽视以思维科学、逻辑学知识与方法为基础的必要的系统知识传递与技能训练。

一、记叙性文章的写作知识传递与技能训练

以事件叙述、人物描述为基本内容的记叙文作为中小学生接触最早的、训练次数最多的、最基础的写作训练，要写好它自然需要多方面的知识与技能技巧。大致看，举凡记叙的要素（时间、地点、人物、事件等）、记叙（叙述）的主要方法（顺叙、倒叙、插叙、补叙等）、记叙的内容（写人、写物、写景、叙事及游记等）以及开头结尾、语言运用、手法选择、前后照应、衔接过渡、布局谋篇等多方面的习作基础知识与基本技巧，都是记叙文写作训练过程中所必需的。但由于记叙文的习作基本要求（主要评价标准）是要力求做到记叙时的生动具体、摇曳多姿、融情于事、寓理于事并形象生动、深刻感人、令人难忘，同时又要有效防止常见的平铺直叙、语言苍白、缺乏感受、编造故事、内容单薄、情节单一、感情虚假等常见弊端。要达此目标，教师就要在指导学生进行细致观察与重视情感体验上下功夫。为此，顾黄初先生认为，要写好记叙文就需特别注重对学生进行观察能力与体验能力的培养与训练，特别是要突出写作者在记叙、描写时对描述对象感同身受的深

---

①顾黄初：《顾黄初语文教育文集》（上），北京：人民教育出版社，2002 年版，第 317 页。

切、真切体验：

> 常说要记叙人事景物，必先学会观察。这是很对的。文章是客观事物在作者头脑中的反映的产物。对于客观事物，不经过观察，不经过作者自己感官的接触，当然就不可能反映得恰好。所以，观察应该是记叙的基础。但是，要使这种记叙能动人，能传神，光靠一般的观察就不够，还必须学会把自己的感情融注到观察对象中去，即学会设身处地、贴心着意地去"体验"。①

这一论述就充分说明，写作者（学生）要使所写的记叙文形象具体、内容充实、叙述翔实、描写精确，就要靠细致的观察。而要使记叙文内容深刻、形象生动、感人至深、发人深省，还需要作者在细致观察基础之上有感同身受的真切与真实的情感体验。顾先生以老舍先生的名篇《小麻雀》为例指出，这篇文章之所以写得形象传神、内容充实、生动感人，重要原因之一就在于作者在记叙、描写的过程中能让读者感觉到作者是在用心观察、体验、感受，因此才能产生情感上的强烈"共鸣"。他以这篇著名作品为例，也给我们具体阐释了在观察、记叙时作者应如何进行情感体验的一些基本方法性知识与技巧。

一是写作者要注重对记叙客体心理活动的揣摩与描述。在记叙文写作中，作者所叙述、描绘的客观对象的特征、性状与行动、变化等，可以通过细致全面的观察来获得。但对于这些客观对象表现出的外部特征及具体行为所反映出的内心活动与复杂情感，则要靠作者通过必要的心理揣摩才能更好地表现出来。顾先生以《小麻雀》为例，指出这一小动物受伤后的神情、动作可能多是出于动物的本能，易于观察与表现，但作者只有在"把对象当作了具有人类喜怒哀乐情绪的可怜的受害者的时候，他就会情不自禁地要设身处地来揣摩那深藏在这些动作、表情后面的心理活动"②。就是说，作者在记叙时要从细致观察进入情感体验，即在记叙的客体中要注入记叙主体对其的心理揣摩、分析推断与精要描述，从而把记叙对象的心理感受、复杂情感细致形象地表现出来，这样才能实现准确透视记叙对象（客体）内心深处秘密、感受记叙对象复杂内心情感世界，从而实现使其形

---

①顾黄初：《顾黄初语文教育文集》（上），北京：人民教育出版社，2002 年版，第 274 页。

②顾黄初：《顾黄初语文教育文集》（上），北京：人民教育出版社，2002 年版，第 275 页。

象血肉丰满、跃然纸上的写作目标。也就是说，学习、掌握一些常见常用的心理猜测（揣摩）、推断等想象的知识与方法，并用之于记叙文写作实践，就可实现记叙具体、描写细致、刻画生动、表现有力的理想写作目标。

二是写作者要重视对记叙客体命运的合理推断与恰当描述。在记叙文写作中，主体对客体的情况不可能全部知晓。在此情况之下，要叙述生动，就需要记叙者对所记叙对象的一些基本情况加以必要的猜测与合理的推断，从而使记叙内容丰富、描写形象、叙述生动。顾先生以《小麻雀》中的记叙与描写为例，指出老舍先生在文中记叙、描写时，多次有着对小麻雀过去遭遇、内心意念与命运的主观推断与合理猜测，并在这一推测过程中倾注了对小麻雀的深切关怀与丰富情感，从而使得记叙内容十分具体、感人。这就说明，在记叙文写作过程中，写作者在注重揣摩记叙客体复杂心理活动的基础上，还要注重对记叙客体“过去、现在与未来”的合理推测与精确表述，从而使记叙主体与客体之间产生一种心灵的通感，“表现出一种感同身受的关切”。也就是说，记叙过程中写作者对记叙客体命运的合理推测与深切关怀，正是其“情移神迁、深入体验的一种表现”[①]。

三是写作者要加强对自己主观情感的倾诉与表达。古人讲：“感人心者，莫先乎情。”在记叙文写作中，必然要蕴含着作者对所记叙的人事景物的主观情感与评价态度。因此，在记叙文的写作过程中能否恰当地表达出写作者对记叙对象（自然、社会、人生、自然景色等）的独特感受与真切体验，就成为写作能否成功的重要因素之一。同时，在记叙文写作中，作者态度的表达与情感的倾诉还常常是作者思想的升华与文章的灵魂之所在，决定着文章的内在价值。基于此，顾先生认为在记叙文写作中，“当心理的揣测、命运的推断这些方式还不足以反映作者的内心体验的时候，常常发为感情的直接表露”[②]。他继续以《小麻雀》的习作为例，指出老舍先生在小麻雀身上倾注了自己浓烈、真挚的情感，这是作者对社会、对人生、对生活发自内心的真实自然感情的充分流露与直接表现。需指出的是，作者在记叙时的情感倾泻、态度流露必须真挚自然，既不能人云亦云也不能无病呻吟。对此我们要看到，只有那些发自作者肺腑的真情实感，才对读者具

①顾黄初：《顾黄初语文教育文集》（上），北京：人民教育出版社，2002年版，第275页。
②顾黄初：《顾黄初语文教育文集》（上），北京：人民教育出版社，2002年版，第276页。

有强烈的感染力。就是说，作者情感的倾诉要防止“为文而造情”，要真正力求做到“为情而造文”。而要达到这个写作境界，就要作者积极参与生活、体验生活、感悟生活，才能做到情感的充沛与真挚。

概括来看，顾黄初先生认为要写好记叙文的重要基础之一就是要在重视观察的基础上，强化作者对记叙客体的深刻情感体验，并切实掌握情感体验的一些具体方法，这样才能写出内容丰赡、形象具体、情节生动、情感真挚、认识深刻的优秀记叙文来：

> 在记叙文的写作中，要把人事景物写得栩栩如生，让读者仿佛身临其境，感同身受，就不可能没有作者自身的悉心体验。因为用眼观察，只能摹状，只能让读者认知事物；用心体验，才能传神，才能让读者感受到事物的意义、生命与价值。这也许就是说明文强调观察，记叙文更注重体验的原因所在。①

二、说明性文章的写作知识传递与技能训练

由于说明文是以说明为主要表达方式来解说事物、阐明事理而给人知识的实用性文章，因此认识与掌握其基本写作知识与技能就显得极有必要。在顾黄初先生看来，由于说明文既可以介绍事物的形状、构造、类别、关系、功能等，也可阐释事物的原理、含义、特点、演变等，其实用性特征很强。因此，为了提高学生说明事物或解说事理的写作能力，除了要系统向学生传授说明顺序、说明方法等一些基础知识外，还要特别注意对分类的基本知识与方法的传递与训练。这是由于在顾黄初先生看来，“分类，既是一种十分重要的思维能力，也是一种极其有用的科学研究方法”②。在语文写作实践与实际生活中，个体是否具有良好的分类能力，常常决定着说明能力的高低。顾先生认为，分类在实际生活与说明文习作实践中的重要性主要体现在三方面。

---

①顾黄初：《顾黄初语文教育文集》(上)，北京：人民教育出版社，2002 年版，第 277 页。

②顾黄初：《顾黄初语文教育文集》(上)，北京：人民教育出版社，2002 年版，第 262 页。

第一，分类是实际生活的需要。在实际社会生活实践中，人们需要经常对事物进行分类与划分。可以说，分类与划分是生活实践的客观需要。比如，到了超市，我们就会发现超市其实是划分了很多区域的，有饮料区、生活用品区、蔬菜区、肉类区等不同区域，以方便人们更好地寻找与挑选。再如图书馆，大都会按照一定标准对书进行合理分类（人文类、经济类、军事科学类、社会科学类、艺术类、语言类等），以便于人们轻松快捷地找到自己所需的书籍。如此看来，分类与划分在实际社会生活中是一种常见现象并具有较强的实用价值。同时，分类还是一种抽象逻辑思维方法，能否正确分类常常标志分类者是否具有一定的思维能力。对此，顾黄初先生曾从个体思维能力发展的视角指出，由于分类必须讲求“包举”“对等”与“正确”，因此“人们果真能够按照这样的要求对事物进行分门别类，那就意味着已经具备了相当程度的逻辑思维能力，掌握了一种比较严谨的研究方法了”[①]。基于分类的这一重要性，在说明文写作中要实现“说而明”，就必然要对说明对象加以科学分类。

第二，分类是分析与综合能力的具体体现。在说明文写作中，分类实质上就是为了说明事物或阐释事理，而根据事物形状、性质、成因、功能等方面的同一性与差异性，把事物或事理按一定标准分成若干类（组成部分），然后再依照类别逐一加以具体与全面的说明。显然，在说明文中体现分类能力，主要是依赖于写作者的分析与综合思维能力。对此，顾先生十分透彻地分析指出：

> 说明事物类别的能力，是与人们的分析能力和综合能力直接联系着的。从一类事物中看出个别事物之间的细微差别，因而对这类事物有更精确、更深入的了解，这是分析的能力；从大量事物中看出某些事物之间具有更多的联系、更多的共同点，因而把它们分别归结到一起，使原来处于散乱状态的大量事物，形成系统，构成门类，这是综合的能力。这两种能力，在思维过程中是辩证地统一着的，即：在分析中有综合，在综合中有分析。说明文中的分类，正是对事物的特点进行分析和综合的结果，因此，在写作实践中，说明事物的类别通常要同时对于事物的性质、特点进行必要的概括。[②]

①顾黄初：《顾黄初语文教育文集》（上），北京：人民教育出版社，2002年版，第263页。

②顾黄初：《说明与分类——培养说明能力的一个关键问题》，《语文战线》1980年第11期。

分析与综合在分类说明中具有重要作用,如果写作者不能对一类事物中的各个组成部分进行合乎逻辑的分析,自然就难以真正做到"说而明"。同样,在说明文写作中,如写作者不能从大量事物中看出这些事物之间客观存在着的内在必然联系,自然也就难以做到"说而明"。因此,掌握分析与综合的逻辑知识、思维方法并形成良好技能,对写好说明文具有决定性意义。

第三,分类有助于更好地说明事物的特征。在说明文的写作中,要力求抓住事物特征而全面确切地予以说明。为了使说明对象的特征突出、内容全面,就要求写作者对说明对象进行必要的分类与说明。就是说,分类的主要功能在于使说明对象条理清晰、层次分明、内容全面、特征鲜明。因此,学生如果具有必要的分类知识与方法并善于运用于说明文写作实践中,就能在分类基础上对于事物、事理性质、特征与功能进行透彻、准确说明。对基于分析与综合的分类功能,顾先生指出:"一篇较为复杂的说明文,必然要求通过分析和综合,在分类的基础上对有关事物的共同特点和所属各小类的个性特点进行概括,或作比较细致的说明,这才能满足读者的愿望。"①

顾先生认为在说明文的实际写作训练中,除了要让学生掌握分类的基础知识,认识分析、综合能力在分类说明中的决定性作用外,还要使学生确切认识与灵活掌握分类要求与分类方法。就分类要求看,他以叶圣陶先生的相关论述为依据,认为有"包举""对等""正确"三项基本逻辑要求,其中"包举"就是要求各子项的总和等于母项,对等就是要求各子项之间要相互排斥而不能纠缠与越级,"正确"就是要求在分类时必须采取统一的标准而不能随意更换。②就分类方法看,他认为要指导学生掌握两种分类法:一是"一次分类法"。在他看来,所谓"一次分类法",就是"根据说明的需要,用一个标准给对象分类"。二是"多次分类法",就是"对同一对象,从不同的角度、用不同的标准作多次分类",或"对某个说明对象,先用一个标准作一次分类,然后再对分出的小类作又一次的分类"。③显然,教师如能在说明文阅读与写作教学实践中,指导学生系统全面地认识、灵活掌握分类

①顾黄初:《说明与分类——培养说明能力的一个关键问题》,《语文战线》1980年第11期。

②顾黄初:《说明与分类——培养说明能力的一个关键问题》,《语文战线》1980年第11期。

③顾黄初:《说明与分类——培养说明能力的一个关键问题》,《语文战线》1980年第11期。

的逻辑要求与思维方法，学生就能在说明过程中运用这些知识与方法来恰当分类，实现充分说明对象特征的写作目的。

自然，要写好说明文需要的知识（特别是逻辑知识）与能力（特别是思维能力）是众多的，如有条不紊地安排说明顺序、灵活自如地选用说明方法、巧妙科学地加以布局谋篇等知识与能力都是必不可少的。但由于说明重在使说明对象的性质、特征、功能等内在的东西显现在外并为读者读后清晰可知，就特别需要科学合理的分类与对其恰到好处的分析与综合。如此看来，分类的知识与技能就成为写好说明文的一项重要内容与关键性“技术”问题，同时它还与人们的分析与综合能力这两种最基本、最重要的能力密切联系着——“说明事物类别的能力，是与人们的分析能力和综合能力直接联系的”①。

三、议论性文章的写作知识传递与技能训练

在顾黄初先生看来，要想真正提高议论文的写作能力与水平，关键在于要有效地提高学生的议论能力。这是由于“所谓议论能力，就是指人们对现实提供的思想材料进行必要的逻辑分析，进而作出有根据的判断的能力”。同时更由于“这种能力，偏于理性，偏于思辨，它的形成和发展固然需要现实生活的阳光雨露的滋育，但也需要人们按照思维发展的规律有意识地进行培养”②。这就清晰地说明了，议论文所需能力主要是逻辑分析能力与判断推理能力，且这两种能力都需要按照学生“思维发展的规律有意识地进行培养”。如此看来，对学生议论能力的培养与提高自然就需要以思维知识与思维方法的传递与训练为重要基础。

在顾黄初先生看来，在议论文写作能力提高中所需的议论能力，又是与思辨能力密切相关的。而思辨能力，实质就是指个体对客观事物与现象的认识与思考、分辨与判断、推理与取舍、看法与态度。因此，要提高学生的议论能力，就要先提高学生的思辨能力，这就是思维与语言的一致性。对此，他明确指出：“对现实提

①顾黄初：《说明与分类——培养说明能力的一个关键问题》，《语文战线》1980年第11期。

②顾黄初：《议论与思辨——略论“议论能力”的培养》，《扬州师院学报》（社会科学版）1982年第1期。

供的思想材料进行逻辑分析，进而有根有据地作出判断，这种功夫蕴之于内就谓之思辨，发之于外就是议论，口头的或书面的议论。”[①]显然，议论与思辨的这种表里关系，应成为我们探索提高学生议论能力的重要依据与主要途径。换言之，要培养和提高学生的议论能力，就得抓住“思辨”这个基本内核与主要途径，否则就是舍本逐末，缘木求鱼。

那么，在议论文写作实践中应怎样去培养学生的思辨能力并提高他们的议论能力呢？顾先生认为主要的方法性知识与基本途径有：第一，要使学生掌握一定“量”与一定“质”相统一的思想材料。顾先生以幼儿对玩具的选择、取舍态度为例，说明学生已有知识常会引起学生的思考与判断——一些已有知识对学生来说常常是他们赖以进行思辨（思想）的具体材料。[②]语文学习的无数事实也证明，如果学生不接触（阅读、吸取）各种各样的知识（现象、事实与理论等），就不能引起自己对各种知识（现象、事实与理论等）的兴趣，这种兴趣自然会影响到其思辨。因此，“具有一定的‘量’和一定的‘质’的思想材料”就成为促成学生积极思辨的必要因素。第二，要使学生具有（形成）“合乎规则的逻辑思维”[③]。依然以幼儿对玩具的喜恶为例，顾先生指出幼儿的这种喜恶是以直觉为基础来进行判断与推理的。在表达思想观念时，具有一定语言能力的儿童以及成人都是通过概念、判断、推理等合乎规则的逻辑思维来进行思辨的。就是说，“合乎规则的逻辑思维”是促成学生积极进行“思辨”的另一重要因素，必须予以必要的训练。第三，要使学生具有对思辨结果的合理反映方式。无数学习实践表明，学生总是通过一定的反映形式（方式）来表达出自己在思辨基础上的行为反应。比如，在表达自己是喜欢学文还是学理时，许多学生便会采用一定的反映方式来表达他们的思辨结果：喜欢学习历史不喜欢学习物理的学生，他往往在历史课堂上思维活跃，注意力集中，对学习内容显得极感兴趣。相反，他在自己所不喜欢的物理课堂上则常常表现得没精打采，注意力分散，思维也总是跟不上教师的讲授，不乐于也不善于思考问题，一般不会去主动回答教师的提问。显然，学生这些不同的学习行为都是他们对思辨结果的必然反映。或者说，不同的反映方式，常反映出主体思辨能力的高低。对此，顾先生概括指出：“反映方式的巧拙，也显示出人们

①顾黄初：《议论与思辨——略论“议论能力”的培养》，《扬州师院学报》（社会科学版）1982年第1期。
②顾黄初：《议论与思辨——略论“议论能力”的培养》，《扬州师院学报》（社会科学版）1982年第1期。
③顾黄初：《议论与思辨——略论“议论能力”的培养》，《扬州师院学报》（社会科学版）1982年第1期。

思维能力的高低。”[①]如此看来,促进个体形成对“思辨结果的一定的反映方式”,也是提高他们积极有效进行思辨的另一重要因素。对以上三方面思辨能力的构成要素,顾先生系统总结到:

> 一定数量和质量的思想材料保证了思维的活跃性和敏锐性;合乎规则的逻辑思维,保证了思维的合理性和严密性;而恰当的反映方式,则保证了思维成果的有效性:这三者是促成人们的思维积极展开的不可或缺的因素。我们认为,要培养学生的议论能力,就得从上述三个方面着眼去探索途径,这才可望奏效。[②]

正由于一定数量和质量的思想材料、合乎规则的逻辑思维与恰当的反映方式,都是“促成人们的思维积极展开的不可或缺的因素”。因此,要有效培养与切实提高学生的思辨能力,顾先生认为要从三方面入手向学生较为系统地传授必要的逻辑知识,特别是逻辑思维的方法性知识。

首先,要向学生有效提供丰富的思想认识材料,确保他们思维的活跃性和敏锐性。在顾黄初先生看来,青少年学生总会对身边的事物与现象有极强的好奇心,特别对初次见到、遇到的新鲜事物会更加好奇。这些引起他们好奇的事物(所见、所闻、所读)都会引发他们的积极思维,他们会急于表达自己的认识与观点。就语文学习而言,由于课文(文本)无论在表达形式还是思想内容上对学生来说都不具备过高的“陌生感”,因此在调动学生学习积极性、主动性并促进学生积极思维发展方面,具有“先天不足”的特征。就是说,学生对语文学习的对象(文本),常常由于熟悉而不太感兴趣,以致影响思维的积极开展。因此,语文教师就要在课程实施之时注意不断引进“活头源水”,激发学生的学习兴趣进而促进其思维的活跃。就是说,语文教师只有在议论文的教学实践中重视并善于引进新知识、新观点、新思想,才能有效激发学生的求知欲望,调动学生思维的积极性和主动性,培养与提高他们的思辨(思维)能力。对此,顾先生曾极为明确地指出,只有在提供丰富多彩的认识材料的基础上,“学生就会感到事事可深究, 似乎到

①顾黄初:《议论与思辨——略论“议论能力”的培养》,《扬州师院学报》(社会科学版)1982年第1期。
②顾黄初:《议论与思辨——略论“议论能力”的培养》,《扬州师院学报》(社会科学版)1982年第1期。

处都可以发现萌发智慧之花的未开垦的处女地，到处都存在着通往真理的曲径通衢”。在这样的基础上，“议论的闸门就必将为这样的思想高度活跃的青年打开”[①]。其次，要向学生传授必要的逻辑知识并训练和提高他们合乎规则的逻辑思维能力，确保他们思维的合理性和严密性。教师在为学生提供了丰富思想材料并有效激发学生积极思维的基础上，还要注意引导学生沿着正确的逻辑思维规则来进行议论。对此，顾先生指出：“思辨思辨，思是基础，辨是关键。不教思想活跃起来，思辨无从谈起；思想活跃起来之后，不及时引导，不要求学生把自己的思维过程整饬得更合理、更严密、更合乎逻辑，那么，思辨必将陷于混乱，发表议论也只能是乱说一气。”[②]这就是说，个体在对事物现象进行分析、思辨、议论的过程中必须要有合乎规则的逻辑思维，否则思辨与议论就会头绪不清、层次不明、论述无力，进而影响到议论的质量与水平。怎样提高学生条理清晰的思辨能力呢？顾先生认为，这“当然要讲述一些有关形式逻辑的基础知识；但更重要的，是要通过平时的语言实践活动”[③]来进行。在他看来，有效组织开展复述课文、讨论问答、专题辩论、演讲比赛等这些语文实践活动，都可以提高学生的思辨能力。同时，对学生加以“辨正误、辨真伪、辨表里、辨分寸、辨序列”这些方法性知识的有效传递与扎实训练，也是提高学生思辨能力的重要途径。对“辨正误、辨真伪、辨表里、辨分寸、辨序列”这些具体的方法性知识与技能，笔者已在本章第三节中有过详细阐述，此处不再赘述。最后，要向学生传授思辨结果的恰当反映方式，确保思维成果反映的有效性。就思辨与议论能力的发展与提高而言，除要求思想材料充足有力、逻辑推理严密科学外，还必然要求思辨、议论时要有严谨流畅的语言表达与合理的篇章结构——把思辨、议论的内容以最佳的语言形式(书面的篇章结构或口语的表达形式)完美地呈现出来。这就是顾先生所指出的：“为议论而进行的思辨，还包含着反映方式的确认。这里所谓的反映方式，主要是指篇章结构方式和语言表达方式。”[④]因此，在议论文的口头与书面训练中，语文教师就要注重对学生进行篇章结构、表达方式方面的严格要求与扎实训练。对此，我们要明确认识到，这种要求与训练绝不是为了搞文字游戏，而是为了真正提高学生的思辨、议论的能力与水平。如此看来，从语言运用的角度适度引入逻辑学

①顾黄初:《议论与思辨——略论“议论能力”的培养》,《扬州师院学报》(社会科学版)1982 年第 1 期。
②顾黄初:《议论与思辨——略论“议论能力”的培养》,《扬州师院学报》(社会科学版)1982 年第 1 期。
③顾黄初:《议论与思辨——略论“议论能力”的培养》,《扬州师院学报》(社会科学版)1982 年第 1期。
④顾黄初:《议论与思辨——略论“议论能力”的培养》,《扬州师院学报》(社会科学版)1982 年第 1期。

的必要基础知识，对提高学生思辨能力进而促进学生智力水平的提高具有重要的意义与价值。

训练学生切实遵守思维基本规律，并在写作实践中切实提高学生的思辨能力，应贯穿于整个议论文写作指导与训练的全过程中。在这一长期而艰巨的训练过程中，自然应首先强调思维能力的训练必须密切结合语言表达实践来进行，但这并不意味着可以忽视、轻视甚至否定必要的逻辑知识教学，特别是方法性、程序性的逻辑知识的教学与训练。举例来说，我们知道形式逻辑思维规律有同一律、矛盾律、排中律以及充足理由律，让学生清晰地认识到并能在平时的思维活动中自觉遵守这几个规律，就可保证在基本的概念分析、基本判断、逻辑推理等过程中学生在思想认识上的确定性、无矛盾性、肯定性与充分论证性。再如引导学生认识、感悟、掌握辩证思维的对立统一思维律、量变质变思维律、否定之否定思维律以及辩证的充足理由律并使他们自觉遵守这几个基本规律，就能保证在思辨、议论与推理过程中使自己的分析、认识保持同一性和确定性，并具有思维的灵活性和辩证性，有效避免思辨与议论时的片面认识、以偏概全等常见错误。

最后要指出的是，建立于思辨基础上的议论能力主要表现为个体所具有的抽象思维分析、判断与推理能力，其中虽有一些天赋成分，但最根本的是要靠后天有计划、有目的的培养与锻炼。顾黄初先生正是以语文教育、语文课程必须坚持语言与思维的同一性为指导原则，才始终主张要在高度重视提高学生语言能力的同时，也要高度重视对学生思维的有效训练，实现以语言训练来促进思维能力提高、以思维训练来促进语言能力发展的理想目标。对语言与思维特别是议论文中语言运用与思辨能力提高的辩证关系，他曾概括指出：

> 要在“思维”的发展和锻炼上下工夫，由形象思维到逻辑思维，由直觉思维到灵感思维，由形式逻辑到辩证逻辑，不断提升学生的思维品质。而且，思维的成果往往就是思维活动的产品。这些思维产品，也大多需要语言文字作为载体，各个学段的语文教师都应配合其他学科教师来共同完成这培养学生思维能力、提高学生思维品质的任务。①

①顾黄初：《生命·生活·生态——我的语文教育观》，《湖南教育》2006年第8期。

在结束本章的分析与论述之际,需着重指出的是:语文学科由于在内容与形式上的独特性,其本身所涉及的本体性知识是十分众多且较为分散与庞杂的,再加之许多语文知识与语文技能之间存在着非线性关系,因此在语文课程领域内就时时出现要淡化甚至取消语文知识教学的主张与行为。对此,我们要认识到,这一主张与行为,常常"使得语文课程、语文教材与语文教学长时期缺少必要而系统、精要而有用的知识教学,进而影响到学生语文能力的形成与提高"①。其负面影响不可谓不大。同时,在语文教育研究领域内的许多专家学者对语文知识与技能的分析论述也大多是从教学视角来进行的,较少如顾先生这样从语文知识与技能的本体视角来对其进行系统总结、全面阐述。顾先生的这一学术视野与矢志努力,足以带给后人深刻的启迪。对顾先生的这一学术追求的崇高动机,学者们也评价指出:

> 但与很多人不同的是,顾先生做学问,不从"象牙之塔"中来,而是始终把他睿智的目光,热情地关注着当代中学语文教学改革那一方沃土。因此,他的报告和他的文章一样,特别受听众(读者)的欢迎。个中原因,特级教师柳印生作过一个很好的说明:"顾先生胜过别人的地方,在于他的心总是想着第一线教师的需要,在于他有一大批立志于中学语文教学改革的教师是他的学生、朋友、志同道合者。他有广泛的、'肥沃的'实验园地,他有源头活水。"②

对语文教育本体领域内诸多知识传递与技能训练问题的具体而精深研究,实际上就充分印证了顾先生"心总是想着第一线教师的需要"这一课程研究的价值取向。就是说,语文教育的本体研究,是语文学科发展的实际需要,是语文课程提高的实际需要,也是语文教师促进自身专业成长并进而提高语文教育效率的实际需要。

---

①解光穆、张永丽:《语文知识的课程与教学价值及功能论略——基于张志公先生语文知识教学观的视角》,《宁夏师范学院学报》2014 年第 5 期。

②曾祥芹:《语文教育学科研究的带头人——我心目中的顾黄初教授》,《语文教学通讯》1991 年第 10 期。

第四章

“传统，需要科学的反思”

——顾黄初语文教育历史观

在当代具有重大学术影响力与卓有建树的语文课程与教学论理论研究与实践探索的大家中，我们知道："三老"之一的张志公先生是以专注于古代语文教育史特别是以其对蒙学蒙书的全面精深研究并撰写了《传统语文教育初探》而著名，"三公"之一的顾黄初先生则以潜心研究现代语文教育史并出版了《现代语文教育史札记》等著作而闻名。张志公、顾黄初先生实际上都是在自觉践行《增广贤文》"观今宜鉴古，无古不成今"之古训，都在试图从源远流长的语文教育发展演变的历史中寻求语文课程的客观发展规律，都在努力从前人的语文教育实践足迹中探索出当代语文课程与教学改革与提高的必然之路。

顾黄初先生自20世纪80年代初期就有目的、按计划地开始了对纷繁复杂、曲折变化的现代语文教育史进行全面深入研究，这一研究动机主要源于1980年他在开封参加全国语文教学法研究会成立大会时的认识与感悟："在这次会议上，我听专家的宏论，读同行的雄文，觉得这片新天地还真有几分迷人之处。但同时也感到有点不满足，因为会上一般的议论，横向展开居多，纵向开掘不够，这样的研究似乎缺少一点历史的纵深感，而我国的语文教育有深厚的历史传统，语文教学法的研究也绝非现在才起步。"[①]于是，为增加语文课程与教学的历史纵深感，他就开始以现代语文教育发展史为研究对象，开始了爬梳搜罗、孜孜以求的历史研究，并先后撰写、编撰了《中国现代语文教育史》《二十世纪前期中国语文教育论集》《二十世纪后期中国语文教育论集》《中国现代语文教育百年事典》等重要著述，并发表了《我国现代语文教育发展的历史轨迹》《蔡元培对语文教育革新的历史贡献》《现代语文教育的回顾与前瞻》《语文学科教育的百年步履》等许多具有重要学术影响力的优秀文章，为我国现代语文教育史的研究做出了积极而重大的贡献。

顾黄初先生为了从前人艰难曲折的语文教育理论与实践探究中寻觅、探求语文课程与教学健康发展之道的事迹，对其执弟子之礼的王松泉先生曾对此深切

①顾黄初：《顾黄初语文教育文集》(下)，北京：人民教育出版社，2002年版，第1122页。

地回忆到：

> 2006 年，先生已届 74 岁高龄，而且此前已几次因脑血栓而住院治疗，但作为教育部中小学教材审定委员会语文学科审查委员，他仍念念不忘语文教育史的研究。金秋 10 月，先生嘱我联系历史上名师荟萃的春晖中学，他想前往参观，寻觅曾在那里工作和到访过的夏丏尊、丰子恺、朱自清、朱光潜、杨贤江、王任叔、蔡元培、何香凝、黄炎培、舒新城、俞平伯、陈望道、李叔同、张闻天、柳亚子、刘大白、叶圣陶、胡愈之、张大千、黄宾虹、吴觉农等知名人士的足迹。我马上与春晖中学老校长潘守理先生联系，然后陪同顾先生与夫人周教授拜访了春晖中学。潘校长与顾先生还同是全国人大代表，他十分热情地欢迎顾先生的到来，陪着他在这片圣土上晋谒了夏丏尊、丰子恺、朱自清、李叔同等先辈的旧居，参观了校史展览馆。返回绍兴后，我又陪同他瞻仰了蔡元培故居等。他还不顾劳累，又一次应邀为学生讲学。先生作为一个老教育家，对春晖中学和蔡元培故居给予高度评价，他说：“由此进一步拓展了教育史研究的思路，进一步加深了与富有文化底蕴的古城绍兴的感情。”①

顾黄初先生正是在如此执着、如此投入、如此努力的长期而艰苦的研究中，不但较为系统清晰地勾勒出了我国现代语文教育曲折发展的历史进程，而且在研究实践中创新性地开拓了专人研究、专书研究、教育科学实验研究、重要历史问题研究、史料研究②等众多新的研究领域，为现代语文教育史、传统语文教育研究提供了典范。

第一节 研究现代语文教育史的意义

包括语文课程与教学在内的教育领域的一切新改革与新实践，只有在对已有历史探索所积累的经验继承中才能有所革新、有所突破、有所建树。全然否定对传统语文课程与教学经验批判继承的观点，是历史虚无主义的具体表现；全然反对语文课程实践中改革与创新行为，自然也是思想僵化的体现。顾黄初先生在

---

①王松泉：《烟花三月谢扬州——悼念恩师顾黄初先生》，《中学语文》2009 年第 4 期。

②徐林祥、朱敏：《论顾黄初先生的现代语文教育史研究》，《语文教学通讯》2009 年第 6 期。

潜心研究现代语文教育史之际，鲜明提出并简明扼要地阐述了自己为语文课程与教学的现实发展服务的现代语文教育历史研究观："我研究语文教育史，恪守一条原则：为现实服务。"①

"为现实服务"是顾先生专注于语文教育现代史系统研究的根本原因。这一原因的具体"诱因"又是什么呢？对此，顾先生回忆了自己在 1978 年专职从事高师院校语文教学法教学与研究专业后所发生的一件事：

> 1980 年，有机会去开封参加全国语文教学法研究会成立大会，在那里，我听专家的宏论，读同行的雄文，觉得这片新天地还真有几分迷人之处。但同时也感到有点不满足，因为会上一般的讨论，横向展开居多，纵向开掘不够，这样的研究似乎缺少一点历史的纵深感，而我国的语文教育有深厚的历史传统，语文教学法的研究也绝非现在才起步。这样，我在这次会议上，不但吮吸到了我所需要的养料，结识了许多堪为吾师的学者，而且也发现了我所应当追求的目标。②

这一回忆说明，善于学习、注重借鉴的他在这次学术会议上发现了一个研究问题：在语文课程与教学的研究中，我们缺少对自身发展演变历史的系统深入的研究，以至存在着历史虚无主义现象。于是，关注现代语文教育随之就成为他"所应当追求的目标"。顾先生的这一研究动机，是完全符合语文课程与教学发展实际的。因为在基础教育课程与教学领域，语文是一门最古老、最富民族文化色彩、最具中华传统教育风格的课程，其源远流长的发展演变史、其蔚为大观的丰富理论思想、其熠熠生辉的众多大家学者、其曲折前进的艰难变革以及在发展进程中只重读写而忽略听说、只强调教师讲授而忽视学生探究等问题与不足，都对当代语文课程与教学的改革具有正面或反面的重要启迪价值与借鉴意义。显然，顾先生倾其数十年心血来精深研究现代语文教育发展史，就是为了从以往的发展演变过程中了解、寻找、总结可资当代语文课程改革发展借鉴、参考的经验与教训，这就是古人讲的"前事不忘，后事之师"。具体来看，顾黄初先生认为研究现代语文教育发展史并重视从中提炼、总结已有语文课程与教学发展积累起来的经验与教训具有如下一些现实意义。

---

①顾黄初：《关于语文教育研究》，《扬州师院学报》(社会科学版)1996 年第 3 期。

②顾黄初：《顾黄初语文教育文集》(下)，北京：人民教育出版社，2002 年版，第 1122 页。

一、有助于准确了解语文课程真实的历史存在

不知古常常会造成不知今,这一教训在语文课程与教学领域也是一样。因为当代语文课程是由现代语文课程发展而来的,而现代语文课程则由古代语文课程演变而来。在中小学教育实践中,课程领域内的许多现实问题、观点、行为、教学方式乃至教学方法可能都是在历史上一再出现、一再讨论、一再试验过的,甚至有些还是取得了共识的。如此看来,只有全面了解、准确把握语文课程发展的历史存在,才能为今天语文课程改革实践提供有益的借鉴。正是基于这一认识,顾先生在提出“对传统,要进行深刻的反思”的基础上,还旗帜鲜明地主张:“对于传统,我们应当采取分析的态度,需要进行科学的反思。”[①]语文课程在其悠久的历史发展过程中所积淀的成功经验、失败教训,都足以为现实的语文课程提供借鉴。同时,语文课程中的许多问题特别是那些关乎课程性质、目标与任务、教师与学生关系等重要的、关键性的问题可能都在历史上有过各种不同的理论主张与形式多样的实践探索;今天语文课程中的一些做法,可能也曾在历史上有过成功或不甚成功或不成功的探索;语文课程中的一些认识问题在历史上可能不是“问题”,但现在却可能再次成为“问题”……对此我们要看到,在语文课程理论与实践研究中注重汲取历史经验与教训,对推动语文课程的现实发展与未来走向都具有十分重要的意义。比如,在今天语文课程领域内争辩不休的“工具性”与“人文性”课程性质问题,实际上就是从古代一直到现代、当代都始终存在的“文道之争”的演变或延伸。在古代,韩愈、柳宗元、欧阳修、朱熹、宋濂与曾国藩等人都极力主张“道统”,而明代“公安三袁”、李贽与清代袁枚等人却大声疾呼“文统”,二者争辩激烈,难分高下。在新中国成立前,也存在着语文课程“主目标”与“次目标”的争辩。在新中国成立后的1959年,上海《文汇报》发表了刘培坤的《“文”与“道”——关于语文教学目的和任务之我见》,再次掀起了语文教育的根本目的与任务是以“文”(语言形式)为主还是以“道”(思想内容)为主的学界大讨论,并自1961年引发了全国性的“怎样教好语文课”的大讨论。在21世纪初语文新课程标准颁发后,“文”(工具性)与“道”(人文性)的关系问题再次引起了众多学者的密切关注与激烈争辩。今天看来,尽管不同历史时期的不同学者对此问题见仁见智并各持其据、各辩其理,但实际上对这一语文课程的关键问题早

①顾黄初:《传统,需要科学的反思》,《语文学习》1986年第9期。

就在叶圣陶、吕叔湘、张志公先生那里得到了较为彻底明晰的解答与较为科学完善的解决。也就是说，我们在认识、讨论这一关乎语文课程根本走向的重大问题时，实际上就可从关于这一问题的历史讨论中看出脉络、求得答案，大可不必为了眩人耳目而不时提出一些没有充分理据的“新说”乃至“邪说”。也许正是基于这一认识，顾黄初先生在谈到语文教育史研究时，曾从课程历史演变的视角对20世纪90年代末期的那场“语文教育大讨论”做出了自己较为明确的评价：

> 从1997年下半年由一家文学刊物掀起的那场关于中国语文教育现状的大讨论，在中国教育界（或者说是“中国社会各界”也许更准确些）引起巨大的震动。论者中，不乏真知灼见，于改革语文教育客观存在的弊端有益。但仔细推敲，议论中的肤浅和片面，也比比皆是。其中的一个重要原因，是对中国语文教育的历史缺乏起码的了解。例如，有人看到新修订的语文教学大纲中有“语文是重要的文化载体”的提法，便大加赞扬，以为这是对“语文是重要的交际工具”这一论断的校正，是具有重要历史价值的“发展”。殊不知，把“语文”视为“文化载体”，把“让学生了解现代文化和固有文化”看作是语文学科的重要教育功能，早在本世纪20年代末、30年代初南京国民政府教育部制定的那些国文学科课程标准中已经有过明确的表述，因而并不是什么“新的创造”。由此可见，为了让更多的关心中国语文教育现在和未来的人，从中国语文教育史中了解历史，洞察规律，实在大有必要。①

从这里我们明显可看出，顾先生认为在20世纪末的那场声势浩大、影响深远的“语文教育世纪大讨论”中之所以存在着比比皆是的“肤浅和片面”，重要原因之一就在于这一讨论中“对中国语文教育的历史缺乏起码的了解”，因而这一“世纪大讨论”就对语文课程的健康发展起不到应有的推动作用，反而使一些本来认识清晰的问题再次变得复杂化了。这一事实说明，在语文课程领域内的许多不断引起争议甚至激烈争辩的问题在历史上已经出现过且得到了彻底或部分解决，我们如熟知其历史自然就会得出正确结论。实际上语文课程的现实情况却是，由于一些研究者缺乏对语文课程历史的基本了解，往往把一些“旧说”当成“新说”，以致引起不必要的争辩乃至认识上的混乱。对语文课程理论与实践研究

①刘正伟、顾黄初：《关于中国语文教育史研究的对话》，《中学语文教学》2000年第10期。

中所存在的由于不了解课程发展历史而造成认识上的混乱现象，张志公先生也曾明确提出要加以反对："语文教学中有种种'行话'，名堂很多。例如，从如何讲课的角度提出的，有讲解时代背景，介绍作者生平，分析主题思想，分析段落大意，分析人物形象，发掘语言因素，发掘思想性，扫除文字障碍，等等。提出这么多术语，有两个问题。一是容易使教师分散注意，把精力过多地放在这上面，客观上起到冲淡语文教学真正目标的作用；二是有的术语提法不一定妥当，容易引起一些认识上的混乱。"[①]显然，两位语文教育大家的共同看法是，只有较为全面地了解了语文教育发展史，只有较为全面地知晓了语文课程已有的真实历史存在，我们才有可能对一些语文课程的重要问题有正确的认识，才有可能在一些重大问题的处理上做出合乎课程历史规律的、能促进学生现实发展的选择。需着重指出的是，过去很长一段时期内我们在"左倾"思想影响下认为传统语文课程无论是内容还是方法全是封建糟粕，但后来事实证明这一结论是完全错误的。但今天又有许多人对我国古代语文课程特别是传统蒙学的教材教法、民国时期的语文教材等赞赏有加、推崇备至，认为它们才是改造、克服现行语文课程实施中所存在的诸多弊端的"良方"与"妙策"。实际上，这一观点也是不科学的或者说是一种非历史主义的认识观点，因为无论是古代的蒙学教材还是民国时期所编辑出版的多种语文教材，都既有可供借鉴与积极吸纳之处，又必然存在着明显的不足乃至重大弊端。这说明，对这些重大认识问题如缺乏辩证历史唯物主义的态度，势必会给本来就问题丛生的语文课程带来更多更大的现实问题。因此，只有重视对语文课程历史传统特别是语文独立设科后的发展史进行全面具体研究并力求做到对语文课程真实历史存在的正确把握与科学评价，才能更好地推动语文课程的现实发展。这就是顾先生所明确指出的："任何改革都不能割断历史。实际上，今天的语文教育和过去的语文教育是一个相互衔接的有机整体。"[②]就是说，只有对"相互衔接的有机整体"有了客观全面的了解，才能推动语文课程的健康发展。

二、有助于一分为二地看待语文课程的历史传统

如从宽广的社会与文化历史变迁视角来看，自五四运动以来，为了实现与历史传统的彻底决裂，我们在很长一段时期内对包括语文课程在内的传统教育采取

①张志公：《张志公文集》(三)，广州：广东教育出版社，1991年版，第40—41页。

②刘正伟、顾黄初：《关于中国语文教育史研究的对话》，《中学语文教学》2000年第10期。

了否定一切的极端做法，使许多本属民族优秀文化传统的东西遭到了简单否定乃至粗暴践踏，存在着鲁迅先生所批评的“把婴儿与污水一起倒掉”的现象，甚至有时还存在着“把婴儿倒掉”却把“污水留下”的令人啼笑皆非的现象。同时也正如笔者在前一问题中所言，在近年来大力提倡的语文课程要回归传统、返璞归真的浩浩潮流中，我们又存在着认为古代、现代语文课程与教学一切皆好、一切皆优的非历史主义倾向。客观看，我们的确在语文课程的学术研究与实践探索中，在不同历史时期都不同程度地存在着“为观点而观点”与“为改革而改革”的不良现象，以致由于割裂历史而导致谬见的现象经常出现。对此，顾先生曾明确批评指出：

> 我们今天有不少人沾沾自喜于他的“新经验”和“新名词”，一忽儿一个“情境教学法”，一忽儿又一个“程序教学法”，以为都是八十年代的“新产品”，如同一见到“哈立克”就不认识它原是中国的“爆玉米花”似的。其实，前辈们对此早就作过大量的实践，并诉诸精辟的文字。以二十年代的教育实践为例，当时，阅读的眼动问题就已有人在研究了；黎锦熙设计了自动主义的教学程序；舒新城译介并实践了柏克赫斯特首创的“道尔顿制”；夏丏尊指导学生写“生活小品文”；阮真在三十年代就提出了作文分项评分的标准；而叶圣陶早在苏州角直第五高小任教时就引进了桑代克的“设计教学法”，还指导学生排演《荆轲刺秦王》的课本剧……①

顾先生所列举的这些历史事实都说明，由于语文课程客观存在的历史长期性与广泛性，许多问题在其发展演变中已经有过前人许多成功或不成功的探索，许多做法也已经有过前人多次成功或不成功的实践。同时，也由于语文课程与教学历史源远流长，这些探索与实践在其发展演变进程中必然会逐渐形成许多优良或不良的传统，且这些传统都会不同程度地对后世语文课程与教学实践产生或强烈或微弱的影响。因此，对我国古代、近代语文课程发展历史进程中所形成的众多传统与积淀，顾黄初先生有一个基本观点与态度：“传统，作为历史的产物，它本

---

①顾黄初、闻达：《在“贫瘠”的土地上继续耕耘》，《语文学习》1992 年第 5 期。

身总是一分为二的。一部分因特定时代、特定社会的需要而产生，明显地刻着时代、社会印记；一部分则紧紧地同一个民族的生理、心理特征相联系，同事物发展的客观规律相联系，它的形成具有更深厚的基础。这两个部分相互渗透着、联结着。研究传统，不能不对此做科学的剖析。”[①]显然，他认为在语文课程与教学的悠久历史中，必然存在着“明显地刻着时代、社会印记”（“积淀”与“糟粕”）与“紧紧地同一个民族的生理、心理特征相联系”及“同事物发展的客观规律相联系”（“活流”与“精华”）不同性质的内容。对此，我们必须要以实事求是为原则来辩证分析、科学认识，并采取一分为二的辩证唯物主义态度来正确对待：对前者，应在科学批判基础上彻底抛弃；对后者，应在积极改造基础上有效继承。

顾先生之所以提出必须要以一分为二态度来对待语文课程传统，根本原因简要讲就是：“‘传统’中有好的东西，有不很好的东西，也有很不好的东西。”[②]除此之外，顾先生还认为在语文课程曲折复杂的历史发展演变中，也有着好的传统有时被人们认识不清、继承不好的情况客观存在，需要我们不断提高鉴赏力才能识别出来并加以有效继承。为确切说明这一辩证观点，他曾以语文课程历史中存在过的“程序教学法”为例进行了具体说明：

在先秦，“博学之，审问之，慎思之，明辨之，笃行之”是治学的途径和步骤，这个传统在后世绝大多数的官私学馆里面实际是被废弃了。到本世纪之初，新式学堂兴起，赫尔巴特的“阶段教学法”引进我国，于是在班级课堂讲授中开始出现了分阶段、按一定程序组织教学的革新尝试，那就是黎锦熙提出的“自动主义的形式教段”……到四十年代，叶圣陶、朱自清编著《精读指导举隅》和《略读指导举隅》，他们根据古代学者治学的优良传统，结合现代教育学、心理学的新的研究成果，设计出了“预习、报告与讨论、练习”这样一个分阶段的精读教学过程。这无疑是对专重讲解和记诵的传统方式的否定，也是对先秦以来治学讲究“博学、审问、慎思、明辨、笃行”的传统精神的丰富

①顾黄初：《传统，需要科学的反思》，《语文学习》1986年第9期。

②顾黄初：《“出路”在于改革——致郑天任同志》，《扬州师院学报》（社会科学版）1983年第4期。

和发展。①

在这里,顾先生从古代语文课程“博学之,审问之,慎思之,明辨之,笃行之”的古代“程序教学法”的开创,到汉代之后这一教学法的实际被废弃,再到现代“预习、报告与讨论、练习”的新“程序教学法”出现,雄辩地论证了这一优秀语文课程传统的现代课程价值。

自然,在充分肯定古代语文课程存在大量优秀成功经验的同时,顾先生也对以诵读为主、以教师讲授为主、以学生自悟为主的僵化传统教学方式与方法提出了明确的批判,并提醒我们一定要善于在批判中继承、在继承中批判。只有这样,我们才能对语文课程现实发展中不断出现的一些新探索、新尝试做出科学的或较为科学的判断与评价。顾先生是这样认为的,也是这样努力的。比如,针对20世纪20年代在中小学语文课程与教学领域内,曾一度较为流行的以废弃课堂教学为主要特征的“设计教学法”和“道尔顿制”的历史存在(现象),顾先生就辩证分析、明确指出这种“崭新”教学法在当时的社会与教育条件下“对我国传统的教学模式无疑是巨大的冲击,有省人耳目、发人深省的作用。但这些尝试都像昙花一现,未能在中国真正扎根。这里面固然有传统‘积淀’在起着阻滞作用,另一方面也由于当年试行这类‘崭新’教学法的人们忽视了对于传统‘精华’的摄取”②。这一历史教训就充分说明,语文课程中的一些积极探索与大胆创新如果缺乏对传统“精华”的有效吸纳与积极改造,就会招致失败。因此,为了古为今用、推陈出新,他明确主张:“对于传统的观念和做法,我们还得用历史的眼光去观察,去进行分析,从而看清楚它发展演变的脉络,这样才能弃所当弃,取所当取,避免简单化的偏颇。”③

三、有助于有效吸取语文课程发展中积累的先进经验

顾黄初先生认为全面了解、科学把握与一分为二看待语文课程历史传统的根本目的,是从中吸取精华、抛弃糟粕来促进语文课程的现实发展与不断提高,这就

①顾黄初:《传统,需要科学的反思》,《语文学习》1986年第9期。

②顾黄初:《传统,需要科学的反思》,《语文学习》1986年第9期。

③顾黄初:《传统,需要科学的反思》,《语文学习》1986年第9期。

是古为今用的语文教育历史研究价值观：“人们迫切需要从以往的语文教育发展中了解、寻找、总结可资语文教育改革借鉴的经验与教训。”[①]正是出于这一根本目标，顾先生才将极大精力投入到了对现代语文教育史与现代语文优秀传统经验的艰苦研究之中。在全面洞悉与科学反思我国传统语文课程特别是现代语文课程成败得失的基础上，他曾明确指出：“明明自己的祖先有许多真知灼见，有许多在当时行之有效的教学方法，我们没有认真去研究，去汲取，却把提高教学效率的希望主要寄托在外来经验的引进上。”[②]这就明确说明，在语文课程历史发展中那些已被语文课程实践反复证明了的行之有效的教学方式与方法、理论观点及看法，我们都应该加以积极继承并在新的历史条件下丰富它们、发展它们。比如，在归纳、总结语文课程百年艰难步履之时，顾先生在对“为什么教”这一关乎语文学科性质和目标任务的重大问题进行回顾时，指出在历史上对这一问题的认识中有两点值得我们格外重视，其中之一是20世纪40年代陕甘宁革命根据地制定颁布的《初中国文课程标准草案》：

> 本科教学的全部活动，必须贯彻新民主主义革命的立场、观点、方法，以达到下列具体目标：提高学生对大众语文和新社会一般应用文字的读写能力，掌握其基本规律与主要用途，获得科学的读、写、说的方法，养成良好的读、写、说的习惯——这是本科的基本目的。同时，适当配合各项课程，提高学生的思想认识，增进其他各种知识。

在他看来，《初中国文课程标准草案》之所以在今天还值得我们重视的原因主要在于：在课程指导思想上，它“强调了语文学科教育必须以新民主主义革命的立场、观点、方法为指针”；在具体课程目标上，它突出了要“提高学生对大众语文和新社会一般应用文字的读写能力”，同时也要配合其他课程来“提高学生的思想认识”；在实现途径上，它强调了要学生掌握大众语文和新社会一般应用文字的“基本规律与主要用途”，并使学生所获得的“方法”逐渐成为“习惯”。[③]就是说，《初中国文课程标准草案》既突出了语文课程的工具性特征，又兼顾到了语文

①刘正伟、顾黄初：《关于中国语文教育史研究的对话》，《中学语文教学》2000年第10期。
②顾黄初：《“出路”在于改革——致郑天任同志》，《扬州师院学报》（社会科学版）1983年第4期。
③顾黄初：《语文学科教育的百年步履》，《中学语文教学参考》1998年第1期。

课程的综合性、文化性、思想性等其他特征，并对读、写、说与语文能力、语文方法、语文习惯等的关系都有着科学表述与明确规定，较好地解决了长期困扰语文课程发展的“基本目的”与“一般目的”、语言教育与思想教育以及读写与听说、知识与能力这些重大的认识与实践问题。或者更明确地说，在时隔半个世纪之后顾先生之所以强调《初中国文课程标准草案》值得我们重视，主要就在于这一课程标准较为周妥地表述了“为什么”要设立语文课程这一关乎课程性质、任务与目标的重大理论认识问题。但令人遗憾的是，这一在历史上本已取得明确科学认识的重大课程性质问题却在之后的历次课程改革中因时时受到社会、政治、文化等多重因素影响，在课程标准（大纲）中一时被表述为“阶级斗争的重要工具”、一时又被表述为“最重要的交际工具”、一时又被表述为“工具性与人文性的统一”，使得众多语文教师无所适从、不知所措，进而影响到对学生语文能力的有效训练、影响到语文课程效率的真正提高。

顾黄初先生不但认为在“为什么教”“教什么”这些宏观问题上，历史上已有的宝贵认识成果、成功实践探索都对当代语文课程发展具有重要的借鉴与启迪价值，而且在“怎么教”这一微观层面上前人已有的许多探索与实践也对当代语文课程有着重要的现实启示作用。例如，他在列举了新中国成立前在语文课程中探索实践过的程序教学法、活动教学法、设计教学法、道尔顿制教学法、分团分组教学法等众多教学方法最终都归于失败的情况后，明确分析指出：“能在吸收国外先进的教育思想的同时，继承和发展传统教育中的精华，并结合自身的读写实践经验而创造性地予以设计的，当推叶圣陶先生倡导的‘导儿学步’教学法，或者叫‘引导教学法’。”[①]这是由于在他看来，“导儿学步”教学方法的科学性主要体现在如下方面：

> “导儿学步”教学法，在语文课堂教学结构上体现为纵向结构的改革和横向结构的改革。所谓纵向结构改革，就是把阅读教学的过程处理成学生独立阅读（预习）—师生共同阅读（报告与讨论）—学生在理解基础上再次独立地深入地阅读（练习）的过程，把写作教学的过程处理成构思—起草—修改的全程训练的过程。所谓横向结构改革，就是把阅读课分成精读课（举一）和略读

①顾黄初：《语文学科教育的百年步履》，《中学语文教学参考》1998 年第 2 期。

课(反三),把写作课分成作文课和练笔课。由此推而广之,形成课内学知识、学规律,课外练眼力、练腕力的生动局面。[①]

在这里,他认为“导儿学步”教学法之所以在众多令人目眩甚至有时难以取舍的教学法中脱颖而出,值得我们继续去借鉴、去学习,根本原因还在于这一教学方法符合学生语文能力形成与提高的客观规律,符合语文课程的主要特征,符合学生认知语文的实际规律与提高语文能力的客观需要。以此观点来看待语文课程发展史,我们就可发现在不同历史时期的确都存在着名目繁多、令人目眩的多种理论观点指导下的教学方法。客观看,这些在多种理论观点指导下的教学方法虽说都各有其立论依据与长处,但由于教学方法常与执教者(语文教师)的个性特征、教学风格密切联系且部分方法只能适用于某一群体或特定时段,因此在语文课程实践中就始终存在着教学方法虽多但却始终缺乏具有“普适性”的教学方法的令人困惑的现象。如此看来,顾先生之所以充分肯定、高度评价“导儿学步”教学法,根本原因就在于这一方法具有无可争辩的“普适性”,因而就应得到借鉴学习与发扬光大。此外还需指出的是,在语文课程发展的不同历史时期中,都客观地、不同程度地存在着部分学者、教师“为方法而方法”的不良现象。这种“为方法而方法”的行为,严重影响到语文课程的科学发展,对其我们应有足够的认识。

为确保语文课程史研究的真实性,顾先生在自己的研究中,还十分注重“还原”历史真相——十分注重对历史事实的客观与真实“叙述”。对此,一些颇有建树的语文教育家们有着如此评述:

与那些微言大义的语文教育史研究者的论著相比,顾先生总是先“述”。他研究历史事件,总是先把历史事件的起因、过程、结果原原本本地叙述清楚;研究语文教育家的思想,总是把被研究者的观点全面地列举出来。

顾先生还是一个非常体谅读者的学者。这主要表现在两个方面。一是表现在史料的组织上。他总是把杂乱的史料归并到一个专题之下,按照当代读

①顾黄初:《语文学科教育的百年步履》,《中学语文教学参考》1998年第1期。

者的思维习惯把这些材料串连起来。读顾先生的史论文章没有丝毫劳神费力之感。二是表现在文字上。对当代读者难以理解的一些概念、语句，他总是在括号内加以注释。对那些用晦涩概念表达的教育思想，他总是用当代通行的教育概念加以对照，真正做到了深入浅出，用通俗的语言表达深邃的思想。①

正因如此，他才不远万里去实地考察、才详细周到地搜集资料、才坚持不懈地进行深入研究、才孜孜不倦地比照钻研。这些扎实作风与严谨态度都是研究历史、研究教育历史、研究语文教育历史这些古老传统学科的必然要求。顾黄初先生正是在长期持久的对当代语文教育发展史的系统研究、科学表述中，集中而具体地阐释了自己对语文独立设科之后不同历史时期语文课程的理念转变、课程标准变革、教学方法革新、教学方式嬗变、教学模式更替以及语文课程实验探究、(语文教育领域)专人专书等众多重大理论与实践问题的独到见解与观点，使我们清晰地看到了语文课程复杂多样的过去，同时也从无数前人的孜孜不倦艰难探索的历史足迹中看到了语文课程发展与提高的必然趋向与应然要求。

概括看，从复杂多样的历史发展演变中来全面认识语文课程的真实存在，再从语文课程曲折发展的真实历史存在中加以一分为二的辩证分析，积极吸取可供今天语文课程借鉴的经验，这就是顾先生研究语文教育史、研究传统语文课程的根本动机与基本目标。对此，有学者分析指出："顾先生研究语文教育史，无非也是想从历史中寻求于当今语文教育改革实践有帮助的答案。"②这一结论，十分恰当中肯，恰当概括出了顾黄初先生"古为今用"或"观今宜鉴古"的语文教育历史研究价值观。

①于源溟、周庆元：《试论顾黄初语文教育学术研究风格》，《语文教学通讯》2002 年第 11 期。

②徐林祥、朱敏：《论顾黄初先生的现代语文教育史研究》，《语文教学通讯》2009 年第 6 期。

第二节 对繁杂语文教育史料的发掘与整理

在我国史学界中，历史研究历来都讲求和追求“论从史出，史论结合”，“论”是指观点，“史”则指史料。这一传统说明，要在纷繁复杂的历史研究中真正做到“论从史出，史论结合”，研究者就必须以对历史事实（史料）的全面挖掘、仔细搜集、熟悉掌握、准确理解、系统梳理为基础，再加上自身的真知灼见，才能总结出发展经验，才能做到以史为鉴。同样道理，对现代语文教育史的研究也必须以翔实、客观、全面历史事实的发掘整理为基础，再加上论者的深邃见解，才能真正做到“论从史出，史论结合”，进而实现从语文教育历史发展痕迹中提取出可供今天借鉴吸取的经验与教训。

顾黄初先生作为杰出的现代语文教育史专家，在自己的研究视域内始终认为掌握第一手的语文教育史料是进行语文教育史研究的必要前提与重要基础：如没有对语文教育史料的发掘、收集与整理，现代语文教育史研究就会成为无源之水，无本之木。正是出于这一认识，他在长期的历史研究中十分重视对现代繁杂多样的语文史料的发掘、搜集与整理，并在此基础上实现了对现代语文教育发展史的深入系统研究。对史料特别是那些容易被研究者所忽视的史料在语文教育史研究中的基础性地位与重要作用，顾先生曾在一次访谈中通过对吕叔湘先生的深切回忆做了具体说明：

> 我在90年代初期，曾与上海的李杏保同志合作编过《二十世纪前期中国语文教育论集》，这件事您在前面已经提到过。这部史料集是语言学家吕叔湘先生建议命名的，并亲自题写了书名。特别令人感动的是，吕老在题写“前期”二字时，另外写了个“后”字。他老人家在给我们的信上说：再过10年，你们一定会选编20世纪后期即新中国成立后50年的语文教育论集了，到那时我可能已经不在人世，即使幸而活着，恐怕也未有现在的腕力了，所以特地再写上个“后”字，到那时供你们选用。现在，我和杏保同志已经完成了吕老生前寄予厚望的那部《二十世纪后期中国语文教育论集》，并含泪把

书稿寄到四川教育出版社。出版社领导和责编答应用最高的规格来出版这部史料集，我们编者和四川教育出版社的同志都愿以此成果告慰吕老在天之灵。吕老之所以如此重视这部史料集，就是因为它对研究语文教育的百年历史太重要了！说实在话，这项工程带有“抢救”性质。“抢救”不下来，丢失了，将是无可弥补的损失。[①]

与顾先生高度重视史料价值一样，一代国学大师梁启超先生也曾极为深刻地指出：“史料为史之组织细胞，史料不具或不确，则无史之可言。史料者何？过去人类思想行事所留之痕迹，有证据传留至今日者也。”[②]孜孜不倦追求语文课程领域学术研究的顾黄初先生自觉践行梁启超先生的观点，在现代语文教育史的研究中高度重视史料的基础性作用，并在史料发掘、搜集、整理、阐发中形成了自己的语文教育史料观。归纳总结并具体阐发顾先生的史料观，对当代语文课程研究特别是语文课程与教学的发展史研究具有重要的现实启示意义。

一、以搜罗爬梳的坚韧精神来确保史料的原始性

基于一定数量要求之上的具有历史客观性与真实性的史料，是确保语文教育史研究质量的重要基础与必然要求。而要确保史料的真实性与客观性，就要求研究者有极大的耐心并投入巨大的精力去搜罗爬梳被湮没于历史长河中的众多语文课程的原始资料，并力求从根本上还原语文教育历史的真实面目。

为确保现代语文教育史料的原始性，顾黄初先生在长期研究过程中始终十分注重对现代语文教育各种历史原件的广泛搜集与系统收集。比如，《二十世纪前期中国语文教育论集》就十分鲜明地体现出他最大限度地追求史料原始性的研究特点。因为从时间上看，《二十世纪前期中国语文教育论集》起于1909年而终于1949年，从清末新式学校兴起到新中国建立，基本贯穿了20世纪前50年我国现代语文教育发展之始终。从内容上看，《二十世纪前期中国语文教育论

①刘正伟、顾黄初：《关于中国语文教育史研究的对话》，《中学语文教学》2000年第10期。

②梁启超：《中国历史研究法》，《饮冰室合集·专集》（七三），北京：中华书局，1936年版，第36页。

集》不仅涉及小学和中学、国语和国文的多种理论探索与众多语文教材编写的不同演变情况，也广泛涉及听说读写与语文实验、考试评价等多个领域。“从文献的来源看，全书一共选文 89 篇，除一篇摘自王森然的《中学国文教学概要》外，其他均采自各个时期有影响的报纸杂志。具体情况统计如下：《教育杂志》1 篇，《中华教育界》9 篇，《国文月刊》21 篇，《国文杂志》4 篇，《新教育》《中学生》《学生杂志》各 3 篇，《中等教育》2篇，其他《新青年》《新中国》《教育潮》《晨报》……各1篇，一共涉及 21 种期刊。”此外，在《二十世纪前期中国语文教育论集》中他们“还收集到了一些四十年代大学开设国文课的一些珍贵资料”[①]。显然，仅就《二十世纪前期中国语文教育论集》对语文教育原始资料的收集来看，顾先生与合作者是十分注重以广泛搜罗为基础来确保历史资料的原始性，并以史料的原始性来体现史料的真实性。

为确保语文教育历史资料搜集的原始性，顾先生还十分注重对历史真实面貌的客观叙述与如实还原。就是说，他在现代语文教育史料的搜集与研究时秉承传统史学“不虚美不隐恶”的求实态度，对历史发展长河中的纷繁复杂的语文人物、著述、事件、文献、教材、观点与试验、刊物等众多现象都力求作出既合乎历史真实又合乎现代语文教育价值标准的搜罗与评述。如在谈到语文教学法的历史变革与近代著名语文教育家王森然先生时，他就客观指出：

> 以前我们有一个错觉，一谈到教材教法，好像是近 10 年或者近 40 年来新建立的一门学科。其实，早在半个世纪以前，在我国就有好多部很有理论价值的教学法专著问世。以王森然（1895—1984）为例，他的《中学国文教学概要》就是一部体系完整、内容丰富的专著。这里不便展开介绍，仅以王氏论述教学原则的“四大主张”即可以看到他的见解之深邃：实行“自动的”教学，反对“装罐头式”的教学；实行“经济的”教学，反对“玩赏解闷式”的教学；实行“问题的”教学，反对脱离现实的教学；实行“非战的教学”，反对无视平民疾苦、贵族式的教学。总之，王氏在那个时候就已经把国文教师的责任提高到铸造新一代、创造新生活的高度，确是难能可贵，发人深思。[②]

①刘正伟、宋灏江：《中国现代语文教育史的辛勤开拓者——顾黄初先生现代语文教育史研究述评》，《忻州师范学院学报》2003 年第 6 期。

②顾黄初、闻达：《在“贫瘠”的土地上继续耕耘》，《语文学习》1992 年第 5 期。

这是他对现代语文课程与教学发展史中一些具有积极效应的或说值得今天认真借鉴与学习的优秀经验的搜罗与评述。同时,为了践行“不虚美不隐恶”的历史研究观,顾先生还对现代语文课程与教学发展史中的一些不成功或不甚成功的理论探索与实验研究也做出了应用的爬梳与明确的判断。如在对五四运动前后,顾先生先后在的语文教育中出现过的程序教学法、设计教学法、道尔顿制与分团主义教学法等丰富教育史料进行系统发掘与深入研究的基础上,明确指出,由于这些教学法“都是导源于日本、欧美一些国家的教育理论和教学实践。这些新的教学法,如果不与中国的国情相结合而加以必要的改造,只是简单地照搬套用,效果总不能如理想般的圆满”[①]。顾先生认为语文教育史的这一阶段的教训足以成为今天语文教育改革的殷鉴:从现阶段的新课程改革中由于简单搬用西方自主学习、合作学习的理论而导致的“泛语文非语文”等不良现象看,顾先生的这一见解与评价,无疑既是客观的也是科学的。因为在漫长历史发展长河中的语文课程理论与实践探索中的无数事实都一再证明了外国教育理论、教学实践都必须与我国语文课程的实际相结合才能发挥其应有的积极作用。那些试图在语文课程与教学中原封不动地去照搬照用国外教学模式、教学方法的“拿来主义”,都不可能取得预期的效果。因此,在忠实于语文课程史料原始性的基础上,加上论者的正确判断与科学分析,这是确保语文课程史料真实性的必然要求,也是进行语文教育历史研究的基本要求。

总之,顾黄初先生以不断搜罗爬梳的坚韧精神来广泛搜集数量众多、内容繁杂的语文教育史料,力求还原现代语文发展史的原始面貌,确保了史料的客观真实性,对语文教育发展史研究具有重要的启示意义:原始性是决定语文教育史料真实性的首要因素,确保史料的原始性实际上就是确保语文教育发展历史痕迹的客观真实性。因此在语文教育发展史研究特别是在教学法的现实探究中,那些罔顾历史事实,为理论而理论、为方法而方法的不良研究倾向,就需要我们警惕。如现在有许多人热衷于语文教学方法的推陈出新,但实际上许多所谓创新观点或方法早已是历史的陈迹或已被历史证明了是不太适合我国学生心理实际与汉语言教学实际的。明确讲就是,要真正探究语文教育的客观规律就要以尊重语文教育发展史、尊重汉语言教学的客观规律为前提,那些不顾历史真实存在、不顾语

①顾黄初:《顾黄初语文教育文集》(下),北京:人民教育出版社,2002年版,第601页。

文教育发展中现实情况的研究,对促进语文课程与教学的健康发展不仅无益,有时反而有害。

二、以铢积寸累的艰辛努力来确保史料的真实性

熟知顾黄初先生人生轨迹的人都知道,在 20 世纪 80 年代初期他是从教“现代文选”课程而中途转教“语文教学法”课程的。因此,通过学科对比,他很容易就看到了语文教学法这门学科研究中的一大不足——明显存在着“史的空白”。① 语文教育研究中的这一“空白”与当时语文界对语文课程发展史重要性缺乏必要的认识有密切联系。因此,他认为要弥补这一“空白”,就需要以坚忍不拔的精神与铢积寸累的努力才能“还原”那些珍贵历史资料,进而实现“观古鉴今”的研究目标。就是说,以巨大努力来力求实现对现代语文教育史料的全面发掘、系统掌握,才能对其发展做出正确判断与恰当结论。同时,要试图填补这一空白就需要研究者从全面系统史料的搜集整理这一基础性工作做起。正是基于此认识,顾先生才以耐得住寂寞、忍得住清贫的刻苦自励精神,数十年如一日地坚持不懈地去全面搜寻、深入发掘,系统整理出了现代语文教育发展历史进程中的许多珍贵历史资料,为我们今天研究现代语文教育发展史提供了极为重要的历史线索。

从史料学角度看,原始性是确保史料真实性的重要基础。但在搜集与整理史料时除了要注重对第一手资料的搜集、发掘之外,还必须要重视史料搜集整理的全面性。因为只有这样,才能确保史料搜集、研究时“既见树木也见森林”。也正是在此认识基础上,1953 年毕业于南京大学中文系的顾黄初先生始终牢记南京大学教授、著名蒙古史学家韩儒林先生“板凳要坐十年冷,文章不写半句空”的名言,以极大的热情与非凡的耐力长期坚持对纷繁复杂的现代语文教育发展史料的全面收集与系统整理、深入评述与科学研究工作。因此,在语文教育史料的发掘与历史存在的研究中,顾先生一贯反对那些只重空谈、不重史料的“空对空式”或各取所需的“一鳞半爪式”的研究。为此,他曾描述过一些人不重史料的全面系统搜集却试图进行所谓学术“研究”的不良现象:

①顾黄初:《顾黄初语文教育文集》(下),北京:人民教育出版社,2002 年版,第 1112 页。

> 我想就史料收集问题，谈一点个人的体会。我曾经在语文教学法专业委员会内组织过有关语文教育史研究的课题，不少人感到有兴趣，而且兴致勃勃地报了名，于是分组、分专题。这时有人便说："这个专题我愿意参与研究，但请提供有关史料。"有史料，还需要你来"参与研究"吗？收集并整理史料，是研究任何学科历史发展的基础工作。你研究历史，都要别人"提供史料"，天下哪有这种"轻松的事"？可是收集史料确实不容易。尤其是语文教育史，史料丰富而研究基础薄弱，非下苦工夫不可。①

正是在充分认识到语文教育"史料丰富而研究基础薄弱，非下苦工夫不可"的基础上，顾先生才以极大的治学热情投入了巨大的辛勤劳动，数十年如一日地坚持对语文教育史料进行全面搜集、系统整理与深入研究，力求还原语文教育历史的真实面目。对他在全面收集、深入发掘真实现代语文教育史料时的艰苦努力，熟知顾先生治学经历的人曾真切叙述说：

> 1988 夏，顾先生偕夫人（指扬州大学教授周梅珍女士，笔者注）同车上北京，一心想让从未到过首都的夫人充分领略一番古都风光。谁知道，才下火车，夫妻双双就一头扎进了北京图书馆。周先生协助顾先生翻阅了二三十年代的各种教育期刊，不顾暑气蒸人，为顾先生手抄了数万字的资料、笔记。这些从北京、上海等地搜集、抄录得来的大量资料如今都整整齐齐地放在顾先生书房的书架上。由是我想，在顾先生行走其间的铺满鲜花的道路上，这大约是人世间最美丽、也最弥足珍贵的一朵吧。②

正是有了"板凳要坐十年冷，文章不写半句空"的刻苦努力，才有了顾先生对现代语文教育发展史料的全面搜集与具体研究的辉煌学术成果：从 1981 年发表第一篇现代语文教育史论文《试论叶圣陶的语文教学思想》到 2001 年的 20 年之内，他先后撰写或主编了《现代语文教育史札记》（南京出版社，1991 年）、《叶圣陶语文教育思想讲话》（开明书店，1994 年）、《中国现代语文教育史》（合著，四川教育出版社，1997 年）、《二十世纪前期中国语文教育论集》（合编，四川教育出版社，1991 年）、《二十世纪后期中国语文教育论集》（合编，四川教育出版社，2009

①刘正伟、顾黄初：《关于中国语文教育史研究的对话》，《中学语文教学》2000 年第 10 期。

②朱亮：《心系那一方沃土——访顾黄初教授》，《语文教学通讯》1991 年第 10 期。

年)、《中国现代语文教育百年事典》(主编,上海教育出版社,2001 年)7 部著作;同时,他还先后发表了《叶圣陶的教育理论及其形成和发展》《语文学科教育的百年步履》等近 20 篇在现代语文教育发展史领域具有重要影响的学术论文,为我国现代语文教育史研究做出了积极贡献。对顾先生力求语文课程史料搜集整理的全面性等重大学术贡献,有研究者认为:“他在中国现代语文教育史领域内的‘导乎先路’,不懈耕耘,不仅开拓了这一领域研究的内容和范围,构建了现代语文教育史的体系,提升了语文教育理论研究的学术品质,而且倾注大量心血,发掘和整理了 20 世纪中国语文教育发展的史料,为中国现代语文教育史的学科建设及理论研究奠定了坚实的基础。”①这一评价客观说明,正是有了顾先生对现代语文教育史料的全面发掘、系统整理及深入研究,才有了“为中国现代语文教育史的学科建设及理论研究奠定了坚实的基础”的丰富多彩的现代语文教育史料收集整理这一基础性工程的完成。

以铢积寸累的不懈努力来确保史料的真实性与科学性,进而确保研究的真实性与科学性,是顾先生留给我们的一笔语文教育研究的宝贵遗产。因为现阶段学术不端行为虽有着种种不同表现,但有一个共同点就是“造假”。而“造假”的最常见表现或最基本手段就是编造数据、捏造资料、篡改史料,罔顾历史与现实的真实存在。因此,在相关部门治理力度与媒体“曝光”“揭底”频度空前加大但学术界“造假”“剽窃”之风却未有根本好转的情况下,加大对学术研究资料真实性、历史性的查证与核实,可能是有效治理学术不端行为的一个重要方法与有效途径。

三、以纵横结合的科学方法来确保史料的全面性

要提高语文教育历史研究的信度与效度,既要确保史料发掘、整理的原始性与真实性,还要确保史料搜集、研究时的全面性。因为只有做到史料的全面客观、系统周详,才能使后人能够鸟瞰一个历史时期、一个历史阶段内的语文教育改革与发展的全貌,也才能确保语文教育历史研究的客观性与真实性。或者说,对

①刘正伟、宋灏江:《中国现代语文教育史的辛勤开拓者——顾黄初先生现代语文教育史研究述评》,《忻州师范学院学报》2003 年第 6 期。

于现代语文教育历史研究而言，史料的全面性在很大程度上就决定着史料的真实性与说服力，进而决定着在这一研究领域内史料的史学价值与对语文课程建设的现实意义。对此，顾黄初先生曾深有体会地说：

> 进入语文教学法研究队伍，我敏锐地发现该学科的理论和实践中有广阔的研究空间，特别是语文教育史的研究几乎还是一块待开垦的处女地，所以我在众多的研究课题中，首先选择语文教育史作为目标，并且因为近百年来语文教育的发展呈现出新的质态，与当前的语文教育改革更为切近，因而又把近现代语文教育史的研究作为切入口。实践证明，“史”的研究是纵向的，但在“史”的时间线索中必定要扩展到与语文学科有关的各个环节和领域，于是在横向上大大拓宽了研究空间。①

这段话具体反映出为确保史料搜集整理的全面性，顾先生自己是努力从“纵”与“横”两方面来做的。所谓“纵”，就是研究者要注重从语文教育历史发展史料的“纵向”搜集与整理做起，亦即要从注重史料搜集与整理的相对历史完整性做起。我们知道，顾先生在现代语文教育发展史的长期研究中十分注重这一领域内历史资料发掘与收集的纵向完整性，力图从其历史发展的滚滚长河中截取那些最能反映语文教育变革的时代风貌、理论观点、艰难探索、曲折发展的宏大历史画卷，力图具体还原与真实反映语文教育历史存在的真实性。比如，他在对叶圣陶先生的研究中，就不是同一些学者那样进行寻章摘句的“横断面式”研究或只取其所需的“截取式”研究，而是十分注重从叶老漫漫 70 年的语文教育实践足迹与理论探索中，准确归纳、深刻论述了叶圣陶语文教育思想发展与演变的历史轨迹以及对语文教育的突出贡献。为此，他把叶圣陶先生 70 年的语文教育理论与实践探索分为三个历史阶段加以详细考察——早期的教学实践阶段、中期的编辑著述阶段和后期的组织指导语文教育阶段。②这一概括现在看起来好似毫不费力，但实际上如没有对叶圣陶先生一生语文教育理论与实践领域史料的全面搜集与准确掌握，要做出这一恰当概括却是不可能的。再如在《现代语文教育史札

①顾黄初：《人生的感悟》，《中学语文教学》2008 年第 1 期。

②参见顾黄初：《叶圣陶语文教育活动七十年》，《扬州师院学报》（社会科学版）1982 年第 12 期。

记》中,从清末废除科举、学办新学时的语文课程与教学变革到五四运动新思潮白话文的兴起,再到20世纪30年代、40年代的语文课程理论、教材编制、教法革新、教育实验,他对这众多史料都有着系统的搜集、全面的整理与准确的评述,确保了语文课程史料在纵向(时间维度)上的系统完整性。

所谓“横”,就是研究者要在空间范围内尽可能地收集、整理语文教育领域内的一切重要史料。如前所述,除注重从纵向系统去搜集资料以确保史料的全面性之外,顾先生还十分注意从横向上搜集各类语文教育资料来确保史料的全面性。具体讲就是,他在立足于纵向史料的搜集时,也善于通过对语文教育各方面历史资料的横向发掘来确保史料的全面性。如在《现代语文教育史札记》中,他就既有对梁启超、刘半农、胡适、王森然、夏丏尊、黎锦熙等众多现代著名语文教育人物的语文教育思想的整理与阐述,也有对不同时期语文课程标准制定、教科书编写等众多史料的陈述与评价,还有对阮真阅读心理实验、于在春“集体习作”等实验的介绍与评述,更有对当时影响较大的“设计教学法”“程序教学法”“道尔顿制”等语文改革的叙述与点评。可以说,顾先生立足于纵向基础上的现代语文教育“专人”、“专书”、“专题”、“专法”(教法革新)、“专志”(教育刊物与语文杂志)等多领域的横向研究,极大地拓宽了语文史料搜集的空间范围,而史料空间范围的拓宽又确保了史料搜集发掘的全面性与真实性。

在语文课程史料收集整理时注重从纵、横两方面来确保其历史完整性,体现出顾先生尊重历史、客观公允的良好学术态度,这与时下一些专家学者因急功近利而罔顾历史事实、任意截取部分史料来匆忙武断“立论”的研究态度与行为形成了鲜明对比。也正是有了全面系统的史料观,顾黄初先生在对叶圣陶语文教育思想史料的全面系统搜集与整理中实现了“从叶圣陶语文教育理论的形成和发展、叶圣陶与汉语文教材与课程建设等方面进一步开掘叶圣陶的个案研究,最终形成了他的叶圣陶研究专著《叶圣陶语文教育思想讲话》”[1]这一在语文教育领域具有重要影响力的学术成果。

①刘正伟、宋灏江:《中国现代语文教育史的辛勤开拓者——顾黄初先生现代语文教育史研究述评》,《忻州师范学院学报》2003年第6期。

四、以多重视域的宽广眼界来确保史料的客观性

历史学基本原理告诉我们，无论是对史料的发掘与研究还是对历史事实的分析与评述,其重要价值都在于要能客观真实地反映出历史存在的真相。就语文教育史料的发掘与研究而言，反映历史真相的实质就是要求要确保语文教育史料的客观真实性。为实现语文教育史料发掘研究时的客观性,顾黄初先生坚持以实事求是为原则、以宽广视域为依托，在确保史料的客观真实性上做出了不懈努力。一是顾先生在史料发掘中始终以既突出重点又兼顾一般的方法来确保其客观真实性。就是说,顾先生在现代语文教育史料的发掘与整理过程中既注意对重大语文教育事件、重要语文人物、代表性理论观点、重大语文实践探索等的爬梳与评价，也恰到好处地关注了一些不为常人所注意的不那么著名的人物与不十分重大的语文事件。比如,在《现代语文教育史札记》中,他不仅十分关注那些较长时间直接从事教育、语文教育活动且富有建树的教育家,如蔡元培、胡适、梁启超、陈鹤琴、陈望道、黎锦熙、叶圣陶、吕叔湘、张志公等,而且对那些在现代语文教育变革进程中有着重要影响但因为多种原因而鲜为人知的‘陌生者”(如艾伟、阮真、王森然、于在春、常任侠、蒋伯潜等人)也给予了足够重视并具体发掘了他们珍贵语文教育思想与实践探索,甚至还用了较多笔墨介绍、评述了当时一批中小学语文教师对语文教育变革的积极贡献。这一努力方向,就使他的语文史料发掘研究具有很高的客观性和较强说服力。二是顾先生十分注重并善于从不同视角去发现、收集、研究多样语文教育史料来确保其客观真实性。比如,在《现代语文教育史札记》这部著述中,他分别从课程制度层面(主要对 20 世纪 20—30 年代语文课程标准编制的变迁)、教材层面(主要是对近代转型时期语文教材的实际编写)、教学方法层面(诸如对近现代美国程序教学法、设计教学法、道尔顿制引进后的基本情况介绍与当代反思)、学科教育学层面(对语文教育中一些重大问题的争辩、讨论与认识)多角度、宽视野地收集与研究史料,实现了对 20 世纪前半叶语文教育与教学理论与实践探索轨迹的全面详细勾勒。对此,学者们认为:“凡此,均为前人所未涉,或者涉之不深,由于他的辛勤耕耘而使现代语文教育史的壮丽画卷徐徐展开在世人面前,并不断吸引后来者继续探索。”[①]再如

---

①刘正伟、宋灏江:《中国现代语文教育史的辛勤开拓者——顾黄初先生现代语文教育史研究述评》,《忻州师范学院学报》2003 年第 6 期。

从《中国现代语文百年事典》一书的内容涵盖面来看，就既有对百年来语文课程标准编制、重要语文教育刊物创办、重大语文课程问题争鸣、重要语文教育文章发表的叙述与评价，也有对一些具体而微的语文教育教学改革探索的介绍。在1936年的语文教育大事典中，就有顾先生对阮真《中学语文教学法》、广西回民中学国文教学改革、袁哲《国语读法教学原论》、江上青《写作与阅读》杂志创刊[①]等众多情况的介绍与评价。以上这些都体现出顾先生具有善于多视角、多途径来发掘语文教育史料的宽广眼界，同时也更为真实全面反映出现代语文教育发展变革的真实历史存在。三是顾先生能以一分为二的科学态度与方法来正确评价现代语文教育发展中的人和事。在顾黄初先生看来，一些在当时具有重要影响的语文教育家的理论观点与实践探索都有其出现的历史条件，也都有其科学与先进的一面。但同时无论他们多么高明也不可能是完美无缺的圣人，他们的思想与言论、主张自然也不都是毫无瑕疵的十全十美的“经典”，有时有正确的思想也难免出现错误的结论。例如在《五四时期程序教学的勃起》一文中，顾先生在全面系统地梳理了刘大白、夏丏尊、陈启天、沈仲九与浙江一师众多同仁，叶圣陶与朱自清、黎锦熙等众多著名语文教育家对自动主义程序教学法的艰难理论求索与长期实践探究后，十分明确地评价指出：“至此，五四时期关于语文教学程序的研究算是渐趋充分和完备。但是，从总体上说，语文教学的程序问题，理论研究的成果似乎大于实践的成果……如果程序设计得过细过繁，又不注意因文制宜、因人制宜，就容易成为一种束缚，一种僵化的模式。”同时，他在对史料加以客观比较、全面分析的基础上还指出，就当时众多人士所提出的各种理论主张而言，“陈启天的‘因文而异’的程序设计，在指导思想上是比较高明的”[②]。今天看来，他对五四运动时期基于自动主义的程序教学法实际成效的评述既是符合历史客观存在的，也是符合语文教育本质特征的。因为在程序教学中无论是“四阶段教学法”“五阶段教学法”，还是一些更为复杂程序的教学法，如教师把握不好就都不可避免地会出现为程序而程序的问题。具体说，如同语文教育中的其他问题一样，教学方法也是十分复杂的，如简单强调一点不顾其他，就必然会产生负面作用。对此课程现象，叶圣陶先生在对古代与现代语文教学法对比时也曾明确指出：“从前人读书，多数不注重内容与理法的讨究，单在吟诵上用功，这自然不是好办法。

①顾黄初：《中国现代语文百年事典》，上海：上海教育出版社，2001年版，第229—236页。

②顾黄初：《顾黄初语文教育文集》（下），北京：人民教育出版社，2002年版，第582—583页。

现在国文教学，在内容与理法的讨究上比从前注重多了；可是学生吟诵的工夫太少，多数只是看看而已。这又是偏向了一面，丢开了一面。唯有不忽略讨究，也不忽略吟诵，那才全而不偏。”①同样道理，正由于程序教学法只是强调了“统一”而忽略了“灵活”，做不到因人而异、因文而异，自然就难以充分发挥其积极作用。顾先生对五四运动时期程序教学法历史事实的客观陈述与分析，告诉我们对任何语文教育现象如不加分析地简单肯定或否定，都难以得出客观的结论。

顾先生以一分为二的科学态度与方法来看待语文教育进程中的历史人物、历史事件、历史作品，对我们进行语文教育研究具有重要的现实启示作用。因为在当前一些学者的语文教育研究论述中，不时会出现认为一些著名语文历史人物的思想观点一切皆对或一切皆错的绝对化倾向。例如，近年来在语文课程性质的讨论研究中，就有不少人全然否定叶圣陶、张志公先生提出的“工具性”观点，这实际上与没有辩证、客观看待语文历史人物有着密切的关系。再如，在对待目前较为兴盛的“导学教学法”时，一些学者也全然否定了教师在语文课程与教学中的组织、引导职责，片面强调学生的“学”而有意无意地忽略了教师的“教”，这实际上也违背了唯物辩证法的基本精神。

研究者只有以仔细搜罗爬梳的坚忍精神持续不断去搜集发掘，才能确保史料的原始性；只有以铢积寸累的艰辛努力长期坚持，才能还原历史的真实性；只有以系统周详的科学方法，才能求得史料的全面性；只有以宽广的学术视域，才能确保史料的客观性。这就是顾先生的语文教育史料观，也是研究语文教育史的行为准则。需着重指出的是，尽管在现代语文史料的发掘、搜集与整理、研究中，顾先生付出了艰苦努力与很多心血，取得了令我们所敬佩的学术成果，但在晚年对这一艰辛工作进行回顾时，他不无遗憾地指出：

> 害怕以偏概全；看到了一些资料，就以为找到了立论的依据。我尽可能多而全地搜寻资料，却永远无法真正了解近现代广大教师的丰富多彩的教育实践。教育论文记录的仅仅是论文撰写者的实践和思考，难免带有局限性，而在学术空气相当活跃的二三十年代，有许多教师孜孜不倦地从事于各自

①叶圣陶：《叶圣陶语文教育论集》（上），北京：教育科学出版社，1980年版，第13页。

的改革与尝试。对他们的探索，由于没有第一手资料，就难以更全面更客观地进行评述了。[①]

这是顾先生对自己进行语文史料发掘、搜集时的如实叙述与客观评价，也是他在语文教育史料收集、整理、研究时秉承的基本态度。这一如实叙述与基本态度对语文教育研究特别是语文教育史的研究具有重要的现实启示意义：语文作为一门具有悠久历史的基础课程，必须要重视对其历史发展进程的系统研究才有可能为未来找出正确的前进方向。而在对语文教育进程进行系统历史研究时，又必须以全面系统、真实客观的史料收集、整理与研究为必要基础和重要前提，才有可能得出合乎语文教育发展规律的正确结论。

①顾黄初：《语文教育论稿》，北京：人民教育出版社，1995年版，第618页。

第三节 现代语文教育史的基本范畴

顾黄初先生在《语文教学发展的历史轨迹》《我国现代语文教育发展的历史轨迹》《语文学科教育的百年步履》等几篇具有"姊妹篇"性质的文章中，不仅具体勾勒出了现代语文教育曲折艰难发展的历史轨迹，而且科学概括出了自语文独立设科后一直影响其发展的几对重要而基本的关系范畴。这些关系范畴从深层次反映出语文教育的根本性质、基本目标、主要任务、主要内容与方式方法等要素变化发展的历史特征，并初步实现了他积极构建现代语文教育史学科体系的主要构想："一门学科的萌生、发展直至成熟，总有一个过程。一般地说，其成熟的标志主要有三：一是逐步形成了属于自身的特有的概念体系和理论框架；二是为社会提供了一批有学术影响的理论成果；三是对本学科的历史发展有较为全面的开拓，并能从历史的观照中洞察本学科未来发展的方向。"[①]其中"文"与"言"的分合、"文"与"道"的分合、"文"与"知"的分合、"教"与"学"的分合、"教"与"研"的分合这五种基本关系范畴，就属于现代语文教育史"自身的特有的概念体系"。

一、"文"与"言"的分合

在我国现代语文教育发展史上，对文言文(文)与白话文(言)、书面语(文)与口语(言)相互之间关系的理论认识与实践处理一直是既相互对立又相互统一的重要课程范畴，并直接影响到人们对"为什么要教语文"这一涉及课程名称、课程性质等重大问题的分析与认识。顾黄初先生正是通过对不同历史时期的众多学者及教育管理部门在课程标准(教学大纲)中对"文"和"言"的理论认识与实践探索来研究现代语文教育发展演变的。

对"文""言"相互关系的认识、处理之所以成为语文课程内的一个重要历史概念范畴，主要是由于这一范畴始终与现代语文课程的历史存在与现实发展有

①刘正伟、顾黄初：《关于中国语文教育史研究的对话》，《中学语文教学》2000年第10期。

着极为密切的关系，并在深层次上影响到语文课程的发展。我们知道，由于社会、文化与教育、考试选拔等多种复杂因素相互交织的影响，我国在漫长的古代社会中始终存在着既有紧密联系又有显著区别的两种不同的语言表达形式，并逐步形成了“一文两语”的奇特现象：一是在先秦口语基础上形成的、经后世不断加工“固化”而定型的、以典雅精炼为主要特征的汉语书面表达语，也就是文言文；一是主要在人们日常生活交际时使用的以浅易通俗为基本特征的口语，也就是白话文。在“学在官府”的古代教育政策与以文言文为书面表达形式的“科举取士”制度的强力推动下，古代语文课程阅读、写作的工具(语言)都指向于文言文。同时，从客观上看，文言文也确有言简意丰、准确精练、表现力强等特点。尽管文言文的确具有独特优势，但因这一书面语言与人们日常使用的实际交际语言有着较大差别，这就使得语文课程与教学脱离了语言运用的实际，并造成“一文两语”现象，使学生课业负担加重。就是说，以文言文作为学生学习与使用语言的基本对象与主要课程内容，使得语文课程缺乏对与实际社会生活相联系的口头语言的系统全面训练。古代语文课程的最大弊端，实际就是张志公先生所批评的：(古代)“语文教学只管书面上的训练——识字，写字，读书，做文章，完全抛弃了口头上的训练——听话的能力和说话的能力。”[①]这一只重“目治”而忽略“口治”的语文课程传统，其弊端是明显的，其危害也是巨大的。具体说，文言文这一长期存在但又与人们实际使用的日常语言有着显著差距的“半死”的书面语言，在语文独立设科后，自然就面临着如何认识、如何抉择、如何处理的问题。于是，在语文课程研究领域就自然出现了对“文”与“言”这对关系范畴的理论认识与实践探究，并随之成了影响现代语文发展提高的重大现实问题。顾黄初先生正是以对这一关系范畴的分析与研究来揭示现代语文教育发展的：“因为语文学科归根到底是学习语言、学习语言运用规律的学科。那么它所要学习的，究竟是什么样的语言呢？是学习古代通行的‘死语’呢，还是学习‘通行于今人喉舌’的‘活语’呢？这是首先要解决的问题。”[②]

正由于现代语文课程首先要解决教授与学习“言”(文言文)还是教授与学习“文”(白话文)的问题，因此五四运动时期就围绕这一关系范畴展开了长时间的

①张志公：《张志公文集》(三)，广州：广东教育出版社，1991年版，第9—10页。

②顾黄初：《语文教育论稿》，北京：人民教育出版社，1995年版，第215页。

激烈争辩:反对废除教授文言文的林纾等人认为“古文万无灭亡之理”,因为在他们看来如没有了对文言文的学习与传递,就没有了对传统文化的学习与传递。而没有了对传统文化的学习与传递,语文课程也就失去了存在的根基。相反,主张用白话文代替文言文的如蔡元培、胡适等人则认为“文言乃半死之文字”,是束缚学生自由表达思想与情感的桎梏。在新文化运动与现代教育思潮的强力推动之下,这一激烈争辩最终得到了基本解决,这就是教育部在1920年明令决定要改“国文”为“国语”。自此之后,“‘文’和‘言’长期分离的局面终于被时代潮流所冲破,二者在语文教学领域同时并存,汇为合流”①。在此,还需说明的是,顾先生所说“言”“文”并存、合流目标在20世纪20年代得到了初步实现,但并不意味着这一问题就得到了彻底解决,因为对这一重要范畴在之后的不同历史时期还继续有着争议。如在1942年,罗根泽在参加了高等文官考试国文试卷评阅工作后,就对高校毕业生国文程度之低下、写作能力之拙劣现象深感震惊,于是随之就写了《抢救国文》一文并提出了“抢救办法”——加强文言文教学。②罗根泽的文章发表后引起了广泛社会反响并再次引起了对文言文与白话文教学的热烈讨论,如叶圣陶先生在当时就明确提出了语文课程要注重培养中学生的文言阅读能力。再如在1984—1985年,《中学语文教学》杂志又集中讨论了文言文教学问题,其中有人明确反对教文言文,有人却呼吁加强文言文教学,有人则主张适度教授文言文。到21世纪,对这一课程基本范畴的认识是否取得了共识呢?回答也是否定的,因为众多学者对此依然是见仁见智,如童庆炳先生不但提出要加强文言文教学,而且主张初中语文课程应以文言文为主。③除以上的简单列举外,我们就可看出不同时期的不同学者对这一关系范畴实际上都有着不同见解与主张,且这些见解与主张都或直接或间接地影响到语文课程内容的选择与教材的实际编纂。因此,从语文教育的历史发展看,对“言”与“文”这对重要关系范畴的认识、处理在现代语文课程开端之际就一直成为一个关涉课程内容如何取舍的重大问题。对此重大语文课程的历史变迁情况,顾先生还在《胡适与语文教育革新运动》《刘半农的语文教学革新尝试》等文章中做了详细评述,使我们看到了语文课程的历史真相与发展必然。

---

①顾黄初:《语文教育论稿》,北京:人民教育出版社,1995年版,第216页。

②罗根泽:《抢救国文》,《国文杂志》1942年第2卷第1期。

③童庆炳:《中学语文教学的目标定位》,《语文教学之友》2003年第5期。

在分析了“文”与“言”关系范畴对现代语文教育对象、教育内容具有重要影响的基础上,我们还要看到在白话文取代了文言文书面语言地位并实现了“言文一致”后,由于历史文化的传承性和文言文对汉语的巨大深远影响,使中学生具有阅读浅显文言文的能力也随之成为现代语文课程的重要目标之一。这一课程目标随之又导致了在语文课程中文言文与白话文地位如何看待、比例如何确定以及在语文教材中“文”与“言”怎样组合等众多问题,这就是顾先生指出的:

> 文言文和白话文同时并授,带来了一个新的问题,那就是二者的比例如何确定、教材如何组合的问题。这是另一种意义的“文”“言”分合问题。在二者的教材内容安排上,当时大致有三种不同的主张:一种主张是,初中阶段全教白话文,高中阶段全教文言文;一种主张是,初中文言、白话兼教,但按一定的比例,初一主要教白话文,随着年级递升,文言文的比重逐步加大,高中则仍然全教文言文;另一种则主张,无论初中还是高中都应该文言、白话兼教。于是,在教科书的编制上,出现了文、白混编和文、白分编的两种不同的类型。文、白混编,就是在一册课本中,既选文言文,也选白话文,采用所谓“雨夹雪”的编排方法。文、白分编,就是同时编两种课本,一种专选文言文,一种专选白话文。这样,在教材处理上,“文”和“言”是分呢,是合呢?还是分中有合,合中又分呢?又成了人们长期探讨的一个课题。①

在确立了以白话文为主要课程内容与兼学文言文的情况下,就会出现二者的比例确定与次序编排问题,这是“文”与“言”分合的另一种形式。对此的处理,在语文教育领域内历来有着两种不同主张与实践探求:一种是文言文与白话文各自单独编写课本,力求使它们相互区别开来;一种是在同一册语文课本内实行文言文与白话文混编,即一册语文课本里既有白话文也有文言文并力求使之相互联系起来。在一册语文课本里既有白话文又有文言文的教材编写中,又有着两种情况:一是以主题来组织单元而使文白混编在一起,也就是一单元内既有白话文也有文言文;一是以语言形式为标准,使白话文、文言文分别组成单元。从百余年来中学语文教材编写实践看,以文言文与白话文在一册课本内混编与白话文、文言文各自单独组元的情况最为常见。对白话文与文言文的不同编写方式与利弊,学者们

①顾黄初:《语文教育论稿》,北京:人民教育出版社,1995年版,第216—217页。

有着各自的见解与实践，但都缺乏足够说服力。这实际上就既反映出语文课程的复杂性，也反映出恰当处理白话文与文言文相互关系的艰巨性。比如，在新课程理念背景下所编写的高中语文新教材（有人教版、人民版、语文版、苏教版、粤教版、鲁人版、沪教版等）中，一些教材是不分白话与文言而以主题来组元的，一些教材则是以白话文、文言文为主要标准来单独组元的。[①]高中语文教材对白话、文言编排方式的不同，从本质上反映出编写者对“文”与“言”关系范畴的不同认识与处理。

从以上顾黄初先生梳理出的关于“文”与“言”相互关系处理的历史情况，我们就可看出对这一重要关系的理论认识与实践处理，的确是始终影响语文课程发展的一对重要关系范畴。百余年来的语文课程，正是在对这一对立统一关系问题的认识、分析中前行着。

二、“文”与“道”的分合

“文”（主要指作品呈现出的语言形式）与“道”（主要指作品表达的思想内容）这一极为重要的关系范畴，百余年来一直伴随着语文课程艰难前行，被众多专家学者不断争议、长期争辩乃至时而相互攻讦、彼此责难，但在认识与实践上却一直没有得到很好解决。

在《我国现代语文教育发展的历史轨迹》等文中，顾黄初先生以扼要的笔触为我们清晰勾勒出了新中国成立前语文课程领域内“文”与“道”分合的历史基本轨迹：在语文独立设科之初，由于以独立设置的“修身”“读经讲经”等课程来负责传递思想观念，而以独立设置的“词章”“中国文字”（小学）与“中国文学”（中学）等来培养学生的语文技能，“文”与“道”是相对分离的。在民国初年，“读经”等课程被明令取消并在语文课程目标上强调国文教学要重在“启发智德”，“文”与“道”趋于统合。在五四运动前后，因思想文化界革新派与企图挽回封建道统颓

①童志斌：《关于普通高中语文教材中文言课文编排与教学的思考——7种版本高中语文新课标必修教材比较》，《教育理论与实践》2009年第6期。

势的遗老遗少之间的激烈交锋,使得双方都割裂了“文”和“道”的辩证关系,以致把“道”强调到了不适当位置,“文”与“道”再次趋于分离。在20世纪三四十年代,叶圣陶、朱自清先生等致力于对这一问题的“纠偏”,“文”与“道”又趋于统合。[①]这是顾先生对新中国成立前“文”与“道”分合历史轨迹的描述,从中我们可看出对这一关系范畴的正确认识、恰当处理具有相当的复杂性与艰巨性,同时还可看出这一关系范畴对语文课程实践有着极为重要的影响。那么,新中国成立后我们是否对这一对立统一的关系范畴有了科学认识与正确解决呢?回答是否定的,因为新中国成立后语文课程在“文”与“道”关系的认识与处理上也呈现出明显的分合现象,有时对它们之间关系的争辩的激烈程度甚至超过新中国成立前。

沿着顾先生对新中国成立前“文”与“道”历史轨迹陈述的思路,笔者也对新中国成立后“文”与“道”发展轨迹做一番扼要陈述:新中国成立初期,在破除旧教育制度、建立教育新制度之际,对“文”与“道”相互关系的认识中,语文领域虽不时强调“道”的重要性,但也没有全然否定“文”的历史使命。但在“教育大革命”中,不仅汉语、文学分科试验教学被停止,且在教材中选入了大量毛泽东著作与歌颂“大跃进”“人民公社”“总路线”的“时文”作品,使得语文课程的政治思想性(“道”)得到了极大突出,使“文”与“道”趋于分离。在20世纪60年代初期,“文”与“道”分离现象引起了一场语文课程(教学)性质大讨论。这一讨论的基本结论就是1961年12月3日《文汇报》刊登的《试论语文教学的目的任务》中提出的:“语文,归根结底是一种工具,是阶级斗争的工具,是生产斗争的工具,是交流思想感情的工具,是传播知识的工具,是学习马克思列宁主义和攀登文化科学高峰的工具,一句话,是人们用以认识世界和改造世界的一个重要工具。”[②]这篇社论虽有着明显的时代政治痕迹,但充分肯定了“语文是工具”并明确了语文教学的根本目的与主要任务,并在强调“文”时也兼顾到了“道”,“文”与“道”在分离中又趋于统合。到“文革”时期,由于语文完全被视为“阶级斗争的工具”,语文课程随之就被改造成为了“政文课”或“革命文艺课”,使得“文”与“道”再次趋于分离。在改革开放后,“文”与“道”相统一的观点便成为语文课程发展的主流,

①顾黄初:《语文教育论稿》,北京:人民教育出版社,1995年版,第218—219页。

②《试论语文教学的目的任务》,顾黄初、李杏保:《二十世纪后期中国语文教育论集》,成都:四川教育出版社,2000年版,第236页。

但在不同历史阶段依然不同程度地存在着偏重于“道”与偏重于“文”的激烈或不甚激烈的争辩乃至相互攻讦。如近年来在对“文”与“道”关系的讨论中，有人就明确提出语文不是语言文字的技术训练，而是一种“人”的教育，学语文就是学做人：“语文教学是一门社会科学，人文精神是它的基本属性。”[①]自然在讨论、争辩中，也有人针锋相对地提出：“语文课程的基本功能是教育学生学会运用语文工具。”[②]

用不着过多叙述与繁琐阐释，从顾先生对新中国成立前与笔者对新中国成立后“文”与“道”这一关系范畴不断争辩的历史存在中，我们就可看出这一重要关系范畴历来都是语文课程领域最令人感兴趣、最易引起争议乃至相互攻讦的重要话题。同时我们还要看到，虽然人们对此重大问题论争了百余年，但目前分歧仍然明显存在并难以求得统一：以“文”为主的“工具论者”与以“道”为主的“人文论者”都各持其据，各有其理；同时，或重“文”或偏“道”的“思想性”“言语能力性”“技能性”“言语性”“综合性” 等多种观点不断出现且可能还会继续出现。在语文新课程标准中提出“工具性和人文性统一”这一观点后，这一激烈争辩还在继续。就是说，“文”与“道”相互“统一说”这一看似定论实际却非定论的观点，未能遏制人们探讨这一问题的热情。

那么，顾黄初先生是如何看待与评价“文”与“道”关系范畴的问题呢？他在陈述新中国成立前对“文”与“道”关系的认识中曾特意提到了陈启天与朱自清各自关于这一问题的重要论述：

> 1920 年，陈启天在《中学的国文问题》一文中，就已经提出语文教学应有“正”和“副”两方面的目的。“正目的”是：①要能说普通言语；②要能看现代应用文和略解粗浅美术文；③要能做现代应用文。“副目的”是：①要启发思想，锻炼心力；②要了解和应付人生和自然。他用正、副目的的概念正确概括了他对语文教学中“文”“道”关系的理解。在 1925 年，朱自清发表《中等学校国文教学的几个问题》，反对将“人的教育”的全副重担都放到国文教师的两

①韩军：《限制科学主义，弘扬人文精神——关于中国现代语文教学的思考》，《语文学习》1993 年第 1 期。

②苏立康：《语文课程的稳定与变革》，《中国教育学刊》2008 年第 6 期。

> 肩上,他提出了语文学科的双重目的:(1)养成读书、思想和表现的习惯或能力;(2)发展思想,涵育情感。他明确指出:“这两个目的之中,后者是与他科相共的,前者才是国文科所特有的;而在分科的原则上说,前者是主要的;换句话说,我们在实施时,这两个目的是不应分离的,且不应分轻重的,但在理论上,我们须认前者为主要的。”在这里,朱氏第一次从理论上正确阐明了语文学科中“文”和“道”的不可分离性以及它们的主次关系。这样一种观点,后来逐渐被多数人所接受,从而推动了30年代语文教学的发展。①

这里,顾先生虽未明确提出自己对“文”与“道”关系范畴的看法,但从他在评价陈启天“用正、副目的的概念正确概括了他对语文教学中‘文’‘道’关系的理解”,称赞朱自清是“第一次从理论上正确阐明了语文学科中‘文’和‘道’的不可分离性以及它们的主次关系” 等话语中, 我们不难看出他对这一重大关系的基本认识是:在语文课程中,“文”与“道”是既有着不可分割密切关系的一对矛盾范畴,但同时又是有着主次关系的重要关系范畴。应该说,这个虽非顾先生最先提出但却被他所肯定的“文”与“道”关系的基本认识,对我们廓清这一重要关系范畴及对语文课程性质的正确认识等具有十分重要的现实价值。因为只有在正确认识“文”与“道”相互关系的基础上,我们才有可能科学地把握语文课程的性质;也只有在科学把握语文课程性质的基础上,我们才能科学地实施语文教学。

三、“文”与“知”的分合

在“文”与“知”关系范畴中,“文”主要是指作品(文章与文学作品),而“知”则主要指语文知识(广义上的涵盖字、词、句、篇、语、修、逻、文等方面的知识)。“文”与“知”之所以成为语文课程的一个重要关系范畴,在顾黄初先生看来是由于:“语文学科,既是一门很单纯的学科——读的和写的都是一篇篇文章;又是一门很复杂的学科——教学内容所涉及的知识十分广泛。”如此看来,“这‘文’和‘知’的相互关系如何处理,又是现代语文教学发展中人们不断思考和探索的重要问题”②。

①顾黄初:《语文教育论稿》,北京:人民教育出版社,1995年版,第219—220页。

②顾黄初:《语文教育论稿》,北京:人民教育出版社,1995年版,第220页。

与对“文”与“道”等关系范畴的研究相同，顾先生也对“文”与“知”这一关系范畴在新中国成立前的历史演变的基本情况进行了具体叙述：在兴学堂之初，由于“词章”或“中国文学”等都以读写各类各体文章为基本内容，而关于文字、语音、句法、章法以及文章流别等方面的基础知识便一概融合在文章的读写之中相机进行讲授。因此，这一时期“文”和“知”是混合于一起的。在民国元年后，由于对语文知识的系统研究有了一些进展，于是在读写文章之时也就随之出现了独立系统讲授语文知识的情况。如中学阶段除“讲读”“作文”外，还设置了“文字源流”“文法要略”“中国文学史”等分支课程，“文”和“知”趋于分离。到五四运动后特别在 1923 至 1928 年间，中学试行分科制与选修制，国语、国文科内所设置的分支课程就显得十分繁复。但从 1929 年起，中学学制又改为普通科制，国文科的教学内容也作了简化归并，初中、高中一般只设“精读文”“略读文”“文法与修辞”与“作文”四门，“文”和“知”从相互分离又渐趋混合。这一时期除有专门编撰语法、文法、作文法等语文基础知识的讲义或教科书外，更多的人采取分中有合、合中有分的方式，把语文基础知识编写成系列性短文或穿插编排于课文单元的前后或作为附录集中编排于每册课本之后，供教师相机行事，灵活使用。这种种处理方法，大致沿用到新中国成立前夕。①

以上是顾先生对新中国成立前“文”与“知”关系认识与处理的历史轨迹的简要描述。那么，新中国成立后在语文教育领域内对这一范畴的认识、处理又有着怎样的发展历程呢？概括看，新中国成立后对“文”与“知”关系的认识与处理大致经过了五个历史发展阶段。第一阶段，加强语文知识教学，语文课程与教学“知识化”取向明显。新中国成立初期，为规范汉语特别是书面语的实际使用，从 1951 年 6 月6 日起《人民日报》开始连载吕叔湘、朱德熙先生合著的《语法修辞讲话》，并发表了《正确使用祖国的语言，为语言的纯洁和健康而奋斗》的重要社论，推动了中小学语文知识教学的加强与改进。1953 年 12 月，由胡乔木同志代表语文教学委员会向中共中央提交的实行汉语、文学分科教学的请示报告中提出：“它的教学目的是使学生掌握语言规律的基本知识，并学会正确运用这些基本知识来说话、写作、阅读和作进一步的研究。它的范围不限于语法，而包括整个语言领域，如文字、词汇、语义、语法、修辞和语言学的初步知识。”②之后，就出

①顾黄初：《语文教育论稿》，北京：人民教育出版社，1995 年版，第 220—221 页。

②顾黄初：《中国现代语文教育百年事典》，上海：上海教育出版社，2001 年版，第 352 页。

现了虽在中学与中师试验时间不长但范围广大、影响极为深远的汉语、文学分科教学试验，使得“文”与“知”趋于分离。第二阶段，语文知识教学与文章、文学作品教学并重，“文”与“知”趋于融合。在汉语、文学分科试验停止后，以典范作品教学与语文基础知识教学相配合、相支持的语文课程基本价值取向得以重新确立。在这期间，虽有1958年“教育大革命”的短暂影响，但“语文基础知识教学与思想政治教育就是这样密切不可分离，在统一的教学过程中同时进行的”[①]的观点却获得广泛认同，“典范作品教学”与“语文知识教学”得以统一。第三阶段，作品的政治思想教育任务统辖了语文课程的全部内容，“文”与“知”截然分离。“文革”期间，由于语文课程被视为阶级斗争、捍卫毛泽东思想与斗私批修的工具，于是在语文教材内容的选编时就主要以领袖语录、政治社论与革命样板戏为主要标准与基本教学内容，应有的语文知识教学便荡然无存。如1974年上海市崇明县编写的《政文课本》，就把政治与语文完全合并起来，成为“语录、标语、口号、大话、套话、空话杂混起来的大杂烩”。[②]显然，这一时期是“文”与“知”另外一种表现形式的分离，给我们留下的历史教训也是极为惨痛的。第四阶段，语文知识与文章并重，“文”与“知”再次趋于融合。在改革开放后，语文课程与教学恢复了“文革”前许多行之有效的做法，其中保持文章教学与语文知识教学的适度的有分有合就是其中之一。这一时期从整体上看，在典范作品阅读教学中注重语文知识传递和训练与在语文知识传递和训练中加强典范作品的阅读教学，成为对“文”与“知”关系处理的认识与实践主流。在这期间，虽不时有“淡化语法”的意见，但注重基础知识（语文知识）与基本能力（说话、阅读、写作）的有机统一却是共识。如由语文特级教师欧阳黛娜主编的《阅读》《写作》教材，就以能力训练为经线、以知识传递为纬线，把听说读写能力的培养分解为98个训练点、把语文知识编为40个专题，并力求二者的不断融合与有机结合，形成了阶梯式的训练序列与体系。[③]就是这一时期，力求把“文”与“知”完美结合起来的成功范例。第五阶段，语文知识的课程与教学价值受到不断质疑，“文”与“知”再次趋于分离并引起了新的争辩。20世纪80年代末有人提出了“淡化语法”，再加之当时中小学过于繁杂的知识传递与繁琐机械的知识训练，使学生的实际语文能力培养与提

①《试论语文教学的目的任务》，顾黄初、李杏保：《二十世纪后期中国语文教育论集》，成都：四川教育出版社，2000年版，第236页。

②顾黄初：《中国现代语文教育百年事典》，上海：上海教育出版社，2001年版，第450页。

③顾黄初：《中国现代语文教育百年事典》，上海：上海教育出版社，2001年版，第714页。

高受到了不良影响。于是，自 20 世纪 90 年代中后期起，在对整个基础教育加以反思与批评之际，语文教育界也对“知识中心”的语文课程范式加以不断声讨与明确否定，特别是在 90 年代末期的“语文教学大讨论”推动下，语文知识的课程与教学价值受到了前所未有的质疑与批判，随之在 2001 年的新语文课程标准中就明确提出了“不宜刻意追求语文知识的系统和完整”这一新理念，使得“文”与“知”趋于分离。但在淡化语文知识教学的理念导引之下，新课程中的语文教学课堂上又大量出现了“泛语文”与“非语文”现象，于是现阶段又有不少语文研究者与众多中小学语文教师开始“怀念”起从前的语文知识教学，并不时举起要加强和改进语文知识教学的旗帜，于是自然引起了对“文”与“知”关系的再次讨论与争辩。

从以上历史轨迹来看，顾先生把语文教育领域内研究者与实践者们关于“文”与“知”相互关系的分析认识与实践处理视为现代语文课程与教学论的一个基本范畴，这是极有道理的。这是由于，一方面，语文课程发展的理论与实践都表明，我们要对这一范畴做出较为科学明确的界定是极为困难的。比如，仅就语文知识本身来看，我们要对什么是语文知识、语文知识的基本类型有哪些、哪些语文知识与语文能力联系密切、哪些语文知识与语文能力联系不密切等众多实际问题做出明确界定是极为困难的，有时甚至是不切实际的。如现阶段我们归纳出的语言学知识系统、文学知识系统和文章学知识系统“三大学科领域知识”，语文陈述性知识、程序性知识、策略性知识“三大知识性质”，根据加涅知识体系理论观点而把语文知识分为现象知识、概念知识、原理知识“三大知识类型”等，虽然都有其深刻道理，但在复杂的语文知识领域要对一个个具体的语文知识做出恰当归类却非易事。另一方面，是由于语文教育界对这一基本范畴的分析认识、实践探究始终都影响到语文课程标准研制、教材编写以及课程改革实践等重大认识与行为，要对其“分”与“合”求得一致意见、找出合理办法，事实证明还有很大难度。因为无论是实现文章阅读教学与语文知识教学的“分”与“合”还是文学作品阅读教学与语文知识教学的“分”与“合”，都只是“形式的问题”而不是“实质的问题”。所谓“实质的问题”，就是如何使得纷繁复杂的语文知识与种类繁多、数量众多的文章、文学作品在实际课程与教学过程中的相互配合、相互促进、相互提高。而要较为科学有效地解决这一问题，我们面对的将是双重任务：“不仅要在课程论与教学论的层面继续廓清要不要加强和如何改进语文知识教学的问题，而且更要在理论与实践的层面探究与建构易于为学生接受、好用的语文知识体系，并以之来提高学生的语文能力。”[①]对此，顾先生也曾概要指出：“‘文’和‘知’的这种分合聚散，交递更替，当然都不是毫无意义的循环和随心所欲的往复，它反映了人们对语文学科的教学内容在组合方式、系列安排上的积极探索。”[②]

四、“教”与“学”的分合

“教”与“学”的关系范畴，实际上就是在语文课程与教学实践中以教师讲授为主还是以学生活动为主，以及在这一基本关系范畴之下的“教”与“学”的其他一些基本表现形式。对此我们要看到，对“教”与“学”这一在教育领域内更具普遍性重要关系范畴的分析与认识，是始终影响现代语文课程发展前行的一个极为重要的复杂问题，也是学者们不断争辩的一个焦点问题。因此，顾黄初先生对新中国成立前语文学者们对这一关系范畴的认识探求与实践演变做了系统全面的评述，意在揭示这一重要关系范畴应有的实质要求。

在中华民国建立之前，由于语文课程初设且只能从对传统的简单继承中来构建，因此读经讲经、中国文字、中国文学等语文分支课程在很大程度上是传统“文选型”课程的翻版。在此课程历史文化背景之下的语文基本教学方法，只能依然沿袭旧式学塾的一套模式，即教师讲授、学生记诵，“教”和“学”相分离现象普遍。到五四运动前后，随着西方国家众多现代教育学说、教育观点的不断引进和广泛传播，语文课程在继承传统重教师“讲”的同时，也开始逐步注重研究学生的“学”，其中“自习主义”“自动主义”“学生本位主义”“自习法”“预习法”“渐明法”等一些强调以学生为学习主体的新观念和新教法开始引起许多学校与教师的重视。这一时期，陶行知先生把“教授法”改为“教学法”，梁启超先生也提出了“自动式的预习”与“讨论式的讲授”相结合的新教学模式，语文课程趋势由“教”和“学”相分离转向“教”和“学”相结合。[③]自此之后，在美国资产阶级教育家

①解光穆、张永丽：《语文知识的课程与教学价值及功能论略——基于张志公先生语文知识教学观的视角》，《宁夏师范学院学报》2014 年第 5 期。

②顾黄初：《语文教育论稿》，北京：人民教育出版社，1995 年版，第 221 页。

③顾黄初：《语文教育论稿》，北京：人民教育出版社，1995 年版，第 221—222 页。

杜威、孟禄、克伯屈、柏克赫斯特等的“儿童中心主义”“儿童兴趣主义”教育思想影响之下，“设计教学法”在小学课程中开始兴盛，“道尔顿制”则在中学语文课程实践中得以系统试验。从客观上看，这些改革实践探索有着积极意义，但也存在着明显不足。对此，顾先生指出：“在诱导和组织学生积极、主动地学习这一点上是可取的，但全部教学活动都以儿童为‘中心’，教师的主导作用、教科书的系统内容、教学活动的计划性统统被取消了，这又走到了另一个极端。这是‘教’和‘学’的另一种形态的分离。”[①]到20世纪30年代后，学者们在积极研究学法时也积极研究教法，叶圣陶、朱自清先生于40年代合著的《精读指导举隅》与《略读指导举隅》就是这方面的重要研究成果。[②]

从顾先生对新中国成立前“教”与“学”分合历史情况的叙述中，我们可看出当时学者们对这一重要关系范畴的艰难探究与不断摇摆。循此思路，笔者再对新中国成立后关于“教”与“学”关系的认识与实践演变情况做一简要介绍。新中国成立初期，受凯洛夫“教师中心、课堂中心、知识中心”“组织教学—复习旧课—讲授新课—巩固新课—布置作业”与普希金（也译普希金娜）“红领巾”教学法的影响，语文课程与教学虽注意到了教师主导作用的发挥与学生积极性的调动，但从整体看是“重教轻学”，“教”与“学”还不能保持动态平衡。到了“教育大革命”时期，为配合“大跃进”政治形势且追求教育教学中的“放卫星”，让学生主动阅读、大胆写作的做法得到了充分肯定，如当时报道南京市几个学校的学生创作达到了几万篇，市立师范一个班的学生在一个月完成了四千多篇创作。[③]在这样的社会与教育背景下，语文教学不仅强调了学生的“学”也加强了与社会的联系，但这种强调与联系是在特定社会形势影响下的一种畸形表现，与课程论、教学论中真正科学意义上的“教”与“学”是有本质区别的。改革开放后，对“教”与“学”关系的认识影响最大的当属钱梦龙先生提出的“三主（以学生为主体、教师为主导、训练为主线）四式（自读、教读、作业、复读）”导读法。这一教学法观较为稳妥科学地处理了“教”与“学”的矛盾关系，既不否认从学生发展目标出发而重视学生主体地位，也不轻率否定教师在语文课程中的主导地位与能动作用。在新课程实施后，在由“教师为中心、课堂为中心、知识为中心”向“学生为中心、

①顾黄初：《语文教育论稿》，北京：人民教育出版社，1995年版，第222页。

②顾黄初：《语文教育论稿》，北京：人民教育出版社，1995年版，第222—223页。

③顾黄初：《中国现代语文教育百年事典》，上海：上海教育出版社，2001年版，第394页。

体验为中心、活动为中心”的转变中，有时由于矫枉过正，学生“学”的地位得到了极大张扬而教师的“教”受到了较严格限制。于是不时出现了学生围绕某一问题天南地北神侃而忽视对听说读写的技能训练的现象，“非语文”现象出现并呈蔓延趋势，招致了学者们对“教”和“学”关系的再分析、再讨论与再争辩。

怎样在复杂的语文课程与教学中处理好教师的“教”和学生的“学”呢？顾先生在回顾总结语文课程历史上对这一重要问题探索所积累的经验与存在教训的基础上曾明确指出：

> （当时）在美国、日本等国先进教育思想影响下进行了种种语文教学革新尝试。程序教学法、活动教学法、设计教学法、道尔顿制教学法、分团分组教学法等，都有人进行过实验研究，但终于因为试验者忽视了汉语汉文的特点以及中国的特殊国情而先后宣告失败。能在吸收国外先进的教育思想的同时，继承和发展传统教育中的精华，并结合自身的读写实践经验而创造性地予以设计的，当推叶圣陶先生倡导的“导儿学步”教学法，或者叫“引导教学法”。①

为什么顾先生特别推崇叶圣陶先生的“导儿学步”教学法呢？因为这一教学法较为科学地处理了“教”与“学”的辩证关系：“教师当然须教，而尤宜致力于‘导’。导者，多方设法，使学生能逐渐自求得之，卒底于不待教师教授之谓也。”②这一论述说明，对语文课程“教”与“学”关系的认识，我们既不能轻率否定教师在组织、引导、评价语文学习时的能动作用与必然职责，也不能无视学生的主体地位的充分体现与发挥。只有在建立这一辩证认识的基础上，“教”与“学”的关系才能有望得到合理解决。如此看来，无论偏重于“教”还是偏重于“学”的认识与实践，都可能会给语文课程带来不利影响。

五、“教”与“研”的分合

在顾黄初先生看来，要提高语文教育效率，就要推进语文课程的科学化。而

①顾黄初：《语文学科教育的百年步履》，《中学语文教学参考》1998年第2期。

②叶圣陶：《叶圣陶语文教育论集》，北京：教育科学出版社，1980年版，第718—719页。

要推进语文课程的科学化,又要切实加强语文教育的科学实验与研究,推动并实现“教”与“研”的有机结合。

基于这一认识,他系统回顾了语文独立设科后到新中国成立前“教”与“研”的分合情况:新式学堂兴办初,语文教育凭经验办事,“教”和“研”是分离的,其科学化水平也是极低的。五四运动前后在西方现代教育理论与研究方法影响下,一些学者开始对“常用字汇、常用词汇、文章作法、文章读法、文言文法、国语语法、阅读测验、阅读心理、汉字书写、新教学法等等做过卓有成效的科学研究。其中许多研究成果,不仅在当时,就是在今天也还具有一定的认识价值和实践价值”[①]。对此,他列举陈鹤琴的《语体文应用字汇》、王文新的《小学分级字汇研究》、陈人哲的《大众实用字汇》等成果来佐证。随之,顾先生还对廖世承主持校务时东南大学附中开展的道尔顿制和非道尔顿制对比试验进行了介绍,详述了当时在该校附小任教的陈鹤琴先生进行的“生字教学的讲解法与练习法之优劣比较”“中文横写与直写之比较”“注意写字与随意写字之比较”等多种实验研究。他认为道尔顿制的“优点在重视学生有计划地独立作业,有利于培养学生独立工作(特别是阅读和写作)能力”,并使得“全国各地的学校,特别是小学,教育教学的实验研究曾经蔚然成为一时的风气”,还“对以后的语文教学产生了深远的影响”。但其缺陷是“忽视教师的必要讲授;忽视广泛的社会接触和课外各种社团活动、文艺活动……”[②]这些与语文教学实际联系密切的试验在抗战爆发后,因战乱频仍、世事艰难,致使“严格意义上的教育科学研究因失去了政治上安定的环境、经济上必要的实力而陷于瘫痪”[③]。即使如此,也有少数矢志不渝的有志之士在十分艰苦的条件下继续进行一些试验,但绝大多数学校和教师却不能不维持着“教”和“研”分离的局面。

在知晓新中国成立前“教”与“研”分合情况后,我们再对新中国成立后语文教育“教”与“研”的分合情况做一了解。总体看,自新中国建立以来“教”与“研”的主流是结合的。具体看,“教”与“研”结合紧密主要有三个时期。一是从 1959 年 6 月 5 日《文汇报》展开“关于语文教学目的任务的讨论”(即“文道之争”)到

①顾黄初:《语文教育论稿》,北京:人民教育出版社,1995 年版,第 223 页。

②顾黄初:《语文教育论稿》,北京:人民教育出版社,1995 年版,第 224 页。

③顾黄初:《语文教育论稿》,北京:人民教育出版社,1995 年版,第 224—225 页。

1961年1月《文汇报》组织“怎样教好语文课”大讨论，确立了语文工具性质，加强了“双基”教学。二是20世纪80年代，对语文教法、学法及教材革新的多方面、深层次探索。如从教学方法革新看，就有钱梦龙“三主四式导读法”、宁鸿彬“卡片教学法”、魏书生“六步自学法”、欧阳黛娜“四步阅读法”、蔡澄清“点拨教学法”等，反映出“教”与“研”的密切结合。三是第八次课程改革中对语文课程、教材、教法改革的研究探索，如小组学习、合作学习、综合实践活动等新学习方式得到了众多地区学校与教师的探索，推动了“教”与“研”的密切结合。

顾黄初先生之所以把“教”与“研”作为语文教育的基本范畴来研究，是因为实现二者的密切结合就能提高效率。需特别指出的是，语文教师“教”与“研”的有机结合在网络技术不断发展、知识更新不断加快的当代社会条件下更具有特殊的重要意义。因为语文课程具有常见性、分散性及学生对语言材料的熟悉性等特征，就使得其面临着比别的课程更大更多的挑战，一位语文教师在课堂上也可能不再比学生知道得更多、把握得更细、理解得更准、体验得更好。因此，语文教师就要在教学之际潜心研究教学并使自己成为“研究型教师”，才能适应教育形势的需要。在此我们要看到，今天的教育正变得日益复杂化、专业化、深刻化，教师也要求实现“学科性”与“教育性”、“学术性”与“师范性”、“学科专业技能”与“教育专业技能”的统一。“这是由于一位优秀教师应是‘学问家’与‘教育家’的统一，也应是‘经师’与‘人师’的统一，更应是‘文明传播者’与‘灵魂培育者’的统一。”①“教师=道德×学识×技巧”揭示出教师工作的“乘法效应”：不论何者为零，教师的教育活动都会失效。这说明，作为教师群体中的语文教师应自觉把“教”与“研”密切结合起来，努力做“研究型教师”，才能不负重任。

概观本章内容可看出，为语文教育的现实发展服务是顾黄初先生研究语文教育发展史的基本目标。要达此目标，自然就需以实事求是为原则，并从铢积寸累的资料搜集、整理做起，才能总结出规律性的认识。同时，对语文教育史学科的理论建构也是他始终努力的一个学术方向。他的这些不懈努力与重要研究成果，为我们研究语文课程、教材、教学发展史都提供了重要线索。在这一“冷门”研究

①解光穆、刘炎胜：《宁夏农村教师队伍实证研究与对策》，《宁夏师范学院学报》2010年第4期。

中，顾先生有着独有的真实真切感受：

> 八十年代初，语文教材教法研究大多停留在横向的展开上，而缺少纵向的溯源的搜寻。于是我开始资料搜集的工作。这也许又是一个"缘分"，那年，我在扬州师院图书馆的特藏室里觅到了三本书，它们是二十年代王森然著的《中学国文教学概要》，三十年代阮真著的《中学国文教学法》和四十年代蒋伯潜著的《中学国文教学法》。当时的心情可以用"如获至宝"来形容，蓬头垢面老半天也毫不在意。但欣喜的同时，也涌起一种悲哀。在那个"特藏室"里，属于旧时代的那些教育类书籍，寂寞地挤在一角，多少年来竟无人问津！真正是人迹罕至的一个旮旯。[①]

他的这些感受可以说明，只有以踏实作风、求实态度、严谨方法与不懈努力，才能真正探究语文教育真谛，也才能真正推动语文教育发展。这就是顾黄初先生在现代语文教育史研究中留给我们的弥足珍贵的学术遗产。

①顾黄初、闻达：《在"贫瘠"的土地上继续耕耘》，《语文学习》1992年第5期。

第五章

“改革中学语文教材之我见”

——顾黄初语文教材观

语文教材作为语文课程的具体体现物与出版界的特殊出版物，既是语文教师赖以组织语文教学的“教本”，又是学生赖以进行语文学习的“学本”。对业务能力一般的语文教师而言，语文教材的编写质量还常常决定着语文教学的质量；对在书籍匮乏、资讯不发达时代下的学生而言，语文教材不仅是他们获取语文知识、形成语文技能的基本依据，还是他们扩展视野、提高思想认识水平的重要途径。正因如此，顾黄初先生在语文教育研究中，对语文教材建设给予了高度重视，进行了持久关注与深入研究，并系统地阐释了自己的语文教材编写观与使用观。关于顾先生长期潜心从事中小学语文教材建设的动人事迹，人民教育出版社的温立三先生曾回忆说：

> 十几年前，我刚刚踏进语文界，顾先生的大名便如雷贯耳，顾振彪先生数次跟我提到顾黄初先生，说他当年是如何刻苦研读和著述。顾振彪先生说，“文革”一结束，他就及时选择了以研究叶圣陶先生作为突破口，进而对现代语文教材进行了全面而深入的研究。为了搜集有关资料，顾先生的足迹，印在了北京、上海、南京那些存有民国时期中小学语文教材的各大小图书馆。那时候，查阅资料没有现在的条件，他以手中的笔为锄犁，以一堆堆故纸为荒地，辛勤耕耘。顾先生每次从旧书库里出来，满面尘灰，十指墨黑。我有时想，这哪像是读书问学归来？分明是一位刚从地底下回到人间的煤矿工人！①

这是对顾先生为了研究语文教材历史变革而孜孜以求、辛劳备至情景的回忆性描述。正是这种执着与辛劳，才使他成为当代在语文教材编写研究中最富有学术成就的研究者之一。对他在语文教材编制理论探究与编写实践创新中的辛勤耕耘，以及他取得的主要研究成就与学术贡献，福建省教育科学研究所颜禾先生对其有着较为全面的概括总结：

> 在顾先生的从教生涯中，他对语文教材可谓情有独钟，对它的研究也一

①温立三：《怀念顾黄初先生》，《语文学习》2009年第4期。

直贯穿其间。综观顾先生关于语文教材的一系列论述，其思想主要有以下几个方面:

> 一、“学习借鉴”说，即要学习借鉴国内外语文教材建设的经验……
> 二、“适应课程”说，即语文教材建设要适应课程改革的要求……
> 三、“功能结构”说，即要探讨语文教材的功能与结构……
> 四、“编制使用”说，即确定语文教材的编制原则和基本的使用方法……
> 五、“改革创新”说，即要根据时代的发展对语文教材进行改革创新……[①]

颜禾先生的这一概括，基本揭示出了顾先生在语文教材编制理论研究与编写实践探索方面的开拓与贡献。概观顾黄初先生的学术轨迹，我们就可看出他是我国当代数量不多的既注重探究语文教材编写理论，又实际从事语文教材编制实践的著名学者之一：他与顾振彪先生合著的《语文课程与语文教材》等论著，撰写的《改革中学语文教材之我见》《20世纪推动我国现代语文教材建设的两大动力》等论文，都是他关于语文教材编制理论探索的辛勤结晶；他主编的《初中作文教学设计》（北京师范大学出版社，1986）、《语文》（中等职业教育国家规划教材，高等教育出版社，2002）、《亲近母语（小学卷）》（天津人民出版社，2005）等众多教材，都是他对语文教材编写实践不懈探索的具体体现。正是在注重理论归纳与实践探索相结合的基础之上，顾黄初先生对中小学语文教材建设的理论阐释有着实践经验的有力支撑，而丰富的编写实践又对他进行语文教材编写理论的深入探索提供了有力的帮助。因此，在一直备受社会各界批评乃至有时是严厉诟病的“老大难”问题——中小学语文教材的编写理论与实践探究中，认真研究和具体阐发顾黄初先生关于语文教材建设的真知灼见与编写实践的开拓性探究，对丰富语文教材编写理论与促进语文教材实践发展有着重要的现实意义。

第一节 语文教材的地位、功能与结构

在语文教育的理论与实践中，中小学语文教材作为文化选择、时代影响与教育理念等多因素共同作用的结果，在不同历史时期自然就受到社会多方的密切关

①颜禾:《顾黄初的语文教材建设思想》,《语文教学通讯》2002年第11期。

注；语文教材作为一种特殊出版物，也必然会受到时代政治思潮发展的深远影响；语文教材作为语文课程标准(教学大纲)基本理念的体现物，自然会受到语文教育领域内众多专家学者的高度重视与探究。顾黄初先生在语文教育研究中不但对其进行了持久深入的理论研究，而且长期从事实际编写与审定工作，有着丰富的实践经验。

一、语文教材在语文课程中的重要地位

在教育体系与课程体系中，教材具有极为重要的地位且有着巨大的作用，因此，各学科的教材就普遍存在于世界各国、各地的无数学校之中，而且影响力经久不衰。譬如早在 1931 年，美国的全美教育研究会出版的第 3 届年刊《美国教育中的教科书》(*The Textbook in American Education*)在其导论中就概括指出：因为教科书在美国教育中的重要地位而被广泛认同，所以学会几乎全部支持以教科书作为年刊的主题，这是因为教科书在数以千计的教室中决定了教学的内容和教学的进程。[①]同样，语文教材在语文课程的理论与实践体系中也占据着极为重要的地位，并具有特殊的重要作用。顾黄初先生之所以格外重视语文教材建设问题，也是由于在他看来语文教材在语文课程体系中具有特殊的地位与作用。

一方面，语文教材是教育宗旨与课程理念的主要体现物。我们知道，不同的教育宗旨(教育方针)、教育理念常决定着课程计划(设置)与课程标准，而课程计划与课程标准又决定着教材的编写与使用。或者说，教育宗旨与课程标准决定着“为什么教”的理论认识问题，而教材决定着“教什么”的具体实践问题。顾先生正是立足于这一理论高度，具体论述了语文教材在教育、语文课程中的重要地位：

教育是一个巨大的系统工程，它涉及教育宗旨、教育制度、教育内容、教育方式方法等一系列问题。而新的教育宗旨一旦确立，新的教育制度一经形成，反映新的教育内容的课程教材建设就成了至关重要的课题。因为教育宗

①欧用生：《课程改革》，台北：师大书苑有限公司，2000 年版，第 177 页。

旨要通过课程教材来体现，教育制度的特点又必须通过课程教材鲜明地反映出来。“为什么教”的问题，首先必须在“教什么”中得到落实。语文教育的革新，是以语文本身的革新为前提、为先导，同时以新的教育观念、教育思想为核心、为灵魂，而这二者又以课程教材的革新为载体、为渠道。因此，20世纪初期的语文教育革新运动，首先就体现为语文课程教材的新生；20世纪中叶，新中国建立以后的语文教育革新运动，同样也曾经在语文课程教材的革故鼎新上倾注了巨大的心力。①

正由于语文教材是一切教育宗旨、课程计划、语文课程标准的体现物，并能鲜明而具体地反映出“教什么”这一核心问题，因此成为教育变革的重要载体与主要渠道。就是说，语文教材的变革常常是教育、课程计划、课程标准与语文课程标准变革的具体体现与重要渠道。回顾百余年来语文教材的变革历程，我们就可鲜明地看出这一点。如在五四运动后，我国出现了现代白话文语文教科书（较早的有商务印书馆1920年出版的《白话文选》四册），同时蔡元培、陈独秀、鲁迅、冰心等人的优秀白话作品也开始逐步进入语文教材之中。选录白话文的文选型语文教材之所以能替代旧有的选录文言文的文选型语文教材，重要的历史原因在于以活的语言（白话文）来代替死的语言（文言文）的白话文运动，直接推动了课程标准的变革并带来了语文课程标准的变革，这一变革也就直接影响到语文教材的编制，语文教材也随之成为推动白话文发展与传播民主科学精神的重要阵地。再如到20世纪30年代，语文教材出现了“合编型”类型（如傅东华编的复兴初、高中《国文》教材，夏丏尊、叶圣陶合编的《国文百八课》等），把范文（阅读）、写作与语文知识综合成一个单元，突破了旧有的只以范文为基本内容的教材类型。语文教材的这一变革，也是与当时社会变革、教育革新、课程改革有着极为密切的联系。

新中国成立后，基础教育阶段的语文教材也时时处于变动与革新之中，并充分体现出教育变革、课程计划、课程标准（教学大纲）制（修）订对其的重大影响。如在20世纪50年代中叶，我国出现了《汉语课本》《文学课本》这一“分编型”教材。这一“分编型”教材的出现主要是为了体现《初中汉语教学大纲（草案）》与

①顾黄初、顾正彪：《语文课程与语文教材》，北京：社会科学文献出版社，2001年版，第2页。

《中学文学教学大纲(草案)》。而《初中汉语教学大纲(草案)》与《中学文学教学大纲(草案)》又是为了体现当时"以苏为师"的社会形势与政治要求。再如在"文革"期间,全国各地陆续出现了一批"红色课本"(为"又红又专又薄"之意)[①]:封面大多为红色毛主席像,课文大多为毛泽东与林彪的著作与语录以及革命文艺,一般只有 20 页至 50 页。这是由于在这一特殊历史时期,语文课程被取消而成为"政文课"或"艺文课",理应对学生进行系统听、说、读、写能力训练的"工具性"特征被完全抛弃,语文教材只能体现这一时代的政治形势要求而成为"红色课本"。到了 21 世纪,中小学语文教材编制呈现出"一纲多本"新气象,语文综合性实践活动与研究性学习等新内容、新形式被纳入新教材之中。这一教材变革,是由《义务教育语文课程标准》中所规定的语文教材编写要"注意为学生设计体验性活动和研究性专题,重视运用现代信息技术"所决定的。语文课程标准的这一要求,又是由《基础教育课程改革纲要(试行)》中所要求的在课程实施中要"倡导学生主动参与、乐于探究、勤于动手,培养学生搜集和处理信息的能力、获取新知识的能力、分析和解决问题的能力以及交流与合作的能力"这一新课程改革方向所决定的。

语文独立设科之后,从语文教材多次巨大历史变革中,我们就可清晰地看出:语文教材作为语文课程的基本体现物,自然会受到语文课程标准(教学大纲)的直接制约,并随之成为语文课程标准(教学大纲)基本理念的直接体现。而语文课程标准又受到教育方针、教育理念的制约,并随之成为教育方针、教育理念的直接体现。这就是顾黄初先生"教育宗旨要通过课程教材来体现,教育制度的特点又必须通过课程教材鲜明地反映出来"观点的主要依据。根据这一依据,在 21 世纪的语文课程改革发展中,"民族语文教育的改革也必须以语文课程教材的改革为重要的主攻目标,使之更好地体现新的时代精神和新的社会需求"[②]。也正是立足于语文课程教材改革宏观的背景之下,顾先生的语文课程教材研究才在理论和实践的结合上取得了重要成就。

另一方面,语文教材时时处于变动之中,且常常成为社会各界所密切关注的

---

①段发明:《文革时期的红色课本及其困局——以上海市中小学暂用课本为例》,《湖南师范大学社会科学学报》2011 年第 9 期。

②顾黄初、顾正彪:《语文课程与语文教材》,北京:社会科学文献出版社,2001 年版,第 2 页。

教育热点问题。熟知我国基础教育发展史的人都知道,在中小学课程体系中历来最受关注与责难的当属语文课程,而在语文课程体系中历来最受关注与责难的又当属语文教材,且这一现象还在不同历史时期内“规律性”地反复出现。对此现象,顾黄初先生早在改革开放初就曾以“带有规律性的现象”加以归纳总结:

> 谁要是有兴趣对“五四”以来我国中学语文教学的历史作一番考察,谁就会发现这样一个似乎带有规律性的现象,即:每当一个剧烈的动荡期过去、历史进入相对平稳状态的时候,社会上总会出现“中学生国文程度低落”的议论,而这种议论的共同结论之一,又往往是语文教材不理想,必须大力改革。“五四”以后的二十年代初期、抗日战争前的三十年代中期、抗日战争胜利前后的四五年间,有过这样的议论;新中国成立后,发展国民经济第一个五年计划初期、“大跃进”年代的后期,也曾有过这样的议论;在粉碎“四人帮”,整个社会向着实现“四化”的宏伟目标前进的历史新时期,类似的议论又出现了,并引起了社会各界的普遍关往。这样一种反复出现的历史现象,究竟说明了什么呢?我想,它至少说明这样一个事实:我国的语文教学历来都要受到时代风云的影响,而这种影响的结果又往往在实际上削弱了对学生语文能力的切实有效的训练;只是因为在奔腾湍急的历史旋涡中,这种影响不易被人觉察,要到时代进入相对平稳期,矛盾才充分暴露罢了。①

正如顾先生所分析指出的,社会各界密切关注语文课程特别是语文教材并常常得出其效果“不理想”的结论,已成为一种“带有规律性的现象”。同时,也正由于人们对语文课程与教材的关注程度高,促使其处于不断变动革新之中。譬如,自1949年到1998年,负责全国通用语文教材编写的人民教育出版社,就先后编制出了9套通用教材。至于每年秋季开学之时,这些教材都会有一些或大或小的修订。对此我们要探究,人们认为语文教材“不理想”的原因是什么?或者说造成人们对语文课程与教材批评、责难的这一“带有规律性的现象”的深层原因是什么呢?对此,顾先生也进行了深刻分析:“我国的语文教学历来都要受到时代风云的影响,而这种影响的结果又往往在实际上削弱了对学生语文能力切实有效的训练;只是因为在奔腾湍急的历史旋涡中,这种影响不易被人觉察,要到

①顾黄初:《改革中学语文教材之我见》,《扬州师院学报》(社会科学版)1980年第6期。

时代进入相对平稳期,矛盾才充分暴露罢了。"[①]能对顾先生这一结论提供充足历史佐证的事实不胜枚举。如 1932 年由上海新亚书店出版的陈椿年编的《初中国文》,全书六册的内容分别是:第一册"实际生活的体验";第二册"生活态度的训练";第三、四册"问题的检讨";第五册"社会的批判";第六册"文化的批判"。同时,这套教材的每册围绕中心课题再分若干组,每组配上若干选文。显然,这套语文教材是以"主题"来组织单元的,且文章内容同时也要求不得违背国民党的"党义"。[②]如此以"精神训练"为主要课程任务的语文教材,自然会损害到语文课程的"技术训练"并使学生语文能力降低,招致人们的诟病、责难也就不足为奇了。再如在"文革"期间,由于"极左"思潮的影响,政治教化在语文教科书中的体现也极为明显:上海市中学于 1972 年 1 月出版的一、二、三年级语文教科书在内容上涉及八个方面,分别是毛泽东文章、毛泽东诗词、马恩列斯文章、鲁迅文章、"样板戏"选场、评论总结、家史通讯、古代诗文。其中毛泽东的作品占了35.6%、鲁迅文章占了 6.2%、"革命样板戏"占了4.1%、评论总结占了18.6%、家史通讯占了 14.6%、古代诗文占了 12.4%,马恩列斯毛和鲁迅的作品占了 50.2%。[③]正是有了这样的语文教材,语文课程所应有的语文能力训练功能就无从谈起,并导致了学生语文能力的严重下滑,随之也就在改革开放后招致了社会各界对语文教材、语文教学的批评与责难。作为以深研熟知现代语文教育史著称的顾黄初先生,对中小学语文教材受到时代风云、政治形势、文化变革影响,不时偏重"精神训练",以致影响到学生语文能力提高的真实历史存在,自然是再熟悉不过了。正因如此,他才从语文课程、语文教材的频繁历史变革中,得出语文教学、语文教材"历来都要受到时代风云的影响,而这种影响的结果又往往在实际上削弱了对学生语文能力切实有效的训练"的有力结论。

那么,语文课程特别是作为其体现物的语文教材又该怎样充分发挥其在传递语文知识、训练语文技能、发展语文素养方面的积极能动作用呢?对此,顾黄初先生也明确指出:

---

①顾黄初:《改革中学语文教材之我见》,《扬州师院学报》(社会科学版)1980 年第 6 期。

②李杏保、顾黄初:《中国现代语文教育史》,成都:四川教育出版社,2004 年版,第 136 页。

③付华丽:《汉语文教科书编写模式的嬗变》,贵州大学 2007 年硕士论文。

只有把历来"专重精神训练"的状况改变过来,把语文课真正当作是一门以传授语文知识、训练语文技能、发展语文能力为主要任务的具有高度思想性和综合性的基础工具课来对待,把"精神训练"有机地渗透在"语文训练"之中,这才有可能以此为目标编制出一部文质兼美的理想的语文教材来。[①]

为实现这一目标,顾先生在《语文课程与语文教材》等论著与《改革中学语文教材之我见》《20世纪推动我国现代语文教材建设的两大动力》等论文中进行了深入具体研究,并全面阐释了自己的语文教材观。对此,笔者将在下文具体论及,兹不赘述。但需强调的是,由于语文课程的普遍性、常见性,再加之语文教材特别是选文本身所具有的民族文化性、价值伦理性,不同世界观、价值观与教育观及语文教育观的人,常常会对语文教材提出不同的看法与见解,并影响到教材的实际编制。举一个最新事例,我们就可看出这一问题的长期性与常见性:在2013年5月出版的人教版七年级语文教材中,鲁迅的文章《风筝》被删去,引起了轩然大波,赞成者有之,反对者也有之,且各自都有着似乎充足的理由与依据。[②]真可谓是"鲁迅去留",人们各有说法,且各有理由。这说明,人们对语文教材是极为关注的,这一关注自然就会或正面或负面地影响到教材的编写。

二、语文教材在语文课程中的特殊功能

顾黄初先生认为,语文教材在语文课程中不仅具有极其重要的地位,还具有诸多极为重要的功能与价值。这些功能与价值集中反映在语文教材所具有的双重品格上:"它在内容上包容了社会所需的各种知识,在形式上体现了语言和文字的运用规则,具有一定的示范性。这样的教材,在教育教学实践中必将产生它的特殊功能。"[③]就是说,由于语文教材是语文课程标准的价值追求与基本精神的具体体现物,再加之是语文教师得以组织教学与对学生组织实施语文训练的基本凭借物,是学生吸取各科知识与提高语文能力的重要学习物,因此在课程中就

①顾黄初:《改革中学语文教材之我见》,《扬州师院学报》(社会科学版),1980年第6期。

②郭莹、高宇飞:《鲁迅〈风筝〉被删是教材正常调整》,《京华时报》2013年9月5日。

③顾黄初、顾正彪:《语文课程与语文教材》,北京:社会科学文献出版社,2001年版,第45页。

具有特殊的功能与作用。也正因如此，与教育革新、课程变革相适应，百余年来的语文教材也一直受到语文教育界的高度重视与社会各界的密切关注，许多语文教育大家如叶圣陶、朱自清、张志公及顾黄初先生，都自觉地投入到语文教材编制实践之中。同时在不同历史时期，语文教材也一直受到社会各界的关注与批评。

顾黄初先生以自己对语文教材的理论探索与编写实践为基础，在全面阐述语文教材建设思想中集中并精辟地论述了语文教材的特殊功能。在他看来，语文教材的功能作用主要体现在以下四个方面。

第一，智德启迪功能，即品德修养培育与思维品质提高作用。顾先生认为在教育教学中，德“主要是指思想品德修养，其中包括对国家、对民族、对社会、对自然、对事业、对他人的正确认识和爱憎分明的感情以及基于这种认识和感情所产生的坚定的、纯正的、高尚的行为”；智，则“主要是指智力，是指人的头脑的机敏聪慧，其核心是人的思维品质”。①他辩证地指出，语文课程是以指导、训练学生对语言文字的正确理解与熟练运用为基本任务与重要目标的，语文课程必须要以语文教材为基本依托，而语文教材又必须以具体的作品（文章或文本）为语言文字理解与运用的基本凭借物与重要学习对象。同时，由于任何作品（文章或文本）都是思想内容与表达形式的统一体，都有形（外部表达形式）与质（内在思想情感）两个方面：“文字符号、词汇语句、语音语调、行文格式等等，是形；思想观点、情感体验、思维方法和过程等等，是质。质不能外化为形，就不成其为语文行为；形不能传递出质，也不成其为有社会价值的语文行为。”②所以，学生在学习掌握语言文字运用（文本）之际，自然就会受到思想的、情感的、审美的、价值等方面的教育、传递与熏陶，进而具有启迪智德之功能。也正因如此，顾先生才明确指出由于思想品质、思维品质与语文行为之间客观存在着这一极为密切的关系，因而“语文教材在智德启迪方面的功能，实在是完成语文学科教学任务

①顾黄初、顾正彪：《语文课程与语文教材》，北京：社会科学文献出版社，2001年版，第46—47页。

②顾黄初、顾正彪：《语文课程与语文教材》，北京：社会科学文献出版社，2001年版，第47页。

的极其重要的因素”[①]。需要指出的是，顾黄初先生提出的语文教材具有智德启迪功能的观点，与叶圣陶、张志公等先生对这一问题的认识完全相同，或者说是他承继了老一辈语文教育家在此问题上的基本观点。如张志公先生就曾深刻指出：“语文是交流思想的，语文和思想虽然是两码事，可是由于语文是交流思想的工具，而思想是抽象的，它要依靠语文这个物质外壳而存在，所以语文和思想老是长在一起，分不开。”[②]这也说明，由于思想（质）与语言（形）的密不可分性，作为本属于或指向于语言训练的语文教材，其自然或天然地就具有思想启迪、情感熏陶、价值传递、观念灌输等客观功能。

第二，语文历练功能。在顾黄初先生看来，语文教材还是教师指导学生进行语文能力训练的基本凭借物：“学生接受知识、训练能力、开阔视野，其主要凭借物是语文教科书，按照教学大纲要求向学生传授的基本内容都包容在语文教科书之内。”[③]这就说明，语文教材特别是作品（文章或文学作品）作为语文运用（听说读写）的典范与历练的凭借，既为学生语言能力的发展提供了充足示范材料，又促使学生的语言不断从贫乏走向丰富、从幼稚走向成熟、从呆板走向生动。例如在阅读教学中，“语文教材中所选的各体各类课文，就是供学生运用各种读法来锻炼自己的阅读能力的”。而在写作教学中，“教材中的阅读课文也就成了写作的历练的‘凭借’”“至于专为训练写作能力而编的教材，那就更是直接的‘凭借’了”。[④]同时，由于语言和思维的密不可分性，语文教材精选出的那些优秀作品既是运用语言的典范，又是作家智力活动的结晶，因而也就自然成为开启学生思维大门的一把钥匙。对语文教材的历练功能，叶圣陶先生也曾深刻指出：“国文教学的目标，在于养成阅读书籍的习惯，培植欣赏文学的能力，训练写作文字的技能。这些事不能凭空着手，都得有所凭借。凭借什么？就是课本和选文。有了课本或选文，然后养成、培植、训练的工作得以着手。”[⑤]叶老的话，既指明了语文课程的

---

①顾黄初、顾正彪：《语文课程与语文教材》，北京：社会科学文献出版社，2001 年版，第 47 页。
②张志公：《张志公语文教育论集》（上），北京：人民教育出版社，1994 年版，第 24 页。
③顾黄初、顾正彪：《语文课程与语文教材》，北京：社会科学文献出版社，2001 年版，第 45 页。
④顾黄初、顾正彪：《语文课程与语文教材》，北京：社会科学文献出版社，2001 年版，第 48 页。
⑤叶圣陶：《叶圣陶语文教育论集》（上册），北京：教育科学出版社，1980 年版，第 19 页。

教学特点,又指出了语文教材的特殊功能——是学生进行听、说、读、写能力历练的基本凭借。概括来看,语文课程要以培养学生听、说、读、写能力为基本价值追求,这一价值追求又需要经过反复历练才能提高与养成,而反复历练的基本凭借就是语文教材。正是在这一意义上,顾先生十分赞同人们常说的语文课本既是"教本"更是"学本"和"练本"的观点,因为这一观点凸显了语文教材的语言历练功能。

第三,语言积累功能。我们知道,语言积累是语言能力发展的重要基础,学生只有持续不断地积累语言,听、说、读、写能力才会不断提高。或者更直接地说,没有语言积累,就没有语言能力的形成与语言素养的提高。正是在这一认识的基础上,顾黄初先生明确提出了语文教材的语言积累功能:

> 古人说:"读书破万卷,下笔如有神。"这是经验之谈。其间的因果关系是什么呢?"读书破万卷",至少可以实现这样一些与"下笔"密切相关的目的:一是大大充实了自己的知识"库存";二是广泛接触了各种写作的技法;三是充分收纳了众多的文字、词汇和各具神韵的语句等等。这第三个目的,就是所谓的"语言积累"。①

显然,顾先生是从阅读与写作相互关系的视角来论述语文教材在语言积累方面具有的积极显著功能的:通过广泛而有效的阅读,学生可实现对基本语言材料的逐渐积累(如学生在阅读中就能掌握最基本的文字符号、积累大量的词汇、熟悉多种句式乃至多样的篇章结构等)、对语言运用规律的逐渐积累(如学生通过阅读文本就可逐步理解语言运用的基本规律)、对语言运用典范的逐渐积累(如学生通过阅读就可逐步记诵古今中外精彩的词句、语段、篇章等)。由于语言积累是一个日积月累、潜移默化的长期过程,学生只有在不断积累中才能真正解决语言实践中常遇到的"巧妇难为无米之炊"的难题,因此,只有重视语文教材的认真学习,才能不断积累语言、熟悉语言,才能真正把古今语言精华据为己有。同时,顾先生也认为,人们语言积累主要通过生活、阅读这两个途径,②因此,

①顾黄初、顾正彪:《语文课程与语文教材》,北京:社会科学文献出版社,2001年版,第48页。

②顾黄初、顾正彪:《语文课程与语文教材》,北京:社会科学文献出版社,2001年版,第49页。

语文课程既要引导学习者重视在生活实际中学习语言，又要充分发挥语文教材的语言积累功能，坚持“两条腿”走路，才能快速促进他们语言能力的提高与发展。

第四，知识扩展功能。由于知识作为人类认识世界的精神结晶，一般只能以语言为载体才能表现出来，且一般只能通过文字才能被人们所接受、理解与把握。因此，通过对文本的阅读理解自然就能较为全面地认识社会的、自然的、人生的百科知识。顾先生正是这样来看待语文教材在知识扩展方面所具有的功能的：“一个在校学生，他获取知识的途径是多种多样的，但概括起来不外乎两条：一条是实际生活，一条是学科学习。其中后者是学生获取知识的主渠道，学政治获得政治知识，学理化获得理化知识，学史地获得史地知识，如此等等。”这是由于这些学科都是某一领域知识的集中体现。语文课程与教材也是一样，它是编纂者对人类认识成果的“精挑细选”。因此，“就语文学科本身来说，语文教材毕竟是学生扩展知识的主要途径”[①]。为什么说“语文教材毕竟是学生扩展知识的主要途径”呢？这是由于语文教材的主体部分是一篇篇选文(例文)。这些选文(例文)常常通过人物描述、事件记叙、观点阐释、事理说明等来向学生展现出色彩斑斓、美不胜收的客观世界与人类主观世界的知识。顾先生认为，在有效扩展学生知识视野方面与其他学科教材相比，语文教材还具有如下一些自身特征与功能：

一是丰富的、综合的。初、高中语文教材，选文约300至400篇，内容涉及中外古今的社会生活、春夏秋冬的自然景色，上自天文，下至地理；大到历史巨变，小到鸟兽昆虫；既有人生哲理的探讨，又有自然奥秘的窥察。凡所应有，几乎尽有……

二是形象的、生动的。其他学科的教材，注重专业知识的系统性和科学性，相对而言，较少注意文字表达的形象性和生动性……语文教材中的选文则不同，它们无论是议政治、谈哲理，还是说史地、讲科学，大都讲究形象性和生动性，讲究语言表达的感染力和震撼力……[②]

①顾黄初、顾正彪：《语文课程与语文教材》，北京：社会科学文献出版社，2001年版，第50页。
②顾黄初、顾正彪：《语文课程与语文教材》，北京：社会科学文献出版社，2001年版，第51页。

正是由于语文教材具有个性特征,“因此它在知识扩展方面,不但有广度,而且有深度”[①]。这就是语文教材的知识扩展功能。的确,例如读了《廉颇蔺相如列传》,我们就可从渑池相会、完璧归赵、负荆请罪等一个个生动形象的故事中,具体认识、形象了解战国时代七雄纷争的宏伟历史蓝图,有效扩展我们的历史知识。读了《赵州桥》,我们既可以了解到赵州桥的建筑历史与建筑特点,又可以认识到我国古代科学精妙的建筑艺术与古代劳动人民的聪明智慧,有效增长我们的建筑知识。读了朱自清先生的《背影》,我们就可从作者饱满深情的描述中,具体认识、形象感受到我国传统社会中的人伦关系知识与骨肉情感……可以说,语文教材中的每一篇范文都是“精挑细选”的,其精练的语言运用、艺术的表达方式、完美的篇章结构、精彩的呈现方式,都足以使阅读者在阅读之中受到多种知识的教育,在阅读之后受到长久而巨大的影响。

此外,顾黄初与朱川彬等先生还从其他角度分析认为,语文教材的功能较为集中地体现在教学、教育和发展功能三个方面:“汉语文教材应当具备三项功能:教学功能、教育功能和发展功能。教学功能体现在汉语文知识的传授和汉语文理解能力、表达能力的培养上;教育功能体现在范文诵读过程中思想营养的吸取和情感生活的充实,以及其他非智力因素的锤炼上;而发展功能则体现在以教材为端点,从有限向无限的延伸、开拓。”[②]语文教材的这三个功能与上述四个功能,实际上是从不同视角分析阐述的,其精神实质都意在告诉我们在语文课程的理论与实践研究中,要切实提高对语文教材功能的全面认识与准确把握,并使之在培养学生语文能力中发挥更大、更好的作用。

三、语文教材的基本形式结构

在顾黄初先生看来,语文教材作为传递人类精神财富,训练学生听、说、读、写语文能力的一种特殊凭借物,无论在形式呈现、内容组合,还是编排方式上都有自身的一些独特性,特别是它的结构形式与其他学科教科书相比,更有着显著的

①顾黄初、顾正彪:《语文课程与语文教材》,北京:社会科学文献出版社,2001年版,第51页。
②顾黄初、朱川彬、洪宗礼:《论汉语文教材的优选、组合和延展》,《教育评论》1991年第3期。

不同，这又主要是由语文课程的性质与学科特征所决定的。对语文教材与其他学科教材的不同点，顾先生有着精辟的论述：

> 其他学科的教科书，一般都以本学科的知识体系为线索，或由远及近（如历史科），或由浅入深（如数、理、化学科），或由此及彼（如地理科），按一定的逻辑顺序来编排内容。语文教科书则不同，相对而言，它的结构要复杂得多，并有它特殊的构造。①

在他与顾正彪先生看来，语文教材的复杂性与特殊构造体现于两方面。一方面，语文教材的复杂性与特殊的构造主要表现于其内部多系统优化组合的困难性上。顾黄初与顾正彪先生在系统考察、全面分析、深入研究不同时期的多种语文教材的基础上，通过高度概括、精确提炼后指出：“中学语文教科书的内部结构，一般都包含着两条线索和四个系统。所谓两条线索，一是知识的线索，二是能力训练的线索。”语文教材虽然不以知识传递为主，但必须要有自己的知识体系。同时，“中学语文教科书内部的这两条线索，又要借助于四个相互联系的系统组织起全部的教学内容来，这四个系统就是范文系统、知识系统、作业系统和导学系统。这四个系统的合理编组，便形成一套语文教科书的基本结构”②。就是说，语文知识、语文能力这两条线索与范文、知识、作业和导学这四个系统，成为语文教材的基本构成要素。综观我国语文独立设科后百余年来的语文教材特别是中学语文教材的编制，无论是分编型教材还是合编型教材，虽然分编型有着种种不同的“分”法、合编型也有着种种不同的“合”法，不同编写者在分、合问题上进行了多角度的编写探索，但都是以语文知识与语文能力为基本线索，并主要通过范文学习、知识传递、作业训练与定向导学来提高学生的语文素养。因此，不同时期的语文教材虽有着不同的风格、不同的形式、不同的编排，但其基本构成要素却是大致相同的。需指出的是，在对语文教材的基本结构进行研究时，顾先生在1987年撰写的由南京大学出版社出版的《语文教学论》中的“教材论”部分，就提出了范文系统、知识系统、作业系统三个概念，后又陆续提出助读系统、导学系统等概念。在研究国外母语教材时，他又陆续提出了教材的图表系统与附录系

①顾黄初、顾正彪：《语文课程与语文教材》，北京：社会科学文献出版社，2001年版，第75页。

②顾黄初、顾正彪：《语文课程与语文教材》，北京：社会科学文献出版社，2001年版，第75—76页。

统等重要概念。在理论探索中不断完善语文教材构成体系,反映出他勇于超越、不断创新的学术追求。[①]

在看到语文教材组成要素众多的基础上,我们更要看到语文教材与数学、物理、生物等自然科学教材主要通过由易到难的知识呈现、例题(实例)示范、操作练习这一内容组合的系统不同,也与历史、政治等社会学科(课程)教材主要通过由此到彼的事实陈述、思考辨别、巩固提高这一内容组合的系统不同:语文教材一般只能通过以范文系统为主体并辅之以知识系统、作业系统和导学系统来实现对课程内容的组合,这就使得课程内容的优化组合变得异常复杂,进而也变得十分困难。在语文教材长期的编制实践中,逐渐探索形成了把范文等四个系统综合在一起的合编型教材与把范文等四个系统发散开来的分编型教材。在顾先生看来,无论是合编型语文教材还是分编型语文教材都各有其长处,也各有其不足:“合编型的教科书尽管有整体感强、便于教师组织教学内容的优点,但在体现内容的系统性上总常不免有缺憾。”[②]与之相反,合编型教材的不足之处却恰恰是分编型语文教材的长处与优势之所在:“分编型教科书的优点首先是知识讲授的系统性较强”,而且“能力训练的目标也明确集中”,但“分编型教科书的缺点是范文系统、知识系统和作业系统之间,以及范文系统内部、知识系统内部各方面的知识和能力之间,难以处理好相互的联系和沟通”。[③]如此看来,范文系统、知识系统、作业系统和导学系统的优化组合,虽在认识上较为容易解决,但在教材编写实践中要科学处理好各自之间的关系并使之发挥最大功能,却是十分困难的。因此,正确认识、准确把握并切实注意语文教材在构成因素组合时具有的复杂性、艰巨性,对提高语文教材编制质量有着极为有益的启迪价值。

另一方面,语文教材结构形式的复杂性与独特性还表现在真正实现语文知识与语文能力有机组合的实践困难性上。由于课程性质、课程特征的不同,与化

①徐冬梅:《鉴古而铸今　务虚为务实——试论顾黄初先生对语文教材编制理论的贡献》,王乃森、徐林祥编:《继承·耕耘·创新:顾黄初语文教育思想研究》,北京:社会科学文献出版社,2003年版,第271—272页。

②顾黄初、顾正彪:《语文课程与语文教材》,北京:社会科学文献出版社,2001年版,第92页。

③顾黄初、顾正彪:《语文课程与语文教材》,北京:社会科学文献出版社,2001年版,第90页。

学知识与化学能力、数学知识与数学能力、历史知识与历史能力、物理知识与物理能力等具有的直接的“线性”关系不同，语文知识与语文能力之间的相互关系显得十分复杂：语文知识的范围十分广阔，有时实难尽数。就是说，语文知识的广度往往是其他课程的知识在数量上难以比拟的。仅从语文课程自身知识来讲，就包括读写听说方法的知识、语言知识、逻辑知识、文体知识、文学知识五个主要领域，且每个领域内的知识又都十分繁杂，如在写作领域内就有主题、体裁、题材、层次结构、表现手法方式乃至叙述要素与方式、说明顺序与方法、论证结构与方式等非常多且非常复杂的知识。但在语文课程中，数量众多的这些知识与能力形成之间却不是简单的关系。具体讲，一方面，由于如此众多的语文知识是人们对语文运用规律长期认识的结果，对学生学习语文有着“既知其然又知其所以然”的重要作用，应该成为语文课程的重要内容。但另一方面，又由于语文课程具有明显的实践运用特性，造成“在中学语文教学中，学习语文基础知识的根本目的不在‘知’而在‘行’，不在了解知识的本身而在掌握这些知识去指导实践，有效地提高听、说、读、写能力”[①]。这自然就构成了知识数量与实践运用之间的矛盾。就是说，如此众多数量的语文知识在时间有限的课程中难以完全实施，且有时难以取得预期实效，而且很多时候语文知识在学习后未必就能起到立竿见影之效。这就告诉我们，在语文教材中处理语文知识与语文能力训练之间的关系要比处理其他课程教材的知识与能力之间关系处理复杂得多、困难得多，这是语文教材在编制及使用中的一个十分棘手的问题。针对语文知识数量众多并与语文能力训练提高的明显矛盾，张志公先生也曾明确分析指出：“我们应从现代化的要求出发，处理好知识教学的问题。不是简单的肯定，大量的教；也不是简单的否定，不教。知识的分量、广度、深度都要处理得当，同发展智力、培养能力联系起来考虑。”[②]这一论述自然是十分正确也是十分中肯的，但要在语文教材编写实践中真正科学处理好知识传递与能力训练培养的关系，却远非如认识这一问题这样容易。顾黄初先生对此问题的科学阐述，对语文教材编制中正确处理语文知识传递与能力训练之间的关系具有重要的现实指导意义。

①顾黄初、顾正彪：《语文课程与语文教材》，北京：社会科学文献出版社，2001 年版，第 82 页。

②张志公：《张志公文集》（三），广州：广东教育出版社，1991 年版，第 184 页。

正由于语文教材在结构形式与构成因素上具有复杂性，并在各要素之间的有机组合上具有高难度，因此就更加需要科学设计、巧妙合成，使之既成为有利于教师授课的“教本”，又成为有利于学生学习的“学本”与“练本”。在顾黄初先生看来，要达到这个语文教材编写的理想目标，就要以单元来作为语文教材编写的基本单位，并运用系统论思想来不断优化组合单元编写设计：“怎样把读的、讲的、练的项目组合得好，使它们‘分之则眉目清楚，合之则相互为用’，以期一个单元成为一个传授知识、培养能力和习惯的具有整体综合效应的‘集成块’，是教科书编者追求的目标。”[①]就是说，以单元为基本单位来实施语文教材编写，一方面可在范文系统、知识系统、作业系统、导学系统中追求与体现“整体大于部分之和”的系统论原理，使单元内各个组成要素在单元系统中都处于一定的合理位置并起到特定的作用——各要素之间相互关联而构成一个不可分割的整体。另一方面，范文系统、知识系统、作业系统、导学系统要保持相对独立，并在整个教材体系中形成一个相互勾连、彼此支撑的小系统，即达到“分之则眉目清楚，合之则相互为用”的理想境地。

在顾先生看来，无论在合编型教材还是分编型教材中的单元组合，要达到“分之则眉目清楚，合之则相互为用”的理想目标，就必须遵循以下三条基本原则。第一，要以单元为整体。顾先生认为，在语文教材中“一个单元是教学内容组合的基本单位，它应该是个相对独立的整体”[②]。因此在纵向结构上，语文教材的每个单元要作为教学的一个基本单位，在内容上应包括教学目标、教学内容与教学方式、练习要求与效果检测等要素，并能有机组合在一起；在横向结构上，语文教材的每个单元要以课文（范文）为具体实例，把知识传递、能力训练、习惯养成、素养提高乃至价值灌输、情感熏陶、人格培育等多项任务与内容完美地结合在一起。第二，要以目标为核心。顾先生认为，虽然范文、知识、作业、导学等要素的组合方式与组合形式多种多样，但要看到“多元组合绝不是多项内容的任意凑合，它要以特定教学目标作为核心和依据”[③]。这就提醒我们，虽然语文教材中的每个单元在思想内容、表现形式上具有多样性与综合性特征，但我们必须处理好

①顾黄初、顾正彪：《语文课程与语文教材》，北京：社会科学文献出版社，2001年版，第138页。
②顾黄初、顾正彪：《语文课程与语文教材》，北京：社会科学文献出版社，2001年版，第138页。
③顾黄初、顾正彪：《语文课程与语文教材》，北京：社会科学文献出版社，2001年版，第139页。

主线与分支的关系。例如，每篇课文实际上都是思想内容与表达形式的完美统一，且大都包含着众多的学习内容（如语言文字、篇章结构、表达方式、思想情感等内容），但如从单元教学看却应该有一个主线——突出某一个方面或解决某一项内容要求。譬如同是议论文单元，有的单元就应该侧重解决立论的问题，有的单元则需要解决论证方法的问题，有的单元则需要解决论证结构的问题，如此就能实现课程、教学对象（特别是课文）内容的多样性与课程、教学目标相对单一性的协调统一。需引起我们注意的是，早在20世纪80年代初期，华东师大附属中学的陆继椿先生就以“分类集中、分阶段进行语言训练”展开大胆探索，并因主张“一课有一得，得得有联系”而被语文教育界称为“得得派”。“得得派”在观点的实质上是为了实现教学时目标的相对单一与相对独立。同时从众多语文教材的编写实践来看，我们也应在众多内容中突出或凸显某一教学目标，这样才能更容易实现预期的课程目标。第三，要以知能转化为指向。顾黄初先生以叶圣陶先生“教是为了不需要教”这一著名观点为理论依据，指出语文教材在单元教学内容的组合时，“也得按照知能转化的要求精心设计”，比如要把阅读分为精读、略读、自读、参读等不同的形式。[①]再如在分编型写作教材的编写中，教师对写作知识不能空讲、泛讲，而应重在指导学生运用相关写作知识来进行实际写作实践，并在这一实践训练中积极促使学生把写作知识转化为写作能力。

关于语文教材编写时涉及要素众多、结构异常复杂而必须优化组合的问题，这在以上阐述语文教材结构组成时已经提及。至于怎样真正做到语文教材内容的优化组合，笔者将在下节结合顾先生的论述再加以叙述，兹不赘述。

①顾黄初、顾正彪：《语文课程与语文教材》，北京：社会科学文献出版社，2001年版，第140页。

第二节　语文教材的基本编制理论

在深入持久地进行语文教材编制的理论研究中，在系统总结并长期参与语文教材编写、审定体会的基础上，顾黄初先生在众多的论述中也集中全面、具体地阐述了自己的语文教材编制思想。认真梳理、深刻领会他的语文教材编制思想，对改进与提高语文教材编写质量、促进语文课程健康发展具有重要的现实指导意义。

一、语文教材编制的理论基础

顾黄初先生从总结我国语文教材编写经验的纵向视角与比较中外母语教科书编制异同的横向视角，明确提出了语文教材编写必须遵循的一些理论原则。总结、阐发顾先生的语文教材编制理论并用之指导教材编写实践，对改进与提高语文教材编写质量具有现实针对性。

首先，语文教材的编制要全面充分地体现语文课程的性质与任务。顾黄初先生承继叶圣陶先生的观点，认为语文教材之所以一直受时代社会所左右并被社会各界人士不断诟病，其根本原因在于“历来的语文教育界总没有把语文学科的性质和任务讨论清楚，没有把语文教学中‘语文训练’与‘精神训练’相互关系的问题完全搞明白”，以致学生听、说、读、写的语文能力受到损害，“是我国的中学语文教材虽然版本众多而始终未能尽如人意、始终‘缺乏客观具体的科学性’的主要原因”。[①]这就说明，我们要充分看到语文教材编制时直接受制于语文课程标准（大纲），要突出其“语文训练”的主要任务，课程标准（大纲）首先要明确规定这一主要任务。与之同时，体现语文课程标准（大纲）基本精神的语文教材在编写之时，也必须把“语文训练”作为语文教材的主要任务凸显出来，更好地完成自己所担负的课程重任。正是在这一认识的基础上，顾先生在《语文课程与语

①顾黄初：《改革中学语文教材之我见》，《扬州师院学报》（社会科学版）1980 年第 6 期。

文教材》的“中学语文教科书的编制与使用”一章中，以较长篇幅详细论述了教学目标的确定。粗看起来，好似这一内容与语文教材编制理论关系不大，但仔细分析就可看出他之所以较为详细地论述教学目标，实则是要强调语文教材在编写之中必须要把“语文训练”凸显出来。遵循这一基本认识，他认为理想的语文教材编写“只有把历来‘专重精神训练’的状况改变过来，把语文课真正当作是一门以传授语文知识、训练语文技能、发展语文能力为主要任务的具有高度思想性和综合性的基础工具课来对待，把‘精神训练’有机地渗透在‘语文训练’之中，才有可能以此为目标编制出一部文质兼美的理想的语文教材来。我认为，这是进一步改革中学语文教材的一个必要前提”①。如此看来，语文教材的编写就必须充分体现语文课程的性质，并明确把传授语文知识、训练语文技能、发展语文能力、提高语文素养作为自己的最主要编写任务，这样才能使语文课程达到理想或较为理想的状态。

其次，语文教材的编制要努力追求并力求实现多样化。早在20世纪80年代改革开放之初，顾先生就以自己的远见卓识提出语文教材由于编写体制统一，以致缺乏竞争、质量不高，积极呼吁语文教材编写要解放思想、推陈出新：(今天)“是不是也可以解放思想，在统一教学大纲的前提下，容许教材建设上来个‘百花齐放’呢？我看，这不但是必要的，而且是可能的。”②这是由于在他看来，语文教材要承担语文教育(包括听、说、读、写)、文学教育、思维训练乃至信念形成、情感熏陶、观念传递等众多课程任务，就既需要合编型教材的存在，又需要分编型教材的出现。同时，通过对众多国家母语教材编写的对比研究，他还发现了世界上大多数国家在母语教材编写中的一大共性——“相当一部分国家的母语教材是实行语言类教材与文学类教材分别编制的”③。正是在看到语文独立设科后，语文教材在编写之时由于内容的综合性影响而造成难以把知识传递与能力训练有机结合起来、把语言训练与思想教育有机结合起来的现实困境或“两难选择”，顾先生在充分肯定合编型教材有其独有优势与积极功能的同时，积极提出语文教材要实行分编的鲜明学术观点：

①顾黄初：《改革中学语文教材之我见》，《扬州师院学报》(社会科学版)1980年第6期。

②顾黄初：《改革中学语文教材之我见》，《扬州师院学报》(社会科学版)1980年第6期。

③顾黄初、顾正彪：《语文课程与语文教材》，北京：社会科学文献出版社，2001年版，第351页。

按照中学语文教学应该重在“语文训练”的原则，借鉴前人所积累的丰富经验，我以为，中学语文教学宜乎编制这么三种教材：一种是阅读教材，一种是写作教材，另一种是为提高和发展学生读写能力所需要的语言教材。三者各有自己的系统，又能相互配合，相辅相成。①

对编写分编型语文教材的观点，我们要历史地看到，自语文独立设科后语文教材一直就以合编型为主，分编型教材只在不同历史时期短时进行过尝试，始终不占主流。如20世纪50年代中期试验过的语言、文学教材分编及分科教学，在很短时期就被终止了。在20世纪80年代中期，也曾有过阅读、写作教材的分编与使用，但也在未取得经验总结的情况下就草草结束了。对此教材编写现象，笔者认为，尽管合编型语文教材确有自身的一些优势，但由于语文课程内容的复杂性与只能以课文为基本凭借物的特殊存在等众多复杂因素的影响，我们在教材编写实践中实际上极难做到“分之则眉目清楚，合之则相互为用”的理想目标，这与其他课程与教材有着明显而本质的区别。因此，在中学阶段把语言与文化教材、阅读与写作教材分开进行编写，既有利于充分体现语文课程性质与任务，又有利于培养学生全面的语文能力。特别是在现阶段学生语文能力不高与高考改革中要把语文考试分值大幅提高的现实情况下，在语文课程中使用分编型教材并适度增加语文课程的实际授课时数，是具有一定现实可行性的。

再次，语文教材的编制要注重与学生实际生活的联系，并呈现出生活化特征。由于人们的语言实践离不开实际生活，实际生活中的人际交往也必须通过听、说、读、写的语言实践才能实现，因此就有了“语文学习的外延与生活的外延相等”之说法。对此，顾先生曾明确指出：

语文教材的编写应当尽可能与生活靠拢，特别是在为听、说、读、写训练设计作业时要尽可能安排一种生活情景，把听的、说的、读的、写的训练，同特定生活情景的需要自然地串联起来，这既是一种生活的模拟，又是一种语言运用的实际操练……把那种假想的、真实的生活情景巧妙设计，周妥安排，使学生们在兴趣盎然的活动过程中，听的能力、说的能力、读的能力、写

①顾黄初：《改革中学语文教材之我见》，《扬州师院学报》（社会科学版）1980年第6期。

的能力，甚至思维能力、组织能力、指挥能力、协作能力、克服困难去实现目标的能力等等，都能得到实际的锻炼。这就是我理解的生活化了的教材对培养学生综合素质的独特功能。①

就是说，在教材编制中注重进行生活化的科学语言训练，不仅可以提高学生的语文能力、开发学生的智力，还可以培养学生的意志品格、熏陶学生的思想情感。显然，编制出具有一定活动特征的、生活化特征明显的语文教材并用之于语文课程实践，对促进语文课程与学生语文实际的结合、对培养提高学生的综合素质具有独特而积极的功能。

最后，语文教材的编制要保持相对稳定性。顾黄初先生主张教材编写要积极避免“趋同”而力求不断实现“创新”（他一直主张与强调语文教材编写一定要实现多样化并积极引进市场竞争机制），也鲜明地提出在语文教材编写中要注意保持基本的、相对的稳定，以实现语文教材“变”与“不变”的有机统一。之所以主张要保持语文教材基本内容的相对稳定性，在顾先生看来主要是由于：

人的素质中，有相当一部分是属于“基本素质”，还有一部分是所谓“时代新质”。“基本素质”对于一个人来说是长期起作用的、稳定的，是素质中的稳定因素；“时代新质”是随着时代的发展而产生的对人才素质的新要求。基础教育阶段根本任务之一是要培养青少年为人、为学的基本素质。各科的教学，特别是语文学科的教学，着眼点都应该是学生基本素质的养成。从这个意义上说，语文教材的基本内容应当保持相对稳定。“一年一小变，三年一大变，五年基本面目全非”是不可取的。②

在此，顾先生虽未对“基本素质”与“时代新质”这两个概念做出明确界定，但从其语文课程观、语文教材观中我们可明显看出，“基本素质”主要指语文教材内的知识系统，也就是字、词、句、篇、语、修、逻、文这些语言表达形式方面的基础知识与基本规则。对此，他指出，语言学、现代文文章学、语用学、语义学等关于语言特别是汉语言本身的知识及研究成果，再加之语文课程本身要以提高

①顾黄初、顾正彪：《语文课程与语文教材》，北京：社会科学文献出版社，2001年版，第352—353页。

②顾黄初、顾正彪：《语文课程与语文教材》，北京：社会科学文献出版社，2001年版，第353页。

学生语文能力为根本目标，在客观上"要求语文教材的编制者和使用者，都应该具有足够的语言和语文学方面的理论素养，都应该准确而敏锐地吸收有关语言和语文学方面最新的研究成果，这是时代发展的必然"[①]。对此，我们要看到这虽然是从教材编制角度来说的，但也指出了语文教材必须要充分反映、具体体现语文形式方面的知识与知识运用规则（广义上的语文知识与运用规则，不仅包括字词句与篇章结构，也包括听、说、读、写等多方面的基本知识与技能等），且这部分内容应该作为语文教材的基本内容而保持相对的稳定性。同时，"基本素质"还应保持部分课文特别是文质兼美范文（名家名篇）的稳定性，也就是保持范文部分的相对稳定。对此，他曾明确指出："我们不能今天提倡什么，就增加几篇有关这方面的课文；明天反对什么，就又把反映这方面的课文抽去。"[②]为具体说明这一问题，他还列举了许地山的《落花生》、朱自清的《背影》等名篇虽被冷落多年，但终于在语文教材中得以"扎根"的事例，说明反映人性人情、主流价值、慈悲情怀、与人友善这方面的作品应在教材中保持基本稳定。以上两点，就是顾先生提出语文教材要保持相对稳定的基本内涵。从语文课程现实发展与教材的不断革新趋势，他也明确提出要辩证看待语文教材的相对稳定与必然变化：语文教材的编写也应随时代与社会、教育与课程的发展而发展，应逐步增添一些"时代新质"。但这需要编写者慎重选择，因为容纳"时代新质"的语文教材，是注定要经受时代考验的。

二、语文教材构成要素的优化组合

顾黄初先生在早期研究语文教材编制之时，就已明确提出了教材变革的复杂性与重要性："改革中学语文教材，是个老问题，也是个难问题。"[③]之所以是个"老问题"与"难问题"，主要是由于数、理、化等课程的教材在编写之时，完全可以按照学科知识自身的逻辑结构顺序来编写，且由于这些学科知识本身具有严密性和逻辑性，自然也使得教材具有较高的严密性与逻辑性。语文课程由于其独

①顾黄初：《顾黄初语文教育文集》，北京：人民出版社，2002年版，第194页。

②顾黄初、顾正彪：《语文课程与语文教材》，北京：社会科学文献出版社，2001年版，第353页。

③顾黄初：《改革中学语文教材之我见》，《扬州师院学报》（社会科学版）1980年第6期。

特性质与其实践性、综合性等特征,极难做到编写时的严密性与清晰的逻辑性。因此,面对范文系统、知识系统、作业系统、导学系统这些众多的内容与复杂因素,在编写之时就必然有着对构成要素进行优化组合的客观要求。应该说,这是一个认识起来相对容易,但解决起来却极为困难而我们又必须面对的实际问题。

在顾先生看来,在语文课程与教材领域内要科学深入地探索语文课程与教材编写的科学化发展道路,其关键就在于要能积极探求语文教材构成因素的优化组合,以其实现“整体大于部分之和”这一目标。

> 探索课程和教材建设的科学化道路,辩证唯物主义者的要求是:既要承认学科知识的客观价值及其特点(但不同于“知识中心论”),又要考虑学生在不同发展阶段的身心特点(但不同于“儿童中心论”),还要考虑社会的客观需求(但不同于“社会中心论”)。课程和教材的建设,在实践上的最大难题就在于,实现知识价值、学生特点和社会需求这三者的辩证的、和谐的统一。①

在语文教材的实际编写之中,怎样才能更好实现知识价值、学生特点和社会需求这三者之间的辩证与和谐的统一呢?顾先生认为重要方法之一就要实现教材构成因素的优化组合。

语文教材必须要实现对众多语文知识的优化组合。语文教材要考虑语文知识的客观价值与特点,这是无需过多论证的。但由于语文知识又是一个极为庞大且内部纵横交错、头绪复杂的巨型系统,其涉及面不但十分广泛,而且具有分散性、交织性、陈述性、程序性等区别,以及众多知识与语文能力实践之间或联系紧密或联系不甚紧密的特征,因此在编写之时又不能不正面对待。对此,顾先生曾分析指出:(语文知识)“从语言形式看,有字、词、句、篇;从语言运用规律看,有语、修、逻、文;从语言行为看,有听、说、读、写;而语言能力的培养和发展,又离不开人的思想水平、知识视野和生活阅历。”②正因如此,作为要较为集中、全面反映语文知识体系内容的语文教材,就必然要求在编写实践中力求做到“不

①顾黄初、朱川彬、洪宗礼:《论汉语文教材的优选、组合和延展》,《教育评论》1991年第3期。

②顾黄初、朱川彬、洪宗礼:《论汉语文教材的优选、组合和延展》,《教育评论》1991年第3期。

管是知识型的，还是训练型的，都必须尊重汉语文知识本身的客观价值及其特点”。但与之同时，由于语文知识本身体系庞大、内容众多、纵横交错、头绪复杂，教材在编写实践中“要把这庞大而复杂的汉语文知识体系全部收纳进教材，几乎是不可能的，也是不必要的”[①]。这一客观存在，就自然需要在教材编写中实现对语文知识的优化选择。

怎样在教材编写中实现对语文知识的优化选择呢？顾先生等人认为：“对汉语文知识的优化选择，其主要依据是汉语文知识本身的特点，同时兼顾到学生和社会的需求。”[②]依据汉语文知识本身的特点，语文教材就要突出对汉语以汉字为书写工具，词语特别是成语的词义、色彩以及构成，基本句式及其变化，段落层次与篇章结构规律等重点知识“简化头绪”的编写。对此，我们要看到，汉语说复杂也复杂，因为其书写符号（汉字）数量众多且形体繁杂，要认识与掌握颇不容易；同时其词序灵活、表达多样、差别细微，且词与词、句与句、段与段之间多靠语义联系，具有明显“意合”特征，熟练表述与准确理解难度较大。与之同时，我们说汉语也不复杂，因为只要抓住汉字，特别是常用汉字这一根本与基础，坚持以字学词、以词学句、以句学段、以段学篇，就能较快掌握汉语书面语的读与写。此外，汉语也没有复杂的时态、语态变化，也没有主格、宾格的严格区别，无论是词语、句子还是句群，因为语段主要有并列、主谓、偏正、动宾、动补等几种基本形式，学习者既可从语段的基本结构来认识句群、句子与词语的基本结构，又可以从词语的基本结构来认识句子、句群、语段的基本结构。因此，顾先生提出要根据汉语的语言特征来优化汉语知识，就是要在语文教材编写中突出汉字认读、词语与句子基本结构、词序灵活组合与“意合”特征明显等重点内容的选择、组合与呈现，以实现对语文知识的有机组合与科学优化。

同时，语文教材在编写之时要实现对众多知识的优化组合，就必须以“重在运用”作为教材的根本编写目标与价值追求。

> 汉语文的教学重在知识的运用，知识要在运用中理解，在运用中巩固，

①顾黄初、朱川彬、洪宗礼：《论汉语文教材的优选、组合和延展》，《教育评论》1991年第3期。

②顾黄初、朱川彬、洪宗礼：《论汉语文教材的优选、组合和延展》，《教育评论》1991年第3期。

在运用中掌握。谈到运用，就离不开听、说、读、写等语文行为。汉语文的知识，其中的绝大部分必须经过一定的改造，转化成为听、说、读、写行为，然后才能构成汉语文教学的活动，这是汉语文教学区别于其他学科教学的重要特征。听、说、读、写等语文行为，除了要受一般语言运用法则的制约以外，其本身还有一定的操作要领和行为方式。所以，知识的优化选择，又不能不从构成语文行为的听、说、读、写方面去衡定，而不能像一般语法书、修辞书、逻辑书和文学手册那样，只从静态上去建构知识的框架。①

这段精彩论述就十分明确地指出了要实现语文知识的恰当选择与优化组合，就要加强语言知识教学的实践性训练，并通过学生对语文知识的实际运用，使学生的语文认识转化为语文实践、使语文实践提升为语文能力、使语文能力成为语文习惯。譬如在学习、了解了汉语词序变化灵活并在表意时具有极为重要作用的知识后，就要引导学生正确认识“屡战屡败”与“屡败屡战”的不同，就要指导学生去深刻认识、正确把握一些利用词序变化来表达观点的精辟认识。

毛泽东同志在提出“失败是成功之母”这一著名论断后，著名历史学者周谷城先生则提出了与之相对的命题——“成功是失败之母”。因为成功可以导致骄傲，而骄傲又会招致失败，这就是“成功是失败之母”。而著名作家王蒙先生根据这两个著名命题，在2010年的一次演讲中继续提出了“失败是失败之母”（对一次失败，如不总结经验教训，接下来就是更大失败）、“成功是成功之母”（小成功之后是大成功，积小胜成大胜）这两个新的著名论断。以上三个著名人物的四个著名论断，主要是通过“成功”与“失败”、“是”与“母”这几个词的不同组合来表达深刻思想的。②

自然，语文教材编写时除重视引导、指导学生在阅读实践中去正确认识与准确理解汉语词序灵活、表意明显等特征外，还要重视引导、指导学生在汉语表述时要根据语境的实际需要，能灵活自如地运用诸如“不很好”与“很不好”、“酒好喝”与“好喝酒”及“喝好酒”等词语相同、词序不同、语义有别的口语或书面语的

①顾黄初、朱川彬、洪宗礼：《论汉语文教材的优选、组合和延展》，《教育评论》1991年第3期。

②解光穆：《故事里的汉语》，西安：陕西师范大学出版总社有限公司，2015年版，第3—4页。

不同表达形式，从而有效地提高运用汉语的实际能力与水平，并在具体的运用实践中能加深对汉语知识的理性认识与对汉语规律性的把握。

语文教材必须要实现对众多内容系统的优化组合。顾黄初先生指出，语文教材就其主要内容与基本形态组成而言，一般都包括知识系统、范文系统、作业系统和导学系统四个基本组成部分。同时，这四个系统内部又有着众多而复杂的内容。譬如仅就范文系统而言，就文本所表达的内容来看，上下几千年、纵横国内外的历史的、社会的、政治的、文化的、艺术的、技术的、风俗习惯等思想内容都会在教材中充分体现出来，这些丰富多彩的文化艺术、科学技术的"百科全书式"的知识内容虽不是语文课程的根本目标，但由于语言形式与思想内容的密不可分性，也必然涉及对其的理解与把握。因此，语文教材中的范文系统、作业系统等之间及内部要素之间也存在着优化组合的问题。如在范文选编中，过去就有过轻视实用文而偏重文艺文（文学作品）的倾向，这一倾向实际就反映出对作品内容的选择与组合。在语言教材中，不同编写者因不同的编写思想而影响到对内容的选择。如有人曾对人民教育出版社出版的中学英语教材的故事性课文及其插图进行分析研究，发现教材内容中的男性角色要明显多于女性，而且承担的角色也明显不同：女性以小学教师、护士、保育员、营业员、纺织工、服务员等为多；在角色塑造上，一般而言男性总是知识渊博、志向高远、顽强进取、独立自主，而女性则温和美丽、寻求同情和保护。英语教材在编写时对作品内容的选择如此，汉语教材在编写时自然也有类似现象。此外就文本（作品）的表现形式来看，语文教材中除字、词、句、篇这些基本语言形式知识外，还有文体的、语体的、时代的内容与表达方法技巧、结构形式等方面的内容，也需要加以优化组合。因此，顾先生认为要实现语文课程目标，就要实现教材对众多内容的优化组合，并以"单元合成"为基本手段，使之形成"具有整体综合效应的'集成块'"①。自然，要使语文教材的编写形成具有整体综合效应的"集成块"，在编制实践中绝非易事，这主要是由于：

①中共中央党校科学社会主义教研室编译：《文明与文化》，北京：求是出版社，1982年版，第35页。

对知识的优化选择，只是教材建设的一项基础工作，并不是全部工作。前面已经提到，经过优化处理而提取出来的知识点，必须进行改造，方能成为学科的教学体系。这种改造大致可分三步进行：首先是把知识点按其本身的内在逻辑联系，编制出一个合理的序列；其次，对这些知识点规定听、说、读、写等单一的或综合的学习行为，使知识点转化为教学训练点；第三，参照原来知识点相互之间的内在联系，结合学生的认知特点和学习心理，将训练点进行优化组合，使之形成完整的教学训练体系。这样，整个教学训练体系既具有覆盖所有知识的属性，又具有满足智力因素与非智力因素协调发展的要求的属性。

这第三步的优化组合，悬着一个较高的标准，那就是：分之则眉目清楚，合之则相互为用。①

怎样在语文教材编写中实现“整个教学训练体系既具有覆盖所有知识的属性，又具有满足智力因素与非智力因素协调发展的要求的属性”呢？这就涉及知识、范文、作业与导学系统的优化组合。对此，顾先生等人认为，一是要在内容编写时遵循汉语文的特点与学生的认知规律，充分注意知识与知识之间的渗透性与交叉性。这又是由于：“学习汉语文，从静态上研究，是字、词、句、章的知识；从动态上研究，是听、说、读、写的行为；从运用法则上研究，是语、修、逻、文（其中的一部分），它们彼此都是渗透着，交叉着的。”②基于这一特点，语文教材编写就要有效加强听说读写、字词句篇与语修逻文之间的有机联系与彼此渗透，从而把传授语文知识、培养语文能力和习惯以及帮助学生掌握学习语文的方法等紧密结合起来，形成具有整体综合效应的“集成块”。二是在内容编写时既要注意前后的衔接，又要重视必要的反复。这是由于听、说、读、写等方面的知识既有着内在的逻辑联系，需要在教材编写时加强前后的衔接。同时，也是由于语文知识要转化为能力、语文能力要形成语文习惯，就必然要求在教材中“某些重点知识和重点学习行为的重复出现”③。三是要在内容编写时使众多内容形成一个整体。顾先生认为，以单元来组元编写语文教材是长期积累的成功经验：“一个单元就是

①顾黄初、朱川彬、洪宗礼：《论汉语文教材的优选、组合和延展》，《教育评论》1991年第3期。
②顾黄初、朱川彬、洪宗礼：《论汉语文教材的优选、组合和延展》，《教育评论》1991年第3期。
③顾黄初、朱川彬、洪宗礼：《论汉语文教材的优选、组合和延展》，《教育评论》1991年第3期。

一个内容优化组合的基本单位，并成为一个‘相对独立的整体’；而若干个单元构成一册教材，也应是一个整体；由若干册教材构成一套教材，则更应是一个整体。”[①]既然语文教材是一个整体，那么单元与单元之间、各册教材之间，就要注重整体性。在这里，顾先生显然是运用了系统论“整体大于部分之和”的原理来分析语文教材怎样才能做到内容的优化组合这一重要问题的。

三、语文教材编制的评价标准

在基础教育阶段，如同语文课程长期以来受社会关注度最高、非议与责难最多一样，语文教材长期以来也始终处于受社会各界严词批评乃至尖锐抨击的尴尬境地，这实际上与我们对语文教材的编写理论、试用实验、科学评价等重要问题关注不够有着密切的关系。对语文教材的尴尬历史及其中缘由，朱绍禹先生曾深有感触地指出：“语文教材是人们期望最多、同时也几乎是非难最多的一种读物。然而，学者们对它的研究显然是太不够了。”[②]朱先生指出的对语文教材这一极为重要读物的“研究显然是太不够了”的现象在语文课程发展史上具有普遍性，因为有一些确有思想的学者们常常不屑于或无暇对这一重要对象进行理论研究与实践探究，认为语文教材的编写无非是拼凑文本的“小儿科”，不足以“登大雅之堂”。顾黄初先生却认为，语文教材在语文课程中有着极为重要的价值与巨大的功能，决不可等闲视之：“课程教材是国家教育方针的载体，是培养学生的蓝图……同时，教材又是国家意志、民族精神在教育领域的集中体现……”[③]正是在充分认识到语文教材担负的重要任务与重大职责的基础上，顾先生十分重视语文教材理论研究与实践编写中的评价问题，其中于1989年写的《新编课本怎样才有竞争力》的文章中，就集中阐述了怎样进行语文教材编制评价的这一大问题：

一套有价值的中学语文课本，应当具备以下三个特点：一是有利于指导

①顾黄初、朱川彬、洪宗礼：《论汉语文教材的优选、组合和延展》，《教育评论》1991年第3期。

②朱绍禹主编：《中学语文教材概观》，北京：人民教育出版社，1997年版。

③江明、顾黄初、钱梦龙：《严格把关　积极扶持　促进教材建设健康发展》，《课程·教材·教法》1998年第4期。

学生自学。传统的教育观，把课本视为“教本”，编辑的着眼点是便于教师的“教”，不是便于学生的“学”。现代的教育观则不同，它把课本既视为“教本”，也视为“学本”，而且更主要的是“学本”，编辑的着眼点不单是便于教师的“教”，而且要便于学生的“学”。因此，把讲授学习方法，包括讲授读写听说方法引进课本，把提示自学门径、提供自学材料引进课本，已经成为当令教材编制的发展趋势。二是有利于训练能力。语文学科就其性质和任务来看，它的教学重点不在知识的传授而在能力的训练：传授必要的基础知识主要目的在于有效地提高运用语文工具的能力。因此，中学语文课本的编辑，既要重“知”，更要重“能”，着力于学生语文能力的训练和良好的语文行为习惯的培养。三是有利于学生的发展。中学生正处于世界观逐步形成、生理心理逐步发展的人生重要时期，他们求知欲强烈、嬗变性显著、创造意识增强。因此，一套有价值的语文课本，在给他们提供知识信息的时候，不但要注重“有益”和“有用”，而且要注重“有趣”和“有味”；不但要重视思想修养，还要重视文化素养；不但要让学生了解过去，还要让学生了解现在和未来。①

顾先生所提出的语文教材编制的这三个“有利于”的评价标准，从语文课程的认识论上看，应作为语文教材编写的根本指导思想与基本评价标准。笔者之所以持此论，主要是基于以下几方面的理由。

（一）“有利于指导学生自学”的评价标准，科学揭示了语文教材编写方向之所在

一般而言，基础教育阶段的教材都是各门课程主要目标与基本内容的“具体化”与“文本化”。同时按照现代教育理念来看，各学科教材的编写都要有利于促进学生对本课程内容的理解与能力的形成。但由于语文课程在内容与形式上的复杂性以及不同时期的课程标准（大纲）始终缺乏对课程内容的明确规定与清晰表述，因此在编写之时就存在着明显的随意性与过多的变化性。如在文选型语文教材编写中，就存在着以朝代更替为序（即从秦汉依次到元明清等），也存在着逆向上溯、由近到远为序（即从清代上溯到明代，再从明代上溯到宋代等），自然还存在着以文体（即按记叙、说明、议论来编排）、语体（即按白话与文言来编

①顾黄初：《新编课本怎样才有竞争力》，《语文学习》1989年第4期。

排)乃至以主题为标准来加以编排等不同情况。再如在以单元为基础的合编型语文教材编写中,既有以培养学生阅读能力为主而穿插配合其他(即以范文系统为主体来组织教材内容)的编写形式,也有着以培养学生写作能力为主而穿插配合其他(即以范文系统为主体但目标集中指向于写作能力提高来组织教材内容)的编写形式,还有以传授语文知识为主而相应配合其他(即以语文基础知识为主体、为基本线索来组织教材内容)的编写形式。[①]语文教材种种不同的编写方法与体例,从理论上讲可能无高低优劣之分,因为在选文中不论是顺向下溯还是逆向上溯,也不论是以阅读能力为主还是以写作能力为主来编选范文,都有其合理性也都有着各自的不足,极难对其做出价值判断。那么,对已有语文教材该怎样加以评价呢?顾先生认为,一个重要标准就是看其是否有利于促进学生的自学,即是否能够充分调动学生学习语文的积极性与主动性。

笔者认为,语文教材编写要“有利于指导学生自学”这一评价标准,实际上就深刻揭示出了语文教材编写的根本价值方向。要看到,语文教材之所以难编,主要原因在于语文课程具有常见性与普遍性的课程特征。而常见性与普遍性的课程特征,又导致了语文教材编写的难度——对学生的吸引力较弱。这又是“由于语文课程是以母语学习、掌握与提高为基本对象,这一学习对象对学生来说具有习以为常并有随时可学、随处可见特征”[②]。从心理学视角来看,语文教材所呈现的内容与形式(特别是范文的内容与形式)常是学生较为熟悉的,对此,他们在学习接受时就不具“陌生化效应”。相反,数理化乃至政治、历史等课程与教材的内容对学生来说却是陌生对象, 学生正由于不熟悉反而对其有着较为浓厚的兴趣。正是这一课程特征决定了语文教材编写的难度, 这就是张志公先生所指出的,由于语文“教材的内容,学生真正完全不理解的,特别需要讲解的东西是很少的”[③],反而造成了教材编写与教学实施的难度。如此看来,顾先生提出语文教材编写要“有利于指导学生自学”这一指导思想与评价标准,实则是一种极高的要求与标准。要达到此标准,语文教材在编写过程之时就必须努力做到:第一,要重视与加强对语文学法指导方面知识内容的编写。具体说,语文教材要能吸引学

---

①顾黄初、顾正彪:《语文课程与语文教材》,北京:社会科学文献出版社,2001 年版,第 91 页。

②解光穆、于成义:《语文何以“好学难教”——兼议张志公关于语文课程特征论述的当代价值》,《教学与管理》2005 年第 1 期。

③张志公:《张志公语文教育论集》(上),北京:人民教育出版社,1994 年版,第 46—47 页。

生并调动其学习的积极性、主动性，就要把能够切实提供听、说、读、写能力的“方法知识”积极引进到教材之中。这实质上就是顾先生所指出的：（语文教材）“把讲授学习方法，包括讲授读、写、听、说方法引进课本，把提示自学门径、提供自学材料引进课本，已经成为当今教材编制的发展趋势。”[①]如之前所讲，在语文教材中学生常对范文不具陌生感，但却对重音停顿等实际朗读的技巧方法、抓住关键词与关键句来有效理解文意的阅读方法、讲求起承转合的写作方法等这些关于方法的知识内容感兴趣，因为学生对它们是陌生的。因此，突出实际而有效的听、说、读、写等领域内关于语文实际行为方法性知识的语文教材，自然就会对学生有吸引力。第二，要遵循学生学习语文的认知规律。具体讲，语文教材要能有效调动学生学习语文的积极性与主动性，就要在内容选择、形式呈现乃至语言表达等多方面都力求符合学生学习语文时的认知心理规律。对此，顾先生曾明确提出：“教材教材，是用来教学生的材料，而‘教’的规律是离不开教学双方的心理规律的。就以课文的选择为例，课文不仅是‘范例’，还应该是‘适例’，也就是说适宜于某个年龄段的学生的心理特点。”[②]这就明确告诉我们，语文教材的编写要注意与学生实际学习语文的认知心理相适应，才能有利于调动他们学习语文的积极性与主动性。第三，要有效扩展教材内容并重视教材的训练功能。语文独立设科后，长期的语文教材编写史都一再表明，受课程时数等因素限制，以单元组合为基础的合编型教材是语文教材的编写主体，而合编型语文教材又主要是以范文为核心来组合的。这一教材，重在为学生提供语文运用的“范例”，却常缺乏对语文实际能力训练的设计与组织。对此，顾先生在对比中外母语教材的基础上曾指出：

> 通过中外母语教材的学习、比较和研究，分明意识到“范文系统”的提法不如“课文系统”来得更周妥。因为“范文”的外延较小，“课文”的外延要大得多。范文，顾名思义应当是“堪作范例”的模范文；而课文既可以是模范文，也可以是讲述知识、提供病例、训练思维的案例，或者是用来说明某种语言运用法则、文章表现技巧的语言片段……也就是中国常说的“葫芦文”。[③]

①顾黄初：《新编课本怎样才有竞争力》，《语文学习》1989年第4期。

②顾黄初、顾正彪：《语文课程与语文教材》，北京：社会科学文献出版社，2001年版，第354—355页。

③顾黄初、顾正彪：《语文课程与语文教材》，北京：社会科学文献出版社，2001年版，第336页。

他认为除范文外，语文教材还应该把“讲述知识、提供病例、训练思维的案例，或者是用来说明某种语言运用法则、文章表现技巧的语言片段”等纳入其中，主要目的在于通过这些“课文”来对学生进行适当的语文训练。这些“葫芦文”就如同数、理、化教材中的“练习题”或“实验题”一样，其意主要在于通过训练来吸引学生对学习内容、学习材料（教材）的注意力，进而提高教材的吸引力。第四，要使语文教材编写具有“开放性”特征。从理论上讲，再完善的语文教材在提供课文方面都是受限的，即语文教材不可能也没有必要“穷尽”一切文章或作品，应在现有选文数量与类型之外，再通过“导学系统”或“作业系统”来增加一些学生在未来生活中经常接触到的其他选文，以此来弥补教材选文类型的单一和局限，以扩大学生的阅读面、培养学生阅读不同文本的实际能力。就是说，基础教育阶段的语文教材应在选编到教材之内的文本外，以多种形式与方法来补充其他多种类型的阅读教材作为辅助。这些文本对学生来说，有时是陌生化的，并在“课外海明威更精彩”（即美国学者发现学生对教材内的海明威作品远没有对课外海明威作品更感兴趣）的心理作用下，增强语文教材对学生的吸引力。自然，这一问题也与语文教师善于使用语文教材有着明显的联系。对此，顾先生指出：“根据教学需要，教师在使用教科书的同时也可以适当提供一些补充材料，以增加信息量。补充材料，包括对比性材料，佐证性材料，实例性材料，扩展性材料等等。”[①]这虽是针对语文教材的使用而言，但从编写角度看，语文教材也应注意有效引导教师扩展教材容量或有效帮助教师向顺利扩展教材容量的方向发展。第五，教材编写要“尊重多元文化”[②]。在过去较长一段时期内，语文教材过分突出了课文的意识形态性质，一些反映人类共同情感与不同民族、区域独特风俗习惯等方面的作品在入选时受到了较大限制。对此倾向，有人曾指出：（语文教材在具体选文上）“真正从语文角度来编的篇目大约只占一半，其余一半大体上是对学生进行思想政治教育来考虑的，而且是五六十年代那种思想政治教育内容。”[③]这也是造成语文教材对学生吸引力不高的原因之一。因此，要提高语文教材对学生的吸引力，顾黄初先生认为要在编写中“尊重多元文化”，力求使语文教材的

---

①顾黄初、顾正彪：《语文课程与语文教材》，北京：社会科学文献出版社，2001年版，第152页。

②顾黄初、顾正彪：《语文课程与语文教材》，北京：社会科学文献出版社，2001年版，第336页。

③王丽：《中学语文教学手记》，《北京文学》1997年第11期。

选文(材)范围广泛而新颖,并以此来提高学生阅读、学习的积极性。以上五点虽不是提高语文教材对学生的吸引力的全部,但从调动学生学习兴趣与增强教材对学生吸引力方面,却可能是最重要的。

(二)“有利于训练能力”的评价标准,科学揭示了语文教材编写重心之所在

客观看,在语文课程不断变革所引起的语文教材的不断变动中,受时代变迁、文化思潮及教育观念、课程理念的影响,语文教材在编写实践中对知识与能力关系的认识与处理有着曲折而复杂的变化,其中对教材编写影响最大的当属把知识与能力对立的观点与行为。正是基于语文教材编写成功经验与对存在问题的全面分析和系统认识,顾黄初先生明确提出语文教材的编写要“有利于训练能力”的评价标准。在他看来,理想的或说科学性较高的语文教材,其编写重心应放在有利于培养与促进学生语文能力的形成上,而不是放在有利于促进语文知识的传递上。简单讲就是,在教材编写理念与价值取向上,编写者要把语文教材看作是训练学生语文能力的凭借物,而不应把语文教材看作是介绍与传递语文知识的普通读物。但与此同时,我们还要认识到不能由于语文知识数量众多,有些语文知识未必能马上转化为语文能力,就把二者简单对立起来。无数事实证明,语文能力只有在学习与接受必要语文知识的基础上才能形成,语文知识与语文能力有着虽复杂但却极为密切的联系。因此,根据这一基本认识,顾黄初先生认为要突出语文教材能力训练的编写取向,就要处理好以下几个问题。

第一,要科学处理好语文知识传递与语文能力训练之间的复杂关系。语文知识是语文课程与语文教材的特质所在,理想的语文教材不能没有语文知识的编写。但同时,由于语文知识量多面广且部分知识与能力联系不紧密,因此,顾先生认为在语文教材编写之时就必须要对语文知识进行选择优化以形成知识点,在此基础上还需对选择优化的知识点进行改造使之再成为训练点,进而在形成训练点的基础上连点成为系统而完备的语文能力训练体系:“首先是把知识点按其本身的内在逻辑联系,编制出一个合理的序列;第二,对这些知识点规定听、说、读、写等单一的或综合的学习行为,使知识点转化为教学训练点;第三,参照原来知识点相互之间的内在联系,结合学生的认知特点和学习心理,将训练点进行优化组合,使之形成完整的教学训练体系。”只有这样,才能使得“整个教

学训练体系既具有覆盖所有知识的属性,又具有满足智力因素与非智力因素协调发展的要求的属性”[①]。显然,只有在形成科学合理的语文知识点的基础上再构建出训练点,在构建出训练点的基础上再形成语文训练体系,才真正有助于促进学生语文能力的发展与提高。在此分析认识的基础上,顾先生明确主张语文教材的编写要以能力培养为价值导向,必须要对语文知识进行简化与优化,从而使知识与能力有机地统一起来:“知识的优化组合,不能不从构成语文行为的听、说、读、写方面去衡量,而不能像一般语法书、修辞书、逻辑书和文学手册那样,只从静态上去建构知识的框架。”[②]这一重要论述就说明,语文教材要着眼于学生听、说、读、写能力的形成与提高,就必须坚持以语文实践为价值取向,而不是去刻意地追求语文知识的系统性和完整性。但同时,我们也要看到这不是说语文教材不应考虑知识结构的逻辑性与完整性。事实上,所有的知识都是具有层次结构的,语文知识也不例外。对于语文教材而言,编写者的重要任务之一是要把具有层次结构性的语文知识通过知识结构体系表现出来,从而利于学生在学习中形成稳定合理的、层次清晰的认知结构,进而促进语文能力的发展与提高,这实际上就是顾先生一再强调的要对知识进行优化选择、优化组合。

第二,要重视语文教材编写的生活化与情景化设计。在顾先生看来,语文课程具有明显的生活化、情景化特征,语文特别是范文是人们运用语文的典范材料,因此语文教材要重视并善于引导、组织学生在实际语文运用中学习语文与提高能力。这样的课程特征就要求语文教材在编制之时注意与实际生活中的语文运用相联系、相沟通,注意与特定的交流交际情境(场景)相联系、相沟通。顾先生在论述教材“作业系统”编写时明确提出:“凡是重要的作业,都尽可能设计成各种生活情景,让学生在特定的生活情景中进行语文实践,完成规定的作业任务。生活,是运用语言最广阔的天地,语言运用又必须由生活提供背景和需要。”[③]这就告诉我们,语文教材只有加强与实际生活的联系,才能促进学生语文能力的提高。

第三,要突出对语文(言语)形式的训练。早在 20 世纪 80 年代改革开放之

①顾黄初、朱川彬、洪宗礼:《论汉语文教材的优选、组合和延展》,《教育评论》1991 年第 3 期。

②顾黄初、朱川彬、洪宗礼:《论汉语文教材的优选、组合和延展》,《教育评论》1991 年第 3 期。

③顾黄初、顾正彪:《语文课程与语文教材》,北京:社会科学文献出版社,2001 年版,第 343 页。

初,顾黄初先生就以自己的远见卓识提出要及时纠正语文课程中“专重精神训练”的偏颇:(在语文教材编写中)“只有把历来‘专重精神训练’的状况改变过来,把语文课真正当作是一门以传授语文知识、训练语文技能、发展语文能力为主要任务的具有高度思想性和综合性的基础工具课来对待,把‘精神训练’有机地渗透在‘语文训练’之中,才有可能以此为目标编制出一部文质兼美的理想的语文教材来。”①对此,我们要看到由于对语文课程性质认识不清、对语文课程主要任务把握不准,语文教材在长期的编写实践中都不同程度地存在着重语言(言语)内容的理解而轻语言(言语)形式的学习的不良倾向。有学者在通过对人教版《义务教育课程标准实验教科书·语文》九年级上册课后练习设计的统计分析后说明了这一问题的存在:这册教材共25篇课文,课后练习题82道,其中关于“言语内容”的题目共42道,占题目总数的47.2%。而关于“言语形式”“怎么说”的题目,如果把“练笔”“抄写”“搜集”“背诵”几项算在内,也仅有47道。如不把这几项算在内,则仅有24道。甚至有几篇课文的课后练习,基本上都是关于思想内容的。②由此看来,对语文课程的性质、任务认识的模糊,直接影响到其科学编制。因此,在语文课程中要突出对学生语文能力的训练,就要求教材编写着重从语言(言语)形式方面来考虑,而不是把重点放在对言语内容的理解上。就是说,在语文教材编写中特别是对范文的阅读理解时,编写的侧重点既要让学生读懂课文、明白课文“说了些什么”,更要引导、指导学生从“说了些什么”中走出来,认识、体会、学习、揣摩作者是“怎么说”的——怎样来安排“说”的顺序,用了哪些精彩词汇和表现手法、表达技巧来“说”的,如何用语言把“情”抒发得淋漓尽致,如何把“意”表达得恰到好处。基于这一认识,顾先生反复强调语文教材编写特别是在作业系统的设计中,必须突出和加强对语文(言语)形式的训练,要使语文教材在成为“教本”与“学本”的同时还成为“练本”。

(三)“有利于学生的发展”的评价标准,科学揭示了语文教材编写目标之所在

顾先生之所以提出要把“有利于学生的发展”作为语文教材编写的根本指向目标,原因在于语文教材除了具有教学性功能特征外,还具有明显的教育性功能特征。这是由于语文是“文道统一”的结合物,历史或现实中不存在不以语言为

①顾黄初:《改革中学语文教材之我见》,《扬州师院学报》(社会科学版)1980年第6期。

②参见陈勇:《论语文课程的实践品格》,西南大学2010年博士论文。

凭借的思想情感，也没有不表达思想情感的抽象语言。同时，语文教材特别是选入教材中的一篇篇作品客观上蕴涵着丰富多样、富有艺术性与感染力的内容，对学生进行思想情感、道德意志教育和精神陶冶、价值传递的众多丰富内容。顾黄初先生正是从语文教材的思想内容层面来看待其教育功能的："一套有价值的语文课本，在给他们提供知识信息的时候，不但要注重'有益'和'有用'，而且要注重'有趣'和'有味'；不但要重视思想修养，还要重视文化素养；不但要让学生了解过去，还要让学生了解现在和未来。"[①]这就告诉我们，语文教材在编写中要实现"有利于学生的发展"就要坚持做到：

第一，注重内容"有益""有用"与"有趣""有味"的完美统一。如前所述，语文教材具有明显的教育性功能，特别是在其所凭借的作品中所传递出的思想情感、价值追求、道德理想、政治观念、人伦关系等众多精神或观念层面的东西都应是科学与先进的，都应是被人类所共同认同的，代表着人类所追求与希望的东西，这就是教材内容的"有益"与"有用"。从这一意义上讲，"一本薄薄的语文教科书，其实是非常沉重的，它是整个国家民族精神的象征，它是人类优秀文化的传承，它用母语丰富滋养着人的心灵，培育着每一个有个性的生命"[②]。同时，语文教材是用来组织语文课程实施的，是学生学习语文的主要"学本"。这一"学本"要在课程实践中发挥其最佳效能，就要符合学生的年龄特征、认知规律。就是说，编写语文教材特别是在选择与组织作品内容时，必须要考虑到学生心理发展阶段及基本特征，要设法为学生提供易于理解、便于加工的学习材料和易于掌握、便于具体运用的语文学习策略，且对这些内容的设计都应在学生学习语文的"最近发展区"内。怎样才能达到这一理想目标呢？顾先生认为在编写时要增加语文教材的新颖性、丰富性与广泛性："所谓'有趣''有味'，一是要避免陈旧，力求新颖；二要避免狭窄，力求丰富广泛。因为只有新颖的、丰富的、广泛的知识，才能引起学生的兴趣，才能满足学生强烈的求知欲。"[③]这就告诉我们，语文教材在编制时，就要在选文、知识、训练及导学、图表系统等方面力求做到新颖、丰富、广泛，进而调动学生学习语文的积极性。对此，《义务教育语文课程标准》在

①顾黄初：《新编课本怎样才有竞争力》，《语文学习》1989年第4期。

②韩艳梅：《特色·问题·建议——语文新课程实验教科书透视》，《全球教育展望》2003年第9期。

③顾黄初、顾正彪：《语文课程与语文教材》，北京：社会科学文献出版社，2001年版，第146页。

教科书编写建议中也先后提出“教材应符合学生的身心发展特点，适应学生的认知水平，密切联系学生的经验世界和想象世界，有助于激发学生的学习兴趣和创新精神”“教材应注意引导学生掌握语文学习的方法”“教材内容的安排应注重情感态度、知识能力之间的联系”等具体要求，较好地推动了语文教材编写的变革。

第二，注重实现“重视思想修养”与“重视文化素养”的完美统一。在过去一段时期内，语文教材在选编课文时受意识形态与政治观念的影响较大，“政治标准”往往成了唯一标准，这就导致了“在具体选编上无不反映出以思想教育为中心的倾向”①。这一倾向，实际上窄化了语文课程的教育观念，因为它没有对学生进行更为广泛的文化素养教育。正是在看到语文教材长期缺乏对多元文化、现代公民意识、人类慈悲情怀乃至意志品德、修身养性、克己助人等内容的全面反映，顾先生才明确提出了语文教材编写既要“重视思想修养”也要“重视文化素养”的观点，提醒我们要恰当处理好思想政治教育与文化熏陶之间的关系。需要指出的是，在文化多元、价值多样、观念多种的现代社会条件下，语文教材在文本选编时将面临更多的问题与挑战。例如自金庸武侠名作《天龙八部》《雪山飞狐》相继选入高中语文教材，而鲁迅、朱自清等名家的作品数量逐渐减少，就引发了关于“金庸能否入教材”的激烈争议：

> 来自腾讯网的调查显示，对金庸作品入选中学课本，有23.6%的网民认为“绝对是好事，武侠精神是很好的精神食粮”，同时也有16.38%的人认为“是坏事，会教坏下一代的”，而将近49%的网民则表示“很难说，关键在于老师怎么讲”。至于金庸能否取代鲁迅，有近六成网民认为“鲁迅和金庸都有可取之处，不存在谁取代谁”。②

这些不同争议，要对其做出明确价值判断虽是十分困难的，但在实际上却常常会影响到语文教材的编写，特别是对文本的实际选入，这说明语文教材编写在教育功能发挥上存在着比其他课程教材更为复杂的情况与更为严峻的问题。

①丁肇启：《中学语文教材改革之我见》，《文教资料》1995年第6期。

②《添金庸删鲁迅 语文课本变脸引争议》，《成都日报》2007年8月20日。

第三,要实现"让学生了解过去"与"了解现在和未来"的完美统一。这一问题实际上涉及语文教材在范文选入时古代作品与现代作品、当代作品的比例关系问题,即语文教材中不同时代选文数量的比例问题。对此我们要看到,在语文独立设科之前的语文教材编写中,除启蒙阶段的识字教材(如《三字经》等)、语言训练教材(如《声律启蒙》等)外,其余教育阶段的教材多取文选型,且"厚古薄今"——以古老的儒家经典与历史典籍为主要选材对象,常忽略对"时文"的合理选取。自语文独立设科后至新中国成立前,语文教材编写多因袭英美制,采用国外作品翻译再加"国粹"(主要是儒家经文)来选文,"时文"数量也不多。新中国成立初期,一段时期内语文教材编写全盘"苏化"(较多选入苏联作品),再加上"革命文艺"作品,"时文"特别是反映世界科技发展、社会变革、理论创新等方面的作品较少。改革开放后,基础教育阶段的语文教材较多地注意到了以往编写实践中的不足,在选文时除注重对素有定评作品的选编外,也注意到了对西方优秀作品与反映科技进步、技术创新等方面作品的选入,推动了语文教材的发展。但就整体讲,语文教材编写中趋于"求稳"的思想,使得国外作品与反映新理论、新变化、新科技、新成就的当代作品被选入的数量不足,这就是顾先生所指出的:"中学生学习范文,当然应该以学习本国的优秀作品为主,但教科书编者也不能不具备'世界眼光'和'开放意识'。"[①]也就是说,编写者"世界眼光"与"开放意识"的树立,是解决语文教材编写中正确认识与稳妥解决"古今作品"与"本民族与其他民族作品"比例关系问题的前提条件。

正如顾黄初先生所言:"改革中学语文教材,是个老问题,也是个难问题。"[②]社会各界对百余年来语文教材的不断探索、争辩、批评乃至诟病,都足以印证顾先生的这一观点。对此,我们要看到,且不说对语文知识与能力的恰当处理、文言文与现代文比例的合理确定、范文与训练的密切配合等复杂问题的处理一直是"老大难",仅就语文知识的优化、范文的选择、练习的设计、导学的编写等许多具体而微问题的处理,也是十分复杂而艰难的。如在范文选编时,我们就面临着种种难题,连学贯古今的一代国学大师梁启超先生在论及这一问题时也感喟到:"综合中学文学之书,自上古至于今日,当不下三四万卷。欲于此三四万卷书中,

①顾黄初、顾正彪:《语文课程与语文教材》,北京:社会科学文献出版社,2001年版,第80页。

②顾黄初:《改革中学语文教材之我见》,《扬州师院学报》(社会科学版)1980年第6期。

选其最适当者,试问今日何人能具此伟大学力?”[①]这就说明,文海浩瀚、卷帙繁多,其虽为范文的选编提供了广阔的空间,但同时也对如何“选其最适当者”提出了挑战。因此,语文教材编写的这一“老问题”“难问题”的有效解决,还需要我们未来继续努力。顾黄初先生关于语文教材编写要“有利于指导学生自学”“有利于训练能力”“有利于学生的发展”的基本观点,应成为我们评价语文教材编写优劣的基本评价依据。

①王森然:《中学国文教学概要序》,北京:商务印书馆,1929年版。

第三节　语文教材变革与编写体系构建

在对语文教材长期全面严谨的研究中，洞悉语文教材历史变革与发展规律的顾黄初先生认为："对于语文教材的研究，大致有三种视角。一种是微观的，着眼于文本，即研究语文教材中的单篇课文，研究它在内容和形式方面的特点、疑点、重点或难点；一种是中观的，着眼于一册或一套语文教材，研究它的体例、选文特点以及与此有关的诸种问题；一种是宏观的，着眼于语文教材建设的背景及编制理论，研究一般语文教材的基本类型、内部构成要素及其结构特点，甚至探讨对语文教材的评价标准等等。这三种研究视角，在新中国成立以后的50年中，都有人在研究，并且有相当数量的研究成果。"①比如，对顾先生的《语文课程与语文教材》等论著与《改革中学语文教材之我见》等论文进行全面考察、系统研究，就可明显看出他以自己的艰苦努力持续不懈地进行着语文教材宏观层面的全面研究。在这些宏观研究中，他从语文课程与教材纵向发展演变的历史变革中，具体阐述了语文教材历史变革的深层次外部、内部原因与动力，同时还阐发了自己对语文教材编写体系构建的基本理论设想以及语文教材未来发展的必然趋势。系统梳理、具体阐发顾先生的这些语文教材编写思想，对促进语文教材发展提高具有重要的现实意义。

一、语文教材发展变革的外部因素

就一般情况而言，社会经济的变革常常导致教育的变革，而教育变革会影响到课程的变革，课程的变革又会导致教材的变革，语文课程与教材的变革也不例外。举例来说，在清末维新改良的社会变革中，我国现代教育制度开始萌芽并最终得以确立；而现代教育制度的确立，又使得语文得以独立设科；而语文的独立设科，又促使旧式文选型教材逐步变革为新式文选型教材。正是在全面把握我国

①顾黄初：《语文教材研究的又一个新视角——读[日]藤井省三〈鲁迅《故乡》阅读史〉》，《课程·教材·教法》2004年第1期。

语文课程与教材变革深层次原因的基础上，李杏保、顾黄初先生曾总括性地分析指出：“语文教育作为一种观念形态，它必然要受制于一定时期的社会政治、文化思想与生产力发展水平。现代语文教育是至关重要的分科教育，它以现代语文为其教育内容和主要教育目标，因而，它又必然要受制于一定时期的教育制度、教育思潮和现代语文的自身发展规律。”①这就是外部因素对语文教育的制约与影响，作为语文教育重要组成部分与课程体现物的教材，自然也不例外。

我们先看教育制度、教育思潮对语文教材编制的影响。语文教育特别是课程的基本凭借物——语文教材，作为语文教育的重要组成部分，必然会受到教育变革特别是教育指导思想的深远影响。例如在清朝末期，为改变中国“积弱积贫”的悲惨现状，康有为、梁启超等维新人士先提出了“废八股，改策论”的主张，张之洞、刘坤一、袁世凯等洋务派又纷纷主张“废科举，兴新学”，于是现代教育制度终于在1904年得以艰难诞生。随着我国现代教育制度的建立与“癸卯学制”的推行，与语文教育密切相关的读经讲经、中国文学等课程就得以正式确立并逐步实施。虽然当时由于语文教材的变革要落后于教育变革与课程变革，《三字经》《东莱博议》《古文观止》等传统语文教材在一段时期内得以继续使用，但新教材的编写与使用却是不可阻挡的：光绪二十九年（1903），商务印书馆编制的可称之为真正意义上的我国第一部现代语文教材——《最新初小国文教科书》得以顺利出版。随之，新的《高等小学国文教科书》《高小国文读本》《女子初等小学国文教科书》等语文教科书也先后得以出版、发行与使用。②由此可见，如果这一时期没有戊戌变法、洋务运动等社会政治变革与“癸卯学制”等教育变革，就难有《最新初小国文教科书》等语文教材的出现。这就是教育制度、教育思潮对语文课程、语文教材的影响。再如在中华民国成立后，南京临时政府教育部颁发《普通教育暂行办法》规定：“凡各教科书，务合乎共和国宗旨，清学部颁行之教科书，一律禁用。”于是，清末编写使用的一些语文教材就被陆续停止使用，而新编的《新中华教科书》《教育部审定共和国新国文》等一批语文教材又得以陆续出版与发行。③这又是教育制度、教育思潮对语文课程、语文教材变革的巨大影响。还如，在1954年1月，教育部召开了全国中等教育工作会议。这次会议根据过渡时期的总路

①李杏保、顾黄初：《中国现代语文教育史》，成都：四川教育出版社，2007年版，第8—9页。

②参见李杏保、顾黄初：《中国现代语文教育史》，成都：四川教育出版社，2007年版，第34—36页。

③参见李杏保、顾黄初：《中国现代语文教育史》，成都：四川教育出版社，2007年版，第40—41页。

线，明确提出教学改革是中等教育改革的中心环节，今后我国的中等教育要积极吸取苏联的先进教育经验和科学成就，要重新修改中学的教学大纲与教科书。[①]正是在这一会议精神的指导与当时"以苏为师"的教育改革思潮的影响下，出现了声势浩大、影响深远的全国性汉语、文学分科教学试验，同时也就有了《初级中学汉语课本》《初级中学文学课本》《高级中学文学课本》等分科型（分编型）语文教材的编写、出版与使用。这是教育制度改革、教育思潮变化对语文课程、语文教材变革的巨大影响。从上述三个典型事例中我们就可看出，经济社会发展特别是教育的改革发展，常常推动着语文课程与教材的变革。这就是顾先生指出的在语文教材的编写与变革时，其"必然要受制于一定时期的教育制度、教育思潮"的影响。

我们再看语文自身发展变革对语文教材编制的影响。如前所述，语文教材的编制除受经济社会变化特别是教育变革的明显影响外，还受到语文自身以及语文教育发展变革的影响。就是说，作为人们交流基本工具的语文自身也随着时代社会的变革而变革，且这一变革也常常导致语文课程的变革。而语文课程的变革，也就直接导致了语文教材的变革。对此能直接提供佐证的历史事实是：自晚清改良派倡导白话文运动到"五四"新文化运动时期，以与大众实际口头语言联系密切的白话文代替"半死"的文言文成为强大的语文改革思潮，特别是胡适、蔡元培与刘半农、钱玄同、鲁迅等学界名流对白话文的大力倡导与亲身实践，使得白话文取代文言文成为不可阻挡之历史发展趋势。1919 年，当时号称四大报刊的北京《北京晨报》副刊、《京报》副刊与上海的《时事新报》副刊、《民国日报》副刊，基本都以白话文为主，"言文一致"成为语文发展的基本趋势。[②]于是，在"五四"白话文运动的强大影响下，民国政府教育部于 1920 年 1 月训令全国各国民学校先将一二年级的国文课程改为语体文。随之又修正了《国民学校令》，把有关条文中的"国文"改为了"国语"。[③]在语文本身所发生的巨大变革的影响之下，五四运动后，特别是 1922 年新学制实施后，白话语体就开始"堂而皇之"地大量进入到中小学语文教材之中。在当时编写与使用的如顾颉刚、叶圣陶等合编的

①顾黄初：《中国现代语文教育百年事典》，上海：上海教育出版社，2001 年版，第 350 页。
②李杏保、顾黄初：《中国现代语文教育史》，成都：四川教育出版社，2007 年版，第 64 页。
③李杏保、顾黄初：《中国现代语文教育史》，成都：四川教育出版社，2007 年版，第 67 页。

《国语教科书》(六册,商务印书馆,1922)、沈星一编的《初级国语读本》(三册,中华书局,1923)等语文教材中,白话文与文言文同时开始被选入语文教材之中,文言文“一统语文教材天下”的局面被彻底打破。[①]这一复杂的历史变化充分说明,不管是语文教材的文白混编还是文白分编,都是由当时的语文自身及语文课程标准编制变革所导致的。或者更明确地说,是语文自身的变革与语文课程标准的变化,直接导致了文白混编或文白分编语文教材的出现与使用。这种语文教材编制情况,一直延续到现在。对 20 世纪二三十年代语文教材的艰难历史跋涉,顾黄初先生曾概要性总结到:

> 晚清时期中国掀起白话文运动。到民国以后,特别是“五四”新文化运动高举“言文一致”和“国语统一”大旗,提倡“民主”“科学”精神,白话语体在语文课程教材建设中终于取得了合法地位,占领了文言文一统天下的“半壁江山”。所以,自 1922 年实行新学制以后的大半个世纪之内,无论是国语、国文并存时期,还是合称语文时期,教科书的编制都是白话语体和文言语体共同入选的。这里存在着文、白比例的配置问题和文、白教材的分合问题。1922 年新学制实施初期,白话语体刚刚被选进国文教科书,文、白比例还正在探索之中,到 1929 年“暂行课程标准”的颁布和 1932 年的“修正课程标准”的实施,便开始正式规定文、白两种语体的“合理”比例。大致是:初一 3:7;初二 4:6;初三 5:5;高一 6:4;高二 7:3;高三 8:2。[②]

由上例可见,五四运动时期“言文一致”与“国语统一”这一语文自身的巨大历史性变革,引起了语文课程与教材的巨大历史性变革——白话文开始逐步进入语文教材之中,并最终成为学生读写学习的主要对象。虽然在不同历史时期,语文教材中的“言”与“文”比例关系始终处于变动、调整之中,但现代白话文成为学生读写的主要对象特别是书面表达的基本工具这一历史发展趋势却是共同的。同时,这一历史事实也告诉我们:语文教材始终处于不断的历史变革之中,这是与社会变革、语文变革密切联系的。顾黄初先生对语文教材变革深层次原因的阐释,启示我们:语文教材的变化是绝对的,稳定则是相对的。

①李杏保、顾黄初:《中国现代语文教育史》,成都:四川教育出版社,2007 年版,第 79 页。

②顾黄初:《我国现代语文课程教材建设百年的理论跋涉》,《江苏教育研究》(理论版)2008 年第 8 期。

二、语文教材历史变革的内部主要动力

在对语文教材编制变革进行了宏观的、历史的研究的基础上，顾黄初先生还对语文教材变革的两大主要内部动力——语文课程与教材的理论研究和语文课程与教材的科学实验进行了历史的具体阐述。这些阐述较为集中地说明了语文教材建设要主动适应语文教育理论的新发展与语文课程改革的新要求。这实则就是他与顾正彪先生所指出的："语文教育的革新，是以语文本身的革新为前提、为先导，同时以新的教育观念、教育思想为核心、为灵魂，而这二者又以课程教材的革新为载体、为渠道。"①正是看到语文课程、教材在语文教育变革中的载体与渠道作用，顾先生与陈菊先先生在《20世纪推进我国现代语文教材建设的两大动力》长文中，就集中而具体地探究了引起其历史变革的主要外部与内部动力：

> 研究中国现代语文课程教材建设的百年历程，发现影响其内容和进程的因素主要有四：社会政治因素、语言文字因素、教育科学因素、语文学科自身因素。这四大因素相互影响、相互交织，便形成两条清晰的脉络：一是外部的社会政治的变革；二是内部的语文和语文学科教育本身的变革。
>
> 这些变革，或是从社会政治（包括经济）层面制约着现代语文课程教材的发展，或是从语文和语文教育自身的层面直接影响语文学科内容和形式的革新。就社会政治、经济的状况而言，语文教育的理论工作者和实践者是只能适应而无法变更的；可是，就语文和语文教育自身而言，研究者和实践者们是可以有所作为，可以为之"殚精竭虑"的。而这"殚精竭虑"之中，以"理论跋涉"和"科学实验"为核心，形成两股巨大的推动力，分别从理论和实践两个侧面掀起了波澜壮阔的现代语文课程教材改革和发展的百年风涛。②

这就明确指出了在语文课程、教材自身变革中，"理论跋涉"与"科学实验"是两个巨大的推动力，并在不同历史阶段推动了语文课程、教材的一次次或彻底或不甚彻底的发展变革。

---

①顾黄初、顾正彪：《语文课程与语文教材》，北京：社会科学文献出版社，2001年版，第2页。

②顾黄初、陈菊先：《20世纪推进我国现代语文教材建设的两大动力》，《全球教育展望》2007年第7期。

语文课程领域的“理论跋涉”有力推动了语文教材的变革。理论来自于实践,并指导实践。因此,在顾黄初、陈菊先先生看来:“在现代语文教育改革和发展的百年历程中,‘理论跋涉’是贯穿其始终的主脉,而它的呈现方式又是与一定时期的政治体制、政治环境和思想潮流息息相关,或是针锋相对的论战;或是不同学术观点的论辩;或是多种构想、多种方案的竞争等等。在这些不同内容的论战、论辩和竞争中,相关各方都得据‘理’力争,而这就是理论形态在历史进程中跋涉前行的轨迹。”[①]为说明这一艰难的“理论跋涉”,他们分别从“语体之争:文言是‘半死’的文字”“课程之议:目标和内容的分合和繁简”“课文之异:撰文和选文各得其宜”“组元之变:从‘分类分组’到‘单元组合’”“汉字之位:汉字之树常青”“程度之辩:语文课程评价之尺度”“文道之间:一枚金币的两面”[②]七个方面,全面而具体地论述了语文课程在艰难“理论跋涉”时对语文教材编写变革的深刻影响。例如在对汉字特征、作用与改革的理论探讨中,就有着“汉字落后论”“废除汉字”与“汉字先进论”“发挥汉字优越性”这两种不同观点。两种不同观点,直接影响到语文教材的编制变革:在“汉字落后论”观点的指导下,汉字教学就不再是语文教材特别是小学低幼年级语文教材的重要课程内容,识字量、识字方法都变得不甚重要或不重要;在“汉字先进论”观点的指导下,识字教学、识字方法掌握就成为语文教材特别是小学低幼年级语文教材编写时的重要内容。因此,在系统考察了关于汉字价值、作用等认识的理论变化后,他们指出在这一长期“理论跋涉”后,我们终于实现了“对汉字的优越性及其未来前景已有较清醒的认识,并在教科书的编制上摆正了它的位置”[③]这一理想目标。就是说,在对汉字优劣、存废的持续争论之中,我们最终得出了汉字是汉语的“根”,不存在学不学的问题,而是怎样学、学多少的问题。这一理论认识成果,就使得语文教材在汉字教学内容的编写时不但要注意到识字的多少,更要注意到教给学生识字的科学方法。再如在20世纪50年代末期规模宏大、影响深远的“文道之争”中,使我们对语文课程的性质、功能属性有了较为清晰的认识,并“引出了两个积极成果:一是1963年大纲的制订,提出了语文教学要突出基础知识教学和基本技能训练的所谓‘双基’目标;二是明确了中学语文教科书的选材标准和范

①顾黄初:《我国现代语文课程教材建设百年的理论跋涉》,《江苏教育研究》2008年第8期。
②顾黄初:《我国现代语文课程教材建设百年的理论跋涉》,《江苏教育研究》2008年第8期。
③顾黄初:《我国现代语文课程教材建设百年的理论跋涉》,《江苏教育研究》2008年第8期。

围”[①]。这一关于课程性质与目标任务的重要理论认识成果,又直接推动了语文教材编制的历史性变革:在人民教育出版社编写的1963年十二年制中学语文教材之中,不仅把“使学生掌握语文这个工具”作为编写这套教材的指导思想,而且在选材、知识内容、编排等方面,都力求体现出语文的工具性和培养读写能力的教学目的。[②]同样道理,在新语文课程标准“工具性”与“人文性”相统一的理论认识指导下,新的语文教材在编写时注重到了课文内容与学生生活实际的联系,并通过小组合作学习、语文综合性实践活动等新的学习方式的设计,增强了对学生自主探究学习能力的培养。这也是语文课程领域“理论跋涉”对语文教材编写的直接影响。

语文课程领域的“科学实验”有力推动了语文教材的变革。在语文独立设科之后的百余年间,始终存在着诸多或有组织的较大规模的或自发的较小规模的关于语文教育的“科学实验”。譬如,新中国成立前,影响较大的先后有廖世承、舒新城等人对“道尔顿制”的实验研究,李廉方的“小问题”及“合科教学”实验研究以及颇有成就的艾伟的国语国文教学的心理实验研究等。新中国成立后,语文教育领域的“科学实验”更是数量众多、形式多样。如南京师大附小斯霞老师始创的“随文分散识字”实验、辽宁黑山县北关实验学校的“集中识字”实验、北京景山学校的语文教学组合改革实验等。在改革开放后,先后又有上海育才中学“读读、议议、练练、讲讲”八字教法实验、上海钱梦龙老师的“三主四式”实验、北京月坛中学刘朏朏和北京师院分院高原老师合作的“作文三级训练体系”实验、由教育部和国家语委联合推广的几乎覆盖全国各地的“注音识字,提前读写”实验、辽宁欧阳黛娜老师的“语文教学整体改革”实验及影响巨大的魏书生老师的“六步教学法”实验等。这些语文教育的“科学实验”都对语文教材的编制变革产生了深远影响。譬如上海育才中学的“八字教法”实验,就带动了语文教材的变革:在这一实验中,对统编教材采取一次多篇法,用三分之一的时间来完成,其余时间学习自编教材。并在自编教材创造了纵横结合、内容独特的“序”——初一学习《西游记》和《水浒传》;初二学习《镜花缘》《老残游记》和《儒林外史》;初三学习《红楼梦》和《三国演义》;高一学习《史记》列传、《四史》列传;高二学习策论文、

①顾黄初:《我国现代语文课程教材建设百年的理论跋涉》,《江苏教育研究》2008年第8期。

②顾黄初、顾正彪:《语文课程与语文教材》,北京:社会科学文献出版社,2001年版,第63—64页。

记叙文、说明文;高三学习诸子文及史论。[①]再如欧阳黛娜老师在“语文教学整体改革”实验中,将听、读训练与说、写训练相对分开,形成了两条线索且各自为序,分别编写出《阅读》与《写作》两套教材。在《阅读》教材中,编者把语文能力结构与语文知识体系以由浅入深、由易到难、螺旋上升为序,分解为听读能力48个训练点与语文知识近40个专题,形成了语文能力训练与基础知识传授两个序列。在《写作》教材中,编者把写说能力分解为47个训练点并把它们交叉排列,形成相互促进的两个训练序列。[②]显然,欧阳黛娜老师主编的《阅读》与《写作》,为探索语文教材序列化做出了积极贡献,也有力地证明了其“语文教学整体改革”实验对语文教材编写有着直接而重大的影响。

在语文课程与教学理论研究日趋活跃,教材编写、出版市场化竞争态势日益激烈的21世纪中,语文教材的科学化编制道路将会越来越宽广。对此,顾黄初与陈菊先先生满怀激情地指出:“可以预测,这‘思想争鸣’和‘教育实验’的双翼必将在新世纪的百年中让我国新语文教育的‘云鹤’飞得更高、更远。”[③]

三、语文教材编写体系建构的基本设想与未来展望

在系统深入研究百余年来语文教材变革的历史事实与全面准确分析已有数量众多、形式多样的语文教材编写特征的基础上,顾黄初先生从理性认识的高度具体阐述了提高语文教材编制科学性的一些基本理论构想,同时也从语文教材变革的历史回顾中展望了其未来必然的改革发展前景。这些重要认识成果,对我们正确认识与科学把握语文教材的昨天、今天与明天,都具有重要启迪意义。

在语文课程改革与教材编写宏观层面,顾先生继承了叶圣陶、张志公先生关于要提高语文教育科学化程度的观点,认为语文教育要走出“少慢差费”的困局,就要讲求课程与教材建设的科学化水平。或者说,语文课程与教学的科学化道路

①顾黄初、陈菊先:《20世纪推进我国现代语文教材建设的两大动力》,《全球教育展望》2007年第7期。
②欧阳黛娜:《探索具有中国特色的中学语文教材》,《语文学习》1990年第10期。
③顾黄初、陈菊先:《20世纪推进我国现代语文教材建设的两大动力》,《全球教育展望》2007年第7期。

之一就是要加速推进教材编制的科学化水平。怎样才能做到语文教材编制的科学化呢?

第一,要提高语文教材编制的科学化水平,就要以“分编型”语文教材为基本类型,并以之来提高教材内容的序列化水平。对语文教材编写史与对各式各类语文教材编写探索中的优劣得失等情况都十分熟谙的顾黄初先生,从语文课程内容复杂、头绪繁多、知识与能力联系不明显、发展提高程度缓慢以及习用常见等众多课程特征出发,曾明确提出要以科学理论为指导,切实提高语文教材编制的科学化水平。而语文教材编制的科学化水平又要以语文知识传递与能力训练的序列化为根本保障。怎样才能提高语文教材编制时的序列化程度呢?顾先生认为,一方面要在教材编写时确保实现语文教材内部知识的序列化与学生认知的序列化。这些序列化就是学者们分析指出的:“根据教学大纲的要求,将学生应掌握的知识与技能按难易程度并结合学生的年龄及心理特征、认知图式编排成台阶式的有序训练过程,使语文教学从单篇完整观中解放出来,把视角扩展为全部教程的整体观。”①应该说,实现语文教材知识次序和学生认知次序的有机结合、协调一致对学生语文能力形成提高是极其重要的,也是语文教材在编制之时应大力追求的。但我们也要看到,语文课程“点多面广”等独有特征又常常决定了在以文选(课文)为基本单位(组元)的“合编型”语文教材中,事实上对知识、能力的序列化呈现在编写实践中是极难做到的。对此,顾先生早于20世纪80年代初期在语文课程与教材的系统研究还未充分展开之时,就根据语文课程的实践品质与知识众多、内容庞杂、头绪繁多等课程特征明确提出要编制并大力推广“分编型”语文教材,以之来实现语文教材编写建立于序列化基础上的科学化目标。

> 按照中学语文教学应该重在“语文训练”的原则,借鉴前人所积累的丰富经验,我以为,中学语文教学宜乎编制这么三种教材:一种是阅读教材,一种是写作教材,另一种是为提高和发展学生读写能力所需要的语言教材。三者各有自己的系统,又能相互配合,相辅相成。②

---

①翟朝云、曹明海:《论顾黄初语文教材观》,《中学语文教学参考》2002年第12期。

②顾黄初:《改革中学语文教材之我见》,《扬州师院学报》(社会科学版)1980年第6期。

这是由于在他看来，提倡并推动“分编型”语文教材的编写与使用，就能最大可能地体现语文课程的实践品质，并最大可能地解决由于语文课程特征所带来的语文教材在编写实践中难以实现内容的呈现、能力训练序列化的老问题。为什么“分编型”语文教材能够较好地实现语文知识传递与能力培养的序列化目标呢？这是由于在他看来：“阅读教材旨在提高和发展学生阅读各体文章（包括浅易文言文）的能力和鉴赏文学作品的能力，取‘文选’型。”“写作教材旨在指点学生写作一般的说明文、记叙文和议论文的门径，并为他们的写作实践提供一些范例。也就是说，教材里面，除了在阐述写作知识的过程中注意多举实例外，还应单独安排一个部分，编选‘范文示例’，供学生学习、揣摩。”“语言教材旨在使学生掌握汉民族语言文字的性质、特征、功能和在实际运用中应遵循的法则等基础理论知识，以及运用语言文字的基本技能。”①这就是顾先生的以阅读教材、写作教材、语言教材的分编来确保语文教材内容序列化，进而提高其科学化的基本主张。

以阅读、写作与语文知识分开来分编教材的观点，无疑是科学合理的。笔者之所以持此论，这主要是由于：一方面，语文“分编型”教材有助于凸显语文教材的实践品质。我们知道，语文课程是与个体语文具体运用实践相密切相关的课程。就个体语文实际行为看，不要说语文课程本身的实施就是有目的、有计划、系统进行的语文实践活动，就是在数学、物理、历史、地理等课程的具体实施中，也常常是以语文运用为根据来进行的——学生在这些课程中常常自觉或不自觉地在进行着语文训练与语文实际运用。自然，在日常学习、工作与生活中，个体在发表言论、争辩问题、听报告、看电影、读微信与浏览各类书面资料（文本）时，也是在自觉或不自觉地接受着、进行着丰富多样的语文实践活动。如此看来，与语文实践密切联系的语文课程，客观上就要求教材要以知识与能力内容的序列化来确保其较高的科学性。但事实上，在“文选型”教材中由于在编写时要兼顾文章与文学作品、文本选择与知识传递、方法掌握与能力提高、教师教授与学生接受、课内与课外衔接等多种复杂关系，极易造成对语文课程实践品格的遮蔽与弱化。对此，有学者曾十分深刻地分析指出在合编型语文教材中：“一本特定的语文教材里的‘选文’，可能会具有两种不同的性质，一种是作为语文课程的学习

①顾黄初：《改革中学语文教材之我见》，《扬州师院学报》（社会科学版）1980年第6期。

对象,教与学的目的就在于领会这一篇‘选文’;一种是充当学习语文课程内容的媒介、途径、手段,目的是借此‘选文’让学生掌握外在于这一特定选文的事实、概念、原理、技能、策略、态度。”但是,“后一种性质的‘选文’,‘选文’本身不是课程的内容,也不构成学习的对象,它只是一种教授语文课程内容的手段,一种学习语文课程内容的媒介或途径”①。如此看来,以课文(文本)为基本要素的“合编型”语文教材,极易造成对语文课程实践品格的遮蔽或弱化,易使教师与学生误把“选文”作为“课程的学习对象”,而不是将其作为提高语文能力、形成语文素养的“例子”。另一方面,语文“分编型”教材有助于形成体系严密、层级分明的语文知识与能力训练体系。依据语文课程与教学论原理来看,语文教材中的课文只是运用语言的具体例子,而对运用语言的规律性认识与掌握,语文知识与对语文知识的具体灵活运用、语文能力(听、说、读、写能力)则是语文课程真正所要达成的重要目标。而且,无论是语文(言)的输出(表达)还是语文(言)的输入(吸收)来看,语文知识与能力的数量不仅众多,而且它们之间还有着先后的逻辑联系。就一般情况来看,语文知识就有11种之多,即语音、文字、词汇、语法、修辞、标点符号、文言文基础知识、文学知识、读写知识、古代文化常识、工具书使用常识。如此多的知识,在语文课程实施与教材编写中自然就“有一个定向、定量、定序的问题”②。而之所以要定向、定量、定序,又是由于“根据现代认知心理学的观点,学习的实质在于具有内在逻辑结构的教材与学生原有知识结构(即已有的知识经验)的相互作用,从而使新材料在学生头脑中获得新的意义。这就告诉我们,学生的认知结构总是与教材的知识结构密切相连的”③。但正如前所述,由于语文知识与能力具有“点多面广”的特征,再加之以课文为凭借,事实上难以在教材编写之时实现语文知识与能力编排的“定向、定量、定序”,怎样解决这一长期困扰语文教材编写之时的困局呢?顾黄初先生认为,以阅读、写作与语文知识的“分编型”教材的编写,就能较好实现“分之则眉目清楚,合之则相互为用”这一目标,从而较好地解决这一问题。

为了论证自己主张编写“分编型”语文教材的观点,顾先生还通过中外母语教材的比较来说明这一问题:

---

①王荣生:《评我国近百年来对语文教材问题的思考路向》,《教育研究》2002年第3期。

②倪文锦:《语文教育要切实加强语文基础——从语文教材谈起》,《课程·教材·教法》2011年第5期。

③倪文锦:《语文教育要切实加强语文基础——从语文教材谈起》,《课程·教材·教法》2011年第5期。

在20世纪末，一项具有里程碑意义的国家级重点课题“中外母语教材比较研究”，其终结性成果是由江苏教育出版社出版的五卷本研究集，充分显示了研究者们的历史性贡献。其中重要成果之一是发现世界上多数国家母语课程都是分语言和文学两大类的。语言类课程的基本任务是学习语言和语言运用的规律性知识，包括口头与书面的理解和表达，重在应用；文学类课程的基本任务则是学习本国的文学名著，以及在世界文学史上享有盛誉的其他国家文学巨匠的名著，重在鉴赏。如果这样处理，那么在中国由来已久的一些论争，大致可以平息了。[①]

第二，要提高语文教材编制的科学化水平，就要以多样化的编写机制来确保教材编写出版的质量与水平。早在1980年，顾先生就以非凡的胆量与超前的意识，在《改革中学语文教材之我见》一文中明确提出要推动语文教材编写的“百花齐放”，“鼓励那些有条件的学校、团体甚至个人编制语文教材”，要以实行教材编写、出版过程中的竞争性、多样化来促进教材编写质量的不断提高。为说明这一观点，他还从语文教材历史经验的视角进行了具体论证：

谁都知道，从“五四”运动前后直到抗日战争爆发，我国的文化教育界各种思潮竞相流布，曾经显得相当活跃。单就全国出版的中等学校语文教材而言，据黎锦熙、王恩华合编的《中等学校国文选本书目提要》所收，从1908年到1937年，这三十年间共有六十一种之多，其中商务、中华、世界、开明四大书局就出版了三十种。在当时，正中书局负责印发的那些所谓“国定”课本，由于内容陈腐反动，往往为一般中学语文教师所不取；而像开明书店印行的《国文百八课》《开明国文讲义》等，尽管未经当局“审定”，却受到广大进步教师的欢迎。至于商务、中华的几种，因为宗旨平稳、兼收并蓄，在一般学校中也比较流行。[②]

值得我们注意的是，顾先生主张语文教材编写要引入竞争机制并实现多样化的学术观点，不久就变为了现实行为：1986年9月，国家教委成立全国中小学教材审定委员会，其宗旨就是在统一教学基本要求的前提下，有组织、有计划地

①顾黄初：《我国现代语文课程教材建设百年的理论跋涉》，《江苏教育研究》2008年第8期。
②顾黄初：《改革中学语文教材之我见》，《扬州师院学报》(社会科学版)1980年第6期。

实现教材编写的多样化。自此之后,我国语文教材与其他各科教材一样,迎来了竞争态势下的多样化时代。在现阶段,义务教育阶段的语文教材就有“人教版”“北师大版”“语文版”“苏教版”“广州版”“上海版”等多种类型,基本实现了编写的多样化,并同步推动了编写质量的不断提高。

顾先生之所以提倡语文教材编写要以市场竞争机制来推动其多样化，一方面在于他认为多样化的编写机制有利于提高教材质量。他认为,建立语文教材编写的市场化竞争机制,自然就使得语文教材编写的专门机构(部门)、科研院所、学校乃至个人,都要在“标新立异”中不断探求语文教材编写的科学化之路,从而有效提高语文教材的编写质量。另一方面,多样化的编写机制还可极大促使教材编写者与广大语文教师把注意力放在语文教材的变革之中，以教材变革来促进课程与教学变革。在顾黄初、顾正彪先生看来:“教学改革的实践使越来越多的教师意识到,教学方法的改革方案不管如何圆满,如果不相应地改革教材,不让改革了的教材对教法起促进或制约作用，任何理想的教学方法终究难以普及和推广,这就迫使专业编辑人员和第一线的教师都把改革的注意力投向教材,投向教材编制理论的研究。”①这里,他们提出了一个常不为人所注意的重要观点:语文教材对语文课程与教学客观上具有的促进或制约作用。具体说,在长期的语文教育改革探索中，我们更多的是热衷于教法的改革而有意或无意地忽略了教材的改革，这就使语文教育改革不能形成整体效应——教法改革往往是部分甚至是一小部分语文教师的行为，大部分语文教师还是以教材为基本依据来组织实施课程。实际上,由于认识、专业能力及教育观念等多因素的影响,大部分语文教师很难谈到“用教材”,而实际上多为“教教材”。因此,以较高科学化的教材来促进教师教学方法、教学方式的变革,不但是极为重要的,而且是极为紧迫的。正是在此认识的基础上,顾先生极力主张要实现教材编写的多样化,以多样化的、不断改革创新的教材对教法起促进或制约作用。

自然,在实行教材编写多样化的形势下还要确保教材选用的市场竞争化。在顾黄初、顾正彪先生看来,不同编写部门所编辑、出版的语文教材都要经受市场的竞争和检验。而市场竞争,就要讲究公开、公平、公正。因此,语文教材的选用权应该下放到学校，教育行政部门的主要任务就是组织专家学者对多样化的教

①顾黄初、顾正彪:《语文课程与语文教材》,北京:社会科学文献出版社,2001年版,第73页。

材进行科学论证并做出客观评估，但最终的选用权还要在学校。只有这样，才能在积极推动教材多样化的同时，不断促进教材编写质量的提高和完善。[①]

第三，要提高语文教材编制的科学化水平，就要适应时代变化与技术进步，不断开发新的多种表(呈)现形式的教材。顾黄初、顾正彪先生根据社会时代发展，以现代科技对语文教材编制已产生过的重大影响为出发点，明确提出语文教材的编写、出版必须要适应经济社会、科技进步与未来变化，要依据语文课程特征与学生学习语文的实际，切实重视研究和积极开发信息符号的第二次转换和变形——“语文视听教材的编制和使用”[②]。尽管在研究语文教材编制之时，以计算机、网络为基础的现代信息技术才出现不久，电子教科书与电子书包等新的教材形式更是初露萌芽，但他们却从语文教材变革的历史发展与学生语文学习中的客观实际需要中，极为敏锐地感知到并“超前”分析指出：

> (在语文教材中)用文字符号记录和传递知识、信息和情意，尽管有超越时空限制等种种优越性，但文字作为第二信号系统的记录符号，它毕竟具有抽象性和概括性的特点。如果能在文字符号以外，再配以图像、音乐，使各种形式的教材在视觉和听觉等各个方面同时发挥作用，教学的效果将更为显著。[③]

根据这一基本认识，他们在《语文课程与语文教材》一书中依次提出并具体分析论证了语文音响教材(主要是诉诸听觉的教材)、语文图表教材(主要是以图像、表解为基本表达形式的教材)、语文影视教材(主要是以幻灯、投影、录像、电影为表现形式的教材)[④]等各自的特点与使用要求，显示出与时俱进的学术勇气。对此我们要看到，虽然在今天看来，他们当初所提出的编制语文音响教材、语文图表教材与语文影视教材，现在就是在一些偏远农村学校的语文教师也认为只是平常之物，并且这些“视听教材”基本上还是停留在“教科书+黑板+视听媒体”的传统框架之内，但这并不妨碍要与科技创新、技术进步同步更新，发展语文教材新形式的这一重要观点。

①顾黄初、顾正彪：《语文课程与语文教材》，北京：社会科学文献出版社，2001年版，第356页。

②顾黄初、顾正彪：《语文课程与语文教材》，北京：社会科学文献出版社，2001年版，第285页。

③顾黄初、顾正彪：《语文课程与语文教材》，北京：社会科学文献出版社，2001年版，第285页。

④顾黄初、顾正彪：《语文课程与语文教材》，北京：社会科学文献出版社，2001年版，第286—307页。

使语文教材编写与时代社会发展变化相同步、与技术进步特别是信息传输技术进步相一致，对推动语文教材变革、提高教材编写质量以及促进语文教学改革都具有重要意义。这是由于：文字出现之前的语文教材虽不可考，但肯定是客观存在的。而文字的出现与造纸术与印刷术的发明，包括教材在内的纸介书籍得以快速出版，并使得信息传递突破了时空限制，由于纸介书籍（教科书）具有使用方便与不受设备限制、可反复多次使用等优点，随之就成了语文课程信息传播的主要媒介与基本途径。但随着人类对信息储存材料（介质）的不断创新与互联网技术的飞速发展，电子书籍开始逐步出现并呈迅速发展之态势，今天已有越来越多的人借助电脑或手机在进行着实际的阅读与写作等语文行为。与之同时，融合文字、声音、动画为一体并以其信息表现的多元性、集成性、可控性与信息内容的开放性、共享性的电子教科书也开始出现与使用。早在2000年，人民教育出版社与香港文化传信集团有限公司就开始携手开发电子教科书。2002年，我国第一代人教版电子教科书就已研制成功（是一款非常便于携带的手持式电子阅读器，重量仅308克），并开始在十所学校中进行试验。试验表明，人教版电子书的技术功能能够满足我国绝大多数学生的阅读和学习需要。[①]至于世界发达国家与地区，电子教科书的试验与使用要比我国更早、更发达一些。对于电子教科书的优点，有研究中分析指出：

> 超媒体电子语文教科书本身也按一定的内容体系和教学原则提供了某种框架结构，但是它的超链接特性可以使不同的学生各取所需，非线性地获取多种信息，因此有助于个性化学习。众所周知，由于学生个体之间差异很大，要在传统纸介教科书中同时照顾到基础较差学生、一般学生和优秀学生对教学内容的不同需求是做不到的，而在电子语文教科书中这却是轻而易举的事情，只需利用超媒体特性设置和预备知识有关的热键以及和扩展知识有关的热键即可。[②]

根据这一发展趋势，笔者虽不能十分肯定地认为电子教科书未来必将取代纸介教科书，但可以肯定的是电子教科书将会成为未来教科书的一种基本形态。因

①徐永新、万里：《欲以“四两拨千斤”——人民教育出版社研发人教电书的缘由和实践》，《人民日报》2002年8月6日。

②韩艳梅：《语文教科书编制研究》，华东师范大学2004年博士论文。

为其形象性、交互性、非线性、多向传输、信息量大、携带方便等特征有助于激发学生学习的兴趣、易于调动学生的多种感官，并促进学生语文学习效率的提高。与之同时，我们也要看到电子教科书也存在着过多依赖外部条件、信息过多有时反而会干扰学习等客观不足或弊端。因此，根据顾黄初先生的观点，我们要看到不论是纸介语文教科书还是电子语文教科书，只有在不断变革中才能趋于完善，才能更大可能地发挥对课程与教学的能动作用。

顾黄初先生重视语文音响教材、语文图表教材与语文影视教材编制与使用的观点，对正确认识与恰当使用电子教科书及多媒体等教学手段具有重要现实启迪意义：不管我们意识到还是没有意识到，也不管我们愿意还是不愿意，今天的语文课程课堂教学结构与形式、手段与方式，由于有了技术的支撑，正变得越来越多彩，语文教材的物质载体也越来越多样。因此，如何适应时代变化与技术进步，推动语文教材与语文教学的积极变革，将是我们面临的重大现实问题。

语文教材编制的理论研究与实践探索，是顾黄初先生在语文教育研究中着力最多、成果最多、影响最大的重要学术领域之一。由于篇幅所限，笔者主要对顾先生的语文教材编制理论研究进行了一些分析与阐发，而对他的语文教材实践探求基本没有论及。实际上，顾先生在自己长期的语文研究特别是教材研究中，也十分重视语文教材的实际编制。同时，他也以自己的学术影响力对语文教材的新编制、新探索给予积极的支持。对此，有学者曾深切地回忆说：

> 由江苏省著名语文特级教师洪宗礼主编的江苏省“单元合成整体训练”初中语文实验教材，如今已是规模初具，遐迩闻名，但当初（1983 年）筚路蓝缕、处于草创阶段的时候，又有多少人看到了这是一条走得通的路呢？洪宗礼同志不久前曾充满深情地说，编教材的建议最早便来自于顾先生，“先生认为：‘深化教改，重要的是做。’他建议我在以往研究的基础上编一套实验课本，他说：‘编实验课本，可以把近年来全国教改的新经验、新成果反映进去，以此推动教改。’1988 年前后，有些人对这套实验教材中一些新的设计有怀疑，顾先生说：‘实验教材中的一些新鲜做法，我把它们看作是改革的幼

> 芽，让实践去逐步检验。我们不要急于去否定幼芽，而要给它们提供一个合适的环境，看一看它们能否长得更好。'”尔后这些设计为实践所证明，都成了专家们肯定的“教材特色”。[①]

这一回忆，不但可具体印证顾先生对语文教材编制研究的高度关注，而且足以证明他对语文教材实践探究的积极支持态度。这些都是顾黄初先生留给我们的对语文教材研究探索的珍贵遗产。

①朱亮：《心系那一方沃土——访顾黄初教授》，《语文教学通讯》1991年第10期。

第六章

“关键在于提高教师的素养”

——顾黄初语文教师观

语文课程的母语特征决定了其性质、目标、任务、内容等多方面的复杂性，使其成为一本“难念的经”。同时，语文课程也因其“内容缺少逻辑性、具有自然习得与见效缓慢等课程特征”[①]，更使其成为一本“难念的经”。而要把语文课程这本“难念的经”念好，自然就对语文课程的具体组织者、实施者——语文教师提出更高的专业标准与能力要求，特别是对语文教师的课堂教学方法、教学方式、教学技巧等有着明显高于其他课程教师的要求。概括来看，语文课程之所以“好学难教”，主要是由于语文课程内容（特别是文本）对学生不具“陌生感”，难以有效调动学生学习的主动性、积极性，因而就对语文教师的教学艺术水平有着比数学老师、化学老师、地理老师等更高的要求。正是在看到语文课程特征要求语文教师具有更高的教学水平的基础上，顾黄初先生明确指出：“提高教师的素养和教育教学理论水平，是语文教师追求课堂教学艺术效果的重要环节。”[②]也正因如此，他在自己的语文教育领域的研究中，十分关注语文教师专业素养与实际教育教学水平的有效提高，并在这些论述中具体表达了自己对语文教师成长发展提高的真知灼见。

语文教师可能是中小学教师队伍中人数最多的一个群体，他们的语文功底、课程理念、教学方法、科研能力等基本素质直接决定着语文课程的优劣高下与成败得失。顾先生在长期从事语文教师函授与专职研究语文课程教学、培养合格语文教师的实际工作中，十分关注语文教师特别是优秀语文教师的成长与提高。同时，他也始终热爱着语文教育事业、密切关注着优秀教师的发展提高，并在持久的关注与热切的期盼中对优秀语文教师的“成长之道”有着独特的感受与深刻的体会。对顾先生时时注意在实践中不断发现、大力扶持、积极奖掖优秀教师的动人事迹，他的学生曾回忆说：

> 2008 年 4 月 9 日，正是油菜花盛开的时节，我邀请顾先生和师母来水乡兴化看“千垛菜花”。顾先生兴致颇高，不仅欣然接受了我的邀请，还要来为

①解光穆、刘琼：《语文课程何以“好学难教”——兼议张志公关于语文课程特征论述的当代价值》，《教育理论与实践》2014 年第 23 期。

②顾黄初：《学贵有疑　教贵激疑》，《江苏教育报》1999 年 4 月 2 日。

兴化的语文教师做专题报告。我担心他太劳累,就跟师母说搞个小范围的座谈,但他知道后,一定要我安排一场报告会。他说他来兴化的机会本来就很少,与一线老师接触的机会更少,借此机会跟大家见见面,聊聊天,探讨语文教改方面的一些话题。那天,他围绕语文新课程改革,或引经据典,或条分缕析,激昂慷慨、侃侃而谈了整整一个上午。他热情洋溢地激励我们,在改革的汹涌浪涛中,要勇立潮头,坚定不移地投身改革;他语重心长地告诫我们,教学改革要有自己的信念和追求,在拥有判断力与借鉴力的同时还要能够返璞归真,回归到语文教学的本真上来,语文姓“语”,这是最为根本的一条。为此,他从怎样做一个新时代的语文教师的角度,对我们提出了殷切的期望。他勉励我们要在读书、钻研、思考、实践、总结、反思等方面做踏实的努力,要能够在听、说、读、写、思等十个方面做“十项全能冠军”。他的教诲,醍醐灌顶,使听者如沐春风。①

此外,自独立设科后在对语文课程理论研究与实践探索中先后涌现出了一大批学养深厚、功底扎实、教法独特、成效明显的大家与名家。顾黄初先生从对叶圣陶先生语文教育思想的研究与阐发开始,对新中国成立前就已成名的朱自清、陈鹤琴、黎锦熙、王森然、吕叔湘、张志公等语文教育大家的语文教育思想进行过系统、全面的研究与深刻的阐发,也对新中国成立后成名的斯霞、霍懋征、欧阳黛娜、钱梦龙、宁鸿彬、李吉林、魏书生等语文名师的教育艺术、教学方法进行过具体探索与全面总结。在对众多语文教育大家、名家教育思想与实践的研究中,他也阐述了自己对语文教师专业成长、素养提高的许多宝贵认识。因此,在教师专业化成为必然要求的时代背景下,深入具体地研究顾先生的语文教师观,对提高语文教师培养质量、促进语文教师专业发展、完善语文教师自身素质等多方面都具有重要的现实意义。

第一节 合格语文教师的培养

担任过多年中学语文教师,接着又长期从事语文教师在职函授辅导,终身致力于语文课程与教学论的理论研究,长期从事中学语文教师职前培养的顾黄初先

①张正耀:《油菜花的思念——痛悼我的恩师顾黄初先生》,《中学语文》2009 年第 10 期。

生，对中小学教师特别是中小学语文教师的专业标准有着系统的研究与深刻的认识：

> 做教师难，做个好教师更难，在小学、中学里做个好教师更是难上加难。

> 做教师需要具备三个必要的条件：一是思想品德、言行举止足以为人师表，既能为“经师”，又能为“人师”；二是专业知识丰富而扎实，专业技能准确而娴熟，授业与解惑，应付裕如；三是熟悉教育教学规律，并能灵活运用这些规律于具体实践。单单是这三个条件，要全都具备就很不容易，世间之所以要为专门培养合格教师而设师范学校，原因正在于此。①

顾先生之所以要发出“做教师难，做个好教师更难，在小学、中学里做个好教师更是难上加难”这一感喟，主要是针对语文教师而发的。因为与其他课程相比，母语特征使得语文课程具有常见性、普遍性，学生对文本（课本）内容与形式的学习不具“陌生感”，而时时造成很难吸引、调动、激发学生学习积极性、主动性的局面；与其他课程相比，语文课程内容也具有分散、缺乏严密逻辑、前后无必然联系等客观特征，也处处使得语文教师在系统传递知识、有效组织教学时面临更多的问题与挑战。此外，语文课程还“具有多样化的课程任务、常见性的客观存在及社会评价的随意性等特征”②，因而对执教者有着更高的专业素养要求。

具体来讲，笔者认为要真正成为一名合格的中小学语文教师，既要有与其他课程教师相同的基本素质的要求，也要有一些不同于其他课程教师的特殊素质的要求。顾黄初先生从语文课程的重要性、独特性等课程特征出发，深刻分析、全面论述了要成为一名合格语文教师必须要具备的一些基本素质。

一、语文教师需具备的人文素质

在论述语文课程性质时，顾黄初先生十分赞同在语文课程与教学理论研究

①顾黄初：《顾黄初教育文集》（下），北京：人民教育出版社，2002年版，第1033页。

②解光穆、于成义：《语文课程何以“好学难教”——兼议张志公关于语文课程特征论述的当代价值》，《教学与管理》2015年第3期。

中逐步出现并频繁使用“人文性”一词:“语文学科又是一门人文学科……在众多学科的交流和融汇中,人们发现用‘人文性’一词来概括语文学科在教学内容上的特征似乎更为科学、更为准确,它既涵盖了政治思想性或思想性,又可以包括人的世界观、人生观、价值观、审美观等等一切属于人的精神世界的教育因素。”① 与顾先生一样,笔者也认为以“人文素质”来概括一名语文教师应具备的政治观念、价值取向、道德观念、理想信念、审美情趣等精神层面的众多因素似乎也更为准确、合理一些。概括来看,顾先生认为一名语文教师应具备的人文素质主要有:

政治思想素质。顾黄初先生有一个基本观点,就是:语文必须要姓“语”。因此他一贯明确反对把语文课上成政治理论课,也反对语文教师在语文课程中过多地对学生进行孤立、抽象、空洞的政治思想说教。但这绝不意味着语文课程就不需要有恰当的思想政治教育,也绝不意味着语文教师可以不讲政治态度、思想认识与价值观念。反之,他始终认为语文(文本)都承载着特定的情、意、理、趣,也必然包含着一定的政治态度、政治观念、思想情感、价值判断、情感倾向、审美情趣、科学精神等,这些都必然会对学生的精神世界产生巨大而深远的影响。因此,语文教师在组织、引导学生认识这些文本、接受这些文本之时,自然也担负着对学生进行一定政治观念、思想认识、情感倾向等方面的教育与引导职责。如此看来,要对学生进行必要而恰当的政治思想方面的教育,自然就要求语文教师首先要具有良好的政治思想素质,这就是对语文教师政治思想素质的要求。对此,顾黄初与李杏保先生从语文教育必须要“面向现代化”的战略高度,指出要使语文教育的对象——学生成为现代化所需的人才,就必须要求语文教师的“现代化”。在他们看来,语文教师的“现代化”在政治思想素质方面的基本要求是:“他们不但对共产主义美好未来的实现有坚定的信念,而且对现实通向未来的曲折而漫长的道路有清醒的认识。他们应该是为青少年一代树立共产主义崇高理想,并愿为实现这一理想而奋斗献身的领路人。”这里,他们主要是从政治观念、理想信念等方面来强调语文教师要成为学生在政治方向上的“领路人”。②我们知道,由于任何文本都是具有一定政治观念的人所写成的,必然会带有作者鲜明

①顾黄初:《语文学科性质之我见》,《语文学习》1997 年第 1 期。

②顾黄初、李杏保:《论语文教育研究的“三个面向”》,《殷都学刊》1986 年第 2 期。

的政治趋向性。因此，语文教师在语文课程实施中就要对学生进行必要而恰当的思想观念、政治理论方面的引导与教育。自然，这一教育又必须结合语文课程特点来进行，不能只是一种简单的政治说教，这又取决于语文教师的教学艺术。

道德修养素质。“学为人师，行为世范”中的“行为世范”，实质上所强调的就是教师要有良好的道德修养与堪为模范的言行举止，才能真正成为“人师”。顾先生被当代语文学界誉为“道德文章”的楷模，自然也十分关注语文教师的道德修养问题，并认为一个语文教师在苦与乐、荣与辱、付出与回报、他人与自我、个人与社会、学生与教师等多方面重大问题的认识上必须要有正确的道德认知与高尚的道德信念。例如在20世纪80年代谈到教师工作辛苦、生活清贫这一问题时，他辩证、客观地指出国家与社会要多关心教师疾苦，有效改善教师的生活、工作条件，但同时也提出教师个体也要以良好的道德修养、较高的认识水平来正确看待、冷静对待物质待遇不高这一现实问题。“但是，作为教师自己却必须把培育后代当作是自己崇高的职业，在不断探索中寻求自己的生活乐趣，以苦为乐，虽苦犹荣。搞精神生产的人，应追求精神生活的充实。这不是唱高调，而确实是事业的需要。”①这是由于教师是培育人、激发人、作用于人的精神世界的职业者，就必然要求对苦与乐、付出与回报、个人与他人等众多矛盾关系做出正确的理性认识与恰当的行为选择。对此，我们要看到，教师须具备的良好道德修养在文化多元、价值多样的当代社会中正经受着愈来愈严谨的挑战：一些教师不再把教书育人看成是一种付出，而是简单认同市场经济中的“等价交换”原则；一些教师不再把学生视为是自己必须关心、教育的对象，而是更多地把学生看成是与己无直接利益关系的他人；一些教师不再严格要求学生，而是抱着任其发展的态度对待他们……因此，重温顾先生关于教师道德修养方面的论述，对纠正当前师德领域普遍存在的一些重大问题有重要的启示意义。

文化修养素质。由于语文课程性质具有工具（形式）与内容（思想）相交织的复杂性以及语文教材主要是以文选（篇目）为基本凭借物来传授语文知识、培养语文能力、养成语文习惯等的独特性，再加之语文的外延与生活的外延相同这一客观存在，就决定了语文教师必须要有广博的文化知识与良好的文化修养，才能

①顾黄初：《贵在脚踏实地》，《语文教学》1987年第3期。

教好语文。对此课程特征及其对施教者的必然要求，顾先生曾明确指出：“语文学科在教学内容上的综合性和在教学方法上的灵活性，必然要求语文教师有尽可能广博的知识和尽可能广泛的兴趣爱好，这样，才能在教学中左右逢源，得心应手，才能在事物的普遍联系中生动地揭示事物的特征，才能引起学生强烈的求知欲望，并对事物产生深刻的印象。”[①]譬如，就阅读教学而言，要教好《廉颇蔺相如列传》《鸿门宴》《滕王阁序》《信陵君窃符救赵》《兰亭集序》等经典传统文言课文，语文教师就需要具备良好的历史文化修养；而要教好《花儿为什么这样红》《大自然的语言》《蝉》《南州六月荔枝丹》等经典说明文，语文教师也需要具备一定的自然科学方面的知识素养；而要教好《麦琪的礼物》《警察与赞美诗》《老人与海》等著名美国小说，也必然要求语文教师要对美国社会、美国文学有一定的了解……如此看来，人们常要求语文教师必须是一个“杂家”——虽不刻意要求对某一领域的知识专精，但却对众多领域的知识都要知道一些，其道理就在于此。

在具有正确世界观、价值观、人生观的基础上，语文教师还必须要有良好的道德修养、健康的审美情趣、献身教育事业的崇高人生追求、热爱学生的美好高尚情感，才能有望成为一名合格的教师。要看到，道德观念、师德修养、审美情趣等这些精神层面的要素虽属于教书育人时的“志”，但却在根本上制约着语文教师业务素质的发展与提高。对“志”在教师、语文教师职业生涯、专业成长中所起的决定性作用，顾黄初先生有着清晰而深刻的论述：

有些人心目中的素质，似乎只着眼在“文凭”，仿佛教小学的有中师毕业文凭，教中学的有高师毕业文凭，这就算够了“格”，就算具备了必要的素质。这就不免所见有偏。谈到教师的素质，总得兼顾到两面，即思想道德素质和文化业务素质。前者是“志”，后者是“术”。有志而无术，所谓志大才疏，固然对事业不会有实益；光有某些业务修养却根本不想献身于教育，整天抱怨“大材小用”，却又丝毫不想脚踏实地做好本职工作，这样的教师尽管有张堂而皇之的文凭，恐怕也不能说已经具备了教师的素质。何况，有了文凭，也未

①顾黄初：《顾黄初语文教育文集》（上），北京：人民教育出版社，2002年版，第138页。

必就等于有了相应的文化业务素质。①

他的这一精辟论述，对我们正确把握语文教师在人文素养方面的要求及这一要求对语文教师教学行为的意义具有重要的指导作用。自然，除具备的人文素养（“志”）外，语文教师还必须具有必要的智能（专业）素养。

二、语文教师需具备的智能素质

古人认为：“善之本在教，教之本在师。”极为简练地阐述了教育对社会的重大价值与教师对教育的重大价值。顾黄初先生在分析并论述语文教师的作用时，也十分重视其在语文课程中的基础性、决定性作用：语文课程要更好地发展学生的智能，就必须要先发展教师的智能，这是由于“对学生智能的发展关系最密切、影响最直接的，恐怕还是教师本身的智能素养，因为一切有利于发展学生智能的教学设想，都必须由教师来实行，教师的智能素养不够格，所有的设想都将落空。俗话说，怎样的师父带出怎样的徒弟”②。那么，在他看来，一名合格的语文教师应具备的基本智能素质具体又有哪些呢？

第一，要具备扎实的专业基础知识。扎实的专业知识与娴熟的专业技能是区别一般人与职业人的根本标准，也是职业人得以凸显自身独特作用与主要价值的根本依据。语文教师作为语文课程与教学的具体组织实施者，就必须要以全面掌握该学科领域内的系统知识为前提，才能使自己成为一名合格的语文教师。由于语文教师既是一名教师，又是以教语文为专门职业的，因此其要掌握的知识自然就包括语文学科领域与教育教学领域这两大领域内的专业基础知识。因此，顾先生指出：“语文教师的专业基础知识包括两方面：语文学科基础知识和教育学科基础知识，二者不可或缺。”③同时，语文教师与以汉语言、汉文学为专业的人员和以教育学、教学论为专业的人员相比，顾先生认为对这两大领域内的专业基础知识的学习与掌握、运用的基本要求是“一般不求‘专精’而求知识的扎实”。

①顾黄初：《贵在脚踏实地》，《语文教学》1987年第3期。

②顾黄初：《顾黄初语文教育文集》（上），北京：人民教育出版社，2002年版，第131页。

③顾黄初：《顾黄初语文教育文集》（上），北京：人民教育出版社，2002年版，第132页。

“所谓‘扎实’,就是既能全面掌握、融会贯通,又能联系实际、灵活运用。”①就是说,语文教师对于语文学科领域(汉语言、文学)、教育学科领域(包含教育心理学、语文课程与教学论等)基础知识的学习与掌握,不以专门、精深为评价标准,而是以在全面掌握、融会贯通基础上的灵活自如运用为基本目标。例如在汉语知识体系的学习中,语文教师是以对语音、词汇、语法、修辞等方面知识的系统掌握、灵活运用并运用于具体的语文教学活动中为基本目标,而不是以对它们的精深研究为目的。再如在教育学领域,语文教师对其知识的学习与掌握,也不是以对其系统理论、流派学说等内容的深入学习、精深研究为目标,而是以能够灵活运用相关理论、方法来指导自己的语文教学实践为目标。显然,顾先生提出的对语文学科、教育学科领域知识的掌握“不求‘专精’而求知识的扎实”这一目标,并不意味着语文教师对它们的掌握只是粗知一二,也并不是只要求知其然而不要求知其所以然,而是重在在系统掌握基础上的实际运用。如此看来,他提出的对语文教师专业“不求‘专精’而求知识的扎实”,实质上不是较低的要求,而是一项很高的专业标准。

顾先生认为只有具有良好的专业基础知识,才能形成良好的专业技能,这是从事语文教育的重要基础与前提条件。与需要的专业知识相一致,语文教师也需要具有两方面的基本技能素质:一是要具有良好的语文素质。对此,顾先生明确提出:“他们不但应该在传统的语言学、文章学和文学等方面有造诣,在听、说、读、写方面有较高的能力,还要善于从社会生活变化中来观察语言的变异,并且在社会交际和科学研究等领域熟练地运用各种有效语文信息方面,足以为学生的楷模。”②二是语文教师要具备良好的教育教学素质。对此,顾先生具体提出:“他们在理论上熟悉语文教学的原理、原则和方法,深刻了解我国语文教育的过去、现在和未来,了解世界语文教育的现状和发展趋势,成为真正能够自觉地、熟练地驾驭语文教育客观规律,根据青少年心理生理特点进行工作的新型语文教育家。”③

概括来看,顾先生认为语文教师只有具备以上这两方面的基本技能素质,才

①顾黄初:《顾黄初语文教育文集》(上),北京:人民教育出版社,2002 年版,第 132 页。

②顾黄初、李杏保:《论语文教育研究的“三个面向”》,《殷都学刊》1986 年第 2 期。

③顾黄初、李杏保:《论语文教育研究的“三个面向”》,《殷都学刊》1986 年第 2 期。

能使自己成为一名合格的语文教师。

第二,要具备过硬的听、读、说、写能力。由于语文课程是以全面有效地促进与提高学生语文能力为根本目标与主要任务的课程,而个体实际的语文能力又主要包括听、说、读、写四个方面,并具体表现为对语言的输入(接受)能力——听和读与对语言的输出(表达)能力——说和写两大方面。因此,要培养学生语言输入、输出两方面的听、说、读、写四项能力,作为课程组织者、实施者的语文教师就先要具备良好的听、说、读、写能力。如语文教师不具备或不完全具备这四项能力,对学生语文能力的培养自然就会大打折扣。对此,在顾先生看来:“语文教师要训练学生听、读、说、写的能力,自己首先必须会听会说,善读善写,并且功夫过硬。无数事实证明,语文教师的一手好字好文章、一口标准流利的普通话和一双善于观察的眼睛、一对善于听声辨音的耳朵,对学生的影响是极大的。”① 在教育史上,无数人的成长经历都证明了,语文教师具有良好的听、说、读、写能力对学生听、说、读、写能力的形成与提高具有极为巨大而深远的影响:许多人流利的演讲能力,得益于自己的语文教师流利口才的影响;许多人博览群书的良好习惯,得益于自己的语文教师言传身教的熏陶;许多人娴熟精妙的表达能力,得益于自己的语文教师高超写作能力的引导。例如张良皋先生在回忆自己求学时,在写作方面就受到一位语文教师的重大影响:

> 我读过一“季”私塾……我回到汉阳乡下,大舅祖父余晋侯(以字行)先生开设的学馆离我家不远,让我附读。那时学馆一年分五、八、腊三季,我恰恰是从五到八。这一季私塾教育对我之学语文颇有影响。除了诵习《左传》《东莱博议》和《古文观止》一些课文之外,我有机会浏览私塾“教材”,甚至涉猎八股文。私塾作息奉行阴历,每“院”(十天)作文一篇:晋侯先生批改文章之严肃认真,会令今日语文教师咂舌:改到某个学生的文章,该学生必须一旁肃立,其余学生四周恭聆。先生当场考问,当场圈点,当场改正,当场写批。遇到高兴得意处,还把学生和先生的“共同作品”朗诵一番,共享创作愉悦。私塾作文,本是苦差,往往抓耳挠腮,半天不得一句。但当我稍知古文“义法”,略窥八股门径之后,谋篇布局几乎都能轻车熟路,精力全放在扣题立意,作文也就不太为难。②

①顾黄初:《顾黄初语文教育文集》(上),北京:人民教育出版社,2002 年版,第 134 页。

②张良皋:《语文教学琐议》,王丽:《我们怎样学语文》,北京:作家出版社,2002 年版,第 54 页。

使张良皋先生在“略窥八股门径之后”而感到“作文也就不太为难”的原因就在于，晋侯先生批改作文时的认真态度与自身具有的娴熟写作能力。正是在善写的晋侯先生的影响之下，使得本来视写作“是苦差”且“往往抓耳挠腮，半天不得一句”的学生，得以在“略窥八股门径之后”而感到了“作文也就不太为难”，并逐步形成、不断提高自己的书面表达能力。这一实例说明，语文教师所具备的听、说、读、写能力对学生听、说、读、写能力的形成与提高具有极为重要的影响。

第三，要具备优秀的思维品质。由于语言与思维的密不可分性，就使得听、说、读、写能力与思维能力存在着极为密切的联系，甚至有时二者难以截然分开。如此看来，思维能力与语文能力有时是“合二为一”的：良好的语言能力依赖于良好的思维能力，良好的思维能力依赖于良好的语言能力。正因如此，担负学生语文能力培养任务的语文教师就必须在发展自己良好语文能力的同时，也要高度重视自己思维能力的发展与提高。这就是说，相比于其他课程的教师，良好的思维能力对语文教师来讲常常具有特殊而重要的作用。正是在这一基本认识的基础上，顾先生曾十分明确地提出：“一般的思维能力，对于一个中学语文教师来说，是远远不够的；他必须在思维品质上有高出于常人的地方，这才可能有效地增进学生的智能。”[①]那么，中学语文教师“在思维品质上有高出于常人的地方”的具体体现（要求）又有哪些呢？对此，顾先生有着全面的认识。首先，语文教师的思维要深刻。顾先生认为：“一个语文教师，他想问题、谈问题常常需要有政治的、历史的、哲理的深度，他对一切生活现象，包括社会的、自然的、语言的和艺术的现象等等，都要能够从比一般学生远为深刻的角度去加以观察和分析，从而得出发人深省的结论。教师的这种思维品质对发展学生的智能极为重要。”[②]这就是顾先生对语文教师思维深刻性的具体阐释，其实质要求显然是要求语文教师应对政治社会、文学艺术等现象，特别是作家作品要有自己的真知灼见，而不是一个人云亦云的“应声虫”。其次，语文教师的思维要广阔。在顾先生看来，所谓思维的广阔性就是语文教师能够并善于“从广泛的领域里去发现问题的能力”[③]，而这一能力又是以见多识广为基础的，因此这就又要求语文教师要做一个“杂家”，才能达到提高自己思维广阔性的目的。再次，语文教师的思维要敏锐。在顾

①顾黄初：《顾黄初语文教育文集》（上），北京：人民教育出版社，2002年版，第135—136页。

②顾黄初：《顾黄初语文教育文集》（上），北京：人民教育出版社，2002年版，第136页。

③顾黄初：《顾黄初语文教育文集》（上），北京：人民教育出版社，2002年版，第136页。

先生看来，由于语文教师在实际的教育教学实践中经常会面对一些突发性问题、事件并要求做出迅速的判断与正确的解决，因而就需要敏捷的思维能力，才能更好地完成教育教学任务。最后，语文教师的思维要有创造性。顾先生认为，语文教师要培养学生创造性（创新性）的思维能力，首先自己就需要具备这一能力。这一思维能力，一方面表现在对五光十色、复杂多样的社会现象的独立评价上，另一方面也表现在对各类课文（文本）的独特、深刻的解读上。因此，没有对复杂多样的社会现象与众多事物的独特看法与独有见解，就不会有语文教师自身的创造性思维能力，也就难以培养学生的创造性思维能力。

总之，顾黄初先生认为一名语文教师思维能力的深刻性、广阔性、敏锐性与创造性，是其高超教学艺术的具体体现，“既为有效地传道、授业、解惑所必需，更为有效地发展学生智能所必需”①。这自然是由于语文教师只有在具备了这些重要思维素质的基础上，“他们不但能够有效地传授知识、训练技能，而且本身能够在思维的深刻性、广阔性、敏锐性和创造性方面，给予青少年深刻、良好的影响”②。这就是他强调语文教师必须要具有良好思维能力的根本原因之所在。

第四，要具备较高的专业意识。专业意识是专业人员的一种良好品质与行为习惯，其核心组成要素主要有专业自觉、专业自主与专业自律，并具体表现为一种对自己所从事工作（专业）的经常性、习惯性的回顾、反思与总结、领悟及改进、提高。因此，在顾黄初先生看来，个体所具有的强烈的专业意识在本质上就表现为一种“职业偏好”或“专业偏爱”：“对于一个已经专业定向的人来说，善于把广泛吸取到的知识自然而巧妙地运用到自己从事的专业工作中去，并求得创造性的成果，这就是一种极其可贵的专业意识。这种专业意识，也是智能的重要体现。”③例如，一些书法家从舞剑中获得了一些书法启发、一些表演艺术家从动物的各种姿态中得到了一些形态启示、一些歌唱家从卖花姑娘的叫卖声中汲取到了一些歌唱营养、一些建筑设计家从自然现象中借鉴到了一些造型形态、一些飞机制造者从鸟类飞行中悟出了一些飞机制造原理等，都是一种极为可贵的专业意识，也是促进事业迈向成功的重要因素。古今中外无数事实表明，只有具有这

①顾黄初：《顾黄初语文教育文集》（上），北京：人民教育出版社，2002年版，第136页。

②顾黄初、李杏保：《论语文教育研究的“三个面向”》，《殷都学刊》1986年第2期。

③顾黄初：《顾黄初语文教育文集》（上），北京：人民教育出版社，2002年版，第138页。

种强烈专业意识的人才能在本学科、本领域内做出不同于他人的成就,才能成为卓有建树、富有成就的人。具体到语文教师的专业意识,顾先生认为:"(语文教师的)专业意识就是这样一种习惯和才能:当教学需要的时候,他可以立即从'知识库存'中提取恰当的材料来为实现一定的教学目的服务;当广泛阅读各种报纸杂志、观赏各种感人的影视或展览、从事各种有益的业余活动时,他总是自然地联系到自己的教学工作,并由此及彼,从中汲取改进教学的滋养。"①这一论述说明,语文教师的专业意识主要来自并表现于两方面:一是在课程实施中,语文教师要能够并善于从自己已有的知识积累中及时而恰当地提取出一些知识且为特定教学目的服务;一是在参加其他活动之时,语文教师要能够及时而敏锐地发现其独特之处,并从中感悟出对自己的语文教学积极有效的启示与启迪。显然,这种积极进取、自主自律的专业意识主要源于语文教师自己对教育、对语文教育、对学生的热爱。反之,顾先生认为:"一个对事业毫无感情,安于现状的人,当然谈不到什么专业意识。而后者最终都会因为自己长期'无所用心'而使智能日益衰退。"②

三、语文教师基本素质的形成与提高

从上可见,只有具备必备的基本人文素质与专业智能(技能)素质,语文教师才能实际从事语文教育,才能"学为人师,行为世范"。那么,语文教师所需的基本素质又该怎样形成与提高呢?对此,顾黄初先生提出要从职前培养与职后培训两方面做起。

要从优化课程结构与加强技能训练入手,切实加强与不断改善语文教师的职前培养。由于顾先生长期从事语文教育理论研究,实际承担培养中学语文教师的重要工作,因此对语文教师的职前培养特别是高师院校语文教师职前培养有着深切的感受与深刻的见地。在他看来,作为未来语文教师的"摇篮"与"母机",高师院校必须通过课程设置、强化技能训练等具体措施来切实提高语文教师的培养

①顾黄初:《顾黄初语文教育文集》(上),北京:人民教育出版社,2002年版,第138页。

②顾黄初:《顾黄初语文教育文集》(上),北京:人民教育出版社,2002年版,第138页。

质量。早在20世纪80年代初，他就以敏锐的改革意识与宽广的学术视野，提出必须要在高师院校中文系加强“与中学语文教育直接相关的语文学科的教学与研究”，并将此“作为本系科建设的‘基础工程’”，而“重点地进行探究、改革与规划”。[①]这是由于在他与李杏保先生看来，高师院校中文系与综合性大学中文系在培养目标上是有着显著区别的，因此课程设置、培养方式等就应有所不同。为此，他们从积极借鉴历史经验（如西南联大文学院中国文学系与师范学院国文学系的不同课程设置）出发，提出要及时纠正高师院校中文系在课程设置上与综合大学中文系课程设置基本一致的弊端，并通过改革课程设置与教学内容来切实加强对合格语文教师的培养：

> 注意到历史的启示，考虑到高等师范院校的“高教性”与“师范性”，我们认为，高师中文系的教育课程设置，除教育学、心理学之外，更应该重视全面地学习和掌握有关中学语文教育的基本理论、基本知识和基本技能。具体说来，“中学语文教育”是高师中文系语文教育学科的总课程，其整体结构还至少可以包含“中学语文教育概论”“中学语文教材研究”“中学语文教学技能基本训练”等三门分支课程。如果各高等师范院校能在师资和教材建设等条件较为成熟时，逐步形成上述“三基”统一的语文教育课程体系，那么，目前这种一门单薄的“中学语文教学法”课孤军作战的局面将有所扭转，培养合格中学语文师资的目标的实现亦庶几有望。[②]

随之，顾黄初与李杏保还对“中学语文教育概论”“中学语文教材研究”“中学语文教学技能基本训练”三门课程的性质、目标、任务、要求等做了具体、全面的阐述，强调了它们在语文教师基本素质形成与提高中的基础地位与能动作用，呼吁要切实予以重视。这一事实证明，他们早在20世纪80年代就呼吁应在高师院校中文系（文学院教师教育专业）增加与语文教育联系密切的课程，这一理念从提高语文教师培养质量的角度来看是十分超前并富有远见卓识的。这是由于高师院校语文教育专业在课程设置上长期以来一直存在着向综合大学中文专业课程设置“看齐”的倾向，语文课程、语文教学、语文教学技能以及教育学、心理学

①李杏保、顾黄初：《试论高师“中学语文教育”课程的结构》，《娄底师专学报》1984年第1期。
②李杏保、顾黄初：《试论高师“中学语文教育”课程的结构》，《娄底师专学报》1984年第1期。

等学科专业始终得不到应有的重视:在“公共课程、学科课程、教育课程、特设课程、实践课程、活动课程这‘六大块’”中,“学科课程占40%~50%、教育课程占15%”。这一不尽合理的课程设置,显然是由于对培养目标认识不清、定位不准而造成的。就是说,高师院校语文教育专业的“这一课程设置因‘学科本位’而造成学生教育教学技能不足而受到人们的时时诟病”。[①]对此,我们还要看到,在教师专业化成为时代潮流、教师教育受到社会各界高度重视的今天,众多高师院校特别是北京师范大学、西北师范大学、江苏师范大学等众多国内知名师范院校都先后把教师教育课程作为提高培养质量的重要措施来抓,其中调整方向之一就是为有效纠正“学科本位”的不良倾向而适度、适时增加教育学科课程。如南京师范大学在原教师教育课程基础上就先后增加了教师职业技能、现代教育技术、中学课程与教学、微格分类教学实验、中学生发展等教育基础理论与基本技能课程,提高了教师教育课程的比重。[②]国内高师院校教师教育课程设置的这一改革发展趋势,证明了顾先生在这一问题上的远见卓识。

使语文教师具有基本教书育人的人文与智能素质,除积极改革课程设置外,高师院校还必须要切实加强对学生职前教育教学基本能力的培养与训练。在顾黄初与李杏保先生看来,高师院校语文教育专业的中学语文教学技能的基本训练除要切实加强对师范生善读、善写基本技能的训练外,尤其要注意培养师范生具有良好的口头表达、书写及实用写作能力,这“就很有必要像音乐学院、戏剧学院的练声课、台词课那样舍得花本钱”。[③]为具体显示“舍得花本钱”,他们提出了如下训练师范生口语能力的基本项目:普通话训练、朗读训练、演讲(教学演讲)训练、辩论训练、“教学小品”训练。在书写与写作训练中,又主要包括书法训练、批改文字训练与有关语文教学的实用文字训练(教学笔记、教学总结等)等。[④]他们关于培养师范生实际教学技能的这些具体而具操作性的见解,实际上切中了师范院校特别是高师院校在培养师范生时常存在的“眼高手低”的弊端。

---

①冀永强、解光穆:《教师教育:国内发展趋势与宁夏改革构想》,《宁夏大学学报》(人文社会科学版)2012年第5期。

②周晓静:《教师教育实践课程改革与思考——以南京师范大学教师教育课程为例》,《中国教育学刊》2011年第7期。

③李杏保、顾黄初:《试论高师“中学语文教育”课程的结构》,《娄底师专学报》1984年第1期。

④李杏保、顾黄初:《试论高师“中学语文教育”课程的结构》,《娄底师专学报》1984年第1期。

具体说就是，传统教师教育课程设置的“学科本位”倾向，使得师生都十分注重“教什么”这一学科问题，却时时忽略“怎么教”这一技能问题。对此我们要看到，在高等教育“精英化”的时代，由于师范生整体素质较好，这一现象还不十分突出。但在高等教育步入“大众化”阶段后，许多高校毕业生特别是师范院校毕业生既不能“教书”又不愿“育人”的现象较为普遍，极大地冲击着原本就状况不甚良好的基础教育。也正因如此，近年来高师院校开始重视对师范生实际教育教学技能的培养，试图通过课程改革与增加实践环节等措施，“使学生形成必要的教学技能和相关教育活动能力，如教学组织与计划能力、教学设计能力、课堂教学技能、语言表达能力、板书能力、多媒体应用能力、教学评价能力、课外活动组织能力、因材施教能力、教学研究能力和教学管理能力等”①。显然，近年来高师院校在语文教师职前培养中强化教育教学技能训练的这一发展趋势，也再次证明了顾先生在此问题上的远见卓识。

要从有效提高教师专业化程度入手，高度重视并切实促进语文教师的在职发展。顾黄初先生认为中学教师与大学教师相比，工作任务更重，要求也更严格，因此他十分关注中小学语文教师专业素质与教学能力的提高，曾多次引用叶圣陶先生关于怎样做一名合格语文教师的观点来论述成为一名合格语文教师的基本要求——做好教师工作有两个必备条件：一是肯负责，二是有本钱。这是由于在他看来：

> 前者是态度问题，后者是实力问题。实力是可以逐步增加的；关键倒是态度，是对工作是不是真正肯负责。所谓“教然后知困”，是对于那些认真从“教”，不肯丝毫马虎的人说的。至于一开始从“教”就认为自己大学毕业来教十四五岁的娃娃当然是无所不晓、游刃有余的人，他是绝不可能“知困”的。“教”而不知“困”，哪里还有为解“困”而读书的念头？其实，不是没有“困”，而是这样的年轻人在责任心上还有点欠缺。初中课文《美猴王》，文字浅显，再加上许多注释，教起来可能无“困”。其中说那猴儿，终日里在山中“与狼虫为伴，虎豹为群，獐鹿为友，猕猿为亲”，引号里的话也很好懂。然而

---

①冀永强、解光穆：《教师教育：国内发展趋势与宁夏改革构想》，《宁夏大学学报》（人文社会科学版）2012 年第 5 期。

认真地想一想，狼、虎、豹、獐、鹿、猕、猿都是山中动物，“虫”却是小昆虫，缘何能与这些动物并举？肯负责的人便在这里发现了“困”，为解“困”翻翻《说文解字》，便知道这“虫”原指毒蛇，是象形字。可见，肯负责才能于无疑处见疑，在无困中知困，从而激起读书的自觉与冲动。①

在这段文字中，他提出了做一名合格的语文教师虽然“有本钱”也很重要，但“关键倒是态度”，也就是“对工作是不是真正肯负责”。这是由于教师，特别是语文教师是否合格、是否热爱教育与热爱学生、是否热爱所教课程，实际上这是教师能否成为合格者、优秀者的关键因素。热爱者，自会主动阅读、主动钻研、主动探究教育教学问题；不热爱者，自然就不会积极主动地关注学生、关注教学。所以，顾先生始终认为对教育、对语文教育的态度问题是成为一名合格语文教师的前提条件，其他条件都建立于这一条件的基础上。也正是在这一认识基础上，他盛赞只有初中学历但却享誉全国的钱梦龙、魏书生先生，认为对教育事业的无比热爱、对语文教育规律探求的不懈追求，是他们在教书育人中取得非凡成就的决定性因素。对顾先生这一观点能提供有力佐证的是胡定荣对优秀教师的实证研究：运用内容分析法，胡定荣先生以《人民教育》杂志 2003—2005 年《名师人生》栏目中的 36 位特级教师撰写的人生经历为样本，从影响优秀教师成长的个人背景因素、职业选择和职业成功因素、成长关键事件等进行了定量描述与分析，结果表明：个人背景因素中的性别、教龄、学段和学科因素对优秀教师的成长存在一定的影响，而入职学历、家庭经济和入职学校类型因素对优秀教师的成长不存在影响。优秀教师的成长主要受到后天因素中个人努力、教学互动、专家引领、师傅指导、同伴互助和领导支持的影响，其中影响优秀教师成长的个人因素依次为教学研究与反思、专业学习、教改实践和教育理想与信念。此外公开课、教学中的挫折和冲突等关键事件对优秀教师的成长也起着重要作用。②

在充分肯定教育、语文教育、学生的“情感态度价值观”等要素对语文教师基本素质形成具有决定性影响的基础上，顾先生进而论述了要成为一名合格语文教师的一些最基本要求。首先，语文教师要勤于读书。在顾先生看来：“语文教

①顾黄初：《青春年华需勤读》，《中学语文教学》1996 年第 1 期。

②胡定荣：《影响优秀教师成长的因素——对特级教师人生经历的样本分析》，《教师教育研究》2006 年第 7 期。

师，是以教人读书为己任的。岂有教人读书而自己竟怠于读书的？所以，语文教师更应该勤于读书。”[①]自然，语文教师应勤于读书并不意味着读书只是漫无目的随手翻阅。他认为，语文教师应勤读的书主要有：

> 首先要读的当然是有关语文本身的书。吕叔湘先生说过，教语文的人首先必须“搞清楚他教的是什么”。语文教师教的当然是“语文”，这怎么搞不清楚呢？可是且慢，“语文”本身的性质、特点、功能及其运用规律，古代汉语与现代汉语、普通话与方言的区别和联系，要真正搞清楚也并不容易……
>
> 此外要读的是有关教育学、心理学和语文教育学方面的书。吕叔湘先生还说过，教语文的人还必须“搞清楚一个人学会一种语文的过程”。这里就要涉及教育教学理论问题，涉及学习心理问题，涉及学习母语的特殊规律问题。在目前国内高师中文系的专业必修课里，教汉语的往往不讲学汉语的规律，教文学的往往不讲文学欣赏的心理特征，教写作的也未必讲写作能力形成和发展的内部条件和外部条件……[②]

对语文教师应读的“有关语文本身的书”与“有关教育学、心理学和语文教育学方面的书”，顾先生还从当时所出版的书籍中开列出具体书目，这些书目今天看来也还具有重要价值。其次，语文教师要学会钻研教材。由于语文课程的常见性、普遍性以及学生在学习语文时不是一无所知的等特征，顾先生认为做一个平庸的语文教师可能要比其他学科的教师更为容易一些——因为各种教学参考资料、各种课文解析之类的书籍，足以使语文教师“照本宣科”。但要做一个合格的语文教师，却必须熟悉语文教材并能较好地去把握、驾驭语文教材，因为无数事实证明：“执教者对教材钻研得透、理解得深，他在教课的时候就能够引导到‘法’，启发到‘点’，讲述中‘肯’，而且‘章法’上也得以有条不紊，连贯圆活；反之，执教者自己对教材理解不深不透……得不到满意的效果。”[③]就是说，如一位语文教师连教材都不熟悉，也不能较好地驾驭，自然只能是一名蹩脚的教师。显然，能在熟悉的基础上正确把握、灵活驾驭教材，是对一名合格的语文教师的基

①顾黄初：《青春年华需勤读》，《中学语文教学》1996 年第 1 期。

②顾黄初：《青春年华需勤读》，《中学语文教学》1996 年第 1 期。

③李杏保、顾黄初：《试论高师“中学语文教育”课程的结构》，《娄底师专学报》1984 年第 1 期。

本要求。最后,语文教师要注重回顾和反思自己的教育教学行为。顾先生认为,促使一名语文教师发展与提高的途径虽是多样的,但善于研究学习他人的成功经验却是重要的也是必要的。这是由于教育教学能力具有很强的实践性,因此语文教师就要密切关注自己的教育教学,并重视从自己、他人的教育教学的实践中来总结经验、提高认识、改进方法。因此,在众多关于语文教师、语文教学方法的论述中,他多次深入分析、具体论述了“教学反思”对语文教师成长具有的重要意义。

第二节　优秀语文教师的成长

套用先哲列夫·托尔斯泰“幸福的家庭都是相似的，不幸福的家庭各有各的不幸”的名言，笔者认为：优秀的语文教师都是相似的，不优秀的语文教师各有各的不优秀。就是说，一名语文教师之所以能成为众多语文教师中的翘楚，必然有着诸多共性，譬如扎实的语文知识功底、数十年如一日的刻苦努力、对语文教学的无比热爱、对学生的无私关爱、对教学艺术的不懈探求等，都应是他们的共有特征。顾黄初先生在研究语文教师成长发展之时，对怎样才能成为一名优秀语文教师这一重要问题也有着系统、精辟的阐述。譬如在谈论应认真总结、及时推广优秀语文教师的教学经验时，他就指出：“一个优秀的教师，他可以有自己独特的教学风格，有自己匠心独具的教学设计，但只要是在教学上真正取得了明显效果的，那他必然是注意到了学生思维能力的培养的。”[①]这就指出了优秀语文教师们的一大共性——注意培养并提高学生的思维能力。因此，从顾先生关于语文教师的诸多论述中，我们可以看出语文教师之所以优秀，是由于有着共有的“成长之道”。

一、不甘平庸

客观来看，做个平庸乃至合格的语文教师可能要比做其他课程的平庸乃至合格的教师更为容易一些，这是由语文课程的常见性特征所决定的。具体来说，组织、引导学生进行基本的听、说、读、写教学与训练，对受过良好系统教育的人而言，并不是一件十分困难的事情，因为语文课程的内容（对象）具有常见性与并不很高的专业性。因此，其他课程的教师，由于其课程内容的不常见性（专业性），而对教师的专业知识、专业技能的要求相对更“专业”一些，不熟悉者就难以顺利从教与施教。比如要做个合格的初中数学教师，最基本的要求就是要熟练

①顾黄初：《顾黄初语文教育文集》（下），北京：人民教育出版社，2002年版，第971页。

掌握整式和分式、方程和方程组、不等式和不等式组、函数与三角形、四边形等基础知识,且具有较强的计算能力,还需要具有较高的探索数、形及实际问题中所蕴涵的关系与规律的水平。同样,要做个合格的初中物理老师,最基本的要求也是要能熟练掌握机械运动、声和光、电和磁、能量的转化和转移、机械能、内能、电磁能等较为专业的知识,并具有一定计算、模拟、推导、实验等能力。相反,语文课程的母语特征与课程内容的常见性、普遍性,使得做一名合格的语文教师的要求显得相对容易一些,因为汉语基础知识、文本解读、一般朗读技巧、基本写作能力,以及对词句、篇章的评价、评点能力,是大部分人都具备的。能对此提供直接佐证的情况是:在中学各科教学中,如不是数学教育科班出身者常难胜任数学课程的教学,不是生物教育科班出身者也难以胜任生物课程的教学……但语文课程却并非全然如此,有些不是高师院校中文专业的毕业生也能胜任语文教学且部分人有时比那些科班出身者还要优秀。对此由于语文课程特征所带来的对语文教师“非专业”或“低专业”的要求,张志公先生曾不无诙谐地指出:

> 人们却往往认为语文是最好教的一门课。中国话,人人会说;中国字,人人认得;教教语文,这有什么难处?分配给某地几位新老师,领导逐一了解:会物理的去教物理,会外语的去教外语……什么都不会的,你去教语文吧!我亲口问过几位负点责任的领导同志,他们承认说,确是这样。社会上呢,不懂点 ABC 就很难给外语提意见,不懂点 X+Y=Z 就很难给数学课提意见,只有对语文课,人人有发言权,于是意见从多方面来。因而,受到“关心”最大,受到责难最多,或者说婆婆最多的是语文课。①

需指出的是,张志公先生此处虽批评对语文课程评价的随意性,但却反映出语文课程的确具有明显“大众化”的特征,承担这一课程的教师的“专业水准”比不上数学、物理、生物等课程教师的“专业水准”。这说明,在中小学做一个平庸乃至合格的语文教师,其专业要求似乎要比别的课程的教师低一些。对做个平庸乃至合格的语文教师的基本要求比其他课程做平庸乃至合格教师的要求似乎更低这一客观事实,从事过中学语文教学并长期研究的顾黄初先生自然也是具有清晰而深刻的认识的:

①张志公:《张志公语文教育论集》,北京:人民教育出版社,1994 年版,第 607 页。

> 说实在的，在语文课的讲坛上，当个平庸的教师，并不困难。备课，有各种各样参考资料，作者生平、背景介绍、词语解释、结构层次、中心思想、写作特点，一应俱全，不需要教师广搜博采，现成的拿来抄抄摘摘就行。编写教案，也有本可依，北京的、陕西的、湖南的各种单篇教案集、单元教案集，乃至各地优秀教师所编，大可依样画葫芦。组织课堂教学，有通行几十年的"八股模式"：一解题、二朗读、三解释生字词、四划分段落、五分段讲解、六概括中心思想、七总结写作特点、八布置作业，按传统老例，驾轻就熟，万无一失。编练习、出试卷，也无须费什么力，早有人为你提供各式练习册、各年级试题集锦，任君选用。试想，在这样的条件下，只要脑袋瓜子不太笨，应付一堂课的45分钟岂不是轻而易举的事？①

但与之相反，在中小学要做一名优秀的语文教师，其专业水准、教学能力、职业修养、教学机智、奉献精神、综合素质等各方面的要求又似乎要比其他课程的教师要求更高一些。就是说，做一名优秀的语文教师的难度要高于其他课程的教师。这是为何？个中缘由还要从语文课程的特征中来寻找。首先，语文课程具有常见性特征，需要语文教师具有高超的教学艺术，才能充分调动学生的学习积极性。在语文课程中，由于"学习内容（对象）的常见性，就使得学生时时感到学习这门课程缺乏新鲜感"。②就是说，学生在语文的实际学习中，不论是对文本呈现出的语言形式还是文本所表达的思想内容，都必然存在着"似曾相识"之感，因此就有着语文听不听、学不学效果都一样的感觉。这样，要从根本上调动学生学习语文的积极性并使学生真正感到"学有所得"，就必然对语文教师的教学艺术有着高于其他课程教师的要求。其次，语文课程收效十分缓慢，也需要语文教师具有锲而不舍的执着精神，才能提高学生的语文能力。无论是听、说还是读、写，都是一种技能。既然它们是技能，其形成与提高就不会有立竿见影之效。因此，学生要在语文课程与语文实践中逐步形成、不断提高语文的吸收、表达能力，就要持久不懈地努力。同时，作为执教者的语文教师也要做到持久不懈地努力，这必

---

①顾黄初：《顾黄初语文教育文集》（下），北京：人民教育出版社，2002年版，第987页。

②解光穆、于成义：《语文课程何以"好学难教"——兼议张志公关于语文课程特征论述的当代价值》，《教学与管理》2015年第1期。

然对语文教师提出了高于其他课程教师的要求。最后，语文课程还具有目标多样、内容丰富、知识点分散等众多特征，对语文教师任教时所需的知识与能力有着高于其他课程教师的要求。语文教师要有效组织语文课程，就要有流利顺畅、有条不紊、有理有据、声情并茂的口头表述能力，也要有集中倾听、提取信息、辨别正误、持久专注的倾听能力，还要有准确把握、全面领会、及时转换的阅读能力，更要有描写说明、辨析问题、雄辩说理、字斟句酌、布局谋篇的书面写作能力。同时，还要具有一定的对文本所涉及的思想观念、政治态度、价值伦理、天文地理、风俗民情、奇异世界、事理奥秘等方面的广博知识，才能正确引导学生在认识客观世界的基础上提高语文能力。显然，语文教师所需的这些众多的能力与知识要高于对其他课程教师的要求。譬如，数学教师也要求要具有良好的口语表达能力，但一般却没有声情并茂、绘声绘色等方面的要求；同样，对历史老师，虽也有着要有宽阔视野、广博知识等方面的要求，但一般都限于历史学科这一特定领域，而不是如语文教师那样“漫无边际”。概括如上三点，我们可看出做一个优秀的语文教师，确实具有很高的标准与很严格的要求。对做一个教学有方的优秀语文教师的不容易或很不容易，顾先生有着如下的具体表述：

> 但是，要当个高明的、教学有方的教师，那就很不容易了。为了加强教学的针对性，他要千方百计去摸清学生的底细，然后有的放矢，做好“修桥补路”工作，使全班学生都能顺利地“携手上路”，还要花大力气。为了培养学生的自学能力，他要殚精竭虑启发引导学生自己读书、独立思考、质疑问难，这样，现成的参考资料往往不够用，现成的教案也往往不济事，他要自己先把教材钻研深透，以便随时去解答学生提出的种种意想不到的问题，这也要花大力气。为了使自己的教学能与生活贴近，他要想方设法同其他各科的教学沟通起来，并在课外组织学生开展各种语文学习活动，从众多方面米培养学生良好的语文行为习惯，这更要花大力气。试想，在这样的探求摸索过程中，一个教师要花费多大的心力，当个立志于改革的教师岂是容易的事？这里首先需要的是热爱教育事业、热爱学生的奉献精神。改革的精神阻力是惰性，改革的精神动力是奉献：这是徐州市语文教育界一批教改积极分子，用实际行动提供给我们的一条根本经验。[①]

①顾黄初：《顾黄初语文教育文集》（下），北京：人民教育出版社，2002年版，第987—988页。

这一论述说明，要通过“加强教学的针对性”以取得课程实施的成效，语文教师就需要“花大力气”；要通过“启发引导学生自己读书、独立思考、质疑问难”以提高学生的语文能力，语文教师“也要花大力气”；要使语文“教学能与生活贴近”以“培养学生良好的语文行为习惯”，语文教师“更要花大力气”。这里，顾先生连用三个“花大力气”，充分论述了语文课程的艰难性与语文课程对语文教师的高要求。

语文教师怎样才能达到这些高标准、高要求呢？最根本的一条就是要有不甘平庸的专业追求。如前所述，做一个平庸乃至合格的语文教师可能要比做一个平庸乃至合格的其他课程的教师容易一些，但做一个优秀的语文教师却定然要有高于对其他课程教师的要求。因此，中小学语文教师要使自己优秀起来，就必须有不甘平庸的自觉、主动、积极的专业追求，这就是顾先生指出的：“我总是这样想，一个人要想在事业上取得成功，必须具备一种精神，那就是积极进取、不甘平庸。”[①]语文课程存在的复杂性，决定了语文教师要使自己优秀起来，更要有不甘平庸的精神——把不易见效的语文课程教得容易见效，把不易培养的语文能力培养起来。

二、脚踏实地

教育是一项作用于人的精神世界的长期、艰巨、复杂的工作，需要教育者具有脚踏实地的奉献精神；见效慢、涉及因素众多的语文课程要取得成效，更需要语文教师具有脚踏实地的精神追求与自觉行为。因此，一名优秀语文教师与一名普通语文教师的重要区别之一，就在于前者能踏踏实实地钻研教材、能踏踏实实地实施教学、能踏踏实实地批改作业、能踏踏实实地指导学生。而后者可能对语文课程不时有着这样那样的“高见”，但就是缺乏持之以恒的坚韧实践。这样久而久之，前者在长期的踏踏实实的语文课程理论与实践探索中逐步得窥语文课程之门径并最终登堂入室，逐步成为成绩斐然、深受学生爱戴的优秀教师。而后者由于华而不实、好高骛远、夸夸其谈，可能会成为一名善于高谈阔论但却缺乏

①顾黄初：《顾黄初语文教育文集》（下），北京：人民教育出版社，2002年版，第1046页。

实绩的普通乃至平庸教师。顾黄初先生正是鉴于语文教师工作的平凡性与长期性,曾以《贵在脚踏实地》为题,专文论述了脚踏实地对成为一名优秀语文教师的重要性。

在顾先生看来,语文教师之所以要树立脚踏实地的意识并自觉付诸教育中,主要是由于:第一,只有脚踏实地地关注语文课程与学生,才能成为优秀的语文教师。他认为:“(语文教师)只有热爱自己的工作,才能自觉地想方设法改进教学,努力提高教学效率;只有热爱自己的学生,才能急学生之所需,才能全面关心学生的成长。”[①]这说明,语文教师只有热爱教育、热爱语文教育、热爱一切学生,才能做到教学中的踏踏实实。而只有踏踏实实进行教学、踏踏实实关爱学生,才能在促进学生优秀起来的同时也使教师自己优秀起来。第二,只有脚踏实地并扎实有效地进行教学,才能成为优秀的语文教师。在顾先生看来,语文课程实际上并不玄妙,有效提高学生听、说、读、写能力的方法与途径也不高深。比如长期坚持让学生定期介绍自己的阅读收获与感悟、长期坚持让学生去读报与议报、长期让学生坚持写读书笔记等,都是一些既简单又属老生常谈的有效方法。但在语文课程实践中:“理论上谁都承认它的价值,而真正在实践上脚踏实地去做的也不是很多,长期坚持并对此作出系统总结的,为数就更少。”[②]无数人的语文学习事实证明,做读书笔记等这些虽简单但却有效的方法要靠语文教师长期不懈地去引导、去培养并最终固化为学生的语文学习习惯,才能真正收到成效,也才能在使学生优秀起来的同时也使教师优秀起来。正是在这一认识的基础上,他坚定地说:“我始终认为,语文教学的改革,重要的不是‘花样翻新’,也不是一味追求什么‘空前创举’,而是对于那些已经被实践证明为有效的方法或措施,抓牢不放,认准目标,付诸实践,锲而不舍。”[③]顾先生主张淡化语文教师在课程实践中追求“花样翻新”与“空前创举”的观点,切中了语文教育的积弊。因为从语文课程史看,我们似乎并不缺乏方法与方式,而真正缺乏的是一批批脚踏实地扎实进行语文教育的教师。第三,只有脚踏实地并从实际出发去发挥自身优势,才能成为优秀的语文教师。如前所述,语文教师实际所需的能力素质很多,有时实难一一具备。同时,在语文教育领域内多种教学艺术可谓异彩纷呈、

①顾黄初:《贵在脚踏实地》,《语文教学》1987 年第 3 期。

②顾黄初:《贵在脚踏实地》,《语文教学》1987 年第 3 期。

③顾黄初:《贵在脚踏实地》,《语文教学》1987 年第 3 期。

各具特色,有时也确实难以简单模仿或机械移植。因此,顾先生主张语文教师要从自身能力素质出发去发挥优势、弥补不足,才能求得实效。如果语文教师善于朗读,就可以多进行朗读示范以提高教学效率;语文教师善于写作,就可以多进行作文“示范”(多作下水文)以提高学生的写作能力,并以此为突破口来提高学生的语文能力……就是说,语文教师在语文教育实践中,要时时处处提醒自己:我的优势是什么?我的不足有哪些?这样才能在教学中做到扬长避短、发挥优势,并在使学生优秀起来的同时也使自己优秀起来。

总之在顾先生看来,做一个优秀的语文教师所需素质固然很多,但脚踏实地的精神、不懈追求的努力与持久坚持的行为,却是造就优秀教师的必然要求。比如长期坚持做教学笔记并对自己的教学行为回顾、反思,对教师来说不是一件十分困难的事,但却能造就出优秀教师:

> 记得三十多年前,我在兴化曾遇到过一位从教不到十年的年轻教师,他在书案上摞着两厚本《教学手记》,上面密密地写着他教课后的心得体会。教得顺手的,学生能心领神会的,分析原因;教得自觉别扭的,学生启而不发的,也分析原因,并提出下回课时改变教法的设想。字里行间,看得出他对学生的爱,对事业的执着追求。当时我就觉得,这位年轻教师如果坚持这样做,十年二十年之后,他将成为教学的专家、艺术家。果然不出我所料,改革开放后不久,他便被评为特级教师、省中青年专家。①

这位语文教师之所以成为语文教师群体中的佼佼者,靠的就是长期坚持做教学笔记,靠的就是对自己的教学行为不断进行反思、改进的扎实行为。

三、积极探究

在本节第一个问题中,笔者结合顾先生的论述表达了一个观点:做一个平庸乃至合格的语文教师可能要比做一个其他课程的平庸乃至合格的教师容易一

①顾黄初:《顾黄初语文教育文集》(上),北京:人民教育出版社,2002年版,第498页。

些，但要做一个优秀的语文教师则可能要比做其他课程的优秀教师更困难一些。这主要是由于语文课程常见、普遍“大众”的特色与课程牵涉要素太多，要大面积提高学生的语文能力，就必然要求语文教师付出比其他课程教师更多的努力。在语文教师的众多付出中，积极探究语文课程的客观规律就是他们有效提高教学效率并使自己优秀起来的应有之义。

第一，语文教师只有积极探究，才能熟练掌握语文课程的知识体系。语文课程在内容上具有广泛性的特征，主要涉及语言学概论、文艺学、现代汉语、古代汉语、中国文学（古代、现代与当代）、外国文学（欧美文学、东方文学）、文学概论、写作学等众多门类。具体就学科理论来看，又涉及阅读学、写作学、口语交际学、教育学、心理学以及语文课程论、语文教学论等众多学科领域；就学科技能来说，也涉及书法（书写）能力、朗读能力、演讲能力、阅读能力、写作能力等等。如此众多的课程内容，要求语文教师都要有系统的了解与把握；如此众多的专业技能，也要求语文教师要基本具备。显然，就学科知识的广泛性、专业技能的全面性而言，做一个优秀的语文教师的确要具有多学科、多领域的知识与能力，才能使自己优秀起来。从优秀教师共性特征来看，他们之所以优秀无疑是都对语文、语文教育、语文课程有着系统、全面的了解，并在某一学科领域还有精深的研究。对此，顾先生在介绍自己的学生、特级教师、江苏省教科院副院长杨九俊先生时就指出，杨九俊大学期间的志趣是文艺评论研究并取得了初步成就。但在毕业后到泰州师范学校从事小学语文教学论教学与小学语文教师培养后，他就把志趣与实际工作结合起来，“用艺术论的视角去窥探教学论的奥秘，把教学论的丰富内容提到艺术的高度来加以解剖”，完成了《语文教学艺术论》，为语文教育研究奠定了良好基础。[①]杨九俊先生的成功之路，证明了语文教师必须既要有系统、全面的知识，又要对某些学科领域有着精深研究，才能使自己优秀起来。

第二，语文教师只有积极探究，才能逐步掌握语文课程的客观规律。顾先生从要成为一名优秀的语文教师所需的素质出发指出，要做一个优秀的语文教师就必须要在丰富教学实践的基础上不断探究语文课程规律，这一不断探索具体体现在对学生、对课程、对教学的思考与研究上。他认为：“要想有成就，勤于实践

①顾黄初：《顾黄初语文教育文集》（下），北京：人民教育出版社，2002 年版，第 1047—1048 页。

固然重要，在实践中善于思索，也许更重要。”[①]为什么“善于思索”与深入研究“也许更重要”呢？因为语文教师只有勤于思考，才能不断发现实践中出现的问题；也只有勤于研究，才能深入了解问题出现的原因，并提出具体有效的解决对策。顾先生认为，在中小学各学科的教师中，语文教师勤于思考、积极探究与深入研究对提高课程质量具有特殊而重要的意义，因为这依然是由语文课程的复杂性特征所决定：

> 语文学科本身是个复杂的多面体，这是它的特点，也是它的优点。有如钻石，惟其多面，才晶莹闪烁，熠熠生辉。教师们除了从宏观上研究语文素质教育的特点和规律之外，更从微观上对德育、美育，对读、写、听、说能力培养，对教法和学法指导，对语文教材的分析和语文教师自身素质的提高，甚至对传统语文教育经验的借鉴等多个侧面进行全方位的考察。[②]

这虽然只是他对《语文素质教育研究》一书的评述，但通过这些论述，我们可看出作为“复杂的多面体”而存在的语文课程，既有宏观又有微观、既有听说又有读写、既有教法又有学法、既有现代又有传统……如此众多的领域与问题，自然需要语文教师的持久探究，才能有望发现与把握语文教学规律。

第三，语文教师只有积极探究，才能确保语文课程科学有效的实施。语文课程具有常见性、普遍性的特征，并表现为有时不需教师讲解、指导，学生就能自行阅读、自行领悟、自行表达、自行修改……这一课程特征，与其他课程的知识体系具有严密逻辑，并通过教师的必要讲授才能使学生快速领悟、完整掌握有所不同甚至完全不同。因此，语文课程的有效实施就对语文教师的教学方式方法及手段提出了更高要求。比如由于课程内容的分散性，顾先生就认为其对有效施教提出了极高要求：“（语文课程在）内容的深浅宽窄，弹性较大，教师主观上不注意控制，不讲究取舍，很容易因内容庞杂而使学生抓不住要领，事倍而功半。”[③]语文课程在内容具有“深浅宽窄，弹性较大”的特征，自然要求语文教师必须要在透彻把握教材、全面了解学生学情的基础上，科学选择、正确指导、有效

①顾黄初：《顾黄初语文教育文集》（下），北京：人民教育出版社，2002年版，第1075页。
②顾黄初：《顾黄初语文教育文集》（下），北京：人民教育出版社，2002年版，第1072页。
③顾黄初：《顾黄初语文教育文集》（上），北京：人民教育出版社，2002年版，第484页。

施教。再如在数学、化学等课程与对学生的个别辅导中，教师要努力做到“知无不言，言无不尽”，那么在语文课程及对学生的个别辅导中，教师则要做到“知有不言，言有不尽”。这还是由语文课程中学生具有“自学能明”的课程特征所决定的。鉴于这一课程特征，顾先生曾以《知有不言 言有不尽》为题，写了篇短文深刻阐述了这一道理。

常见习用的课程特征，同时也要求语文教师必须熟练掌握多种教学方法并能灵活自如地运用到课程实践之中，才能调动学生的学习积极性并达到提高学生语文能力的根本目标。在顾先生看来，一名优秀的语文教师仅就教学方法的运用，就有着善于取舍、灵活运用等极高的要求：“用比较法时，让学生自己去比较得出结论；用示例法时，教师先作一例示范，其余让学生依例仿照独立去完成；用归纳法时，具体事例由学生列举，结论也由学生通过归纳得出，教师只是起穿针引线的作用；用演绎法时，教师只讲一般原则，让学生通过联系教材独立思考，自己得出具体结论。”[①]显然从教学方法的使用来看，语文教师需掌握、运用的方法就要比其他课程复杂许多，在具体运用时也有着更多更灵活的要求。因此，语文教师只有通过对多种教学方法的积极探究，才能熟练掌握并逐步形成具有自身特点的教学方法，进而使自己变得更优秀。

总之，在顾先生看来，语文教师只有不甘平庸，才能在长期艰苦的语文教育实践中取得优异成绩；语文教师只有脚踏实地，才能在看似简单实际却极为复杂的课程实践中促进学生发展成长；语文教师只有积极主动去探究，才能提高自己对语文课程客观规律的认识、把握与运用。可以说，优秀的语文教师之所以优秀，具体体现在师品、师识与师才三者的完美统一上：

> 师品、师识、师才三者是密切联系的。在某种意义上说，师品重在解决“愿教”，愿意为祖国的教育事业忠诚效力；师识重在解决“能教”，具有足够的教学的本钱；而师才则重在解决“善教”，能娴熟地运用教学技能技巧，以求得出色的教学效果，因而这三者缺一不可。[②]

①顾黄初：《顾黄初语文教育文集》（上），北京：人民教育出版社，2002年版，第484页。

②顾黄初：《顾黄初语文教育文集》（下），北京：人民教育出版社，2002年版，第1034页。

第三节 语文教育大家的产生

语文教育大家是优秀语文教育工作者中的优秀者，即享誉全国的特别著名的优秀语文教师与在语文教育理论研究领域内取得重大学术突破并具有重要学术影响的优秀学者。具体说，就是以探究语文教育规律为毕生追求、有着自己鲜明的语文教育思想与不凡理论建树或突出实践成果，并在语文教育领域内有着重大贡献与广泛学术影响的大师级人物。语文教育大家是语文教育工作者中的一个特殊群体，他们代表着一种精神，也标志着一种素质，显示出一种才华，更体现出一种人格，是语文教育工作者应为之奋斗终生的最高符号、最高境界与最高典型，理应成为每位语文教育工作者毕生追求的人生价值目标。

今天，关注语文教育的人会在中华语文网中发现一个“语文教育大家”栏目，这一栏目从周予同、梁启超、穆济波、蔡元培、陈望道、舒新城、朱自清、胡适、黎锦熙、辛安亭、吴研因、艾伟、王森然、徐特立、夏丏尊、叶圣陶、张志公、吕叔湘、叶苍岑一直到张鸿苓、谭惟翰、斯霞、朱绍禹、钱梦龙、洪宗礼、刘国正、袁瑢、霍懋征、吕型伟、李吉林、张熊、宁鸿彬、魏书生等，对影响中国20世纪语文教育走向的大家进行了具体介绍与全面评述。细心的读者还会发现，该栏目对这些语文教育大家的评述大都标注为“乃森/图、文　顾黄初/策划、审定”[①]的字样，这主要因为顾黄初先生是语文教育研究领域内第一个对语文独立设科后对不同时期语文教育大家进行过系统全面（专人）研究的学者。就是说，这组“影响中国20世纪的语文教育大家”栏目主要得益于他的策划、撰写与审定。这可从《顾黄初语文教育集外集》第三编“语文教育家研究”与第七编“影响中国20世纪的语文教育大事、大家”中，清晰地看出他对语文教育大家的热切期盼，特别是在对蔡元培、梁启超、胡适、叶圣陶、夏丏尊、朱自清等语文大家的“专人研究”中，我们

①对这些具有重大影响的语文教育大家的评介情况，顾黄初先生在《顾黄初语文教育集外集》第七编的篇首有着具体说明：“教育大家”“教育大事”等是自己为《语文教学通讯》的封底所策划和编写的一些短文，其中“教育大家”1949年以前的人物小传由自己撰写而成，1949年后的诸名家小传则是由王乃森教授撰写，自己主要负责“策划、审定”。

更可清晰看出他的“语文教育大家观”。此外,从顾先生对语文教育大家的评述中,我们还可提炼出语文大家的共有特征。这些共有特征,对优秀语文教育工作者成为语文教育大家具有重要的借鉴价值。

一、对语文教育的改革发展有着重要的历史性的贡献

语文教育大家之所以被称为大家，重要特征之一就是他们提出的语文教育理论观点或辛勤积累的语文实践经验对语文教育产生了巨大而深刻的影响,积极推动了语文课程的改革与发展。具体来说，语文大家在自己的毕生学术追求中，或通过创立学说来推动语文教育变革，或通过更新理论来改变语文教育观念,或通过具体实践来引领语文教育改革方向,或通过编制教材来推动语文教育发展提高,或通过制定标准来校正语文课程现实走向。简言之,就是语文教育大家都以自己的不懈努力、卓越见识、大胆探索,对我国语文教育的改革发展做出了重要的历史性贡献。

在对语文独立设科后不同时期语文教育大家的全面、具体的研究中,顾黄初先生通过对诸多大家的理论主张、学术观点、实践探索、教材编制、改革实验、论文论著等的周到分析、深入评述,客观评价了他们各自对语文教育所做出的巨大历史贡献。如在评述蔡元培先生对语文课程建设所做出的巨大历史贡献时,顾先生客观地指出他虽然从事初等、中等学校国文实际教学工作的时间不长,且“对语文教学的改革并没有发表过多少系统的言论和专门的论著”[①],但作为当时我国文化教育界的一位举足轻重的领导者，蔡元培先生在语文教育历史的变革发展中还是起到了巨大的推动作用,并做出了重要的历史贡献。如蔡元培先生针对科举时代“读书为应试”“学文为中举”的语文教育流弊就鲜明提出:“语文教学的目的全在于应用,是为了‘要全国的人都能写能读’以适应生活、工作、学习的需要,所以应该读‘应用文’,掌握适合于应用的语言工具。”[②]从语文课程设置的根本目标与实施语文教育的根本目的出发,蔡元培先生还提出语文课程最根本、

①顾黄初:《顾黄初语文教育论集》(下),北京:人民教育出版社,2002年版,第518页。

②顾黄初:《顾黄初语文教育论集》(下),北京:人民教育出版社,2002年版,第520页。

最主要的“目的在于应用”，是个体适应实际学习、生活、工作与发展的客观需要，这就使得语文课程在设置目标上实现了根本性的历史转变：语文课程不再是少数人获取功名利禄的工具，而成为大众实际需要的工具。这一现代课程目标的确立，使得语文课程真正成为中小学的一门基础课程并随之影响至今。这就是蔡元培先生对语文教育变革的巨大历史贡献，也是他成为语文教育大家的根本缘由。再如在研究国学大师梁启超先生时，顾先生也客观指出他虽任教时间很短，且在中学堂任教时间更短，但凭其聪慧过人的天赋与博古通今、学贯中西的渊博知识，“凭着这么一些条件，他对本国语文的读写规律自有其深切而独到的体验，发为宏论，自易切中肯綮”[①]。在梁启超先生对语文教育切中肯綮的精彩论述中，作文教学要重在运用与先明“规矩”以及必须“求真”“求达”等观点，都切中了作文教学的关键。至于梁先生所提出并系统论证的分类、分期、分组的“三分”讲读教学体系，更是一种具有鲜明时代特色与较高科学性的阅读教学体系架构：“分类”就是把一般文章分为记述文、论辩文和情感文三类，且对每类文还有更小与更基本的合理分类；“分期”就是一学期教记述文，一学期教论辩文，即“坚持记述、论辩两类文章要分期集中讲授，使二者交叉配合，形成循环加深的格局”；“分组”就是讲读教学“不能篇篇文章讲，须一组一组讲”。[②]这一阅读教学体系，即使以现代语文课程论、教育心理学、应用语言学等基本原理来看，无疑都是具有极高科学性的。因此，顾先生在阐发梁启超先生的语文教育思想时，认为其“虽然粗略”却做到了持之有故，言之成理，并“为设计出合理的、符合教学原则的教学体系，提供了一种现实的可能性”。[③]如此看来，梁启超先生仅凭《中学以上作文教学法》《作文教学法》及《中学国文教学概要·序》等数量不多但却精辟入理、切中肯綮的精妙论述，就为语文课程改革与发展提供了许多重要的思想启迪，是当之无愧的语文教育大家。对梁启超先生虽数量不多但却十分重要的语文教育思想，顾先生先后以《梁启超作文教学四原则》《且听梁启超怎么说——关于“讲读”》《再听梁启超怎么说——关于“作文”》《梁启超讲读教学设想》等为题，对其进行了充分的阐发与周到的评价。

---

①顾黄初：《顾黄初语文教育论集》（下），北京：人民教育出版社，2002年版，第533页。

②顾黄初：《顾黄初语文教育论集》（下），北京：人民教育出版社，2002年版，第540—543页。

③顾黄初：《顾黄初语文教育论集》（下），北京：人民教育出版社，2002年版，第541页。

在顾先生对语文教育大家的研究中，肯定少不了对“一代宗师”叶圣陶先生的研究与评述。语文学术界曾有一戏语，说顾黄初先生是靠研究叶圣陶先生“起家的”。如抛却此语的戏谑成分来看，顾先生确实对叶圣陶先生博大精深的语文教育思想有过专门、全面而独到、深入的研究，出版过《叶圣陶语文教育思想讲话》(开明出版社，1994 年)一书，并鲜明提出“学习叶圣陶，发展叶圣陶”的观点。在对叶圣陶先生的语文教育理论与实践成果加以系统、深入研究的基础上，顾先生曾明确指出：“叶老在持久而全面的语文教育活动中，给我们留下了极其丰富的实践成果”，并具体表现为：“首先，制定课程标准(教学大纲)”“其次，编纂语文课本(最主要、最有研究价值的是《开明国语课本》)”“再次，编写语文课外读物”“除此之外，还编著语文教学的指导材料”。①在以上众多方面或领域内，叶圣陶先生对语文课程性质与目的科学论述、对语文教材编写的理论建树与实践探索、对语文教学方法的辩证分析及对语文教师的素质提高的科学论述，都是他对现代语文教育的重要贡献。基于此，顾先生曾概括指出：

> 从横的方面看，叶氏的语文教育观涉及语文教育特别是学校语文教学的各个方面，诸如目的论、性质论、教材论、教法论、教师修养论等等，都有他精辟、独到的见解。但他的这些见解并不是如国外许多著名教育家那样，是通过一部或几部论著系统地加以表述的，而是散见于他七十年来发表的大量讲话、论文、序跋、书简以及各种语文读物的“编辑例言”之中……在这数以百计的或长或短的论著中，叶氏根据需要，从不同的角度对语文教育的各个方面发表了自己的真知灼见，形成了他那一整套具有鲜明特色的理论观点。②

同时，叶老博大精深的语文教育思想与丰富多彩的语文教育实践，对我国语文课程的设立、发展与变革正在产生并将继续产生着巨大的影响。可以说，他关于语文教育的许多基本观点，至今无人能出其右；他对语文课程所产生的深远影响，至今也无人能与之比肩。但在近年来新课程的推进中，个别学者却以“挑战权威”自居，不时对叶圣陶语文教育思想提出一些质疑或驳斥，实际上是不知语文教育历史、不懂叶先生语文教育思想真谛与历史贡献的表现。因此，顾黄初先生从语文教育历史出发并实事求是地阐述、评价这一语文教育巨匠的光辉思想与

①顾黄初：《顾黄初语文教育论集》(下)，北京：人民教育出版社，2002 年版，第 756—757 页。

②顾黄初：《试论叶圣陶的语文教育观》，《殷都学刊》1985 年第 4 期。

伟大贡献，对推动语文课程现实的健康发展具有重要意义。

二、对语文课程与教学论有着历史性的开拓

语文教育大家的另一重要特征就是他们在长期的语文教育理论研究与实践探索中对语文课程与教学规律有着探究性研究、创造性的发现，并在语文课程与教学论的一些重要领域中提出了为世人所公认的鲜明的观点主张，形成了完整的语文课程与教学理论体系，并对语文课程理论的发展与实践探索产生了重要的影响。可以说，对语文课程与教学论学科本身有无创造性的探究与是否在自己持久深入的研究中取得了显著学术成就，是衡量一个优秀语文教育者能不能被称为语文教育大家（教育家）的关键所在。梁启超、刘半农、黎锦熙、夏丏尊、叶圣陶、吕叔湘、张志公、刘国正、斯霞、霍懋征、钱梦龙、魏书生、洪宗礼等不同时代的优秀语文教育工作者之所以被顾黄初先生视为语文教育大家，就在于他们开创性地从事着语文教育理论研究与人才培育实践活动，在语文课程的较多领域或某一重要领域提出了令人信服的科学理论观点，并推动与影响了语文实践的发展。

语文教育大家的开创性成就，一个重要表现是他们对语文课程与教学论学科体系积极建构的历史贡献。汉语言文字教育虽源远流长，但真正课程意义上的科学的语文课程，其诞生时间却极为短暂。因此，对以探究语文课程性质、目标任务、教材教法、学法及课程标准编制、课程评价、语文教师专业发展等众多问题为中心任务的“语文课程与教学论”领域的深入具体研究，就是对语文学科体系本身构建的积极贡献。以叶圣陶先生为首的现代语文教育大家，对语文教育的重大贡献之一就在于此。因此，顾先生把对语文教育大家的研究重点之一，放在了研究他们对语文课程与教学论的理论建构上。如他在《王森然和他的〈中学国文教学概要〉》①一文中，立足于语文教学法的发展史，并具体通过与黎锦熙所著《新著国语教学法》，周铭三、冯顺伯合著的《中学国语教学法》等的比较，客观评价指出：“在中学语文教学法的学科发展史上，最早出现的一部内容全面、材料翔实、体制完备、观点新颖的教学法教材，当推王森然在1927年写成、1929

①顾黄初：《顾黄初语文教育论集》（下），北京：人民教育出版社，2002年版，第605页。

年由商务印书馆出版的《中学国文教学概要》。”这是由于在他看来，王森然先生的《中学国文教学概要》在内容上涉及中学国文的教师论、性质论、目的论、课程论、教材论、考核论等多个方面，并且“高屋建瓴地正确总结了五四以来进步的思想文化界对于国文教学重要意义的认识，肯定了中学各科教学中‘国文’一科的特殊地位”，同时“力图运用当时从国外引进的一些教育理论来解释和解决国文科的教材教法问题，使人有耳目一新之感”“还广搜博采，为从事国文教学改革的人们提供了从实践中积累起来的大量具体材料”。如此看来，“王森然编的《中学国文教学概要》在新制中学尚处于幼年时期的20年代出现，无论从书中所阐述的理论观点和实践经验看，还是从书中所提供的大量教研资料看，都具有开创性的意义，具有毋庸置疑的历史价值”①。正因如此，王森然先生就得以跻身于语文教育大家之列。同样道理，并不被现在众多人所知晓的阮真先生之所以成为语文教育大家，也主要得益于他的《中学国文教学法》一书。这又是由于：“作为长期从事中学国文教学实践而又专门讲授中学国文教学法课程的学者，通过自身的观察、体验、调查和研究，完整地、系统地来论述国文教学问题的，在当时确实并不多见。”②正由于此，阮真先生也就得以跻身于语文教育大家之列。

语文教育大家的开创性成就，另一个重要表现是他们对语文课程规律所进行的科学探究与系统总结。语文教育虽极为普遍与常见，但是异常复杂。同时，就其根本目的而言，语文课程必须以培养、提高及养成学生实际运用语言文字的能力为根本宗旨，但由于其自身形式与内容的不可分割性，却常常使语言的形式学习与思想内容在把握上处于“两难选择”之中。如此看来，研究学生学习语文课程时的特点、探究学生掌握语文的规律、寻找提高学生语文能力的方法等，都应是语文教育的重要研究课题。顾黄初先生以此为衡量标准，先后对今人不甚熟悉的艾伟、于在春等现代语文教育大家的开拓性历史贡献进行了具体分析研究。在顾先生看来，艾伟先生十分重视对学科教学进行科学的心理实验，对汉字书写的影响因素、初小学生的识字量、朗读与默读的功能等诸多语文学习实际问题都曾有过深入具体的研究，并有着许多科学的结论。如他在美国留学期间就对汉字形、声、义三大元素与阅读关系进行了实验研究，发现了汉字笔画、结构

①顾黄初：《顾黄初语文教育论集》（下），北京：人民教育出版社，2002年版，第608—614页。

②顾黄初：《顾黄初语文教育论集》（下），北京：人民教育出版社，2002年版，第890页。

对个别字的辨认有着重要影响，并据此提出了简化汉字的主张。对艾伟先生的这一科学探究及重要成果，顾先生评价道："我国汉字简化运动，自清末以至五四，王照、劳乃宣、钱玄同等人早已奔走呼号，大力倡导。可是，用汉字心理研究的成果肯定简化汉字的必要性和迫切性，并以科学实验为根据提出汉字简化原则，在我国文字改革史上，当推艾伟为第一人。"①这就是顾先生认为艾伟当属现代语文教育大家的根本原因之所在。同样道理，顾先生认为于在春作为一名普通中学国文教师，却在战火纷飞、艰难困苦的抗战期间坚持不懈地进行提高学生写作能力的作文教学实验研究——"集体习作"并持续了近十年之久。对于这种为推动语文课程发展与提高的伟大奉献精神，顾先生评述说："作为一种作文教学方法的实验研究，自五四以来很少有人像于氏这样执着、持久、坚决，并留下了一部十分珍贵的实验记录可供后人借鉴，单凭这一点，其历史的贡献也还是不应低估的。"②正因如此，不为今人所广知的于在春先生，也得以跻身于语文教育大家之列。

三、对优秀语文人才成长有着精心的培育

顾黄初先生认为，教育、语文教育的核心要求在于培育大批合格人才特别是大批优秀人才。优秀语文教师中的尤其优秀者、优秀语文课程与教学研究者中的尤其优秀者之所以优秀，还在于他们通过自身的积极探究、人格魅力、学识修养、循循善诱，使他人也优秀起来，这就是人们常讲的"名师出高徒"——师是否有名，关键在于有无高徒：

> 我国历来重视师道的传承关系。所谓"名师出高徒"，短短五个字，道尽了师徒关系的全部奥秘：要被承认是"名师"，必须要有实绩，必须要能用科学的、有效的方法培养出一批又一批的"高徒"来；"名师"与"高徒"之间，前传后承，关键在一个"出"字，怎样才能"出"，怎样便不能"出"，现代教学法

---

①顾黄初：《顾黄初语文教育论集》（下），北京：人民教育出版社，2002年版，第664页。
②顾黄初：《顾黄初语文教育论集》（下），北京：人民教育出版社，2002年版，第688页。

的精髓就在于努力探求这“出”的规律和“出”的艺术。①

“名师出高徒”告诉我们，如同优秀语文教师的重要成就之一要必然体现在对优秀学生的培育上，语文教育大家的重要成就之一也必然要体现在对优秀学生的大量培育特别是对优秀语文教育人才（语文研究者与实践者）的大量培育上。也就是说，语文教育大家在学生语文能力的培养上有着比优秀教师更为显著的成就，同时还能以自己的学识水平、课程理念、道德修养、文章著述等潜移默化地影响到优秀教师的成长，并使他们也随之成为语文教育大家。

一方面，语文教育大家作为优秀语文工作者中的尤其优秀者，在于其取得了高出常人的优异教育成就。如前所述，优秀语文教师的主要成就在于他们通过自己艰辛的理论探求或长期的实践探索，在培养与提高学生语文能力中取得了超出一般语文教师的突出成就，他们验证了“名师出高徒”的名言。同样，语文教育大家更是在培养学生语文能力中取得了极为显著的成就。因此，在顾先生看来，魏书生、钱梦龙、宁鸿彬等这些著名语文教师，虽学历低却能在语文教育实践中取得远超于他人的非凡成就，无疑就是语文教育大家。缘于此，对钱梦龙、魏书生等这些实践成就特征明显的语文教育大家，顾先生曾深有感触地说：“在全国范围内，细细调查起来，像这样一些凭着‘低学历’而在教学上取得‘高质量’的教师恐怕不在少数。我曾经这样想过，能不能广泛搜集这方面的典型材料，编成一本书，题名‘教坛英才’，这倒真可以给人多方面的启发和教育。”②

另一方面，语文教育大家之所以为大家也反映在他们通过言传身教培育出了新的语文教育家乃至语文教育大家。以研究现代语文教育史著称的顾先生，十分清楚许多语文教育大家的成长经历与“师门”传承。他认为，蔡元培先生之所以是一位语文教育大家，除其语文课程理论的建树外，还在于他能以“自由读书”的新教法造就和培养出了黄炎培、邵力子、谢无量、李叔同等一批民国时期的学术精英。③同样道理，叶圣陶先生作为“一代宗师”，除其对语文课程与教学的理论与实践有着重大贡献外，也反映在他善于点拨指导、长于言传身教，潜移

①顾黄初：《〈名师讲语文〉序》，《语文教学通讯》2007年第9期。

②顾黄初：《贵在脚踏实地》，《语文教学》1987年第3期。

③顾黄初：《顾黄初语文教育论集》（下），北京：人民教育出版社，2002年版，第519页。

默化地培育出许多语文教育家与语文教育大家上。在分析和论述叶圣陶先生这一“名师”与所培育出的“高徒”——著名语文教育家刘国正先生时，顾先生也曾明确指出他们之间的“传承”关系：

> 编写中学语文教材，是国正先生耕耘几十年的主业，积累了丰富的经验。从建国之初，他就在叶圣陶老人的带领和指导下工作，所以他的语文教育观深受叶圣陶的影响，甚至可以说是深得叶圣陶的真传。他在《叶圣陶关于编写中学语文教材的论述》一文中满怀深情地说：“我在叶老领导下多年从事语文教材的编写工作，今天重温叶老的这些话，犹如当年耳提面命，十分亲切。说来惭愧，直到今天，我的工作同叶老的要求仍然有很大的距离，今后要加倍努力，虽不能至，心向往之。”可见他对叶老崇敬的程度。在编写中学语文教材的过程中，他既重视遵循叶老的指示勤奋工作，同时又根据新的形势和要求，探索新的途径，摸索新的经验。①

这段文字说明，叶圣陶先生之所以成为一名语文教育大家，就在于他影响、培育出了如刘国正先生等这样一批语文教育大家。在语文课程与教学的历史发展中，黎锦熙、陈望道、吕叔湘、张志公、刘国正及顾黄初先生等众多语文教育大家，都无不以自己的学识水平、道德修养、文章论著，影响和造就出了大批的优秀语文人才。这些事实都充分说明，语文教育大家的成功不仅仅体现在自身的成功上，还体现在帮助他人取得成功上。

四、对语文课程新境界的开创有着坚强的决心

熟悉现代语文教育史的人都知道，即使如学识渊博、思维敏锐的梁启超先生都曾感喟语文课程实施有“六难”，只有一般学力的教师在执教时自然就更感其难。要破解虽最为常见却显得异常复杂的语文课程存在的种种困境，自然就需要一批在理论研究、实践探索中敢为人先、奋力开拓、求真务实并具有真知灼见的语文教育大家。这些语文教育大家，或以自己独到而科学的理论探索，廓清了制

①顾黄初：《在继承中求创新——学习刘国正语文教育思想一得》，《课程·教材·教法》2001年第1期。

约语文课程有效实施的认识迷雾；或以自己具体而系统的实践摸索，提炼出促进学生语文能力发展提高的有效途径。就是说，他们都以自己的勇气、胆略与智慧，开拓了语文课程的新境界。因此，顾黄初先生在《让思想冲破牢笼——语文开拓者的赞歌》中，集中而深情地倾诉了自己对于语文教育大家不断开拓、勇于创新的非凡胆略与远见卓识的由衷敬佩。在他看来，优秀语文教育工作者之所以能成为大家，主要是由于他们在理论创新、实践探求方面具有敢为人先、奋力开拓的特质。

语文教育大家在语文课程与教学理论上具有大胆探究、勇于改革创新的崇高精神与非凡勇气。如同任何学科领域都需要理论创新、观念变革一样，语文教育也需要在课程标准与理念、教材编制、教法运用等方面不断开拓创新。顾先生认为，历代语文教育大家们以自己求真务实的作风与奉献真理的精神，对语文教育发展贡献出了自己的真知灼见。如在研究朱自清先生的语文教育思想时，他指出朱先生在充分肯定语文课程的根本目标就在于提高学生运用语文能力的基础上，明确指出语文教学不能笼统地反对教师的讲解。这是由于当时受“自动主义”思潮的影响，主张语文教学要给学生充分的主动权，于是就不加分析地反对教师讲解，对此朱先生提出：“教师的‘讲解’如果用力在语言文字的分析咀嚼上，那就不该反对，因为正是这种示范性的分析会给学生以了解与欣赏的门径，会改变学生‘不求甚解’的态度。但是仅凭教师的‘讲解’又是不够的，语文教学还必须让学生接受充分的训练。”[①]在反对教师讲解之风盛行的情况下，敢于亮出自己的观点，这是需要勇气的。正因为有了这一实事求是的勇气，朱先生就成了语文教育大家。同样，著名语言学家黎锦熙先生之所以能成为语文教育大家，也在于他敢于否定传统，并对语文教材与教法进行大胆革新：

> 黎氏在语文教学领域里的探索、耕耘，主要体现在教材和教法两个方面。早在五四运动以前，他就以封建文化的叛逆者的姿态在语文教科书的编纂上进行了大胆的改革。他在湖南省立编译局从事小学教科书编辑工作时，就把著名古典小说《西游记》的某些回目选作教材，在当时的教育界引起过巨大的震动。1914年任教于长沙第一师范，与杨怀中、徐特立诸友人创办宏文

①顾黄初：《顾黄初语文教育论集》（下），北京：人民教育出版社，2002年版，第647页。

> 图书编译社,除了积极译介欧美新著外,还尝试着用白话文编写教科书,并在书中特意编进了自然科学方面的知识短文作为语文教材。这在清末民初新旧思潮激烈冲突的时代条件下,无疑是具有创新开拓意义的行动。①

正是这一“具有创新开拓意义的行动”,随之就造就了黎锦熙先生在语文教育领域的突出成就与巨大影响。

语文教育大家在语文课程与教学实践上具有大胆探究、改革创新的崇高精神与非凡勇气。顾先生认为,传统语文教学长期束缚着语文教学的活力,并影响到学生语文能力的发展与提高。因此,语文教育大家都具有敢于否定传统、敢于否定权威的决心与勇气,并在对传统的大胆否定与积极继承中不断创新:“那些开拓者们之所以应当受到人们的称赞,就在于他们敢于去碰一碰这种‘权威’,敢于蔑视这种‘权威’,用创造性的劳动来显示出各自的教学个性,去共同开辟符合语文教学客观规律的道路。”②基于此,他认为于漪先生在自己的教学实践中,能“自觉地要求自己的整个教学过程真正成为激发学生崇高、热烈的情感的过程”,就实现了“知识教育、政治教育和情感教育的和谐的统一”。③正因如此,于漪先生便成了享誉全国的语文教育大家。同样,由于语文课程长期存在科学化、序列化不明显的弊端,影响到对学生语文能力的有效培养,而“陆继椿同志凭他多年的教学经验和对语言科学和思维科学的领会,提出了‘分类集中分阶段进行语言训练’的构想,并在有关同志的支持下,自编教材,创造性地把语文能力的培养分解成一百零八个训练点”④来对学生实施有效训练,也在当时产生了全国性的影响。钱梦龙先生凭借其善于引导、组织学生积极进行语文自学活动并取得了良好成就而饮誉20世纪80年代的语文教学界:他的“三主四式”阅读教学构思与他所执教的《愚公移山》《中国石拱桥》《论雷峰塔的倒掉》等著名教例,在语文教育界有着长久而深远的影响。⑤除以上这些在语文教育实践取得重大成果的大家外,顾先生还对宁鸿彬、魏书生等人对语文教育的积极探究、大胆创新

①顾黄初:《黎锦熙的中学语文教学改革方案》,《语文学习》1990年第4期。
②顾黄初:《顾黄初语文教育论集》(上),北京:人民教育出版社,2002年版,第25页。
③顾黄初:《顾黄初语文教育论集》(上),北京:人民教育出版社,2002年版,第25—26页。
④顾黄初:《顾黄初语文教育论集》(上),北京:人民教育出版社,2002年版,第26页。
⑤顾黄初:《顾黄初语文教育论集》(上),北京:人民教育出版社,2002年版,第26页。

进行了评述:他们都是以敢为人先、开拓创新的非凡胆略与积极探索,在语文课程探索实践中开创了语文课程的新境界。

需强调指出的是,语文教育大家对语文教育理论研究与实践探求中的开拓创新,并不是如同当下一些学者只为了扩大自己的影响而罔顾事实、不讲科学地随意提出一些“惊人之语”,更不是紧随社会思潮的不断变化而轻率推出一些无根据的“理论创新”。反之,在顾先生看来,对语文教育的开拓创新既表现在新观点、新思想的勇于提出上,又表现在对自己基本观点的一贯坚持上。因此,他认为叶圣陶先生之所以能成为一代宗师,是由于他“以‘诚’为做人之本,所以他在语文教育和教学问题上的一些基本观点,几十年来一以贯之,始终不变。例如关于语文学科必须处理好教书与育人相互关系的观点,语文学科教学生读书作文须重视内容但更须重视形式的观点,等等;不管在什么政治气候下,他都始终坚持,毫不动摇。……对某些具体问题,他的看法和评价,却随着实践的日益丰富,学习的不断深入而往往有所发展甚至更新”①。这说明,对语文教育的开拓创新,必须要以诚实做人、诚实研究、诚实探究为基础与前提。

五、对语文与语文教育研究有着良好的社会影响

良好的学术声望与广泛的社会影响,是语文教育家之所以为教育大家的重要标志之所在。因为任何一个教育家,其语文教育理论、观点和实践探究与业绩,必须通过他的教育对象与学术载体(论著)向社会传播出去;其道德文章、人格风范、见识观点,也定然能为众多师生和世人所称道景仰;其独特深刻的教育理论与科学的实践探究,也必然能在更大范围内为众多同行和学者们所密切关注和高度重视。

因此,顾黄初先生认为语文教育大家之所以能成为大家,基于良好学术声誉基础上的广泛社会影响也是一个重要因素——没有广泛的社会影响,就难以成为大家。或更明确地说,要成为大家,就要具有广泛的社会影响。而广泛的社会

①顾黄初:《顾黄初语文教育论集》(下),北京:人民教育出版社,2002年版,第869—870页。

影响，又主要来自良好的学术声誉。所以，他在研究梁启超、蔡元培、夏丏尊、叶圣陶、吕叔湘等语文教育大家之时，都是一方面全面评价他们对语文教育的重大贡献，另一方面也时时不忘介绍他们的社会影响。如在评价凭靠刻苦自学成才、一生致力于语文教育与出版事业的夏丏尊先生时，顾先生概括指出："他从五四时期起，直到抗战胜利、含愤谢世，在语文教育领域苦斗了将近20年，在旧时代曾被誉为'始终献身于教育、献身于教育的理想''诲人不倦'的教育家。"[①]再如在谈到著名文学家、语文教育家朱自清先生时，顾先生认为他不光以非凡的文学成就得以享誉全国，也以对语文教育的真知灼见、躬身实践而得以享誉全国："他在中学教过五年国文，试行各种教法，虽调迁数校，所到学校，都受到学生的欢迎和敬重。"[②]自清先生之所以在各处任教能始终"都受到学生的欢迎和敬重"固然与其"文名"有关，更与其孜孜不倦探求语文教育规律、精心培养年轻才俊密不可分。作为在清华大学任教的全国著名作家与学者，朱自清先生坚持主讲大一国文，亲自参加编纂大一国文教材与中学国文教材，并与叶圣陶先生合著《精读指导举隅》《略读指导举隅》，始终致力于"努力把自己在国文教材建设方面的种种设想付诸实施"[③]。国文教学中的不懈努力与非凡成就使得朱自清先生获得了广泛的社会影响，并终成一代语文教育大家。还如对一代宗师叶圣陶先生，顾先生更是高度评价了他的道德文章与广泛的社会影响。在不少人提出"语文教学要改革，就得批判叶圣陶，肃清叶圣陶的影响"[④]观点时，顾先生旗帜鲜明地发出了"学习叶圣陶，发展叶圣陶"的强烈呼声。这是由于在他看来，叶圣陶先生在长达七十余年的语文生涯中，以自己对语文、对学生、对祖国未来的无限热爱，以自己对语文教育领域的许多重大问题的不断思考与精深探索，对语文教学与提高民族素质、语文教学与促进社会主义现代化建设的相互关系，对语文教学的本质、语文教材的性质与作用以及语文教学改革应走什么道路[⑤]等一系列重大问题都有着系统、深入的科学论述，已经影响并将继续影响着我国语文教育理论与实践的发展。可以说，叶圣陶先生之所以在教育界、语文教育界具有如此长久而巨大的广泛社会影响，与他对语文教育做出的巨大学术贡献密不可分，也与他的道德

①顾黄初：《顾黄初语文教育论集》（下），北京：人民教育出版社，2002年版，第632页。
②顾黄初：《顾黄初语文教育论集》（下），北京：人民教育出版社，2002年版，第652页。
③顾黄初：《顾黄初语文教育论集》（下），北京：人民教育出版社，2002年版，第652页。
④顾黄初：《顾黄初语文教育论集》（下），北京：人民教育出版社，2002年版，第871页。
⑤顾黄初：《顾黄初语文教育论集》（下），北京：人民教育出版社，2002年版，第872—873页。

修养密不可分：

> 他一生崇尚真诚，痛恨伪饰，不欺世，不媚俗，坚信真理，坚信事物本身固有的规律，而决不肯因为政治风云的变幻而轻易改变自己对事业固有的感情、看法和信念；除非事实证明自己真是想错看错做错了。这是一个真正的学者所应该具备的品格，也是一个为人师表的教育工作者起码的又难能可贵的品格。[①]

六、对语文教育事业有着毕生的追求

爱教育、爱语文、爱语文教育、爱学生，这是一切语文教育工作者得以成为教育大家的最重要的动力源泉。无论是新中国成立前的蔡元培、梁启超、夏丏尊与王森然等先生，还是新中国成立后的张志公、斯霞、谭维翰、魏书生等先生，无不对学生的健康成长抱有极为殷切的期望，无不对语文与语文教育怀有极其深厚的情感。这一期望与情感，都来自对教育价值、语文教育价值的深刻理解与积极自觉的终身实践。因此，在论及著名语言学家、语文教育家张志公先生对语文、语文教育做出的巨大贡献与付出的不懈追求时，顾先生在《为推进语文教学科学化和民族化鞠躬尽瘁》一文中，全面、客观地分析、评述了他对语文教育科学化的主张，对汉语文特点的精深研究，对传统语文教育的系统发掘等问题做出的杰出贡献，并深刻指出这些杰出贡献从根本上讲是来自于他对语文、语文教育的无限热爱。对此崇高精神，顾先生由衷赞美道：“他为发展祖国的语言学和语文教育事业而呕心沥血、鞠躬尽瘁的精神，将与日月同辉，永远留存在后辈的心中。”[②]可以说，没有对语文、语文教育事业的深厚情感，就难以做到呕心沥血、鞠躬尽瘁，也就难以对事业做出非凡贡献。在回忆起自己最崇敬、最熟悉的一代宗师叶圣陶先生对语文、语文教育的无比挚爱与不懈追求时，顾先生曾饱含深情地描述了这样一幅感人情景：

---

①顾黄初：《顾黄初语文教育论集》(下)，北京：人民教育出版社，2002年版，第869页。

②顾黄初：《顾黄初语文教育论集》(下)，北京：人民教育出版社，2002年版，第102页。

那是1987年6月的一天，我在北京参加民进中央代表会议。那天上午11时，大会安排的发言正在进行，至善先生推着轮椅缓缓地进入会场。轮椅上坐的竟是须眉皆白的叶老。他被扶上主席台后，代表们热烈鼓掌，要求自己最尊敬的中央主席给大家讲几句话。叶老终于讲话了。他讲了自己近日的健康状况，说是眼睛看不见，耳朵听不见，一切通向外界的信息渠道都被割断，于是"无事可做，只好背书，背读过的书。我忽然记起两句话：'有诸己而后求诸人，无诸己而后非诸人。'我愿意到死之前实践这两句话"。叶老说的这两句话出自《礼记·大学》，大意是：自身有德，才能要求别人；自身无过，才能责备别人。这无疑是叶老幼时习读的经典名句，他至今仍牢记不忘。在双目失明、两耳失聪，世界对他老人家来说已经是一片无声的黑暗的时候，叶老却仍神游在他无限留恋的"语文世界"之中。这是何等灿烂、何等动人心魄的"语文人生"啊！①

在"世界对他老人家来说已经是一片无声的黑暗的时候"，叶老"却仍神游在他无限留恋的'语文世界'之中"，这是他成为一代宗师的最根本的动力源泉。自然，这一强大的动力源泉又来自于他对语文、语文教育事业的浓厚兴趣和无限热爱。因此，顾先生认为张志公、叶圣陶等语文大家之所以愿意为语文、语文教育事业奉献终身、矢志不渝，主要在于他们能在从事语文教育、培育年青一代的实践活动中获得精神上的极大满足与个人价值的最大实现，从而自觉自愿地为发展祖国的语文教育事业付出毕生的努力。也正是基于这一认识，他认为语文教师要成为一代名师，就必然要求一生与语文结缘、与语文相伴：

要在语文教育领域里成为一代名师，他的一生必然是"与语文结缘"的一生。就像热恋中的一对新人那样，彼此不能忘情。所谓"痛痒相关""冷暖相知"就是这种境界的体现。这就是"缘"，其核心是"爱"。祖国的语文是如此之美，如此之富有魅力，容不得丝毫的玷污和毁损。

要成为一代名师，他的一生还必然是"与语文紧密相伴"的一生。叶圣陶先生说过："教师教学生不能光靠语言，还得以身作则，真正的教育作用在语

①顾黄初：《话说"语文人生"》，《语文教学通讯》（高中刊）2008年第2期。

言跟实际生活的一致上。”“语言跟实际生活的一致”这几个字是何等的深刻,何等的精辟!他老人家又一贯重视习惯的养成。认为良好的语文行为习惯一旦养成,就会事事处处都“习惯成自然”地自觉地这样去做。教书一生,与语文紧紧相伴的一生,这应当是我们努力追求的“语文人生”。[①]

语文教师要成为优秀教师,就要求一生与语文结缘、一生与语文紧密相伴。优秀语文教师要成为语文教育大家,自然就更需一生与语文结缘、一生与语文紧密相伴。夏丏尊、叶圣陶、吕叔湘、张志公等先贤都是一生与语文结缘、一生与语文紧密相伴的典范,他们以自己一生对语文、语文教育的执着、坚韧的理论探究与持久、深入的实践探索,成为永远值得后辈们学习、效仿的语文教育大家。顾黄初先生是这样说的,也是这样做的:他的一生是与语文结缘的一生,是与语文紧密相伴的一生!

在具体分析、全面研究顾黄初先生对语文名师、语文教育大家深刻论述的基础上,笔者需着重指出的是:顾黄初先生也是一位以一生与语文结缘、与语文相伴的一代名师,更是一位以语文、语文教育与课程研究、精心培育莘莘学子健康成长为毕生追求的当代语文教育大家。对此,深受顾先生恩泽的学生曾深情地述说道:

顾先生一生致力于语文教学研究,他平易近人,执著勤奋,节俭廉洁,可堪文章宗师,道德楷模。我们这帮中青年教师,无一不得到他的关心培养,无一不是在他的影响下一步步走上语文人生之路。我每次拜访顾先生,他无论在做什么,总是立即停下来,乐呵呵地接待我。为我点评课例,修改文稿,指点人生;要我明确目标,坚定信念,一辈子乐意从事语文教育。顾先生言传身教,给了我无穷的力量。学着他的样子,遵循他的教导,我努力精心上好每一堂课,及时总结教学心得,节假日闭门简出,把自己反锁在家中,撰写文稿,每有文章发表,或受到表彰,哪怕一点点小小的进步,顾先生总为我感到高兴,感到自豪,他常常打来电话说:“我又在报刊上看到你的东西了。”“不过,要注意身体哟!”还是那句让人感激的话。[②]

①顾黄初:《话说“语文人生”》,《语文教学通讯》(高中刊)2008年第2期。

②高潮:《并不遥远的记忆——怀念恩师顾黄初先生》,《中学语文》2009年第10期。

参考文献

一、专著

[1]梁启超.饮冰室合集·专集(七三)[M].北京:中华书局,1936.

[2]马克思.政治经济学批判[M].北京:人民出版社,1955.

[3]吕叔湘.吕叔湘论语文教学[M].济南:山东教育出版社,1987.

[4]陈必祥.中国现代语文教育发展史[M].昆明:云南教育出版社,1987.

[5]张志公.张志公语文教育论集(上、下)[M].北京:人民教育出版社,1994.

[6]吕达.中国近代课程史论[M].北京:人民教育出版社,1994.

[7]朱绍禹.中学语文教材概观[M].北京:人民教育出版社,1997.

[8]王丽.我们怎样学语文[C].北京:作家出版社,2002:10.

[9]王乃森,徐林祥.继承·耕耘·创新　顾黄初语文教育思想研究[C].北京:社会科学文献出版社,2003.

[10]郑国民.新世纪语文课程改革研究[M].北京:北京师范大学出版社,2003.

[11]解光穆.中学生阅读理论与技能[M].银川:宁夏人民出版社,2005.

[12]解光穆.故事里的汉语[M].西安:陕西师范大学出版总社有限公司,2015.

二、学位论文

[1]易武.20世纪上半期语文教育思想变迁研究[D].湖南师范大学,2003.

[2]韩艳梅.语文教科书编制研究[D].华东师范大学,2004.

[3]周文叶.释"语文"[D].浙江师范大学,2006.

[4]付华丽.汉语文教科书编写模式的嬗变[D].贵州师范大学,2007.

[5]朱敏.论顾黄初语文教育思想[D].扬州大学,2008.

[6]王建民.中学语文教材文选系统文化特质的研究[D].河北师范大学,2008.

[7]周妍.回望新时期三十年高考作文变革[D].上海师范大学,2008.

[8]罗国锋.洪宗礼语文教育思想研究[D].华东师范大学,2010.

[9]李虎军.基于教材编制理论的高中语文选修教材研究——以人教版和苏教版为例[D].西北师范大学,2010.

三、论文

[1]陈大庆.踏着前辈的足迹前进——顾黄初《现代语文教育史札记》读后[J].江苏教育,1991(10).

[2]柳印生.贴近生活　训练思维——顾黄初教授的语文教学观[J].语文教学通讯,1991(10).

[3]曹洪顺.语文教育改革与发展的起点——读顾黄初先生的《叶圣陶语文教育思想讲话》[J].语文教学通讯,1995(08).

[4]曹洪顺.以历史为依托审视语文教育——读顾黄初先生的《语文教育论稿》[J].扬州师院学报(社会科学版),1996(09).

[5]徐林祥.以"史"为鉴,推进语文教育改革——学习顾黄初先生的语文教育思想[J].中学语文,2001(07).

[6]王云峰,汪海龙.语文知识观的反思与重构[J].语文建设,2002(08).

[7]翟朝云,曹明海.论顾黄初语文教材观[J].中学语文教学参考,2002(12).

[8]于源溟,周庆元.试论顾黄初语文教育学术研究风格[J].语文教学通讯,2002(22).

[9]陈黎明.试论顾黄初先生的语文教育思想[J].语文教学通讯,2002(22).

[10]颜禾.顾黄初的语文教材建设思想[J].语文教学通讯,2002(22).

[11]倪鸿燕,林玲.要重视中学实用文体写作教学——学习顾黄初先生作文教学思想的体会[J].中学语文教学参考,2003(05).

[12]刘正伟,宋灏江.中国现代语文教育史的辛勤开拓者——顾黄初先生现代语文教育史研究述评[J].忻州师范学院学报,2003(06).

[13]陈玲玲.研究叶圣陶　发展叶圣陶——顾黄初语文教育思想研究之一[J].中学语文教学参考,2003(06).

[14]曾洁,余应源."科学世界"语文教学科学化刍议[J].江西师范大学学报(哲学社会科学版),2003(04).

[15]陈弦章.溯源重本　拓新求实——顾黄初语文教育思想中的人文意识[J].龙岩师专学报,2004(01).

[16]王尚文.语文教学要走在"语文"的路上[J].中学语文教学参考,2004(10).

[17]吴格明.实事求是　逻辑严谨　辩证思考——顾黄初语文教育思想的哲学境界[J].课程·教材·教法,2005(10).

[18]张一山.一堂好课贵在"善教""善导"——读顾黄初先生的《重读叶圣陶》[J].中学语文,2008(10).

[19]王乃森,顾黄初:哲学思考下的语文教育"三生观"[J].教育研究与评论(中学教育教学),2013(07).

[20]张心科.语文课程性质新论[J].福建师范大学学报(哲学社会科学版),2013(04).

[21]张立兵.顾黄初的语文教育研究述略[J].语文教学与研究,2014(12).

[22]解光穆,刘琼.语文课程何以"好学难教"——兼议张志公关于语文课程特征论述的当代价值[J].教育理论与实践,2014(23).

[23]解光穆,张永丽.语文知识的课程与教学价值及功能论略——基于张志公先生语文知识教学观的视角[J].宁夏师范学院学报,2014(05).

[24]解光穆,于成义.语文何以"好学难教"——兼议张志公关于语文课程特征论述的当代价值[J].教学与管理,2015(03).

[25]解光穆.语文知识与语文能力关系再论——以张志公先生对语文知识的论述为分析视角[J].宁夏大学学报(人文社会科学版),2015(02).

四、文章

[1]何之.切切实实地照"讲"的去"做"——访扬州师范学院副教授顾黄初[J].江苏教育,1987(09).

[2]朱亮.心系那一方沃土——访顾黄初教授[J].语文教学通讯,1991(10).

[3]曾祥芹.语文教育学科研究的带头人——我心目中的顾黄初教授[J].语文教学通讯,1991(10).

[4]王松泉.烟花三月谢扬州——悼念恩师顾黄初先生[J].中学语文,2009(04).

[5]温立三.怀念顾黄初先生[J].语文学习,2009(04).

[6]吴非.送别顾黄初[J].语文新圃,2009(04).

[7]吴非.由顾黄初的书房说起[J].语文新圃,2009(06).

[8]高潮.并不遥远的记忆——怀念恩师顾黄初先生[J].中学语文,2009(10).

[9]张正耀.油菜花的思念——痛悼我的恩师顾黄初先生[J].中学语文,2009(10).

[10]杨九俊.立德·立功·立言——记语文教育家顾黄初先生[J].中学语文教学,2014(03).